国外哲学发展年度报告

（2010）

主编　韩震　执行主编　田平

2010

中国社会科学出版社

图书在版编目(CIP)数据

国外哲学发展年度报告.2010年卷/韩震等主编.—北京:中国社会科学出版社,2012.9
ISBN 978-7-5161-1501-5

Ⅰ.①国… Ⅱ.①韩… Ⅲ.①哲学—发展—研究报告—国外—2010 Ⅳ.①B1

中国版本图书馆CIP数据核字(2012)第229074号

出版人	赵剑英
责任编辑	喻　苗
责任校对	王雪梅
责任印制	王炳图

出　　版	中国社会科学出版社
社　　址	北京鼓楼西大街甲158号(邮编100720)
网　　址	http://www.csspw.cn
	中文域名:中国社科网　010-64070619
发 行 部	010-84083685
门 市 部	010-84029450
经　　销	新华书店及其他书店

印　　刷	北京君升印刷有限公司
装　　订	廊坊市广阳区广增装订厂
版　　次	2012年9月第1版
印　　次	2012年9月第1次印刷

开　　本	710×1000　1/16
印　　张	22
插　　页	2
字　　数	372千字
定　　价	66.00元

凡购买中国社会科学出版社图书,如有质量问题请与本社联系调换
电话:010-64009791

国外哲学发展年度报告

（2010）

目　录

导 论

自2007年以来，受教育部社会科学司的委托，我一直领衔承担《国外人文社会科学发展报告》哲学部分的材料搜集和编写工作。几年来，已经形成了一个比较稳定的课题组，在其中田平教授一直发挥着关键的组织者的作用。课题组成员结构合理，除了研究英美哲学的学者之外，也有研究德、法、俄、意、日等国家哲学的学者，同时我们还吸收海外学者为我们提供资料支持和学术指导。几年下来，我们都顺利地完成了教育部交办的任务。从2009年起，我们在为《国外人文社会科学发展报告》所写材料的基础上，进一步扩展了报告的内容含量，开始编写国外哲学发展年度报告，出版了《国外哲学发展年度报告（2007—2009)》，得到学术界的认可和鼓励。为了给大家了解国外哲学研究的基本状况和发展趋势，我们决定每年出一本发展报告。

发展报告力求比较系统地关注国外哲学特别是欧美哲学讨论的重点和热点领域，并试图找出学者之间讨论主题的嬗变。当然，一年之间，思想究竟有哪些显著的变化，这是很难把握的，因而也是不能随意加以概括并概念化的。但是，在讨论的特点和讨论方法的变化之中，我们还是能够有所体悟和把握的。更加重要的是，如果坚持多年，每年的报告连续地出版本身就构成一个哲学观念探索的历史画卷。这就能够给大家提供方便，学者们可以从这种连续性的追踪中，发现思想形成和发展的蛛丝马迹，理解思想与时代之间的密切关联。

我们的报告采取国别研究与主题介绍相结合的方式。我们分别以语言哲学、科学哲学、心灵哲学和政治哲学与伦理学等主题，展开对英语世界哲学讨论情况的描述，也分别追踪了德、法、俄、意、日哲学论争的足迹。

2010年，在英语世界，哲学研究仍然持续进行。其中，语言哲学研究仍然占据主流的地位。2010年英语世界对于语言哲学的研究论文多达百篇，研究专著也有二十多部。语言哲学讨论的主要特点，首先是进行了多视角和跨领域的研究。无论是语义学和语用学的结合，还是本体论、认识论和语言哲学的结合，都体现了哲学家们考察问题的多角度性。其次，加强了关联性研究。对于两种相关联的哲学理论，应给予调和还是仅坚持其中一方。最后，对困境的研究比较引人注目。当一个哲学理论遭遇到某种特殊的情形时，其标准的解释模式可能会失效，困境由此产生。随着近些年来语言哲学研究的日趋深入和广泛，对于哲学理论中异常情况的研究和探讨才得以可能。

在英语世界，2010年心灵哲学讨论的热点问题，主要集中在心身关系问题、知觉哲学、意识问题、自我知识问题和行动哲学等方面。在心身关系问题的研究中，心理物理实现关系和心理物理还原关系是讨论的热点。在知觉哲学的研究中，关于现象特征的表征论和析取主义引起了广泛的关注。在意识问题的研究方面，反对物理主义的一些论证和主观经验的概念引起了较为深入的讨论。在自我知识的方面，对自我知识及其权威性的理解受到关注。行动哲学的讨论，主要涉及行动的因果理论、行动的解释、行动的能动性、行动的意图和矛盾心理等问题。

科学哲学是英美哲学界比较活跃且研究问题繁多的领域。通过汇总从《英国科学哲学杂志》(*British Journal for the philosophy of science*)、《哲学杂志》(*Journal of philosophy*)、《科学哲学》(*Philosophy of science*)、《生物学与哲学》(*Biology and Philosophy*) 以及《综合》(*Synthesis*) 等重要的国外学术期刊，我们总共收集到50多篇科学哲学研究的文献，从中基本上可以认识到国外科学哲学研究在过去一年中取得的主要进展。就一般科学哲学问题而言，有大卫·格拉斯（David H. Glass）在《综合》(2010年10月版）上专门就最优解释与真理之间的复杂关系进行了论述。科学理论作为科学哲学核心问题之一，有着复杂的结构和运作机制，可以说得到越来越多科学哲学家的关注。比如说，以构造性自然观为主体的近代科学理论观，结构主义的科学理论观，范·弗拉森语境下的科学理论观等。值得一提的还有塞洛西（Stathis Psillos）的文章《科学实在论：柏拉图主义与唯名论之间》。另外，基于约定论依赖于经验主义者的可接受性条件，以及哥德尔对卡尔纳普约定论的否定性态度，罗伯特·哈德森在《卡尔纳普：宽容原则以及经验主义》中指出，约定论一经采用，就会与其第二套不完整性定理相冲突，但是通过宽容原则，卡尔纳普确实承认了一个经验性要求。所谓宽容原则，就是在逻辑上不存在道德，每一个人都可以按自己的意愿自由地建立自身的逻辑以及自己的语言形式。也正是由于经验性的原因，卡尔纳普决定在特定理论论题上保持中立或宽容态度，这也就是这篇文章的核心旨意。科学实践哲学的目标在于以实践为基础，批判性地对科学观察进行描述和评价，社会建构论（social constructivism）被普遍地认为是对这一批判的反驳。而梅琳达·费根（Melinda B. Fagan）却认为社会建构论中关注知识确定性的观点实则可能是科学实践批判性知识的基础所在，而反对 SCj 的规范性原因却不可能成为基础性的东西。由此他在《重谈社会建构：认识论和科学实践》一文中指出了一条新路径，就是将社会建构论放置在社会行动理论这一普遍框架之中，这一分析性框架可以用来解释知识内含于科学实践之中。就物理学哲学而言，米歇·比特博尔（Michel Bitbol）在《缺乏基础的下向因果》一文中，从反基础主义的立场探讨了下向因果概念的不足。

2010 年，英美政治哲学与伦理学的研究，首先有三个政治哲学家受到比较特别的关注。一是 2009 年谢世的分析学派马克思主义者柯恩（G. A. Cohen，1941—2009）受到学界的隆重纪念。国际哲学界重要刊物 *The Journal of Ethics* 邀请柯恩的一些生前学友撰文，出了一期柯恩社会主义思想专刊。二是著名经济学家森（Amartya Sen，1933— ）长期研究正义问题，在英美政治哲学界有广泛的影响。森的正义理论明显可以克服罗尔斯正义论的两个主要缺点：（1）将正义问题定位成首先是人的行为是否正义的问题，就可以突破“基本制度”这个概念的局限性；（2）他能够给出一个更加宽广的对“民主”的定义：民主不仅仅是现代西方人发明的一套多党竞争和定期选举制度；民主首先是一种公共的理性讨论，即通过公开的、和平的相互说服来解决分歧，促成社会合作。三是哲学家拉兹（Joseph Raz，1939— ）多年来致力于“完善主义”（perfectionism）理论的建构，在伦理学、政治哲学和法哲学领域都有很大影响。*Ethics* 杂志也用了一期的篇幅，专门探讨拉兹实践理性理论中的价值理论。除了对人物的关注之外，超越传统自由主义与民主理论成为一个热点论题。查尔斯·泰勒等人都参与了这方面的讨论。另外，近年来，元伦理学研究的一个比较活跃的领域，是麦基（John Mackie）所奠定的“道德错误论”（moral error theory）。作为“道德反实在论”（moral anti - realism）的一种，道德错误论认为，说我们有道德义务、道德责任、道德判断，这就像当初化学家认为有“燃素”一样，是错误的。哈吉（Ishtiyaque Haji）发现，对于三种道德判断，即责任论（hypological）判断、义务论（deontic）判断和价值论（axiological）判断，人们一般认为前两种与自由意志有关，而价值论的判断，即关于善恶的判断，则不涉及自由意志。哈吉担心，如果真是这样的话，决定论在一定意义上就是正确的，即从根本上说，我们对价值的选择是不自由的。因此，哈吉试图在价值论的层面上确立人的自由。还有，神经科学（neuroscience）近年来的发展，使很多哲学家看到了用经验科学来解决哲学争论的契机。

2010 年，实用主义研究在人物研究和哲学史分析及比较研究方面都有了进一步深入。杜威和罗蒂的政治哲学维度仍是活跃的研究点，而从自然主义角度分析实用主义立场下的认识论、伦理学的思路开始变得更加明显。对普特南和詹姆士的心灵哲学的研究在 2010 年也是很有启发性的话题，知觉、身心关系问题仍是其中主要的讨论点。此外，欧陆哲学和实用主义的关系问题的研究，尤其是对德国古典哲学和实用主义的学术亲缘的探究，仍然是未来一段时间内比较分析路径的热点所在。

在德国哲学界，康德无疑是长期以来最受学界关注的哲学家。2010 年，《德国哲学杂志》推出一组重点文章，致力于讨论康德的批判形而上学的基本概念——实体、自由和体系。这组文章各有侧重点，分别聚焦于三大批判的核心问题，又构成一种有机互补的、具有“合目的性”的研究。而对黑格尔研究呈现出一个比较鲜明的特点，黑格尔越来越被视为一位伟大的现代社会理论家，相关的研究领域也由此得以拓展。这特别表现在安德里亚斯·阿恩特（Andreas Arndt）教授主编的《黑格尔的国家与文化》中，这本论文集围绕黑格尔的“文化国家”（kulturstaat）概念，对黑格尔国家—文化观念的理论问题进行了全面的阐述。另一本题为《反思性·同一性·精神——黑格尔作为（后）卢曼主义思想家?》的专著，则提出两个核心论点：一是黑格尔的思想绝不是过时的，相反它能够对当代哲学产生重大贡献；二是卢曼系统理论拥有足够的统摄性，能够反映出黑格尔的思想。对于德国唯心主义的总体研究，2010 年也出现了值得注意的成果。《语言·诗·哲学》是讨论海德格尔与德国唯心主义语言观的专题论文，汇集了安德里亚斯·阿恩特、安东－弗利德里希·科赫（Anton－Friedrich Koch）等著名德国唯心主义研究专家的相关论文。2010 年恰值恩斯特·布洛赫（Ernst Bloch，1885—1977）诞辰 125 周年。在布洛赫的故乡——德国的路得维希港，以布洛赫研究中心（Ernst－Bloch－

Zentrum）为主，举行了多种纪念活动，也发表了许多有关文章。法兰克福学派以及德国西方马克思主义的新发展，一直是我们关注德国哲学的重点。首先，作为法兰克福学派的第二代代表人物，81 岁高龄的哈贝马斯的文章占据着学术期刊的主要阵地。哈贝马斯始终坚持与美国学界的交流，并努力开展欧洲哲学与美国哲学之间的对话。霍耐特（Axel Honneth）作为法兰克福学派的第三代代表人物，已经成长为学术中坚。2010 年，他的新书《我在我们之中：承认理论研究》出版。该书认为，从黑格尔时代开始，发展出了丰富的正义理念，而一种规范的承认概念，可以成为联系各种社会科学课题的桥梁。而法兰克福学派新生代即第四代代表人物福斯特（Rainer Forst）在批判理论的新发展上也透露出新的气息，出版了新书《论证关系的批判：政治的批判理论视角》。另外，哲学人类学是近几年来德国哲学界研究的热点领域。与前几年取得的成绩相较，2010 年的德国哲学人类学研究，在学科史、学科体系的建设以及思想家的专题研究方面，均取得了丰硕的成果和突破。

观察 2010 年度的意大利哲学研究，热点主要集中在如下几个方面：一是意大利哲学家一贯重视的传统哲学研究，许多哲学家依然致力于挖掘传统哲学的资源，追寻现代思想的起源，力图在传统哲学与现代哲学之间进行沟通。二是关注偶然性、不确定性的意义。对于不确定性和偶然性，人们通常采取一种消极而排斥的态度，但哲学家们认为应当重新认识其意义。他们发现，正是偶然性和不确定性的存在，增加了人生的多样性和丰富性，也为自我的改变提供了可能。三是关注“他者”的意义。他者，既可以是他人，也可以是其他文化。在全球化时代，我与他人、本族文化与他族文化的碰撞与交流，是不可避免的事情，因而如何对待他人和其他文化，成为一个重要问题。哲学家们认为，他者虽然常常具有消极的意义，存在着不和谐的因素，但也具有积极的意义，由于他者与我不同，但正是从这种不同中自我才借以显示出来，因而他者也有正面的意义，这就是“平等对话”、“互相认识”、“缔结友谊”以及“相互推进”。

2010 年，当代俄国哲学研究领域最突出的成就是霍鲁日（С. С. Хоружий）教授创立的协同人学（Синергийная антропология）。协同人学研究方面取得的突破性进展，出版的两部重要著作，标志着协同人学发展的新阶段。俄罗斯哲学史研究，苏联哲学遗产的整理和研究领域都有一定进展。信息社会问题，俄罗斯文化、文明及其命运的问题成为 2011 年俄国哲学界讨论的热点话题。最重要的研究成果主要出现在西方哲学研究领域，包括霍鲁日教授对西方人学的研究，此外法国、美国的哲学研究也有很多收获。在俄罗斯哲学家和思想家中间，施佩特、赫尔岑和托尔斯泰的思想成为讨论的重点，陀思妥耶夫斯基的思想是俄罗斯哲学研究的永恒主题。

2010年，日本的哲学研究也是多种多样，我们按照西方哲学、日本哲学和中国哲学（或称中国思想文化）三个领域研究情况作简单的介绍。虽然日本哲学界的关心点遍布西方哲学的任何一个时代、任何一个领域，“形而上学”、“马克思”等主题仍在不断讨论中，但研究的趋向的确是和现实相关，尤其是和伦理相关的问题，这些讨论和科学的发展、人类与环境的关系、人类自身的可能性、局限性等均有关系。日本哲学界的特点在于：第一，虽然偶然也有一些和中国哲学或东亚传统相关的内容，但主要的研究方向及其主题和西方哲学相关。第二，强调从哲学史角度、哲学家的个案出发作出研究。第三，近年热烈讨论的话题是哲学和哲学史的关系问题。这和近年中国哲学界在这个问题上的自我反省比较一致。2010年的日本中国哲学研究一如既往，深入到各个时代、各个领域的方方面面，挖掘具体的问题，不作空洞的理论。就特点而言，一是对中国新出土文献的关注和考察仍是热点；二是从研究中国自身向中国周边展开，注意中国文化的展开，以及中国与东亚其他国家、与世界其他文明的交流与影响；三是对青年学者的培养日益重视。

报告仍然选择提供许多主要的文献目录，以方便读者的进一步研究。同时，按照规划每年介绍一些国外的主要的哲学系或研究单位。我们处在一个全球化的时代，哲学是面向客观真理和人类终极关怀的理性探索，因此研究哲学需要更加宽阔的眼界、更加宽广的胸怀。希望我们的报告能够有利于大家的思想探索和哲学研究。鉴于年度报告，缺少长时间的反思与琢磨，再限于我们的局限性，这个报告可能仍然有挂一漏万之嫌或差谬之处，敬请学界同人批评指正。

韩震

2011年12月1日

英美哲学

一　语言哲学

2010年国外语言哲学研究的主要特点具体表现为：(1) 跨领域研究。无论是语义学和语用学的结合，还是本体论、认识论和语言哲学的结合，都体现了哲学家们考察问题的多角度性。(2) 关联性研究。对于两种相关联的哲学理论，应给予调和还是仅坚持其中一方，哲学家们表达了各自不同的观点并展开了激烈的争论。(3) 对困境的研究。当一个哲学理论遭遇到某种特殊的情形时，其标准的解释模式可能会失效，困境由此产生。随着近些年来语言哲学研究的日趋深入和广泛，对于哲学理论中异常情况的研究和探讨才成为可能。2010年英语世界对于语言哲学的研究论文多达百篇，研究专著也有二十多部。其中，哲学家们展开激烈争论的问题主要集中在以下几个方面：

（一）含糊性（Vagueness）

2010年研究含糊性问题的哲学论文在学术期刊上屡见不鲜。其中，《综合》(*Synthese*) 期刊2010年5月第1期有一组文章专门讨论含糊性问题。关于含糊性问题一直存在着多种解释理论，其中，超赋值论（supervaluationism)、多值逻辑以及语境论居于主导地位，而目前侧重从认识论维度的分析也正日渐盛行。

盖夫曼（Haim Gaifman）研究含糊性的出发点是累计悖论（sorites paradox）产生的根源。虽然归纳原则被视为悖论产生的根源之一，但他并没有抛弃这一原则，而是提出了一个相对自然化的新主张：限制合理地使用含糊性谓词的语境，用语境逻辑（contextual logic）解释含糊性。[①] 以

① Robert van Rooij, "Introduction", *Synthese*, 174 (2010), p. 1.

等级化的形容词（gradable adjectives）为例，主流哲学观点认为这类形容词应从个体间差异的程度方面进行分析，这种差异的程度在萨松（Galit Sassoon）看来就是其所谓的测量理论（measure theory）。但在盖夫曼看来，这类形容词仅仅是一种谓词，并在很大程度上具有语境依赖性。如果在一个语境中能适当地使用某个谓词（如“高的”），就意味着在此语境中存在着有意义的间距，即能通过谓词“高的”区分众个体。如果在所有的语境中，如“高的”这类谓词都能被适当地使用，归纳原则就不能被视为错误的。依据语境逻辑，盖夫曼认为不必设定“程度”等概念的存在，我们也可以追溯“比……更……”这一容易导致含糊性的序列。①

此外，盖夫曼还详细区分了含糊性两种不同的表现形式：宽容（tolerance）和边界含糊性（borderline - vagueness）。宽容即谓词对于谓述对象发生的非常微小的变化具有不敏感性；而边界含糊性则质疑给定谓词的边界明确与否，即对于谓词对象应归属于这个谓词还是其否定形式，我们并不十分清楚。② 其中，前者会导致累计悖论的产生，后者是一种语义的不确定现象。虽然这两种现象在日常语言的含糊性实例中经常同时呈现，但与其他哲学家不同，盖夫曼认为二者虽有关联但并不彼此蕴涵。③ 宽容是一种语境现象，对累计悖论等现象可用语境逻辑进行解释。也就是说，通过形式逻辑、语义学理论、演绎系统以及经典规则，我们都可理解那些如“贫穷”、“步伐的大小”等含糊性语词的含义，也允许这种含糊性的存在。这不是对微小差异的忽视，而是一种约定俗成的有意义的规则。而对于边界含糊性，盖夫曼则认为这是一种可通过模态逻辑和语境论进行解释的高阶含糊性，“其出现并不仅仅在于语义上的不确定性，而是说话者应认识到语词用法上的某些差异或分歧是合理的和可预见的”④。在对含糊性的研究中，盖夫曼力图为我们提供全新的哲学观念和分析技术。

由于对含糊性的认识论分析日渐盛行，许多哲学家都把含糊性理解为不精确、不准确的知识。如威廉姆森（Timothy Williamson）的认知的误

① Robert van Rooij, “Introduction”, *Synthese*, 174 (2010), p. 2.

② Haim Gaifman, “Vagueness, tolerance and contextual logic”, *Synthese*, 174 (2010), p. 6.

③ Ibid. .

④ Ibid. , p. 7.

差幅度语义学，哈尔彭（Halpern）的二维语义学，以及中心语义学（centered semantics）。他们对知识不确定性的关注点在于细微差别的非传递性和应如何对其进行说明。早在20世纪90年代，威廉姆森在对含糊性作认识论分析时就视细微差别的非传递性为含糊性的主要根源，并提出了认知的误差幅度语义学。认知的不确定性是“反身的、对称的，但不是可传递的和欧几里得的”[①]。这一思想虽具一定程度的解释力，但却导致了严重的后果，即内省原则（principles of introspection）的失效。对此，哲学家们纷纷给予反驳。博奈（Denis Bonnay）、伊戈（Paul Égré）和哈尔彭一致认为应该确保作为认知逻辑的反省原则的有效性，具体而言，“现象上的细微差别通过指称具体的语境是可传递的”[②]。而由于博奈和伊戈对知觉含义的理解比哈尔彭更宽泛，即还包括对知觉的报告，非传递性就被视为知觉知识的属性，因而他们所指称的特定语境的界限是不明确的，对不确定性提出的也是更直觉性的描述。在这个意义上，他们与威廉姆森又具有相似之处。博奈和伊戈在比较这三种对含糊性的认识论分析的基础上得出如下结论：对于高阶含糊性问题，威廉姆森着重于对清晰度的说明，即建立一种“……是清晰的”逻辑。与之相对，博奈和伊戈侧重于说明“我知道……”。而哈尔彭则采取一种折中的办法，他的解释框架既包含知识的主观逻辑——坚持内省原则，又包含关于清晰度的客观逻辑——内省原则未必一定有效，因而他既是一位内在论者又是一位外在论者。[③]

霍根（Terry Horgan）将其对含糊性的哲学研究称为“重估价值主义”（transvaluationism），即对逻辑非一致性（logical incoherence）采取超越虚无主义的态度，而当前流行的超赋值论即为这一观点的佐证。其中包括三个基本论断：首先，含糊性在一定意义上表现为逻辑非一致性，包括含糊的语言、思想内容和含糊的对象、属性；其次，语言和思想上的含糊性（即语义含糊性）即便具有不一致的形式却是真实的现象，是合理的，必不可少的；最后，本体论上的含糊性（即把含糊性作为对象、属性或

---

① Paul Égré, Denis Bonnay, “Vagueness, uncertainty and degrees of clarity”, *Synthese*, 174 (2010), p. 48.

② Ibid., p. 49.

③ Ibid., p. 48.

关系的特征）却是不可能的。[1] 威廉姆森把这种将逻辑非一致性归结于含糊性的观点称为“虚无主义”。正是这种指责使得霍根借用尼采的术语针锋相对地提出“重估价值主义”的主张。威廉姆森认为霍根的这种理论会使人们轻易地认为含糊性是不可能的，无论是本体论的含糊性还是语义学的含糊性。霍根则辩解道，即便存在逻辑非一致性，含糊性仍是真实、合理的现象。对于本体论含糊性，“虽然真理与独立于心灵的实在相对应，但它只是一种间接形式的对应，并不蕴含着对含糊的对象和属性的本体论承诺”[2]。即便在心灵中，本体论含糊性也是不存在的。对于逻辑和语义含糊性，霍根认为，避免认识主义（epistemicism）和避免在一阶和高阶含糊性之间武断地作出严格的划分是处理此种含糊性除“重估价值主义”之外的补充之法。

（二）语境敏感性与语义最低纲领主义

对语言哲学家来说，任何一个语义理论只有考虑到语境敏感性这一情况才是完满的，但对语境敏感性的本质及其在语义理论中所产生影响的大小或范围，语义学家们却是争论纷纷。他们或者拒斥语境敏感性，或者对语境敏感性进行严格的限制，或者采取中间立场。

卡普兰（Cappelen）和利普尔（Ernie Lepore）于2005年出版了《不敏感的语义学》（*Insensitive Semantics: A Defense of Semantic Minimalism and Speech Act Pluralism*）一书，其目标直指各种形式的语境论，目的在于对语境论者的立场釜底抽薪。他们设计了一系列试验以测试那些所谓的语境敏感表达式的语境敏感性，这些测试包括:（1）语境敏感性阻碍了跨语境间的间接报告;（2）语境敏感性阻碍了集合摹状词;（3）语境敏感性可通过跨语境间的非引用测试，并认可真实语境转换的论证。未能通过测试的表达式都被认为实质上并不具有语境敏感性，最后他们把语义学层面上的语境敏感性压缩到最低限度，仅限于基本的具有明显索引性和指示性的语词，这就是他们称之为基本列表（Basic List）的具有语境敏感性的语词表。他们认为那些过分强调语义理论中语境作用的语境论难以说明跨语境

① Terry Horgan, “Transvaluationism about Vagueness: a Progress Report”, *The Southern Journal of Philosophy*, 48（2010）, p. 68.

② Ibid..

交流的普遍性。[1]

自该书出版之后，各种温和语境论者、彻底语境论者纷纷加以驳斥。其中，维兰德（Nellie Wieland）认为，卡普兰和利普尔对于语境敏感性的试验恰好表明了语境敏感性所影响的范围其实比语义最低纲领主义者所承认的范围更广，即基本列表之外的表达式也同样能通过他们的测试。他指出，卡普兰和利普尔论证的关键在于，他们以“是红色的”这种语境论者常用的表达式为例，说明对他人话语的间接报告，即便转换新的语境，其成真条件依然存在。也就是说，这类表达式实质上并没有阻碍跨语境的间接报告，这种报告不但可能，而且语义最低限度的报告是这种报告的主要形式。在卡普兰和利普尔看来，正是表达式的字面意思奠定了说话者之间交流的基础，使跨语境间的间接报告得以可能。因而，语境论者所谓“是红色的”这类表达式其实是非语境敏感性的。他们试图以间接报告的语义最低限度性确保日常交流的可能性。对此，维兰德给予了指责，认为语义最低纲领主义的预设是值得怀疑的，因为间接报告的内容本身是非语境敏感的，而在语义上是最低限度的。

维兰德则认为语义最低纲领主义在说明日常跨语境的间接报告的实践中并不具有经验的充分性。他们混淆了两个问题，一是跨语境的间接报告是否具有确定性的真值，二是依据这个而不是那个语义学理论的交流是否可能。在实际的日常语言实践中，跨语境的间接报告若不能唤醒原始语境，交流就不会得以实现。这样，卡普兰和利普尔所谓的语义最低限度的间接报告便成为交流得以成功的真实障碍。在维兰德看来，他们所谓的间接报告仅仅像录音机一样传递或重构原始语境中的语音，而没有传递它们的含义。他们“混淆了间接语义报告和间接语音报告，因而也未能说明说话者为何时常获得前者而很少希望获得后者”[2]。因此，对跨语境的间接报告的语义学分析并不能使大多数间接报告得到真正的理解。虽然“是红色的”与“明天”在他们的跨语境间接报告的测试中反映的语境敏感性有所不同，但“二者的不同并不在于它们在实质上是否具有语境敏

---

① Nellie Wieland, "Context Sensitivity and Indirect Reports", *Philosophy and Phenomenological Research*, 81 (2010), p. 40.

② Ibid..

感性，而在于它们语境敏感性的表现方式”[①]。

对于维兰德等语境论者的辩护，特别是卡普兰和霍桑(Hawthorne)对于前期卡普兰和利普尔测试试验的修正理论，利普尔和森尼特(Adam Sennet)给予了严格的论证和重估。他们认为语境论者没有充分的理由，也没有必要舍弃关于语境敏感性的最低纲领主义。因为，“合格的说话者都了解他们所说话语的语义含义，只需语境中的一个言语表达行为来提醒他们，他们便能决定它是否是语境敏感的”[②]。在他们看来，温和语境论的理论立场不够稳定，一个彻底的温和语境论者必定是一个激进的语境论者，而激进的语境论认为每个语词都具有语境敏感性，但这无法解释跨语境的言语的共享问题，因此，语境论在理论论证上依然充满困难，而语义的最低纲领主义——这种为一种单纯而素朴的语境敏感性辩护的思想仍然具有可行性。

（三）模态真理的成真条件与可能世界

自模态命题产生伊始，就存在多种解释理论。或者诉诸常识观点，或者诉诸可能世界理论。近年来，围绕模态理论产生了一种名为“新休谟主义”的解释理论，其核心议题是独立性理论（doctrine of Independence）：不同的存在者之间并没有必然的联系。[③] 这一刻的世界是由具有各种属性的事物构成的，世界就像一张三维的马赛克图画或点描绘画，每一点都有一些颜色，这些颜色是相互独立的。此（或此刻的）属性与彼（或彼刻的）属性之间并不存在必然（或不必然）或者可能（或不可能）的推演关系。属性之间虽以各种方式相互联系，但这些关系都必定满足独立性。新休谟主义者所承认的唯一联系是时空关系。所有的真理都随附于对具有独立性的逻辑属性实例的时空分配，这就是刘易斯所谓的休谟主义随附性。根据这种新休谟主义理论，类似于马赛克的世界本质上可说是去模态化的（de - modalized）。

---

① Nellie Wieland, “Context Sensitivity and Indirect Reports”, *Philosophy and Phenomenological Research*, 81 (2010), p. 48.

② Ernie Lepore, Adam Sennet, “Saying and Agreeing”, *Mind & Language*, 25 (2010), p. 583.

③ Jonathan D. Jacobs, “A powers theory of modality: or, how I learned to stop worrying and reject possible worlds”, *Philosophical Studies*, 151 (2010), p. 229.

鉴于此，那些坚持独立性且认为确实存在关于世界的模态事实的哲学家们，不得不将目光转移出具体的现实世界而去寻找模态命题成真的条件，即所谓众多的可能世界。刘易斯认为可能世界与现实存在的马赛克世界是同类的，每一个可能世界都反映事物除现实的存在方式之外的其他存在方式。他断言我们所居住的现实世界只是众多可能世界中的一个。刘易斯的这种观点是一种人为约定，这种约定源于独立性主张。作为极端的可能主义者，刘易斯持一种模态实在论的观点，认为对于事物可能存在的每一种方式，必定有一些具体实在的世界，其事物就以那样的方式存在着。而克里普克所代表的温和的可能主义则认为，可能世界仅是对这个现实世界的抽象表征，或者说是这个现实世界的可能状态或反事实的情景。"这种抽象表征有无限多，其中对事物现实存在方式的表征，便称之为现实世界，其他即为可能世界。"①

无论持何种可能世界观，模态观念就是对这种可能世界的简单量化，被限定的关于必然性或可能性的模态观念就是对世界量化的限定。也就是说，有的 p 为真，当且仅当有一些可能世界，p 在其中为真；所有的 p 为真，当且仅当在每一个可能世界中 p 为真。关于个体的模态论述就是对世界的部分量化的限定。模态理论要求与相对应的世界或世界部分的相似性关系，新休谟主义者正是利用这种相似关系对模态命题的成真条件给予解释的。但雅各布斯（Jonathan D. Jacobs）指出，如果一旦缺失了相似的可替代物或对应体，这种约定的理论将难以获得有利的辩护。在缺乏合理的可替代性理论的情况下，形而上学就如科学一样，同样允许在现有理论中出现异常。并且这种本质上具有含糊性和语境敏感性的相似关系，使得被限定的模态观念遗传了这种语境敏感性，因而使可能世界的模态理论遭遇到跨世界的同一性理论难题。②

针对这种可能主义的观点，雅各布斯提出论证模态真理成真条件的两种哲学思路：一是诉求具有相似性或解释力（explanatory power）的理论；二是诉诸前理论的承诺或直觉来解释。③ 前者则是新休谟主义者所采用的

---

① Jonathan D. Jacobs, "A powers theory of modality: or, how I learned to stop worrying and reject possible worlds", *Philosophical Studies*, 151 (2010), pp. 229 - 230.

② Ibid., p. 230.

③ Ibid., p. 246.

方法，后者是一种常识的观点。雅各布斯以要成为一名卡车司机的可能性为例，说明关于模态观念的常识性观点是以属性为基础的。只要人有驾驶卡车所需要的身高、体重、视力、力量等能力或潜力，并加以特定的训练，就会有可能使得成为卡车司机的可能性变成现实。这种可能性建立在属性及其相互关系的基础上，用逻辑公式可表达为 R（P，Q），其中 P 表示人所具有的成为卡车司机的属性，Q 表示成为卡车司机，R 表示二者之间的模态关系。但根据新休谟主义，某人所拥有的属性对于建立所有的模态真理并不是充分的，如果是充分的，这些属性便违反了独立性原则。从这个意义上说，它否定了可能世界理论，承认属性之间是相互联系的。对属性间相互关系的认可使得我们在现实世界中引入模态关系得以可能。"这个现实世界是独立自治的，它包含和展现了其所拥有的各种各样的可能性和必然性。"[①] 这是一种非还原论的观点，一种现实主义的强形式。因为从本质上讲，所有的属性及其相互关系都是模态的，所有的模态都是现实世界的基本组成部分，不可能存在可能世界。

雅各布斯认为无论是具体的还是抽象的可能世界都与模态命题的成真条件无关。真理是由现实所决定的，世界和真理之间跨范畴的连接是成真条件必需的基本联系。这是一种多对多的必然关系，一个实体可使多个真理成真，一个真理可存在多重成真条件。"若某个实体 e 是一些真理 t 的成真条件，e 就是 t 在 e 和 t 都存在的任何世界中的成真条件。"[②] 他通过对成真条件最大化原则（truthmaker maximalism）的限制，使得每个关于具体对象及其属性的真理都有一个成真条件。

雅各布斯认为用可能世界理论解释模态真理虽具有强大的解释力，但具体情节却是疯狂的、荒诞的。因此，他以反事实条件句为例试图构造一种具有解释力的以属性为基础的模态理论，通过参照亚里士多德关于属性的观念，在此他区分了以属性为基础的模态观念的柏拉图模式和亚里士多德模式。从而论证得出：反事实条件句语义学中所反映的模态语义学也须诉诸因果效力，而非可能世界。雅各布斯认为哲学家们遭受

① Jonathan D. Jacobs, "A powers theory of modality: or, how I learned to stop worrying and reject possible worlds", *Philosophical Studies*, 151 (2010), p. 233.

② Ibid., p. 228.

休谟模式的束缚已经太久，摆脱这种束缚，回归实体形而上学，特别是亚里士多德的形而上学，早已成为人们的渴望。雅各布斯指出，“如果模态理论能嵌入系统的形而上学体系中（包括对属性、因果关系和自然法则等的说明），那么我们拒斥新休谟主义，尊重直觉，就有了合理的理由”①。因此，在他看来模态真理与可能世界无关，而诉诸直觉的解释理论也并非不合理。

这种以属性为基础的模态观念，同样得到了如博尔吉尼（Borghini）、康泰沙（Gabriele Contessa）等众多哲学家的认同，虽然他们在属性及其相互关系具体是什么等方面有不同的看法。作为极端的现实主义者，康泰沙认为利用可替代的可能世界作为模态真理的成真条件并没有特别的说服力。获得模态命题的成真条件并不必须在可能世界和现实世界之间作出区分，也不需要说明可能世界是如何使模态命题成真的。最终使模态命题成真的条件在于现实世界中不可还原的模态特征，如自然法则、趋势倾向或本质等。②

（四）遭遇空概念的概念指称主义

概念指称主义是一种特殊的应用于概念领域的强指称主义，其核心思想是：指称是确定认知基本单位（即概念的基本类别）的同一性标准和概念内容的核心观念。③ 但当它遭遇空概念这一现象时便陷入了解释无力的困境当中。如果概念指称主义者承认空的概念没有指称，那么与此类表达式相关的事实、直觉等就会很难得到有效的解释和辩护；如果他们期望空的概念确有其指称，那这种概念指称的本质是什么以及指称和实体之间的关系应如何描述，对这些问题的回答依然困难重重。对此，布劳恩（Braun）、卡尔纳普、克里普克、赛曼（Salmon）等哲学家纷纷提出各自的理论加以化解。

爱德华（Kevan Edwards）认为，概念指称主义是“既想吃掉这个蛋

---

① Jonathan D. Jacobs, “A powers theory of modality: or, how I learned to stop worrying and reject possible worlds”, *Philosophical Studies*, 151 (2010), p. 246.

② Gabriele Contessa, “Modal truthmakers and two varieties of actualism”, *Synthese*, 174 (2010), p. 342.

③ Kevan Edwards, “Concept Referentialism and the Role of Empty Concepts”, *Mind & Language*, 25 (2010), p. 90.

糕又想拥有它"[①]。在爱德华看来，对遭遇空概念的概念指称主义的研究，不仅应受到语言哲学的关注，而且也应受到心灵哲学的关注。他受启于表征主义的心灵理论（representational theory of mind），凭借语义学的概念作用（conceptual role of semantics），通过说明概念（或指称）的内容与其在心理状态中的作用之间的相互关系，来厘清概念指称主义面对空概念所引起的理论困境时的论证思路。

概念指称主义认为思想是由概念组成的，思想具有丰富性和系统性，其丰富性在于无限的思想可以体现在一系列有限的基本概念中，而系统性则说明了思想之间的结构性关系。[②] 这样，概念指称主义就通过指称说明了概念的同一性要求。在标准情况下，一个概念的作用与其内容是对应一致的。但在爱德华看来，语义学的概念作用与概念指称主义是针锋相对的。即便概念所起的作用并不符合概念同一性理论的要求，概念依然会起到人们所想要的作用。对此，爱德华详细考察了两种特殊的空概念类型：错误的空概念和伪装的空概念。前者是指对于不知道某个概念的人来说，实际上指称某个实体的概念在他看来是不可能有所指称的。后者则指主体已经意识到某个概念没有指称，却依然用其指称某物。二者在思想中的作用都是：好像指称了（即使它们并没有指称任何东西），"好像指称"只是对空概念所起作用的相关特征的间接注解，而非对概念内容或结构的详细阐释。爱德华认为标准的空概念确实是空的且基本的，不需进一步被分解为其他概念要素。与罗素所不同，他并不承认所有的空概念都潜在的具有描述结构。错误的空概念的作用是好像指称了某物，某物可用主体认识状态限度内的指称表达式或描述语来代替。伪装的空概念的作用也是好像指称了某物，即超越了主体共同体的视阈的某物。[③] 这两个概念都存在内容与作用的不相对应性。前者是由于主体在认识上的不足，后者则由于现实的原因主体有意地以并不影响概念内容的方式使用这种概念。但这两种情况都会给人以错觉，也就是说，空概念有其作用，好像它不是空的。而这正是概念指称主义所期望的。即便空概念的作用不符合具有公共性、构

① Kevan Edwards, "Concept Referentialism and the Role of Empty Concepts", *Mind & Language*, 25 (2010), p. 91.

② Ibid., pp. 92 – 93.

③ Ibid., pp. 102 – 108.

成性的概念的同一性条件，我们仍能对空概念的作用给予粗浅的描绘，使其具有我们直觉所期望的作用。因此可以说，通过分析概念内容与作用之间的关系，爱德华为概念指称主义找到了解决空概念困境的途径。

爱德华认为，语义学理论比本体论承诺更具优先性。概念指称主义者不需要在形而上学的意义上设定空概念指称的实体的非实在性，也不必抛弃对概念内容或个体化的承诺。[①] 对于他们而言，与其穷思竭虑地解释各种空概念现象，不如对概念内容与其作用之间的关系作恰当的论证。爱德华的这种论证重在对思想而非语言的考察，力图用自然主义说明心与世界之间的指称关系，从而对概念内容与其作用之间的关系作出说明，以便对遭遇空概念的概念指称主义加以辩护。

（五）真理紧缩论和非实在主义

如何使真理紧缩论（deflationism）和非实在主义（nonfactualism）相互融合，是近年来许多哲学家关注的焦点问题。真理紧缩论认为真理没有载体，也不描述命题，并且认为主张“某事物或事实是真的”和主张“这个事物或事实”之间具有等值性。而非实在主义则侧重关注一些有意义的陈述句（特别是谈论道德、可能性等的语句），他们认为语言中的有些句子既非真也非假，因而会导致某种程度上的真值空缺，使二值真理论（特别是排中律）遭遇危机，更不用说满足等值性的原则了。

虽然许多哲学家在处理真理紧缩论和非实在主义之间的关系时，或者拒斥前者，或者拒斥后者，但他们对一方的拒斥乃是缘于其与另一方不能得以融合。然而在伯奇士（Alexis Burgess）看来事实并非如此，“真理紧缩论者并不希望与非实在主义者相对立，反之亦然”[②]。通常调和二者的方式或角度有三种：从真理紧缩论的角度，从非实在主义的角度，或者同时从两者的角度加以调和。一些学者主张对非实在主义的本质进行严格的考察以便调和二者的张力。对此，反对者们纷纷给予了驳斥，并反其道而

---

① Kevan Edwards, “Concept Referentialism and the Role of Empty Concepts”, *Mind & Language*, 25 (2010), p. 91.

② Alexis Burgess, “How to Reconcile Deflationism and Nonfactualism”, *NOÛS*, 44 (2010), p. 434.

行之，主张从真理紧缩论的角度说明二者的相容性。其中，杰克逊（Frank Jackson）、奥匹（Graham Oppy）和史密斯（Michael Smith）认为，“只有当一个句子显现出说出这句话的人的信念时，这个句子才是具有真理倾向的”[①]。这种用真理倾向性来缓解紧缩论中等值性原则的严格性的做法，虽具有一定的解释效力，但依然存在一些缺陷和漏洞。虽然非实在主义所关注的关于道德的语句能显现其真理倾向性，但事实上仍有一些语句，例如谈论美的句子就没有明确地显现出其真理的倾向性。

虽然伯奇士没有明确反对这种调和方式，但他通过对真理紧缩论和非实在主义的详细考察，指出了真理紧缩论在指称问题上可能陷入的困境，以及如何使其避免这一问题。除此之外，他对真理紧缩论的等值性原则也提出了质疑。在他看来，真理紧缩论与非实在主义原本并不存在相互融合的情景，因此要获得这种相容性就需要真理紧缩论做出一些承诺或让步，即主张“某事物或事实是真的”与主张“这个事物或事实”之间的等值关系不能被解释为一种实质性的双向制约关系。也就是说，前者与后者并不是相互蕴涵的。此外，对二者的调和还要求紧缩论者放宽对等值性原则在指称上的限制。[②] 这样，保留论非实在主义者（retentionism nonfactualist）和消除论非实在主义者（eliminitavism nonfactualist）便都能成为真理的紧缩论者。伯奇士的这种调和方式，其实质是预设和承认了形而上学与语言哲学是可分而论之的。

（六）说话者话语含义与命题

人们常常认为语言交流遵循着这样的模式：说话者有一个想要传递给其听者的思想，如“费希特是一位哲学家”这个信念，这个思想的内容可表现为特定的命题形式，通常用“that”从句引导。如果说话者知道其听者使用与其同样的语种（如英语），他就会使用一些特定的单词向其显示他所想要表达的命题。只有听者因此获得了说话者通过话语所要传达的命题时，听者才能意识到他交流的意图，这样交流才能说是成功的。[③] 这

① Alexis Burgess, “How to Reconcile Deflationism and Nonfactualism”, *NOÛS*, 44 (2010), p. 436.

② Ibid., pp. 434 – 435.

③ Ray Buchanan, “A Puzzle about Meaning and Communication”, *NOÛS*, 44 (2010), p. 340.

是语言交流的标准观点。

布坎南（Ray Buchanan）认为这种标准观点看似正确，但其实日常语言实践很少能完全用这种理论进行描述。他通过设定和考察一些具有强烈语境敏感性的句子或非句子性的断言，发现在这些例子中对于说话者所想要表达的事物，其听者很容易理解其意义，但其实他所说话语中并没有包含或者想要包含任何命题。通过考察这些标准观点在其中失效的例子，布坎南指出标准观点所蕴涵的预设前提是错误的。标准观点的基本预设是：（1）说话者想要表达的话语含义一定包含着一个命题，或者更多；（2）理解说话者的话语至少要获得他所说话语的含义。[①] 他认为我们应该放弃说话者所说话语一定包含一个命题这一预设。

至于命题的本质是什么，布坎南以“切特相信费希特是一位哲学家”这一命题为例，说明在标准情况下，命题是信念的对象，表达了我们特定的认知态度。一般而言，我们可以说命题决定了真值条件。但布坎南认为，这种素朴的阐释并没有明确说明命题只是一种真值条件（如一系列可能世界），还是由细微成分构造的拥有真值条件的实体。如果说命题是被构造的，这就意味着命题是复杂的实体，有特定的组成部分，并以特定的方式排列构造，而这些组成部分及其排列方式决定了命题的真值条件。至于这些组成部分和它们排列的本质是什么，哲学家却有着不同的观点。新罗素主义者认为，一个命题完全是由与行动者信念相关的各种对象、属性和相互关系组成的。而新弗雷格主义者则认为，命题是由行动者的概念组成的，或者说是由对与其信念相关的对象、属性和关系表征的模式组成的。

在布坎南看来，对说话者话语含义（speaker - meaning）的说明涉及意义和信念的归属性问题。他举了三个例子加以论述：a. 通过说“他住在那里”，切特意味着（meant）布什住在华盛顿。b. 切特说（said）布什住在华盛顿。c. 切特相信（believes）布什住在华盛顿。如果句子 a 和句子 b 的表面句法结构代表了它们的逻辑形式，“mean”和“say”就表达了行动者和“布什住在华盛顿”的语义值之间的关系，如果再承认“that”从句的语义值是一个命题的传统观点，我们就会得出“meaning”和“saying”是一种命题态度这种错误观点。在布坎南看来，它们表现的

① Ray Buchanan, “A Puzzle about Meaning and Communication”, *NOÛS*, 44（2010）, p. 341.

是说话者和命题性质之间的关系。“that”从句的语义值，实质上就是一些被限制的命题类型 f。比如，只有当布什住在华盛顿，并且知道布什是美国总统，这些命题才是真的。这个命题类型是一种通过一些命题示例的性质。同样，句子 c 中“that”从句的语义值也是一种命题类型。与前两个句子的不同之处在于，当切特说命题类型 f 时，句子 b 是真的；而当且仅当切特相信命题类型 f 中的一些命题时，句子 c 才是真的。[①] 从这个意义上说，信念报告中的“that”从句只是对切特信念的间接的、部分的描述，“我们信念的基本对象并不是我们言语行为的内容”[②]。这便是表达信念话语的独特之处。当我们反思信念在解释和谓述行为的心理实践中的作用时，布坎南认为有很多因素促使我们认为那些心理状态的命题内容是一些极其细微的弗雷格式的命题，但我们并没有关于与信念相关的对象和属性的表征模式的详细知识。我们所能做的是对命题内容（即相关心理状态的对象）的类型表现出一种姿态。

虽然布坎南放弃传统理论对于意义和信念归属问题的解释可能是一种极端的做法，但他对说话者话语意义的考察方式却是不可忽视的。

（李红）

二 心灵哲学

2010 年心灵哲学讨论的热点问题，主要集中在心身关系问题、知觉哲学、意识问题、自我知识问题和行动哲学等方面。在心身关系问题的研究中，心理物理实现关系和心理物理还原关系是讨论的热点。在知觉哲学的研究中，关于现象特征的表征论和析取主义引起了广泛的关注。在意识问题的研究方面，反对物理主义的一些论证和主观经验的概念得到了较为深入的讨论。在自我知识问题的方面，对自我知识及其权威性的理解受到关注。行动哲学的讨论，主要涉及行动的因果理论、行动的解释、行动的能动性、行动的意图和矛盾心理等问题。

① Ray Buchanan, “A Puzzle about Meaning and Communication”, *NOÛS*, 44 (2010), pp. 362 - 363.

② Ibid., p. 363.

（一）心身关系问题

在心身关系问题的研究中，心理物理实现关系和心理物理还原关系构成了2010年讨论的热点。

1. *心理状态多重实现论证与心理物理还原论*

比克尔（Bickle）在《综合》杂志发表文章讨论了过去10年中对多重实现论证的挑战是否支持了心理—神经还原论的问题。心理状态多重实现论题是普特南（Putnam）于1967年提出的。基于关于不同物种的生物体可能会具有某些相同类型的心理状态，却又可能在解剖学和生理学上有很大区别，从而不可能具有相同类型的相应的生理状态的思考，普特南提出，相同类型的心理状态可能实现于不同类型的物理状态。在这一论题的基础上提出的多重实现论证，及其所得出的反还原论的结论，在过去近半个世纪的时间里一直在心灵哲学中发生着重要的影响。这一论证的第一个前提就是多重实现论题，即关于相同类型的心理状态可以多重实现于不同类型的物理状态的主张。论证的第二个前提是关于多重实现与"大脑状态理论"不相容的主张。论证的结论是，"大脑状态理论"是错误的。这一论证除了表明心理—神经还原论是错误的以外，还进一步支持了非还原的物理主义主张。然而，自20世纪末以来，这一论证受到了两个浪潮的冲击。第一个浪潮对多重实现论证的第二个前提，即多重实现的可能性与心身还原或者类型同一是不相容的，提出了质疑。第二个浪潮则对多重实现论题本身提出了质疑。那么，这两个浪潮是否对心理—神经还原论提供了支持呢？多重实现论证所否定的正是心理—神经还原论的主张。因此，对这个论证的挑战，似乎就是对还原论的支持。然而，比克尔提出，对多重实现论题本身提出质疑并不能支持还原论的观点，第二个浪潮对多重实现论证的挑战，可以与心理—神经还原论没有实质性的关系，甚或可能与心理—神经还原论相反对。他提出，第二个浪潮对多重实现论证的第一个前提的挑战大部分都转变为了无休止的关于科学的形而上学争论。这使得这个论证不再对心理—神经还原论者具有吸引力。但是，这并没有损害还原论的立场，因为第一个浪潮中的一个关键论证还没有得到充分的回应。第一个浪潮诉诸科学史上已经实现的相关还原的研究，仍然构成对多重实现论证的第二个前提的挑战。他提出，当神经科学从系统的层次进入到更低的细胞生理学层次，并且进入到细胞内信号通道的分子生物学层次的时候，人们通常就会发现众多不同物种之间的共同特征。特别是，人们可以发现，从无脊椎动物到哺乳动物，很多作为神经传导等活动基础的分子通道都是相同的。比克尔的例子是记忆的强化，即将不稳定的短期记忆转化为持久的长期记忆的过程。他得出的结论是，"在对标准的多重实现论证的回应中，心理神经还原论仍然基础牢固"①。

布雷根特（Bregant）、斯托泽（Stožer）和瑟克温尼克（Cerkvenik）提出，神经生理学的研究表明，我们的心理活动是与特定神经的细胞过程相关联的。一些哲学家将这种关联性解释为心理的类型向分子生物机制或模型的还原。比克尔的"细胞/分子干预和行为追踪"式的还原就是其中的一个例子。在比克尔的讨论中，心理的东西向物理的东西的还原有两个步骤。第一个步骤是通过在遗传上发生了改变的哺乳动物，在分子的层次上，因果地改变特定神经细胞（即神经元）的活动，然后在受控制的实验条件之下，使用在心理学中被一般接受的行为规则，来监控这些操作的结果。布雷根特、斯托泽和瑟克温尼克提出，比克尔关于分子还原的案例研究，即将长期记忆还原为其细胞分子机制的工作，不能支持他的还原论主张。原因在于，他所选择的分子通道既不是记忆强化开关的充分条件，也不是其必要条件。所以，比克尔的论证没有能够成功地拒斥多重实现论证，反而却支持了这一论证。因此，布雷根特、斯托泽和瑟克温尼克认为，心理状态和特定神经活动之间的还原关系，直到现在仍然是一种虚构。②

2. 心理物理实现关系

2010年，《哲学研究》的总第148期发表了一组讨论舒梅克（Shoemaker）《物理实现》一书的文章。安东尼（Antony）的文章《实现理论和心灵哲学：关于舒梅克的〈物理实现〉的评论》，集中讨论了舒梅克书中的两个问题：跨主体的性质实现（或实现2）问题，和可多重实现性质的因果特征（causal profile）问题。舒梅克提出两种类型的性质实现，即为同一个主体所拥有的性质之间的实现（实现1）和为不同主体所拥有的性

---

① 参见 John Bickle, Has the Last Decade of Challenges to the Multiple Realization Argument Provided Aid and comfort to Psychoneural Reductionists?, *Synthese*（2010）177, pp. 247－260；引文见 p. 259。

② 参见 Janez Bregant, Andraž Stožer, Marko Cerkvenik, Molecular Reduction: Reality or Fiction?, *Synthese*（2010）172, pp. 437－450。

质之间的实现（实现2），后者即跨主体的性质实现。跨主体的性质实现涉及“薄”性质和“厚”性质的区分。薄性质的因果特征的实现不局限于特定种类的事物，而厚性质的因果特征的实现则局限于特定种类的事物。舒梅克认为，心理性质是厚性质，因为只有蕴涵心理持存条件的那类事物才能够拥有这样的性质。而且厚性质不能通过薄性质得到实现。所以，动物和身体就都被排除在了拥有心理性质的事物之列。然而，需要解释的问题是，人（person）的厚性质如何依赖于为身体、动物和人共同拥有的薄性质？与人分享薄性质的动物不具有心理性质。那么，动物缺少的是什么？我们把什么东西加之于动物的生物性质，就可以得到人所具有的心理性质？舒梅克认为人拥有心理持存条件。那么，人的持存条件不同于动物的持存条件是在于什么？舒梅克通过大脑移植的可能性来设想这个问题。随着一个人的大脑被移植到另一个人的头盖骨之中，这个人也随之转移了。也就是说，在这样的情况下，我们得到的似乎是相同的人，不同的动物。所以人不是动物。安东尼进一步讨论了大脑移植的问题，认为大脑移植的例子不足以支持舒梅克的观点。安东尼提出，我们之所以在直觉上更倾向于将大脑移植者和被移植者看做是连续的，是由于心理性质在我们的自我观念和我们与其他人关系中的支配地位的重要性。[①] 安东尼在同一篇文章中还讨论了舒梅克对由金在权提出的“因果排斥性”问题而引发的可多重实现性质的实在性问题的处理。关于多重实现性质的存在的论证，诉诸特定概念在特定种类生物体（即人类）那里的出现和作用。由于新的因果力不能通过逻辑操作而产生，而且由于必要的东西是概念而非概念所要表达的性质，所以金在权提出应当保留概念，而放弃那些性质。回应金在权挑战的要点是在于，一方面将真正的可多重实现的性质与假的可多重实现性质区分开来；另一方面表明，可多重实现的性质是与真正的因果力相关的。舒梅克正是在这两个方面对金在权的挑战做出了回应。在第一个方面，舒梅克提出了区分真假可多重实现性质的标准。舒梅克认为只有当我们有某种方式至少可以识别出一些真正的性质时，这一标准才是有用的。安东尼指出，舒梅克对其标准的这种限制是成问题的，因为将真正的性质和假的性质区分开来，恰恰是我们要处理的问题。安东尼还提

① 参见 Louise Antony, Realization Theory and the Philosophy of Mind: Comments on Sydney Shoemaker's Physical Realization. *Philosophical Studies* (2010) 148, pp. 89 – 95。

出，“关于我们的概念如何工作的认识事实，为一些可多重实现性质的真实性提供了证据，但是并不构成这些性质”[①]。在第二个方面，即多重实现性质的因果力的方面，安东尼提出，舒梅克关于实现问题的子集理论所带来的一个结果是，高阶性质的因果力必须是每一个实现者的因果力的子集。“但是那意味着对于每一个与心理性质相联系的因果力来说，都必须存在某个那个心理性质的实现者，而且这个实现者也拥有那个因果力。那么，我如何可能在没有察知一个心理性质的实现者的情况下察知这个心理性质？如何可能存在独立于实现的察知？”[②]

金在权在其文章《关于西德尼·舒梅克的〈物理实现〉的思考》中，对“实现”这一概念做了历史考察。与舒梅克将这一概念追溯到普特南1967年的文章《心理谓词》和福多（Fodor）的文章《特殊科学》不同，金在权认为，“实现”这一概念和术语是由普特南在一篇更早的文章《心灵和机器》(1960）中最先提出来的。舒梅克将他关于实现问题的“子集”理论与关于这一问题的标准看法作了比较。在标准看法看来，被实现的性质是由因果角色得到定义的二阶功能性质，而其实现者则是执行那个特殊角色的一阶性质。舒梅克认为标准理论有导致副现象主义的致命缺点，而他的“子集”理论能够避免这个结果。金在权认为，仅仅指出关于实现的二阶理论可以导致不好的结果，并不足以表明这个理论应当被拒斥。根据舒梅克的“子集”理论，性质是由其因果特征得到区分的，而且Q是P的实现者是在于，P的因果力是Q的因果力的一个子集。舒梅克认为，他的“子集”理论能够避免排斥论证的困扰。金在权提出，舒梅克的理论只是在用词上将心理因果性的问题做了转换：“心理性质是否拥有物理因果效力的问题现在被转换为了另一个同等的问题，即心理性质是否拥有物理实现者的问题。”[③]而这带来的问题是，在舒梅克那里，心理性质的因果效力这一本应作为探讨之结论的论题成为一个“起始假定”。金在权还提出，可能的副现象主义的结果，并不能将舒梅克的“子集”理论与标准的二阶理论区分开来，在心理因果性的问题上，这两个理论

---

① Louise Antony: Realization Theory and the Philosophy of Mind: Comments on Sydney Shoemaker's Physical Realization. *Philosophical Studies* (2010) 148, pp. 97－98.

② Ibid., p. 98.

③ Jaegwon Kim, Thought on Sydney Shoemaker's Physical Realization. *Philosophical Studies* (2010) 148, p. 107.

有着相同的命运。金在权还讨论了舒梅克书中所表现出来的物理主义立场。他提出，虽然舒梅克没有明确宣称自己是一个物理主义者，但是根据《物理实现》一书中所阐述的观点，我们有理由将舒梅克看做是一个物理主义者，而且是某种类似于类型物理主义那样的较强的物理主义者。

梅尔尼克（Melnyk）也在这一期的《哲学研究》上发表文章，对舒梅克书中的观点和论证进行了批评性的讨论，特别是讨论了基于舒梅克关于人的人格与人的身体甚至并非个例同一的观点，心理性质如何实现于物理性质的问题。舒梅克将心理性质看做是得到物理实现的性质，梅尔尼克却认为，舒梅克关于每一个人的人格虽然与某个身体的人和某个动物的人恰好一致，但是，人的人格并非同一于任何身体的人或者动物的人的观点，使得关于心理性质如何得到物理实现的问题变得复杂了。①

《哲学研究》2010 年 11 月的第 151 期还发表了瓦尔特（Walter）讨论实现问题的文章。瓦尔特指出，关于心理性质和物理性质之间的实现关系的主张在非还原物理主义那里扮演着重要角色，因为这种实现关系似乎一方面可以确保心理性质的本体论上的自治，另一方面又可以确保这些不可还原的心理性质对因果闭合的物理世界的进程具有一种因果影响。在心灵哲学中长时间没有受到重视的实现关系，近年来通过吉莱特（Gillett）、佩尔邦姆（Pereboom）和舒梅克的工作引起了广泛关注。这些人的工作至少部分地是要以一种非还原的物理主义可以接受的方式解决心理因果性的问题，特别是解决由金在权的因果排斥性论证所提出的问题。瓦尔特对上述工作提出质疑，认为对实现关系的探究并非真正能够有助于解释得到物理实现的心理性质如何可能在因果闭合的物理世界中具有因果效力的问题。他得出的结论是，“虽然近年来对实现关系的本体论性质的兴趣是值得称赞的，认为在本体论的意义上严肃对待实现关系可以有助于我们在心理因果性的问题上取得有意义的进展，却是错误的”②。理解实现关系无

---

① 参见 Andrew Melnyk, Comments on Sydney Shoemaker's Physical Realization. *Philosophical Studies*（2010）148, pp. 113 - 123。关于舒梅克对其批评者的答复，见 Sydney Shoemaker, Reply to My Critics, *Philosophical Studies*（2010）148, pp. 125 - 132。

② 参见 Sven Walter, Taking Realizatoin Seriously: No Cure for Epephobia. *Philosophical Studies*（2010）151, pp. 207 - 226。

助于心理因果性问题的解决。

《综合》杂志2010年的第177期也是一个讨论实现问题的专刊，收集了从不同视角讨论“特殊”科学和生物科学中的实现、解释等问题以及与之相关联的心理神经还原问题的文章。

（二）知觉哲学

1. 关于现象特征的表征论的讨论

表征论（representationalism）主张，知觉经验的现象特征附随于知觉经验的意向内容（或者表征内容）。

20世纪70年代和80年代，关于心理内容的外在论主张开始受到广泛的关注和认可。根据这种观点，思想的内容至少部分地由思想的拥有者所处的外部环境因素决定。20世纪90年代，关于现象特征的表征论开始受到关注。表征论通过经验的表征特征或表征内容解释经验的现象特征。同时，“现象概念策略”也开始成为人们关注的中心。埃里斯（Ellis）认为，当代关于现象概念的研究对于内容外在论和表征论具有重要的意义。然而，关于现象特征的表征论所遇到的一个问题是，这一理论与内容外在论相结合，就会导致关于现象特征的外在论。根据现象特征外在论的观点，两个在物理的方面相同一的个体可以拥有具有不同现象特征的经验。虽然内容外在论已得到广泛接受，现象特征外在论却被许多哲学家看做是不能成立的。因此，表征论遇到的一个问题就是它与内容外在论和现象特征内在论的结合处于一种紧张的关系之中。埃里斯认为，近年来哲学家们对现象概念所作的探讨带来了对这种结合具有重要意义的结果。这些探讨表明，这种结合与关于现象特征的大部分其他看法（包括“感受性质实在论”）也处于紧张的关系之中。埃里斯提出，对现象概念的研究具有重要的意义，这种研究削弱了对表征论的一个主要批评。如果像这些研究所表明的那样，其他关于现象特征的理论也不能与内容外在论和现象特征内在论的结合和谐相处，那么，表征论与这种结合不能相容的事实，就不能构成对表征论的严重威胁。此外，内容外在论与现象特征的内在论不相容，任何一种关于现象特征的理论都不能同时对内容采取外在论的立场，又对现象特征采取内在论的立场。外在论或者对于内容和现象特征都真，或者对于二者都假。想要接受内容外在论和现象特征内在论的哲学家不得不放弃它们之中的一个。还有，感受性质实在论通常与关于现象特征的内在论共存，如果确实如此，埃里斯认为，感受性质实在论本身与内容外在论就处于一种张力之中。埃里斯提出论证表明，内容外在论者也应当接受现象特征外在论。①

约翰（John）也在《哲学研究》第147期上发表文章讨论表征论的观点。表征论将经验的现象性质与经验的表征性质相同一。感受性质理论（qualia theory）的主张者反对这种同一。他们用“感受性质”解释现象性质。约翰提出，表征论和感受性质理论之间争论的焦点，是现象性质是否能够完全脱离开表征性质的问题。他认为，感受性质理论的主张者们没有能够解释经验如何由于例示了感受性质而拥有现象性质，也没有能够说清主体对感受性质的认识上的通达的问题。②

南内（Nanay）发表在《分析》上的文章《注意和知觉内容》讨论了意向论（intentionalism）的观点。南内的讨论主要针对关于特殊感觉形式的意向论，即关于我们的知觉经验的现象性质附随于这些知觉经验的内容的主张。他讨论了新近针对意向论的一系列与注意相关的反例的共同结构：两个知觉经验内容相同但却有不同的现象特征的原因，就在于我们的注意在这两个情形中是不同的。南内提出，这些反例都预设了关于注意的一种不可行的概念，因而这些反例并非构成对意向论的真正挑战。同时，他认为，无论我们对关于意向论的争论是否有兴趣，值得注意的事情是，注意在这些反例中起着十分重要的作用，因为它可以对我们应当如何理解知觉内容做出提示。他提出，知觉内容始终受到注意的影响，注意使得我们的知觉的性质归与更加确定。“注意的变化也会改变归与被感知场景的性质的确定性。”③

斯皮克斯（Speaks）发表在《哲学季刊》第239期的文章《注意和意向论》也讨论了与注意相关的针对意向论的反例。他提出，许多针对意向论的反例可以通过采纳一种关于在知觉经验中得到表征的性质的不受限制的看法而得到避免。但是他认为，有一类基于注意转换的反例不能得到这样的回应。他提出，知觉经验的内容和其现象特征之间的必然联系，

① 参见 Jonathan Ellis，“Phenomenal Character, Phenomenal Concepts, and Externalism”，*Philosophical Studies*（2010）147，pp. 273 – 299。

② 参见 James John，“Against Qualia Theory”，*Philosophical Studies*（2010）147，pp. 323 – 346。

③ Bence Nanay，“Attention and Perceptual Content”，*Analysis*，Vol. 70，Number 2，April 2010，p. 269.

可以通过将知觉现象和注意现象区分开来得到保留。但是即使这一区分是可行的，这些例子也对现象特征可以通过心理表征得到解释的论题形成了压力。主体注意力的转换对意向论提出了问题。要解释与注意的转换相伴随的现象差异，意向论者就必须对知觉现象和注意现象作出区分。但是，即使这样的区分有助于最小意向论（minimal intentionalism）的辩护，完全意向论（global intentionalism）仍然面临注意状态的现象特征是否能够通过这些状态的内容得到解释的问题。如果对这个问题的回答是否定的，那么完全意向论就是错的，现象特征就不能通过表征内容得到解释。①

2. 关于析取主义（disjunctivism）的讨论

20 世纪 80 年代，麦克道尔（McDowell）和斯诺敦（Snowdon）提出了关于知觉经验的析取主义理论，随后这种理论在心灵哲学中产生了一定影响。根据传统的看法，一个知觉和一个与这个知觉在主观的方面没有分别的错觉（illusion）和幻觉（hallucinaiton），尽管在与外部环境的关系上不同，但却是相同类型的心理状态。而在析取主义看来，经验的概念应当被看做是析取的，被看做至少包含两类不同的心理状态，即真正与世界相关的知觉和单纯的现象（appearance）。《哲学探索》2010 年第 3 期发表了一组关于析取主义的专题讨论文章。其中有两篇批评析取主义的文章和两篇辩护析取主义的文章。

多施（Dorsch）和康达克特（Conduct）的文章对析取主义作出了批评。多施的文章批评了由马丁（Martin）提出的关于知觉经验的析取主义。马丁提出的析取主义是他针对意向论辩护“朴素的”或者直接的知觉实在论的一部分。马丁提出意向论不能对知觉的透明性和非中立性作出充分的解释。多施进一步讨论了马丁的析取主义，从一个新的角度提出这一理论是成问题的，他认为建立一种能够包容想象中的经验的透明性和非中立性的意向论是有可能的。康达克特的文章讨论了马丁析取主义的另一个方面的问题。马丁辩护的是康达克特称之为“极端析取主义”的观点。这种观点所导致的一个结果是，在主观上与真正的知觉不可区分是知觉经验的充分必要条件。康达克特对这一理论提出了两方面的质疑：一方面，他认为存在着在主观上可以与相应的知觉相区别的幻觉经验；另一方面，他提出存在着主

① 参见 Jeff Speaks，“Attention and Intentionalism”，*The Philosophical Quarterly*，Vol. 60，No. 239，April 2010，pp. 325 – 342。

观上与知觉不可区分但却不是知觉经验的经验。他的结论是，如果朴素实在论要求极端析取主义，那么我们就应当放弃朴素实在论的立场。

索特里欧（Soteriou）和麦克道尔的文章为析取主义作了辩护。索特里欧的观点是，真正的知觉是关系的，即与对象相关的，而这种与对象相关的方式是不能由意向论所包容的，因而关于知觉经验的析取论解释是有意义的。麦克道尔提出的析取论受到意向论和其他表征论者的批评。柏芝（Burge）提出，析取论与脑科学和认知心理学领域中的经验发现与理论是不相容的。他认为，这些领域中的工作恰恰证明了析取论所否定的东西。这些领域中的工作表明，在真正的知觉与相应的错觉和幻觉之间存在着相关的解释上共同的心理状态类型。麦克道尔提出，他从来不曾否定知觉与错觉和幻觉之间存在共同的心理状态的类型。他认为，析取主义所反对的，是从知觉经验的可错性而进行一种错误推论，即从知觉经验的可错性，推论出知觉经验不可能为关于事情是如我们所感知的那样的信念提供可靠根据。析取主义所表明的，是从错觉和幻觉不能提供信念的可靠根据，不能推出真正的知觉也不能提供我们关于所感知环境的信念的可靠根据。麦克道尔还回应了柏芝对析取主义的另一个批评，即析取主义似乎否认我们与其他非理性动物共有知觉能力。麦克道尔通过将知觉的概念框架和在经验科学中所使用的那种知觉系统的概念框架相区分，来回应柏芝的批评。①

史密斯（Smith）在《哲学与现象学研究》发表的文章《析取主义和错觉》，讨论了析取主义如何解释错觉的问题。史密斯提出，在析取主义那里，经验被分为两种类型，在经验的一端是与世界中的实在对象相关的真实知觉，这是"好"的情况；而在经验的另一端是不涉及经验主体对真实对象的觉知的幻觉，这是"坏"的情况。幻觉与真实知觉有时在主观上是无法区分的。史密斯认为，错觉的问题是一个被析取主义者在某种程度上忽略了的问题。虽然大部分析取主义者都会提及错觉，而且，他们主要关注是否应当将错觉看做经验析取的好的或坏的析取项的问题，但是他们大部分的细致讨论所涉及的都是幻觉的坏的析取项的情况。史密斯提出，至少某些种类的错觉不能为一种有影响的析取主义形式所包容。他探讨了析取主义的其他形式，以及错觉应当被看做好的还是坏的析取项的问

---

① 参见 *Philosophical Explorations.* Vol. 13, No. 3, September 2010, pp. 169 - 255。

题。他认为，就错觉也是知觉（与环境中的真实对象相关）而言，它们与真实的知觉都拥有好的特征。然而，就它们是错觉而言，它们又在某种意义上是“坏”的。史密斯提出了论证支持斯诺敦的看法，将错觉定位在好的析取项一边。他认为，对错觉的不同定位具有重要的哲学意义。①

（三）意识问题

1. 主观经验概念研究

赛斯马（Sytsma）和马切里（Machery）提出，哲学家和普通人拥有两种不同的关于现象意识的概念。哲学家将意识经验看做包括诸如看见红色和感受疼痛这样的多种多样的心理状态，认为这些心理状态拥有某种共同的东西，即它们都是现象的，它们拥有处于这些心理状态“像是某种东西”的性质。他们提供了实验证据，表明普通人并非以这种方式理解主观经验。他们还通过实验研究考察了普通人的现象意识观念。他们认为，在普通人那里，主观经验是与“乐值”（valence）紧密联系的。他们提出，“心理状态具有乐值当且仅当它们对于主体具有享乐价值（hedonic value）。也就是说，心理状态具有乐值当且仅当它们是令人愉快的（这样它们就有正乐值），或者是令人不快的（这样它们就有负乐值）”②。因此，普通人对主观经验状态所作的区分，是在具有乐值的状态、不具有乐值的状态和既具有乐值也具有重要的知觉成分的状态之间作出的。他们还讨论了他们所发现的普通人与哲学家关于主观经验的观念之间的差别的哲学意义，即与意识的难问题相关的意义。他们对将关于现象意识的哲学观念看做构成了大众心理学的一部分的主张提出质疑，并且提出，他们关于普通人现象意识观念的研究结果表明，意识研究中是否真的有一个难问题需要解决也是存在疑问的。“如果普通大众并非认为诸如看见红色和感受疼痛这样的状态是现象的，那么，说现象意识是核心的和明显的就并非可信了。”③

2. 关于反对物理主义的一些论证的反思

《意识研究杂志》发表了布朗（Brown）的文章，讨论反对物理主义

---

① 参见 A. D. Smith，“Disjunctivism and Illusion”，*Philosophy and Phenomenological Research*，Vol. LXXX No. 2，May 2010，pp. 384 -410。

② Justin Sytsma & Edouard Machery，“Tow conceptions of Subjective Experience”，*Philosophical Studies*（2010）151，p. 300.

③ Ibid..

的先天论证。布朗提出，反对物理主义的先天论证并没有真正揭示出物理主义的问题，这些论证犯了循环论证的错误，因为这些论证要求预设感受性质的非物理性。布朗提出了反向无心人论证和反向知识论证。他认为，先天论证是反对物理主义的论证，但是也同样可以有反对二元论的先天论证。这些论证的前提在直觉上都是可行的，而且正向和反向的情景不可能都是理想的可设想的。解决问题必须诉诸经验的方法。①

查尔默斯（Chalmers）提出，我们有理由设想意识在自然中占据基础的位置。在查尔默斯看来，基础物理学向我们揭示的世界完全是一个结构性的世界，它不是一个由事物构成的世界，而是一个由关系构成的世界。关系只能解释进一步的关系，而意识却不仅仅是一种关系。蒙特罗（Montero）将查尔默斯的这个论证称为“反对物理主义的结构论证”。蒙特罗提出，有一种他称之为“罗素式物理主义”的关于心身关系的观点，这种观点与查尔默斯结构论证的前提相一致，却并不表明意识在自然中占据基础的位置。②

（四）自我知识及其权威性

《哲学与现象学研究》2010 年第 3 期发表了一组讨论比尔格兰米（Bilgrami）的《自我知识与怨恨》一书的文章。比尔格兰米在书中讨论了人们对诸如关于信念和欲望这样的意向状态的自我知识的特许通达（privileged access）的直觉，并且提出如果我们承认四种不同的观念即价值、能动性、意向性和自我知识之间的紧密而不可缺少的联系，特别是承认人的能动性和人类行动者的意向状态的不可还原的规范性质，这种直觉就可以具有哲学的意义。否则，自我知识与其他形式的知识之间可能就只有程度的不同，而没有根本的区分。他说，“只有当我们将自我知识嵌套在一个宽广得多的整合了……大的哲学主题的框架之中，自我知识才是独一无二的”③。诺莫尔（Normore）同意比尔格兰米的观点，即我们是规范

① 参见 Richard Brown，“Deprioritizing the A Priori Arguments Against Physicalism”，*Journal of Consciousness Studies*，Vol. 17，numbers 3－4，2010，pp. 47－69。

② 参见 Barbara Montero，“A Russellian Response to the Structural Argument Against Physicalism”，*Journal of Consciousness Studies*，Vol. 17，numbers 3－4，2010，pp. 70－83。

③ Akeel Bilgrami，“Précis of Self－Knowledge and Resentment”，*Philosophy and Phenomenological Research*，Vol. LXXXI No. 3，November 2010，p. 765.

性的存在，规范性的和意向性的东西不能被还原为非规范性和非意向性的东西，能动性的观点和科学的观点是不相同和不可通约的。但是，诺莫尔对比尔格兰米诉诸摩尔－克里普克（Moore－Kripke）论证和关于一些特定术语（如“善”）必须拥有弗雷格式含义的论题而对这一观点所作论证的力度持怀疑态度。①

鲍德温（Baldwin）也对比尔格兰米的《自我知识与怨恨》做出了评论。鲍德温同意比尔格兰米的结论，即我们对自己的恰当理解要求我们将自我知识整合进我们的能动性的能力之中，并且认识到这种能力不能被统摄进由自然科学所提供的关于世界的理解之中，尽管我们有一些其他的方面是可以通过后一种方式得到理解的。比尔格兰米认识到，他所采纳的是一种关于自我的二元论解释，一方面我们是理性行动者，另一方面我们是受到其结果可能并非为我们所知的自然原因作用的动物。由于二元论在历史上屡受攻击，比尔格兰米试图表明他的二元论是“视角”二元论（第一人称对第三人称视角），不同于笛卡儿式的心身二元论，因而可以免受笛卡儿式二元论所受的攻击。鲍德温对这一点提出质疑。他提出，比尔格兰米将他的立场与笛卡儿的立场相区分是对的，但是，他的二元论立场也内在地存在严重的问题。比尔格兰米的视角二元论主张，关于一个人的身体和心灵的第三人称科学事实，不能被结合进这个人关于他自己作为具身行动者的第一人称视角之中。鲍德温提出，只需一点点身体和心理方面的疾病和伤残的经验就可以表明，这种视角的分离包含了一种完全不可理解的异化。他认为，尽管比尔格兰米关于自我知识的构成性看法是正确的，他的二元论却没有出路，因此需要一个能够将第一人称现象与对由自然科学所提供的第三人称理解的认可和对诸如我们的反应态度之类的现象意义的承认结合起来的新方案。②

《哲学与现象学研究》2010 年第 1 期发表了里德（Reed）的文章《自我知识与理性能力》。里德在文章中讨论了关于自我知识权威性的理性能动性观点（rational agency view）。他认为这种理性能动性观点

① 参见 Calvin G. Normore，“Fool's Good and other Issues：Comments on Self－Knowledge and Resentment”，*Philosophy and Phenomenological Research*，Vol. LXXXI No. 3，November 2010，pp. 766－772。

② 参见 Thomas Baldwin，“Comments on A. K. Bilgrami's Self－Knowledge and Resentment”，*Philosophy and Phenomenological Research*，Vol. LXXXI No. 3，November 2010，pp. 773－782。

的核心是一个构成性论题，即一个行动者的自我知识的权威性来自行动者的一阶意向状态和他关于这个一阶意向状态的二阶判断之间的构成性关系。人们一般认为这种构成性关系的成立是因为行动者拥有的理性能力。里德提出，在不存在这种一阶意向状态和关于这些意向状态的二阶判断之间的构成性关系的情况下，我们也可以拥有自我知识。他认为，对这一事实的认识构成了对那种理性能动性观点的重要挑战。[①]

（五）行动哲学

2010年行动哲学讨论的热点问题包括行动的解释、行动的意图、行动的能动性和矛盾心理（ambivalence）问题等。

1. 因果理论和行动解释

在行动解释的方面，因果理论是讨论的一个热点。在近几十年行动哲学的研究中，关于行动的因果理论一直受到因果偏离问题的困扰。在戴维森（Davidson）的行动理论中，信念、欲望等心理状态作为行动的理由也是行动的原因。然而，这一因果论的主张受到一系列因果偏离反例的挑战。批评者认为，无论我们把什么样的因果要素看做行动的充分必要条件，我们都可以发现这些因果要素所引起的可能并非真正的行动，而只是单纯的身体运动。施洛瑟（Schlosser）曾经基于关于心理状态和事件因其内容而具有因果效力的假定，而提出了一个对因果偏离问题的解决方案。[②] 他提出，如果我们要求行动的先行心理状态由于其意向内容而引起和解释行动，因果偏离的问题就不会出现。对于人们基于因果链条上的中间环节而对这一解决方案提出的批评，施洛瑟在《分析》杂志2010年第2期发表文章提出，这一批评混淆了两个解释层次。在较低级的解释层次，实现行动之心理因果关系的链条是极为复杂的，而在意向解释的层次，我们只能识别出诸如意图、行动、焦虑不安等心理状态。行动的心理因果关系只发生

---

① 参见 Baron Reed，"Self - Knowledge and Rationality"，*Philosophy and Phenomenological Research*，Vol. LXXX No. 1，January 2010，pp. 164 - 181。

② 参见 Markus Schlosser，"Basic Deviance Reconsidered"，*Analysis* 67，2007，pp. 186 - 194。

在常识心理学的层次。[①]

《哲学与现象学研究》第3期发表的克拉克（Clarke）的文章《熟练的活动和行动的因果理论。也讨论了因果论的问题。克拉克提出，诸如剃须或者跳舞这样的熟练活动与行动，哲学家们热衷讨论的行动的例子有重要的不同。一些行动的因果理论的批评者认为，这样的熟练活动使行动的因果理论陷入困境，因为因果理论所要求的作为行动先行原因的心理状态，在这样的熟练活动中通常是不出现的。克拉克讨论了因果理论如何能够扩展至这样的熟练活动的情况，并且针对因果理论在这方面所受的批评，为因果理论做出了辩护。克拉克的辩护强调了意图对行动的引导。他提出，拥有一种行为倾向部分地是在于拥有特定的存储的表征，包括当这个行为倾向表现出来时被激活的运动图式。而且，无论这样的运动图式是否出现在意图的内容之中，能力的行使都要求当下导向的意图必须出现。因果理论的批评者都不能表明，因果理论对意图在意向行动（包括作为熟练活动的一部分的意向行动）的产生中所起的重要作用的坚持是错误的。[②]

德·布鲁因（de Bruin）和斯特里博斯（Strijbos）讨论了由理论论者和认知主义的模拟论者所提出的第二和第三人称行动解释的信念—欲望模型。这些理论主张，行动的解释是在于对反映形式上有效的实践推论结构的适当的信念—欲望的归与。德·布鲁因和斯特里博斯提出，这个信念欲望模型的基础是一个缺少根据的假定，即假定行动的解释者只能通过推论才能达及行动者的行动的实践情境。他们提出了一种不同的行动解释理论。在他们看来，解释者可以从关于一个共享的实践情境的假定开始，然后在这一假定受到阻碍的情况下开始进行理由对话。也就是说，在很大的程度上，实践情境是为行动的解释者和行动者所共享的。当行动者的行动开始令解释者感到疑惑时，解释者所能够采取的最有效的策略就是与行动者开始一个对话。他们提出了一种对理由对话之后的心理过程所进行的描述性解释，这种解释无须诉诸信念—欲望的相关原理。由此他们提出，通

① Markus E. Schlosser, "Bending It Like Backham: Movement, Control and Deviant Causal Chains", *Analysis*, Vol. 70, Number 2, April 2010.

② 参见 Randolph Clarke, "Skilled Activity and the Causal Theory of Action", *Philosophy and Phenomenological Research*, Vol. LXXX No. 3, May 2010, pp. 523 - 550。

过理由解释他人的行动，并不是一个遵循形式上有效的实践三段论的原理的过程，而是在进行由于共享实践世界而正确的实践的实质推论。[①]

2. 行动的能动性和矛盾心理问题

弗莱明（Fleming）讨论了法兰克福（Frankfurt）和威勒曼（Velleman）的行动能动性思想。法兰克福将人的能动性最终归结为关切的能力，而威勒曼则在我们的一种特殊认知能力，即实践的自我知识能力之中理解人的能动性。弗莱明认为法兰克福和威勒曼的理论都有可取之处，并且提出我们应当对能动性的问题采取一种多元的研究进路。弗莱明提出，当我们完全拥有一种我们不再有能力有意识地对我们是否对其付诸行动进行控制的动机时，我们就明显地拥有一种为能动性所特有的能力。[②]

矛盾心理问题也是2010年讨论的一个话题。斯温德尔（Swindell）在《哲学探索》第1期发表了题为《矛盾心理》的文章。他提出，矛盾心理对于行动哲学研究而言是一个重要现象。然而，在行动哲学的研究中对这一问题却一直缺少令人满意的分析。尽管许多当代哲学家曾经讨论过与这一现象相关的问题，却只有法兰克福在其行动理论中对这一现象作出过充分的讨论，即讨论它与意志的结构和意志自由的关系。斯温德尔对法兰克福的分析提出质疑，认为法兰克福的分析中包含关于意愿（willing）和识别（identifying）的严重歧义。在对法兰克福的理论进行批评的基础上，斯温德尔提出了一种可以避免法兰克福的分析所陷入的困难与歧义的方案。斯温德尔将矛盾心理与其他类型的内部冲突进行了区分，并且对矛盾心理现象作了概念性的澄清。他希望在这样的基础上，我们可以进行关于矛盾心理的优缺点的讨论，以及关于矛盾心理对于自主行动的作用和解决矛盾心理的方法的讨论。[③]

《哲学探索》第3期还发表了波尔特拉（Poltera）的题为《矛盾心理

---

① 参见 Leon C. de Bruin and Derek W. Strijbos, “Folk Psychology without Principles: An Alternative to the Belief - Desire Model of Action Interpretation”, *Philosophical Explorations*, Vol. 13, No. 3, September 2010, pp. 257 - 274。

② 参见 Patrick Fleming, “A Pluralistic Approach to Paradigmatic Agency”, *Philosophical Explorations*, Vol. 13, No. 3, September 2010, pp. 307 - 318。

③ 参见 J. S. Swindell, “Ambivalence”, *Philosophical Explorations*, Vol. 13, No. 1, March 2010, pp. 23 - 34。

是行动者方面的缺陷吗?》的文章，讨论法兰克福和威勒曼关于矛盾心理问题的争论。法兰克福认为矛盾心理必然对自主性构成威胁，因而将它看做行动者方面的缺陷，认为我们需要解决矛盾心理的问题。而威勒曼不同意这一主张。他认为当解决矛盾心理的欲望造成了压抑的时候，这种欲望就对自主性构成威胁。波尔特拉提出，矛盾心理和自主性之间的关系比法兰克福和威勒曼所想到的要更加复杂。波尔特拉集中讨论了两个相关的问题。第一，他认为在法兰克福关于矛盾心理的处理中存在一种张力，因为他在讨论的不同阶段使用了两种不同的关于自主性的观念。这表明，在法兰克福那里，自主性与矛盾心理的关系问题并非像它初看起来那么清晰。第二，他讨论了威勒曼和法兰克福的相关主张的差异。波尔特拉提出，尽管法兰克福和威勒曼捕捉到了矛盾心理问题的重要性，但是，矛盾心理并非必然构成对自主性的威胁。他提出我们需要根据具体情况来对矛盾心理是否对自主性构成威胁的问题作出分析，这样的分析需要考虑三个相关特征，即当时的具体情境，行动者关于矛盾心理的第一人称经验，以及行动者的矛盾心理与其社会环境之间的联系。①

3. 行动的意图

近年来一些实验哲学的研究揭示出人们关于有意图行动的判断的不对称性。这使得许多哲学家认为，规范性因素不恰当地影响着关于行动意图的判断。斯瑞帕达（Sripada）提出并辩护了关于有意图行动的判断的“深层自我模型”，并且认为这一模型对那些判断的不对称性给出了一种完全不同的解释。他的深层自我模型的基础是这样一个观念，即人们会对行动者心理的两个部分作出一种直觉的区分，即区分出一个包含欲望、手段—目的信念和作为行动者行动的直接因果来源的意图的“行动着的自我（Acting Self）”和一个包含行动者稳定的和核心的心理态度（包括行动者的价值观、原则、生活目标，以及其他较基础的态度）的“深层自我（Deep Self）”。根据深层自我模型，当要求人们作出关于一个行动者是否有意图地做出行动的判断时，人们除了使用传统模型的标准以外，还会使用一个“融洽标准”，即考虑行动的结果是否与行动者深层自我的心理态度相融洽的问题。斯瑞帕达认为，深层自我模型能够对实验哲学中讨论的

① 参见 Jacqui Poltera, “Is Ambivalence an Agential Vice?” *Philosophical Explorations*, Vol. 13, No. 3, September 2010, pp. 293 - 305。

判断对称性的复杂模式作出解释。①

毕比（Beebe）和瓦尔特（Walter）报告了与他们先前所做的实验研究相关的涉及知识归与的新实验研究的结果。行动的“副结果”（side - effect）是近期实验哲学中广泛讨论的概念。诺柏（Knobe）等人的研究表明，与人们将一个行动的副结果看做是善的相比，当他们将其看做是恶的时，他们往往更倾向于认为这个副结果的产生是有意图的。毕比和瓦尔特的实验研究进一步表明，行动的副结果的善恶会影响人们对行动者是否知道其行动会带来这个副结果的判断。当行动的副结果是善的而不是恶的时，实验中的被试认为行动者知道其行动会带来那个副结果的可能性就较低。毕比和瓦尔特进一步提出，这些发现对近期知识论中关于知识与行动的关系的争论具有重要的意义。②

（田平）

三　科学哲学

通过汇总从《英国科学哲学杂志》(*British Journal for the philosophy of science*)、《哲学杂志》（*Journal of philosophy*）、《科学哲学》（*Philosophy of science*）、《生物学与哲学》(*Biology and Philosophy*）以及《综合》(*Synthesis*）等重要的国外学术期刊中共收集到50多篇科学哲学研究的文献，我们基本上可以认识到国外科学哲学研究在过去一年中取得的主要进展。下面从一般科学哲学研究的几大基本问题、物理学哲学和生物学哲学以及新书的评介等方面进行具体介绍。

（一）一般科学哲学研究

1. 科学发现的逻辑

科学发现的过程（概念—判断—推理—论证）就是认识不断发展的过程，而认识的终极目标是为了发现真理，真理的阐明又依赖于一定的解

① 参见 Chandra Sekhar Sripada，“The Deep Self Model and Asymmetries in Folk Judgments about Intentional Action”，*Philosophical Studies*（2010）151，pp. 159 - 176。

② 参见 James R. Beebe and Wesley Buckwalter，“The Epistemic side - Effect Effect”，*Mind & Language*，Vol. 25，No. 4 September 2010，pp. 474 - 498。

释方法。大卫·格拉斯（David H. Glass）在《综合》（2010年10月版）上专门就最优解释与真理之间的复杂关系进行了论述。

他在《关于最优解释的推断：它能追寻真理吗？》[1]一文中对最优解释推断（Inference to the Best Explanation，IBE）所涉及的各种方法进行了比较分析，以求发现追寻真理的可能性方法。具体来讲，在文章中，作者应最优解释的要求，借用了自己先前在其他文章中所区分的两个部分，即"关于什么构成了一个解释的阐述"和"对具有竞争力的解释进行比较的适宜的方法论"，并从两个方面加以展开：一是证实方法和部分重叠一致性方法（Overlap Coherence Measures，OCM）被认为是具有可能性的替代方法；一是计算机模拟实施的检测作用。

在以最优解释著称的推断形式中存在着各种各样的分析方法，比如有直接从贝叶斯定理导出的简单方法（范·弗拉森对此加以攻击）、最可能解释法（the Most Probable Explanation，MPE）、证实法、OCM法等，此文试图寻找一种能够充分认识到"最优解释意味着什么"的方法。由此在一系列设想中人们试图对以可利用证据为基础的假设进行甄别，但是怎样从证据进行推断呢？作者先从直觉上可信的推理模型入手进行分析说明，紧扣其遗留问题，一步一步追问，以至提出了文章的核心论题——IBE能够追寻真理吗（通俗讲，就是最优解释与真理之间的联系是什么）？

此外，在文章的第三部分作者运用计算机模拟对部分方法进行了检测，指出在一定意义上用最具可能性的既有证据的解释来简单确定何为最优解释的MPE法是一种来源于归纳层面的理想化产物，他认为这一方法会给最优解释带来麻烦，根本无法提供充分的说明。然而，通过将其他方法与之比较，发现IBE的不同实施方法可能会阐明如何能够顺利地追寻真理，这就引出了作者声称会更加令人信以为真的OCM法（通过使用部分重叠一致性方法来确定最优解释），并在计算机模拟中说明该方法可能会更好地完成IBE优先可能性分布中存在的不确定性问题。

总的来看，IBE的目标就是为了给出关于最优解释的说明，并从概念上区分于"最可能的解释"，进而从解释与真理的关系角度来解答科学发现的逻辑问题。

---

① David H. Glass. "Inference to the best explanation: does it track truth?" *Synthese*, Novermber 2010, pp. 1 - 17.

2. 科学理论的结构（涉及还原论、科学解释以及科学合理性等问题）

科学理论作为科学哲学核心问题之一，有着复杂的结构和运作机制，可以说得到越来越多科学哲学家的关注。比如说，以构造性自然观为主体的近代科学理论观，结构主义的科学理论观，范·弗拉森语境下的科学理论观等。

利亚·亨德森（Leah Henderson）等人由于受到数学领域中分层贝叶斯模型（Hierarchical Bayesian Models，HBMs）的启发，在《科学理论的结构和机制：分层贝叶斯视角》[①] 一文中，转而实现了对科学理论的数学分层式认识。HBMs是在分层结构假设空间中提出的一种关于贝叶斯定理推断的说明，具有库恩传统中描述的特征。在许多案例中，科学理论被视为一个分层结构，比如库恩、拉卡托斯、劳丹等科学哲学家分别使用"范式"、"研究纲领"、"研究传统"来指称理论的高层次结构，以求通过定性的方式对不同理论层次之间的相互作用加以研究。在贝叶斯定理的视角下，作者们在第4、5、6部分系统地对HBMs的功能进行了多角度的说明：HBMs可以认识科学理论评价的必要特征；有助于了解因果关系，为不同层次的理论变化提供一个规范的模型；有利于澄清高层次理论变化是如何由低层次的证据所引起的；同时也能说明为什么逻辑上较强的或简单的理论总是为科学家所青睐……此外，作者们还指出HBMs帮助解决了一些贝叶斯定理的特定问题，比如对简单性的科学喜好以及新理论的问题等。

关于科学解释层面的分析，我们可以从布拉德（Brad Weslake）的《解释的层次性》[②] 一文中加以了解。这篇文章主要是在基础主义关于自主性消极论述的基础上，巧妙地回归了自主性的合法地位，将其作为解释层次性说明的工具，可以说这是在后现代语境下对非基础科学进行的一次公正评判。基础主义最早是由普特南提出的，他主张一切人类知识都必须有某种可靠的理论基础，即所谓的阿基米得点，在这种观点的指引下，自主性无法说明解释深度的普遍性维度，无法说明非基础科学可以提供更进

---

① Leah Henderson, Noah D. Goodman, Joshua B. Tenenbaum, and James F. Woodward. "The Structure and Dynamics of Scientific Theories: A Hierarchical Bayesian Perspective", *Philosophy of Science*, Vol. 77 (April 2010), pp. 172 – 200.

② Brad Weslake. "Explanatory Depth", *Philosophy of Science*. Vol. 77 (April 2010), pp. 273 294.

一步的解释，也不能说明存在着不能被物理学解释却可以被非基础科学解释的现象。为此，此文作者反其道而行之，以其反基础主义的立场对解释的层次性进行了剖析，指出与基础物理学提供的解释相比，非基础科学可能会提出更深层次的解释，并把能够为普遍性确定合理形式的抽象性作为解释层次性真正维度。具体来说，主要是借助于自主性的信息说明和抽象说明的对比分析来肯定非基础科学在论述解释层次性方面的重要地位。

一般来说，理论建构需要实验研究来验证，实验在科学推断中的作用问题一直存在于科学哲学的问题集合之中。在《实验和理论建构》[①] 一文中，莉迪亚·巴顿（Lydia Patton）审查了实验在理论建构中的推断作用，并凭借“当面对与既有理论相冲突的实验结果时，对于科学家团体而言什么是开放性选择?”这一内含的难题开启了全文。关于实验与理论之间的哲学关系这一问题，作者分析了实在论（普特南等）与建构论（库恩、范·弗拉森等）之间的争论，并在此基础上指出双方也应该在一些一般问题上达成一致，这也是近年来关于这一对立问题的基本研究路径，即试图在二者之间形成一种中间立场。

在文章的第二部分，依据阿兰·富兰克林（Allan Franklin)(1993)对科学理论证实的内容与科学理论追求的内容的区分，作者强调了科学家必须认识到理论证据支持与解决问题能力的重要性，说明只有了解新证据不会被理性判定的原因时，才能做出所谓的“开放性选择”，继续前行。然而，并非所有科学问题都能通过评价证据的支持得到解决。由此，该文章最后加以概述：如果一个理论能够解决一些基本问题并能引导自身继续发展，这个理论就可以被证实；对新的或修正的理论的追求会逐渐解决结果不一致的问题。

此外，埃里克·希德勒斯顿（Eric Hiddleston）的《还原论与微观—宏观镜像论题》[②] 还对还原论论证中的形而上学假设等问题进行了阐述。

3. 实在论与反实在论

当代科学哲学面临着重重困境，其中实在论与反实在论之争是一个极为繁杂的因素，二者的争论直接导致后现代科学的出现，“解铃还须系铃

① Lydia Patton. “Experiment and theory building”, *Synthese*, August 2010, pp. 1 – 12。

② Eric Hiddleston. “Reductionism and the Micro – Macro Mirroring Thesis”, *Synthese*, July 2010, pp. 209 – 226.

人”，我们仍需从二者的争论中寻找解决问题的突破口。通过仔细阅读2010年国外科学哲学文献中的相关文章，我们可以获得重要的启示，其中，值得一提是塞洛西（Stathis Psillos）的《科学实在论：柏拉图主义与唯名论之间》。

文章中主要讨论了唯名论意义上的科学实在论（Nominalistic Scientific Realism，NSR），主要借助不可或缺性论证（indispensability arguments）和来自抽象实体的因果惰性的论证（arguments from the causal inertness of abstract entities）来说明科学实在论的力量，特别是“无奇迹的论证”（The No - Miracles Argument）[①] 的力量。前一个论证对由科学理论真理产生的数学实在性进行了辩护，说明存在诸多使特定理论为真的原因；而后一个论证则指明如果数学实在性被承认，那么作为科学理论真理的“无奇迹的论证”的力量就会被削弱，进而为唯名论意义上的科学实在论的出场做好了铺垫。作者还进一步指出，尽管可以把唯名论意义上的科学实在论想当然地视为一个清晰的、尚可解释的概念，但比起科学理论的充分真理性，唯名论意义上的科学实在论还不能为科学成功提供一个更好的解释，这也说明关于“无奇迹的论证”更为微妙的阐述是极为必要的。

4. 科学方法与进步（经验主义、归纳演绎、最优化方法等问题）

鲁道夫·卡尔纳普（Rudolf Carnap）的《世界的逻辑构造》可以说将经验主义贯彻到了登峰造极的地步，他作为维也纳学派的重要成员，其逻辑经验论思想在西方哲学界产生了深远的影响。其中，当代著名学者罗伯特·哈德森（Robert Hudson）以历史逻辑的视角对其核心思想进行了阐发。基于约定论依赖于经验主义者的可接受性条件，以及哥德尔对卡尔纳普约定论的否定性态度，罗伯特·哈德森在《卡尔纳普：宽容原则以及经验主义》[②] 中指出，约定论一经采用，就会与其第二套不完整性定理相冲突，但是通过宽容原则，卡尔纳普确实承认了一个经验性要求。所谓宽容原则，就是在逻辑上不存在道德，每一个人都可以按自己的意愿自由地建立自身的逻辑以及自己的语言形式。也正是由于经验性的原因，卡尔

---

① 注：“无奇迹的论证”是科学实在论者在支持其立场时最津津乐道的论证，具体论证可参见 Greg Frost - Arnold，“The No - Miracles Argument for Realism：Inference to an Unacceptable Explanation”，*Philosophy of Science*，2010（77），pp. 35 - 58。

② Robert Hudson. “Carnap，the Principle of tolerance，and Empiricism”，*Philosophy of Science*，Vol. 77（July 2010），pp. 341 - 358.

纳普决定在特定理论论题上保持中立或宽容态度，这也就是这篇文章的核心旨意。

在科学哲学的发展历程中，最为常用的科学方法当属归纳和演绎了，几乎每年国内外都有大量的知名学者对其进行研究、论述。丹尼尔·斯蒂尔（Daniel Steel）在《认识论价值与来自于归纳风险的论证》①文章中就将认识论问题与归纳问题结合起来进行了分析。一般而言，对于价值中立的科学理想来说，来自归纳风险的论证是最为激烈的挑战之一，并且由于认识论价值与非认识论价值之间的区分经常被用来支持价值中立思想，由此，来自归纳风险的论证必须对二者的区分持一种否定态度。但是，作者却认为这种假设被误用了，并对认识论价值的特征和作用进行了详细说明，具体来讲，认识论价值独特的特征就是其或内在地、或外在地促进了真理的获得，使得从科学判断中非认识论价值的不合理性中分离出了正当合理性，从而捍卫了来自归纳风险的论证。

此外，安吉拉·波托奇尼克（Angela Potochnik）在《解释的独立性与知识的依赖性：关于最优化方法的案例研究》② 一文中也对科学方法进行了具体说明，这篇文章包括引言及其另外的三部分内容。其中，引言主要阐述了最优化方法和它的诋毁者及其反还原论的关系，剩下的三部分则分别从解释的独立性、知识的相互依赖性以及二者的平衡这三个方面进行了说明。

5. 科学哲学领域中的新兴问题

科学实践哲学的目标在于以实践为基础，批判性地对科学观察进行描述和评价，社会建构论（social constructivism）被普遍地认为是对这一批判的反驳。而梅琳达·费根（Melinda B. Fagan）却认为社会建构论中关注知识确定性的观点实则可能是科学实践批判性知识的基础所在，而反对SCj的规范性原因却不可能成为基础性的东西。由此他在《重谈社会建构：认识论和科学实践》③ 一文中指出了一条新路径，就是将社会建构论

---

① Daniel Steel. "Epistemic Values and the Argument from Inductive Risk", *Philosophy of Science*, Vol. 77 (January 2010), pp. 14 - 34.

② Angela Potochnik. "Explanatory Independence and Epistemic Interdependence", *A Case Study of the Optimality Approach*. Brit. J. Phil. Sci. 61 (2010), pp. 213 - 233.

③ Melinda B. Fagan. "Social Construction Revisited: Epistemology and Scientific Practice", *Philosophy of Science*, Vol. 77 (January 2010), pp. 92 - 116.

放置在社会行动理论这一普遍框架之中，这一分析性框架可以用来解释知识内含于科学实践之中。可见作者不是为了创造新理论，而是别出心裁地将社会建构论重新拉回到了科学实践哲学的舞台之上，将认识论与科学实践紧密结合在了一起。在这里，社会建构主义起到了工具性作用。

复杂性科学、认知科学和心灵哲学的兴起和发展，使“突现”日益成为科学家和哲学家的一大兴趣点。一般来说，如果一个属性不能被低层次构成属性所解释，那么该属性就是突现的。但是桑德拉·米切尔（Sandra D. Mitchell）在《突现论：逻辑的、功能的以及动力学的》[①]一文中指出这种方法不能对复杂系统科学解释中普遍存在的突现种类产生意义，突现的标准概念假定了错误的二分法，不能展现引起突现属性的、表达下向因果性（downward causation）的动力学过程的种类。由于金在权（Jaegwon Kim）是现代突现论的先驱人物，故文章从金在权的分析入手，层层递进，转而详细论述了科学突现论的观点。同时，关于突现论的哲学问题也可参阅2010年《综合》期刊中的文章——《哲学和科学视域下的突现论》[②]。

（二）物理学哲学

米歇·比特博尔（Michel Bitbol）在《缺乏基础的下向因果》[③]一文中，从反基础主义的立场探讨了下向因果概念的不足。下向因果的核心困难是恶性循环的威胁，它最初由金在权（Kim，1999）表达出来。金在权问：假定存在一个确定的低层次过程“决定着”高层次过程的出现，然而同时又要承认高层次过程以某种因果关系影响着低层次过程，这种观点是连贯的吗？顺着这一思路，作者对此进行了更加细致和深入的阐发：（1）从因果关系的角度来看，因果联系一定伴随着一些守恒量的传递比如能量。而从字面上理解，传递总是在一边失去，在另一边得到。但当我们把上向因果和下向因果合起来考虑的话，问题就出来了。作为由相互作用着的低层次微观物质元素构成的高层次的宏观组织模式，很难讲它自己

① Sandra D. Mitchell. “Emergence: logical, functional and dynamical”, *Synthese*, March 2010。

② Hugues Bersini, Pasquale Stano, Pier Luigi Luisi, Mark A. Bedau. “Philosophical and scientific perspectives on emergence”, *Synthese*, February 2010, pp. 1 – 5.

③ Michel Bitbol. “Downward causation without foundations”, *Synthese*, 2 February 2010, pp. 1 – 23.

可以携带能量，即能量可以由一个物质实体传输到另一个物质实体，但是不能从一个物质组成的集合到它所组成的总体抽象的结构。(2) 根据狭义相对论，因果过程中的能量和信息的传输不是瞬间所能完成的，虽然很快，但需要一定的时间；可先由低层次的物理组成形成高层次组织的上行因果作用，与高层次组织模式对低层次的部分所具有的支配能力即下行因果作用之间却没有时间间隔，亦即两者是同时性的。(3) 有关突现的标准说法是所谓“结构”、“模式”或“形式”将“随附”于其微观组成的内在属性。这意味着低层次是由物质及其属性构成的，而高层次则是纯粹的“模式”而已，所以这种二元论的图景将使一个层次建立在另一个层次之上的传统观点陷入窘境。据此，作者认为作为突现层次的组织在本体论意义上是不真实的，所以对于下向因果，也不能做实在论的理解，只有新康德主义或胡塞尔现象学的研究进路，才能消除有关下向因果的悖论。

大卫·华莱士（David Wallace）在《引力、熵和宇宙学：寻求明晰性》① 一文中，着重探讨了引力系统的统计力学问题，尤其是其宇宙学意蕴，提出了一些不同于传统观点的见解。作者首先指出，宇宙学的问题，不是其早期的熵与现在的熵比是大是小的问题，而是早期宇宙明显地处于热力学平衡态而现在的宇宙不处于平衡态的问题，即它是如何从平衡态走出来的？这一问题被称为“初始状态问题”。之后，作者分析了在这一问题上人们所持有的三种传统观点及其所遇到的困难，然后提出了自己的见解，主要包括：(1) 在和引力作用有关的系统的熵的计算过程中，人们必须考虑到“引力熵”（gravitational entropy）本身——如果考虑系统内部的相互作用如引力，必须考虑系统体积改变时将引起的能量或热量的改变以及温度的变化，还有与这种相互作用相关的动力分布的自由度的改变等，这将给系统总熵的变化带来非常复杂的局面，不能一概而论。因此，(2) 虽然引力收缩及坍缩伴随着熵增，但是“例外”的情况也是存在的。比如收缩过程会引起热辐射；形成恒星后除了热辐射还有热核反应的介入；而黑洞的情况则更为特殊，一句话，热力学第二定律在与引力坍缩有关的统计力学中并不只是简单“符合”这

① David Wallace. “Gravity, Entropy, and Cosmology: in Search of Clarity”, *British Journal for the Philosophy of science* 61 (2010), pp. 513 – 540.

种单一的情形。

（三）生物学哲学研究

1. 生物学中的因果性

哲学上讨论因果性大都把注意力放在区分因果关系和非因果关系的标准上，而关于不同类型因果关系的区分的根据问题则受到较少的关注。加州理工学院的伍德沃德（James Woodward）在《生物学与哲学》2010年第3期发表论文《生物学中的因果性：稳定性、特殊性与解释层次的选择》，对以往哲学关注较少的不同类型的因果关系的区分问题在生物学语境中作了较为新颖的讨论。[①] 伍德沃德认为，在生物学语境中，因果关系的三个特征，即稳定性、均衡性和特殊性非常重要。稳定性是指在背景条件发生变化的情况下因果关系是否还能继续保持。均衡性是指原因的状态变化是否与结果的状态变化恰当地对应在一起，以及原因和结果是否是以包含不相关的细节刻画其特征。特殊性既与“影响”的概念有关，也与因果关系接近一因一果观念的程度有关。

2. 自然选择的本质

埃里奥特·索伯（Elliott Sober）是当代著名的生物学哲学家，其《选择的本质》一书产生了广泛的影响。索伯认为，选择、漂变、突变和迁移是进化的独特的力量。2010年，剑桥大学的蒂姆·卢文斯（Tim Lewens）在《不列颠科学哲学杂志》撰写《选择的本质》一文，对索伯的观点进行质疑。[②] 卢文斯认为，索伯关于选择的力量的看法是模糊的。索伯有时把选择的力量等同于适应性变异，有时又等同于性状选择。索伯自己关于适应度是一种类似于平均寿命的性质的思想表明这两个概念是怎样被分开的。在后代数量中，存在着选择对抗变异的案例表明，选择和漂变不能以索伯希望的方式区分开。这些问题具有超越索伯系统的连贯性的狭隘内容的重要性。在适应度的贡献要素中，群体的哪些特征应当被考虑?

---

① James Woodward. “Causation in biology: stability, specificity, and the choice of levels of explanation”, *Biology and Philosophy*, (2010) 25, pp. 287 – 318.

② Tim Lewens. “The Natures of Selection”, *British Journal for the Philosophy of science* 61 (2010), pp. 313 – 333.

对于这个问题，没有好的原则性的答案。

3. 生物学的规律

许多科学哲学家认为，与物理科学的理论有很多规律或定律构成不同，生物学的理论不包含规律或定律。著名生物学哲学家毕提（John Beatty）提出了一个“进化或然性论题”来否定生物学定律的存在：所有关于生命世界的概括，或者仅仅是数学的、物理的或化学的，或者是数学的、物理的、化学的概括加上初始条件的演绎结果，或者是独特的生物学概括，它们描述的是进化的或然结果。由此出发，毕提认为，如果生物学的概括是数学的、物理的或化学的演绎结果，那这些规律就不是生物学的规律；如果它们概括的是进化的或然结果，那么它们就不可能是规律。对此，摩尔根（Gregory J. Morgan）在《生物学与哲学》发表论文《生物学设计的规律：对毕提的回答》，对毕提的观点进行了批评。[①] 摩尔根以卡斯帕尔－克拉格（Caspar－Klug）的病毒结构理论为例，反驳了毕提的“进化或然性论题”，为生物学存在规律辩护。

4. 生命之树

“生命之树”的概念是进化论论证生物进化历史和方式的一个重要概念，主要用来表示物种进化过程所呈现出来的分支发展情况以及不同物种之间的关系。《生物学与哲学》在2010年年底第4期上发表多达15篇文章的专刊，系统讨论了“生命之树”概念所涉及的科学、历史和哲学的争论。主要的论文包括奥迈利（Maureen A. O'Malley）、马丁（William Martin）和杜普利（John Dupré）的《生命之树：一个进化争论的简介》，多利托（W. Ford Doolittle）的《试论生命之树中的生命：科学、哲学和政治》，利派尔（Olivier Rieppel）的《系列、网络和树：关于自然秩序的变动的隐喻》，玛丽特（James Mallet）的《为什么达尔文的物种观念被20世纪的生物学家拒斥》，奥迈利（Maureen A. O'Malley）的《恩斯特·迈尔、生命之树和生物学哲学》，等等。

5. 纪念著名生物学哲学家大卫·豪尔

大卫·豪尔（David Hull）是美国生物学哲学的重要代表人物。2010年8月12日，豪尔不幸离开了人世。《生物学与哲学》杂志特在2010年

---

① Gregory J. Morgan. “Laws of biological design: a reply to John Beatty”, *Biology and Philosophy*, (2010) 25, pp. 379－389.

第5期发表专刊，纪念这位著名生物学哲学家对生物学哲学的贡献。杂志主编吉姆·斯蒂尔尼（Kim Sterelny）简要评价了豪尔对生物学的贡献及其与豪尔的个人关系。生物学哲学的重要奠基人鲁斯（Michael Ruse）和年青一代的生物学哲学家皮特·戈德弗里-斯密斯（Peter Godfrey-Smith）分别发文对大卫·豪尔的生平和学术贡献作了较为系统的阐述。豪尔1935年出生在美国，在美国军队服役后进入伊利诺伊卫斯理大学学习生物学，后加入印第安纳大学学习科学史和科学哲学，1964年博士毕业后到威斯康星大学密尔沃基分校哲学系从事教学工作，20年后，进入美国西北大学哲学系工作，直到2000年退休。

豪尔的哲学工作主要集中在三个方面：一是关于生物学的分类以及分类和进化理论的关系的研究；二是对进化过程，特别是自然选择的分析的研究，提出了复制子和作用子相区分的概念；三是试图给出一个关于科学演化发展的一般动力模式的探索。豪尔的主要著作包括：《生物学哲学》(1974)，《作为过程的科学：对科学的社会的和概念的发展的进化论思考》(1988)，《进化的形而上学》(1989)，《科学和选择：论生物进化和科学哲学》(2000)。

豪尔因为在生物学哲学上的贡献获得了一系列的荣誉称号，包括古根海姆会员（Guggenheim Fellowship）、美国艺术和科学院院士、美国科学促进会会员。1984—1985年他曾做过系统动物学学会的主席，1985—1986年做过科学哲学学会的主席。

（四）重要著作的书评

1. 关于《超越库恩，科学解释，理论结构，不可通约性和物理的必然性》的评论

汉妮·安德森（Hanne Andersen）在《不列颠科学哲学杂志》发表关于埃德温·黄（Edwin H. C. Hung）《超越库恩，科学解释，理论结构，不可通约性和物理的必然性》一书的评论。[①] 托马斯·库恩（Thomas Kuhn）于1962年出版的《科学革命的结构》作为近半个世纪以来最具影响力的科学哲学论著，以独特的历史主义眼光对科学发现的逻辑进行了辩护，以

---

① Hanne Andersen. "Review: Beyond Kuhn. Scientific Explanation, Theory Structure, Incommensurability and Physical Necessity", *British Journal of the Philosophy of Science* 61 (2010), pp. 237-239.

致后来无数的科学哲学家都试图超越他，埃德温·黄的《超越库恩，科学解释，理论结构，不可通约性和物理的必然性》（2006）就是一个显著的代表。为此，汉妮·安德森于2010年发表了对于此书的评论。

在书评中，汉妮·安德森直接说明了立足于把科学视为关于自然的、客观的、理性的研究这一前提，此书试图继续发展库恩的“范式”理论，并把“不可通约性”问题作为一个重要问题突显了出来。她指出该书的作者黄用大篇幅来说明把科学理论当做范畴体系、表征空间和语言来理解，即理论静力学。也正基于此，黄指出了科学增长经历了两个发展阶段，即经验阶段（形成经验体系）和理论阶段（建立概念理论）。

对此，安德森就黄的工作进行了详细评说。首先，她指明了黄的两处缺陷：一是她认为黄忽略了动态思维方式的作用，没有把概念体系与当下的历史进程联系起来（这可以从有关历史进程的著作在这部专著的参考文献中的缺席得到证明），由此，大多数哲学家也表示失望，认为库恩作品中关于历史进程的著名论述不可能简单地通过黄传递下来。简言之，安德森认为黄只提及了理论静力学，除此之外，他几乎没有去了解理论动力学。二是作为一部试图发展库恩范式观点的专著竟然很少与近期出版的关于先前讨论的话题的文献有关，比如说，黄反对关于理论语法学和语义学的观点，黄仅仅以20世纪七八十年代的作品为依据，分析了关于科学增长理论阶段的论述及其他在人工智能领域的努力，一语中的地指出黄没有洞察到人工智能领域的发展现状，也没有了解到前20年理论发展的历史论述。

其次，瑕不掩瑜，在书评中，安德森也恰如其分地对该书的学术价值进行了说明。她指出《超越库恩，科学解释，理论结构，不可通约性和物理的必然性》之所以被标榜为库恩《科学革命的结构》一书的后继作品，主要是由于该著作是一部综合性著作，集中论述了科学哲学中五个中心问题，即科学解释，理论结构，科学变化，不可通约性和物理的必然性。同时该书也给我们带来了极大的启示，告诫广大学者在把材料整理为专著的学术研究过程中，需要依据近期学术著作以及专业论文的研读和讨论来逐步更新对早期文献的认识和评判。

2. 对《第二哲学：一种自然主义的方法》一书的评论

哈维·西格尔（Harvey Siegel）在《不列颠科学哲学杂志》上发表了关于佩内洛普·马迪（Penelope Maddy）《第二哲学：一种自然主义的方法》

一书的评论。[①] 评论认为，自然主义科学哲学试图把自然科学与认识论联系起来，在自然科学的基础上进行哲学研究。其中，奎因作为最早明确提出自然主义的哲学家，已经把自然主义当做一种思考问题的方法论了。从学术界的发展动态来看，佩内洛普·马迪的《第二哲学：一种自然主义的方法》（牛津大学出版社 2007 年版）一书产生了较大的影响，该书以阐述或者举例说明的方式详细阐述了佩内洛普·马迪偏爱的自然主义形式。就此，迈阿密大学哲学系哈维·西格尔发表了书评，主要阐述了该著作的结构和基本内容，并且简要而准确地提出了一些批判性问题，并对自然主义的第二哲学形式的案例及其特征存有疑惑。西格尔认为，马迪主要描述了第二哲学对科学哲学、数学哲学中一系列哲学问题和争议的看法和评论，也包括一些自然主义者和反自然主义者对这些问题和争议的看法。正是在这种争论的背景下，马迪能够把第二哲学（自然哲学）与第一哲学（以永恒不动的“存在”为研究对象的科学）和其他版本的自然主义区分开来。概括地说，第二哲学研究者采用了一种特定的哲学方法论，即马迪所言的“自然主义的一种朴素形式”(a particularly austere form of naturalism)，这种方法论不是信念、属性的集合，没有内容；也就是说，第二哲学不是一种理论，而仅仅是进行哲学探究的方式。同时，从总体上来看，西格尔认为第二哲学的思想是一项令人印象深刻的成就，能够对科学哲学和数学哲学中的重要问题进行讨论。但在这里，西格尔也尖锐地指出了存在的问题，即作为哲学方法论的自然主义，其研究范式的表达和论证没有解决预设的合法性问题，而这在许多哲学家看来是存在问题的。

（李建会　董春雨　刘晓青）

四　政治哲学与伦理学

（一）三个哲学家

2010 年，三个政治哲学家受到比较特别的关注。

首先，最近谢世的分析学派马克思主义者柯恩（G. A. Cohen，1941—2009）受到学界的隆重纪念。国际哲学界重要刊物 *The Journal of Ethics* 邀

---

① Harvey Siegel, “Review: Second Philosophy: A Naturalistic Method”, *British Journal for the Philosophy of Science* 61 (2010), pp. 897 – 903.

请柯恩的一些生前学友撰文，出了一期柯恩社会主义思想专刊。

柯恩本人的思想前后一贯；他认为历史唯物主义是对人类历史的一种合理的解释，因为生产力的持续发展是人类理性的当然选择，因而是历史发展的最终动力。柯恩也认为，资本主义的生产方式过分追求生产和积累的最大化，而忽视人类理性的其他需求，所以必将被社会主义取代。柯恩所理解的社会主义，是一种民主的计划，即不再通过市场来推动生产和积累的最大化，而是在技术允许的情况下，让人们通过民主的形式来决定劳动与休闲的比例分配。在这种社会主义思想的基础上，柯恩写了很多文章和著作，批评诺齐克等人对私人产权和市场经济的迷信，批评罗尔斯等人对社会不平等的辩护。柯恩认为，要实现真正的社会正义和社会平等，社会主义是最合理的选择。①

在他 2009 年出版的一本小册子里面②，柯恩用几个朋友外出露营的例子来说明社会主义者所追求的理想。露营的参与者一般会分享他们的食物、设备和技能，而不大在乎谁付出了多少，谁得到了多少回报，谁应该得到多少。每个参与者都有完全的选择权利和自由，可以钓鱼或者烧菜，开车或者划船，但最终的分配是完全平等的。他们彼此协助而不计回报，所以能够保持完全平等的身份和亲密的团体关系。这种小社群的状况跟全社会范围内的资本主义模式有着天壤之别，因为在资本主义的市场经济中，每个人的动机和动力都是在市场交换中以最小的代价换来最大的回报，而不考虑其他市场参与者的福利。在一个典型的资本主义市场经济中，人们主要受两种情绪的支配——贪欲和恐惧。贪欲造就了不平等，而彼此的恐惧则使人们之间很难产生相互的友爱和社群归属感。这也是社会主义者对资本主义的主要不满。那么，如何将露营模式中的平等主义和社群主义价值推广到整个社会呢？

柯恩认为，露营模式是我们每个人都希望实现的理想。只要有机会，人们都会表现出平等和友爱。市场思维并没有渗透到我们生活的每一个角落。医生并不会因为患者可能付钱的多寡而决定是否尽力挽救——至少这是我们对医德的一般要求；老师对学生的讲授也不应该取决于学生付了多

---

① 参见 Nicholas Vrousalis, "G. A. Cohen' s Vision of Socialism", *The Journal of Ethics*, Vol. 14 (2010), pp. 185 - 216，以及本辑其他文章。

② G. A. Cohen, *Why not Socialism*?, Princeton University Press, 2009.

少学费。在碰上危机关头的时候（比如洪水、地震），很多人都会平等帮助每一个受害者，都会不计报偿地帮助他人。问题是，这样的平等和友爱能在多大程度上变成整个社会的规范和现实？

资本主义的市场经济充分利用了每个人的自利倾向，但如何在全社会范围内利用和激发人们的博爱倾向、利他倾向？对此经济学家、社会学家和政治家们都做了很多尝试，“福利国家”和“市场社会主义”就是两个比较成功的例子。不过，在计划经济失败以后究竟如何建成社会主义，我们仍然在摸索之中。我们不知道如何接近露营模式中的平等和友爱的理想，但这终究只是一个“组织机制”的问题，一个技术问题。总有一天，通过更完善的制度设计，我们能够在全社会范围内实现平等和友爱。

对于柯恩的上述观点，他的老朋友、耶鲁大学经济学教授罗默（John E. Roemer）发表了评论。①罗默认为，要实现柯恩所追求的“社会主义的机会平等”，除了要排除自然禀赋和社会地位上的不平等之外，还需要克服另外一个障碍：家庭教育对子女日后人生选择的影响。在现有家庭制度框架内，这个障碍很难克服，因为父母似乎有一种权利，可以将自己的价值观传递给下一代，以此获得一定意义的永生。

柯恩假定市场经济必然依赖人的贪欲和恐惧，这在罗默看来也是不必要的。市场经济要发挥协调供求关系和提供激励机制的功能，也可以诉诸人们的自由择业需要和获得社会认同的需要。而福利社会的措施，则完全可以消除人们面对竞争时的恐惧和不安全感。要让这样的社会主义倾向继续发展扩大，通常需要某种灾难性的历史经验，比如世界大战和金融危机，以使得大多数人都认识到“灾难面前人人平等”，从而赞同更加平等的社会保障措施。在此基础上，平等与友爱才会逐渐取代贪欲和恐惧。

著名的社群主义者麦金太尔，对柯恩的观点也有评论。②麦金太尔赞扬这本书对柯恩社会主义思想的精要阐述，但怀疑柯恩放弃了他自己早年的马克思主义。按照柯恩早期的想法，社会主义的可能性存在于更高水平的生产力成熟之后，存在于资本主义陷入严重危机之后。但是在他最后一本著作中，柯恩似乎将社会主义当做一种理想；要实现社会主义，只需要说

① John E. Roemer, “Jerry Cohen's *Why not Socialism*? Some Thoughts”, *The Journal of Ethics*, Vol. 14 (2010), pp. 255 – 262.

② Alasdair MacIntyre 的书评，*Ethics*, January 2010.

服大多数人接受社会主义的理想，然后设法以制度设计的形式将这种理想付诸实施。麦金太尔怀疑这是马克思曾经严厉批评的那种“空想社会主义”；它之所以成问题，是因为单单理想本身不足以成为改造社会的动力。

另外，在麦金太尔看来，当代现实中那些受剥削、受压迫的人，显然不能从柯恩的社会主义理想中得到安慰。这些人需要在他们自己的个人和家庭生活所涉及的狭小范围内捍卫自己所珍惜的东西，需要采取具体的步骤对抗剥削和压迫。柯恩的理想与这些人所关心的工会政治和本地政治几乎没有关联，所以严格地说，柯恩的著作并没有回答其标题中的问题：“为什么不是社会主义？”

其次是著名经济学家森（Amartya Sen，1933— ），他长期研究正义问题，在英美政治哲学界有广泛的影响。2009 年他出版了 *The Idea of Justice*，为他自己的正义理论做了总结。结合他对罗尔斯哲学的精深理解以及他对相关问题的长期思考，森提出了一种别开生面的社会正义问题研究路径。他一反罗尔斯对社会基本制度的关注，认为正义理论应该首先研究人的行为是否正义；同时他也认为，正义理论的目标，不是像罗尔斯那样去构建一个理想的正义社会，而是去发现真实世界中那些明显的不正义，然后提出改变的方案。要在现实问题上促进正义、削弱不正义，我们不需要界定“完美的正义”是什么。我们的正义感、我们对明显不公正现象的义愤，以及我们的道德说理能力，都是值得我们信赖的。尽管正义感和道德说理有时候会让不同的人得出针锋相对的结论，但正义感的表达和理性的讨论却是最有效的途径，可以把不公正的现象揭示出来，并提示相关的解决途径。①

森的正义理论明显可以克服罗尔斯正义论的两个主要缺点。首先，将正义问题定位成首先是人的行为是否正义的问题，就可以突破“基本制度”这个概念的局限性。根据罗尔斯的正义论，在当今世界不存在全球范围的、对所有人都有强制约束力的一个“全球基本制度”，所以也不存在“全球正义”问题，而只存在“国际关系”问题。但是，如果按照森

① 参见 Amartya Sen, *The Idea of Justice*, Cambridge: The Belknap Press, 2009 相关评论，参见 F. M. Kamm, “Sen on Justice and Rights”, *Philosophy and Public Affairs*, Vol. 39 (2011), No. 1. 关于“理想的正义”与“非理想的正义”之区分，参见 A. J. Simmons, “Ideal and Nonideal Theory”, *Philosophy and Public Affairs*, Vol. 38 (2010), No. 1。

的定义，那么只要是人的行为所产生的后果，都存在一个是否正义的问题，所以“全球正义”问题是成立的。其次，如果按照森的思路来促进社会正义，那么社会成员根本不需要共同认可某一个正义观，根本不需要就正义的标准达成一个重叠共识，也能运用他们的正义感和理性，来解决现实中的不公正现象。

森在这方面对“理性讨论”的强调，使他能够给出一个更加宽广的对“民主”的定义：民主不仅仅是现代西方人发明的一套多党竞争和定期选举制度；民主首先是一种公共的理性讨论，即通过公开的、和平的相互说服来解决分歧，促成社会合作。森并进一步指出，在古代东方的很多地方，也曾发展出这种意义的民主，因此没有理由认为“东方”国家不适合搞民主。

最后，哲学家拉兹（Joseph Raz，1939— ）多年来致力于“完善主义”（perfectionism）理论的建构，在伦理学、政治哲学和法哲学领域都有很大影响。*Ethics* 杂志也用了一期的篇幅，专门探讨拉兹实践理性理论中的价值理论。拉兹认为，价值既有普遍性的一面，也受到具体历史情境的影响。价值的偶然性、多元性和说服力，与价值的普遍性并不冲突。恰恰是因为价值的这些特点，才要求我们尊重每一个人作为价值主体的尊严。每个人都不仅有利益诉求，也有价值诉求，而且正是出于价值诉求，人与人之间的沟通与合作才成为可能。[①]基于对价值的这种体会认识，拉兹批评自由主义的所谓“价值中立”理论，认为国家行为本身也有价值倾向，国家应该参与到公民的价值对话中去。

“完善主义”的基本主张，是将所有的规范性诉求（比如权利和义务）都还原为某种“善”，即对人的某种益处，或者人所珍惜的某种价值。按照这种理论，“权利”不再优先于“善”；相反，“善”优先于“权利”，是“权利”的基础。我们之所以要保护人的权利，是因为以“权利”的名义实行的这种保护可以捍卫权利所有者的某种“善”，即他珍惜的某种益处。比如，我们保护人的生命权，是因为一个人的生命是他珍惜的一种“善”；而因为人有生命权，所以我们有了一种尊重他人生命权的“义务”。这样，“完善主义”实际上提供了一种基础主义的价值哲学：人所珍惜的生命中美好的东西，是一切道德规范的根据，也是一切政府行为

① 参见 *Ethics*，2010 年 1 月中的相关文章。

的合法性基础。“善”产生“权利”，“权利”产生“义务”。

根据完善主义的这种推理，国家可以合法地强制公民履行尊重他人“权利”的“义务”，这归根到底是因为履行相关义务给义务主体所造成的损害要小于权利主体在被侵权后所遭受的损害。生命权是一个最明显的例子。一个人有尊重别人生命权的义务，履行这种义务对自己不会造成多大的损害；假如这个人不履行这种义务，伤害了别人的生命权，那么权利主体将受到致命的损害。因此，国家可以合法地强制所有人履行尊重他人生命权的义务。

但是，对权利的这种“两害相较取其轻”的辩护，实际上是不牢靠的。如同功利主义一样，完善主义将“权利”当成了“善”之一种，可以跟其他的“善”做交易。假如伤害一些人的生命权可以为更多的其他人创造更大的福利，我们就没有理由限制大多数人，让他们承担相应的义务，尊重这些少数人的生命权。比较而言，社会契约论传统可以为个人的权利提供更牢靠的基础：个人之所以拥有权利，是因为所有的个人都处在一种假想的社会契约之中，每个人都是独立、自由、平等的订约者，都享受社会契约的同等保护。社会契约论还假定，在订立契约之前，个人已经拥有这种独立和自由的身份；恰恰是因为个人具有先于契约的权利，所以才有订立社会契约的可能。个人权利先于社会的产生，因而不能以“社会”的名义牺牲个人权利。换句话说，社会契约论认为人的权利不是来自个人的偏好或者理性的选择，而是来自个人的身份，因而只要一个人具有这种身份，他的权利就是不可剥夺的。

当然，社会契约论的缺点也很明显：这个“社会契约”是假想中的契约，历史上从来没有存在过，所以也就谈不上对每个人都有约束力。因此，一种更加现实的权利理论，仍然需要使用某种工具论的（instrumental）策略：权利之所以需要保护，是因为这种保护可以促进权利所有者的某种“善”。但是，拉兹对“善”、“权利”和“义务”之间的关系的理解，使得他对权利的辩护没有充分的说服力，因而也很难证明：强迫所有人履行尊重他人权利的义务，这样做在政治哲学的意义上是合法的。这种合法性证明，恰恰是社会契约论的长处。

一位年轻的哲学家谢尔曼（James Sherman）认为，要从工具论的角度出发来证明“对义务的强制执行”的合法性，我们必须翻转权利与义务的关系：不是因为有些人有了权利其他人才有义务，而是因为要让一些人承担义务，所以赋予一些人以对应的权利。这种角度转换的关键，是从社会利益而不是从个人利益出发来讨论权利和义务：一个社会采取强制的措施保护其成员的某种权利，不是因为个体成员因此权利所得大于其他成员因此义务所失，而是因为假如没有相关权利和义务，这个社会将不利于每一个人追求良善的生活。比如，如果在一个民主社会中，一部分人的选举权和其他政治权利被剥夺了，那么这个民主社会必须采用强制的手段，让这个社会的所有成员尊重这部分人的权利。

在这个例子中，强制手段推行的是义务而不是权利；实际上，并不是所有权利都要求强制手段来保护。比如，我的个人生活方式和宗教信仰是我个人的权利，我因此有权利得到其他社会成员的尊重和宽容——但这并不意味着在任何时候，一旦有人不尊重或宽容我的生活方式和宗教信仰，国家就应该站出来保护我。实际上，在大多数时候，这种权利的存在需要的不是强制性的保护，而是一般的社会态度。这再次说明，可以强制执行的是义务而不是权利。或者更一般地说，如果我们要在“善”观念的基础上来讨论权利和义务，那么义务在逻辑上是先于权利的。①

权利与义务的关系是一个久被关注的问题：一个行为者（个人或者集体）拥有一项权利（rights），一般意味着至少另一个行为者（个人或者集体）有一个相应的义务（duties）。但要为权利和义务提供合法性证明，我们似乎首先还是要理清两者在逻辑上孰先孰后的关系。围绕拉兹“至善主义”理论的这些相关讨论，有可能在这个问题上给我们新的启示。

（二）超越传统自由主义与民主理论

对自由主义的一个通常的批评，是说自由主义有内在的矛盾。在个人层面上，自由主义者认为我们应该尊重每个人的自由选择，尊重每个人作为一个“自律”主体按自己的意愿做出选择的权利；在政治层面上，自由主义认为政治的合法性来自每个人的自愿选择和认同。问题是，如果让人自由选择，他们是否都会将“自律”作为最高的价值？“自律”仅仅是一种形式上的手段，是为某种具体的人生目标和价值服务的。我们可以

① James Sherman, “A New Instrumental Theory of Rights”, *Ethical Theory and Moral Practice*, Vol. 13 (2010), pp. 215 - 228.

“自由地”判断某种目标是好的，但是一旦我们这样判断了，这种目标本身的“好”就成了我们选择的原因，而自由本身的作用反而消失了。判断往往是“不由自主”的，我们也不会仅仅因为某种目标是我们的“自由”选择而判断它是好的。同样，在政治层面上，大多数人的“自由”选择也是针对某种具体目标的，这种目标“好不好”与我们的选择是否“自由”并没有直接的关联。大多数人选择的，甚至有可能是某种违背自由主义的目标，比如等级制或者威权主义。

自由主义之所以有这种内在的矛盾，是因为“自由”不等于“自由”的对象。自由选择的对象往往甚至是“自由”的反面，因为一旦人们选定了某种价值目标，这目标本身可能就成了选择主体的主宰者。换句话说，“自由”对一个人没有任何价值，除非他使用了“自由”；而一旦他使用了他的“自由”，选择了某种目标，他同时也就失去了他的“自由”。①

近代生成的“权利”话语，首先是指“公民”与“国家”之间的某种关系：公民服从国家“权力”是因为国家保护公民的“权利”。但是，随着全球化的展开，一国之内的非公民人数正处于上升状态，这些人的“权利”又该如何界定？

这取决于我们如何理解“权利”的必要性。对于传统意义上的“公民权利”，一般有两种理解：法律宪政主义者（legal constitutionalists）认为，之所以要保护每个公民的平等的权利，是为了避免多数人在通过民主程序掌控国家权力以后对少数人实行暴政；而那些政治宪政主义者（political constitutionalists）则认为，用一些“不可剥夺的权利”和一些非经民选的法官来限制多数人在民主政治上的影响，实际上保护的是精英分子，是政治和经济上的不平等。所以，我们之所以要保护个人权利，首先是因为我们要保护公民参与政治的权利。个人权利和公民权利以政治参与权利为基础，并服务于政治参与权利的需要。

根据法律宪政主义者对权利的理解，一国之内的非公民的权利似乎不成问题，因为非公民除了不具有政治上的选举权和被选举权之外，仍然受到该国宪法和法律的保护。但问题是，由于很多非公民一旦公开自己的非

① 对这种批评的一个精要概括，参见 Larry Krasnoff，“Autonomy and Plurality”，*The Philosophical Quarterly*，Vol. 60，No. 241。Krasnoff 也在自由主义的立场上对这种批评做出了回应。

法移民身份就必将被驱逐出境，他们实际上很难享受一些法定的权利。另一方面，根据政治宪政主义者对权利的理解，政治参与的权利是核心的权利，其他权利都来自政治参与权，所以非公民的权利的确是没有保障的。不过，在事实上，一些地方的非公民的人身权和财产权或许还能得到更大程度的保护，因为这些非公民在本国也还享受法律的保护，他们可以通过轻易的退出来避免居住国公民可能面对的风险。在这个意义上，非公民似乎比公民更有优势，因为他们享受的是双重的保护。

因此，大量非公民在一国内部之长期居留，对传统的权利理论形成了新的挑战。要应对这种挑战，我们可能需要超越“个人权利”与“国家权力”的框架，进一步探讨全球语境下的权利问题。①

关于民主，哲学家们也发现传统理论不能满足当代的需求。Morrell 认为，哲学家们对民主的理解有三个层次：首先，最低限度的理解，认为民主是不同的精英集团通过争取选票来获得政治权力；其次，比较高的要求，认为民主就是公民通过集体的讨论和思考来解决彼此分歧、实现共同利益；最后，也是最高的理想，把民主当做是人民之间达成彼此宽容、彼此同情、彼此谅解的一种社会状态。根据 Morrell 的理解，要将第二个层次提升到第三个层次，我们必须超越“公议民主”(deliberative democracy) 理论对公民的认知和推理能力的强调，进一步研究公民之间的情感联系。在情感领域，同情心最有利于建立陌生人之间的相互理解和相互信任。②

具体的民主制度，在古典自由主义中有很多讨论，但在近三十多年的自由主义思潮中却乏人问津。洛克讨论过财产权保护和三权分立问题，密尔也曾经专门研究言论自由和选举制。但受罗尔斯的影响，具体的民主制度淡出当代政治哲学家的视野。这种状况近几年有所改观，哲学家们也开始讨论“非理想状态”下的制度设计问题，比如联邦制和选举制度。③关

① 参见 Meghan Benton, “The Tyranny of the Enfranchised Majority? —The Accountability of States to Their Non - Citizen Population”, *Res Publica*, Vol. 16 (2010), pp. 397 - 413。哲学界对“自由”概念的进一步澄清，也有助于我们理解“权利”概念在全球化时代的含义。参见 Horacio Spector, “Four Conceptions of Freedom”, *Political Theory*, Vol. 38, No. 6, pp. 780 - 808。

② 参见 Michael E. Morrell, *Empathy and Democracy: Feeling, Thinking and Deliberation*, The Pennsylvania State University Press, 2010。

③ Helder De Schutter, “Federalism as Fairness”, *The Journal of Political Philosophy*, Vol. 19 (2011), No. 2, pp. 167 - 189.

于选举，向来有一个悖论：选举是公民的一项重要的政治权利，要实行民主就必须赋予公民以直接的选举权；但是从每个公民的角度来想，他投出去一票究竟能对选举结果产生多大影响，是颇值得怀疑的，所以个体公民似乎没有动力参与投票。如何消除这个悖论？现实中为什么超过半数以上的选民仍然积极参与投票？这要从选举的另外一个后果中寻找原因。选举不仅决定哪个人、哪个党派当选，而且决定当选者以怎样的优势当选。即使自己支持的候选人当选的可能性很低，公民也要积极地投上一票，因为他的选票至少可以告诉当选者：有人不支持你。假如这样的投票能够避免当选者获得绝对多数的选票，反对方的投票就产生了效用。同时，通过其他一些制度，比如行政权和立法权的分割，选民也可以让得票较少的政党仍然可以影响政治决策。而那些当选的政治家，他们究竟能有多大的能力推行自己的政治纲领，在很大程度上取决于他们在选举中的得票率。因此，选民参与投票，实际上是一种非常理性的行为，选举制度和其他相关制度也能提供相应的渠道，来反映每个公民在投票日的选择及其分量。①

施特劳斯（Leo Strauss）是当代著名的自由主义批评者，但是他批评自由主义的主要根据和目的是什么，学术界有不同的看法。Jocob Schiff 认为，施特劳斯移民美国之前想要彻底否定自由主义，用类似于施密特（Carl Schmitt）的政治神学来取代。但在移居美国之后，施特劳斯接受了自由主义，他此后对自由主义的批评，是一种自由主义阵营内部的批评。② William Galston 也认为，尽管施特劳斯最欣赏的政治哲学是以柏拉图为代表的古典政治哲学，但施特劳斯也认为，在当代条件下，古典政治哲学家们的核心关注，即“如何避免对权力的任意使用”，仍然最充分地体现在自由民主制的宪政主义之中。宪政主义代表的是现代法治体系，这个体系借助自由主义对个人权利的保护来限制任何掌权者对政治权力的滥用。在施特劳斯看来，尽管洛克、康德等人为自由主义所奠定的理性主义哲学基础已经不再成立，尽管在尼采之后西方哲学不可避免地陷入了历史

① Alexander A. Guerrero, “The Paradox of Voting and the Ethics of Political Representation”, *Philosophy and Public Affairs*, Vol. 38 (2010), No. 3, pp. 272 – 306.

② A. J. Simmons, “Ideal and Nonideal Theory”, *Philosophy and Public Affairs*, Vol. 38 (2010), No. 1, pp. 5 – 36; Jacob Schiff, “From Anti – Liberal to Untimely Liberal: Leo Strauss’ Two Critiques of Liberalism”, *Philosophy and Social Criticism*, Vol. 36 (2010), No. 2, pp. 157 – 181.

主义和相对主义，但是哲学上的混乱并没有解除现代人在政治事务上的实践智慧。[①]

对自由主义民主理论的一个更加深入的批评，是说它离不开它的基督教背景，因而不适用于缺乏基督教传统的地区。这种批评可以在多种面目下出现，罗伯特·泰勒就结合康德哲学的系统性提出了一种质疑。[②]泰勒认为，康德在政治哲学中所讲的“权利”和“永久和平”，与他在道德哲学中所讲的“美德”、“幸福”以及他在宗教哲学中所讲的“上帝”和“灵魂不朽”等，这中间其实有着必然的关联。以往很多康德专家都倾向于认为，康德的道德—宗教哲学因为假设了“上帝”和“灵魂不朽”，所以不适用于当代世俗社会，而康德的政治哲学则建立在个人自由和自治的基础之上，所以非常契合于当代自由主义民主理论。还有很多当代哲学家，比如罗尔斯和哈贝马斯，因为钦佩康德哲学的逻辑性，干脆从康德式的概念出发来建构自由主义理论。但是，这些评价和继承都有一个前提，就是我们可以将康德的政治哲学从他的道德—宗教哲学中分割开来，汲取前者而摈弃后者。如果康德的政治哲学完全有赖于他的道德—宗教哲学，情形又将如何？

泰勒认为，没有康德对上帝和灵魂不朽的假设，没有康德对最终救赎和天国福祉的假设，康德的政治哲学将成为无源之水。根据康德的逻辑，因为我们的思想和行动最终要在上帝的怀抱中完全敞开，所以个人和社会之间的可能冲突最终将会消失，取而代之的将是所有人的开诚布公和相互友爱。在预想的天国中，个人的权利与全社会的幸福之间不会发生任何矛盾，正当性与最高的“善”不会发生任何矛盾，所以天国是一种“永久和平”的秩序。人世间的永久和平之所以可能，也是因为这种天国预想：假如我们每个人对道德的理解都预设着“上帝存在”和“灵魂不朽”，那么由此建立的世俗社会中的权利和正当性，应该最终也会导致人与人之间的开诚布公和相互友爱。换句话说，因为没有人可以因为灵魂的消灭而丧失自己的权利，没有人可以因为灵魂的消灭而无须为自己的不义行为承担

① Steven B. Smith ed., *Cambridge Companion to Leo Strauss*, Cambridge University Press, 2009, 第九篇文章。

② Robert S. Taylor, "Kant's Political Religion: The Transparency of Perpetual Peace and the Highest Good", *The Review of Politics*, Vol. 72 (2010), pp. 1-24.

责任，“公开性”（publicity）就成了人类道德生活和政治生活的必然属性。而世俗政治生活中的个人权利、集体福利与永久和平之所以能够实现，正是因为有了这种“公开性”，即对某种道德和政治原则的公开的共识。

罗尔斯与哈贝马斯等当代政治哲学家也从“公开性”出发来建构自由主义的民主秩序，但因为他们不能全盘接受康德的道德—宗教哲学，所以他们的政治哲学没有坚实的基础。罗尔斯的“公共理性”和哈贝马斯的“理想对话”，实际上都假定人们可以在公共对话中实现“公共性”，达成对某种道德或政治原则的集体共识；在这个共识的基础之上，人与人之间的政治关系将被还原为道德关系，即还原为人与人之间自觉、自愿的相互合作关系。这些哲学家认为，自由主义的民主制度，最终就要达成这样的目标。问题是，人与人之间的各种可能误会如何根除？人们对他人、对自己、对社会的各种可能误读如何被化解为完全透明的“公共性”？政治社会中的各种强制关系如何才能变成自愿、自觉的服从？对于这些问题，上述哲学家似乎既躲避不开，又回答不了。他们之所以陷入这样的困境，主要是因为他们错误地以为他们可以完全撇开康德的道德—宗教哲学来利用康德的政治哲学。实际上，没有了康德的道德—宗教哲学，康德政治哲学中所设定的“公共性”、“永久和平”等目标是根本无法实现的。要像康德那样为政治奠定道德基础，恐怕不能脱离“上帝存在”、“意志自由”和“灵魂不朽”这三大实践理性公设。

泰勒的批评对当代自由主义理论提出了一个很大的挑战：假如自由主义的政治哲学真的离不开基督教前提，那么在今天这个世俗化、多元化的世界里，自由主义的有效性和普遍性就值得怀疑。关于自由主义中的个人观念、个人先于社会的假设和个人权利的学说，很早就有人指出其基督教的背景。但如果泰勒的论证成立，如果自由主义的前提（个人主义）和目标（政治自律）在逻辑有效性上也依赖于基督教的灵魂观和上帝观，那么自由主义的缺陷将是致命的。当然，这样的争论目前还处于初始阶段，进一步的结果还有待于我们继续观察。

（三）元伦理学与应用伦理学

近年来元伦理学研究的一个比较活跃的领域，是麦基（John Mackie）

所奠定的“道德错误论”（*moral error theory*）。[①]作为“道德反实在论”（moral anti - realism）的一种，道德错误论认为，说我们有道德义务、道德责任、道德判断，这就像当初化学家认为有“燃素”一样，是错误的。所有关于道德的命题都是对客观世界的某种描述，但很可惜，所有这些命题都是错误的。这样说的证据有两个：首先，人们对于道德问题的看法总是相互冲突的，不像科学问题那样有最终取得共识的可能性；其次，道德命题所描述的实体和性质，都是一些我们用常识和科学都无法描述的对象。道德错误论者因此认为，道德话语不但不能帮助我们解决意见分歧，而且还给我们的理智能力增添了不必要的负担，使我们在道德论证中浪费了太多的时间。所以，彻底取消道德话语，不仅不会造成普遍的道德沦丧，而且还能避免我们以“道德”的名义上纲上线，将人与人之间的冲突人格化、扩大化，将那些与我们道德观不同的人妖魔化。我们可能出于别的考虑而不去干“违背”道德的事情，出于别的动机与他人和谐相处，比如出于同情心或者爱。换句话说，人们的道德行为和道德判断，从根本上说并不是对道德知识和命题的一种“应用”；相反，人们之所以陈述、使用道德知识和命题，恰恰是因为他们已经根据习俗和情绪做出了相应的道德判断。

面对不同的伦理学传统，伦理学的方法是否需要调整？库博曼（Joel Kupperman）认为，休谟以后的西方现代伦理学，因为受到西方基督教“诫约（十诫）”传统的影响，所以特别重视研究人们在做道德决定时所依据的“原则”。[②]所以不管是道义论还是后果论，不管是康德伦理学还是功利主义伦理学，都是针对“道德决定的原则”而展开的研究。如果我们停留于研究西方伦理学理论，则一个当然的结论似乎是：对道德原则的研究，乃是最合乎理性的伦理学方法论。但是，如果我们了解印度和中国的伦理学传统，我们就会发现这是一种错觉。印度和中国都有一个很深厚的伦理学传统，即通过道德修养来改变和提升我们的道德人格。在这个伦理学传统中，“理性”不再是一个独立的、完成了的主体，或者一种至高

---

① Richard Joyce and Simon Kirchin eds., *A World without Values: Essays on John Mackie's Moral Error Theory*, Springer, 2010.

② Joel Kupperman, "Why Ethical Philosohy Needs to be Comparative", *Philosophy*, Vol. 85 (2010).

无上的标准，而是一种人格修养和提升的方法。

哈吉（Ishtiyaque Haji）发现，对于三种道德判断，即责任论（hypological）判断、义务论（deontic）判断和价值论（axiological）判断，人们一般认为前两种与自由意志有关，而价值论的判断，即关于善恶的判断，则不涉及自由意志。比如，要表明某个人对其行为是否应该承担责任，我们首先就必须判断这个人在采取行动的时候是否有自由意志。而如果我们说某个人有一个义务，我们实际上假设这个人有自由意志不履行这个义务。但是，当我们要判断某种目标是否具有内在价值的时候，个人的自由意志似乎就不相干了。哈吉担心，如果真是这样的话，决定论在一定意义上就是正确的，即从根本上说，我们对价值的选择是不自由的。因此，哈吉试图在价值论的层面上确立人的自由。①

神经科学（neuroscience）近年来的发展，使很多哲学家看到了用经验科学来解决哲学争论的契机。比如，传统伦理学中"义务论"（deontology）与"后果论"（consequentialism）之间的争议，似乎就可以在神经科学中得到检验：当我们的道德思考遵循道义论的逻辑时，我们的大脑处于什么样的神经运转状态？后果论的道德思考又如何？两者涉及的信息量和理性程度可否比较？格林（Joshua Greene）认为，从后果论的角度做道德思考的人，似乎需要处理更多的信息，其大脑活动似乎更具认知特性，更体现思维主体对道德行为的控制能力；而遵循道义论的人，其道德思考似乎更多地受情感因素的支配，因而带有更大的盲目性。丁（Richard Dean）则认为，格林在道义论思维和情感反应之间尚未建立足够稳定的数据上的和经验的联系，因而他并没有从根本上颠覆道义论思维方式的合理性。②

社会发展为我们增添了很多新的生活形式，也为我们提出了很多新的伦理学问题。比如，全球化使得欧美发达国家能够将大量劳动力密集型产业转移到第三世界国家，然后借助发达国家对全球金融和全球贸易的控制能力，以很低廉的价格再将这些低附加值的产品"进口"入本国市场。

---

① Ishtiyaque Haji, *Freedom and Value: Freedom's Influence on Welfare and Worldly Value*, Springer, 2009.

② 参见 Richard Dean, "Does Neuroscience Undermine Deontological Theory", *Neuroethics*, Vol. 3 (2010), pp. 43－60。

经过这样的全球分工，发达国家的绝大多数脏活儿、累活儿都交给第三世界的人民去完成了，而发达国家的资本家却可以获得更高的利润，发达国家的人民也可以享受轻松而高薪的工作和非常低廉的物价水平。这算不算一种新形式的剥削？

为这种分工辩护的人会说：第三世界是自愿加入这场新的全球分工的，而且不同的第三世界国家都争着希望变成发达国家的生产基地。但凭什么说人们争着干的事情就不会是被剥削的事情呢？当今的国际经济秩序毕竟不能算是完全的自由竞争体系，因为发达国家拥有的不仅是更难获得的技术，也包括它们对国际贸易和金融的控制，甚至包括国与国之间竞争的终极武器——更先进的国防力量。①

发达国家的这种竞争优势，可能导致这些国家采取扩张的债务政策，在将制造业输出海外的同时，利用货币、金融手段将第三世界的财富收归己用。而这种政策是很难持续的，所以会导致2008年那样的全球金融危机。归根到底，这样的危机是发达国家的债务危机：发达国家在国防、社会福利和其他方面的支出，超出了它们所创造的价值（GDP）及政府税收，但为了维持本国的经济实力和本国民众的生活水平，发达国家透支自己的信用，大量发行国债和本国货币。② 格拉夫兰（Johan J. Graafland）认为，发达国家的这种行为已经超出了资本主义的正当界限，在经济学上得不到辩护。借用约翰·加尔文关于利息的教诲，格拉夫兰指出：加尔文所倡导的资本主义精神是现代西方资本主义的源动力，但加尔文禁止在一些情况下将货币当做投资收取利息。类似于2008年危机之类的困境之所以发生，就是因为加尔文的禁令被违反了。比如，加尔文禁止向穷人放贷收息，但美国的次贷危机爆发，就是因为银行和其他信贷机构鼓励向穷人发放房贷。又比如，加尔文认为放贷收息不能妨碍社会对穷人的资助和保护，但发达国家却一再放弃它们对第三世界穷国的援助义务，而只知道利用自己的竞争优势尽量搜刮穷国的资源和劳力。当第三世界国家陷入赤贫的时候，发达国家也失去了本国产品的市场，因而形成经济危机。另外，

---

① Jeremy Snyder, "Exploitation and Sweatshop Labor: Perspectives and Issues", *Business Ethics Quarterly*, Vol. 20 (2010), No. 2.

② Johan J. Graafland, "Calvin's Restrictions on Interest: Guidelines for the Credit Crisis", *Journal of Business Ethics*, Vol. 96, No. 2, pp. 233–248.

加尔文强调利息的公平性和交互性，但在当今的市场经济中，风险与收益在很多领域是不对等的：投资银行为了利息最大化而忽略理性的风险评估，职业经理人利用职权可以任意提高自己的管理收益和股份，这一切都为经济失衡埋下了伏笔。

不用说，发达国家先进的企业制度和企业文化，也是它们的竞争优势之一。但恰恰在这里，发达国家向全球推广资本主义的好处也显现出来。因为发达国家的企业有强大的国家政权做支撑，有完善的融资渠道和先进的技术与管理，所以它们能够从全球化中获得最大的利益。但这种经济扩张也为发展中国家带来了切实的好处。有数据表明，凡是那些积极参与全球化的发展中国家，其经济发展水平、人民生活状况、政治稳定程度和社会安全秩序都有较大的提升；而那些拒绝或者严格限制外国企业进入本国市场的国家，其经济秩序、法律秩序和政治秩序反而极不稳定。从这个意义上说，让所有的国家都参与到全球化当中来，让所有国家都培养出企业家的精神，不仅能促进全人类的发展，而且对全球的和平与稳定也会有很大的贡献。①

随着市场经济的日益发达，人们可以得到的物品和服务多了，让人禁不住诱惑的东西也多了。好像任何一种东西都有人上瘾：购物、上网、打游戏、追求清洁、网络交友、情色、吸毒，等等。似乎更加便利的经济和生活条件并没有让人变得更加自由，反而让人变得更加不自由。“上瘾”是一种特别威胁自由的状态，因为上瘾者大多意识到自己不该上瘾，但却没有能力从上瘾状态中走出来。如果个人是自律的主体，这种“无力自拔”的感觉怎么会产生？如果上瘾的人真的是无力自拔，我们又怎么能够让这些人为自己的行为负责？这些问题经久不息地困扰着伦理学。史林米（Jann E. Schlimme）认为，要回答这些问题，我们可能首先需要从现象学层面理解这种“无力自拔”的心理状态，并且将这种状态与“自律”的状态作现象学的比较，由此找到必要的线索。②

这当然是一种哲学上的解决之道，但更多的人可能想从医学和生理学

① Michael Strong, “Peace through Access to Entrepreneurial Capitalism for All”, *Journal of Business Ethics*, Vol. 89, Supplement 4, pp. 529 - 538.

② Jann E. Schlimme, “Addiction and Self - determination: A Phenomenological Approach”, *Theoretical Medicine and Bioethics*, Vol. 31 (2010), No. 1, pp. 49 - 62.

上解答这些问题。假如有一种医学上的办法，可以很容易地治疗烟瘾、毒瘾和其他上瘾症状，那人类的自由岂不是有了更有效的保障？让科学促进人的自由，这也是科学的应有之义。不过，即便我们能够监视上瘾状态下的大脑活动，这也只是理解上瘾状态的第一步，离有效的治疗方案还有很远。因此，除了生理学和医学的研究之外，其他的方法，包括行为方式上的改变、伦理观念上的调整和法律的修正，也都能够帮助人们克服各种上瘾行为。① 比如，思想观念上的调整就是第一步。有上瘾行为的人，有一些认为自己其实没有上瘾，有一些认为自己确实上瘾了，所以为自己的“无力自拔”开脱责任。其实有瘾的人说自己没瘾固然是自欺欺人，有瘾因而认为自己无力自拔的人也未尝不是自欺欺人。承认自己有瘾是第一步，相信自己能够克服上瘾行为也是很重要的一步。没有科学证据表明，染上某种瘾的人不能靠自我的努力克服这种上瘾行为。②

（李绍猛）

五　美国实用主义

2010 年实用主义研究在人物研究和哲学史分析及比较研究方面都有了进一步深入。杜威和罗蒂的政治哲学维度仍是活跃的研究点，而从自然主义角度分析实用主义立场下的认识论、伦理学的思路开始变得更加明显。对普特南和詹姆士的心灵哲学的研究在 2010 年也是很有启发性的话题，知觉、身心关系问题仍是其中主要的讨论点。此外，欧陆哲学和实用主义的关系问题的研究，尤其是对德国古典哲学和实用主义的学术亲缘的探究，仍然是未来一段时间内比较分析路径的热点所在。

（一）实用主义国际会议情况

2010 年，实用主义的政治哲学维度仍然是热门的议题。于 2010 年 2

① Don Ross, Harold Kincaid and David Spurrett, *What is Addiction*, MIT Press, 2010; Trevor W. Robbins, Barry J. Everitt and David J. Nutt, *The Neurobiology of Addiction*, Oxford University Press, 2010.

② Mary Jean Walker, “Addiction and self - deception: a method for self - control?”, *Journal of Applied Ethics*, Vol. 27 (2010), No. 3, pp. 305 - 319.

月26日、27日在荷兰的鹿特丹大学（University of Notre Dame）举办的“人民、力量和实用主义：我们在变化世界中的发展前景”的会议，是旨在对全球问题进行批判性反思的政治哲学会议，是对杜威遗产中的人权和人类发展问题的当代思考。2010年5月13—15日，在加拿大维尔佛利德洛里尔大学（Wilfrid Laurier University）举办了第二十七届定性分析年会：“作为概念基础的社会实用主义。”此次会议的议题是：作为一种温和的社会理论，美国实用主义是否可以为当代社会理论提供一个融贯的概念基础来说明性地研究21世纪。可以说，20世纪杜威对美国民主的关注，作为实用主义的政治一维仍在继续得到关注。

与此同时，拉丁裔哲学家努力构筑泛美洲的跨地区性哲学平台。2010年2月18—20日，在美国得克萨斯A&M大学（Texas A&M University）举办了“第一届实用主义和拉丁世界国际会议”。会议明确表示了实用主义研究对于拉丁裔哲学家的价值：“实用主义提供了工具和资源来帮助拉丁裔人解决当代的社会、伦理和政治问题。”此外，非常值得注意的是，在12月27—30日举办的全美哲学大会（APA）的东部年会上，有专门的分组讨论实用主义和拉丁哲学的比较工作。整体而言，在美国的拉丁裔学者正试图以实用主义的精神和哲学（尤其是杜威的政治哲学）立场为平台，构建一个泛美洲的哲学对话场域。而且拉丁裔哲学家已经开办了自己的网络哲学杂志《美洲国家哲学评论》，这必然会促进实用主义在政治哲学和伦理学方面讨论的繁荣。

值得提出的是，关于实用主义重要代表人物的专门会议仍然活跃。2010年是威廉·詹姆士辞世100周年纪念，因此，西方学界举办了数场学术会议来纪念这位古典实用主义的代表人物。其中，比较重要的国际学术会议有：2010年6月24—26日在德国的汉堡大学举办的题为“修订实用主义：新千年的威廉·詹姆士”的会议。该会议围绕实用主义在哲学、心理学、宗教哲学和社会科学等多学科中产生的影响展开。2010年9月23—25日，由哈佛大学主办了“威廉·詹姆士和美英对话——实用主义、多元主义和宗教哲学”会议，该会议旨在沟通盎格鲁—美利坚哲学传统中对詹姆士哲学的研究情况。另外，非大学系统的学术会议也比较活跃：由美国威廉·詹姆士协会主办于2010年8月13—16日，分别在英国新汉普顿和美国马萨诸塞举行了题为“循着威廉·詹姆士的足迹”的国际会议。大会遴选出的宣读论文涵盖领域广泛，有宗教哲学方面的《威廉·

詹姆士和自由宗教》、《詹姆士和关于信念的经验》，道德哲学方面的《詹姆士和弱道德客观主义》，心理学方面的《哲学思考的心理学》以及人物比较的论文《作为用法的意义：杜威对詹姆士遗产的实用主义解释》和《哈佛大学的老真理与新事实：詹姆士和艾略特的实用主义关系》等。

（二）学术研究情况

1. *杜威研究情况：以政治哲学和伦理学为热点*

《剑桥指南（杜威卷）》(*The Cambridge Companion to Dewey*）是对杜威进行的比较全面的综合性研究。这本著作将杜威定义为“一位倡导民主的哲学家”，并从形而上学、道德哲学、心灵哲学和政治哲学等多重角度，讨论了杜威在认识论、自然主义、探究的逻辑、实践优先性、心灵哲学等方面的观点，立体地重现了杜威哲学的多样性内涵。和该书编者对杜威的定性相似，该书第一章作为杜威哲学历程的整体概括，作者罗伯特·韦斯特布鲁克（Robert Westbrook）侧重研究杜威哲学中的民主特色。他指出，虽然杜威的代表作《经验与自然》以及其在20世纪20年代前后发表的大量文章是充满形而上学气息的作品，但是他在1919年的《哲学与民主》一文中从认识论、伦理学和教育观念上讨论了民主问题的论题，这对理解杜威而言更为重要。[①]考察这个立场的原因，或许是因为杜威1904年发表的《哲学和美国的国家生活》(Philosophy and American National Life）一文中提出的“美国哲学必须诞生于也必须回应对民主的要求”这个论断的影响深远，这也解释了杜威的民主思想和与其相关的现代道德问题始终是研究热点的原因。该书中较有新意的第三章“约翰·杜威的自然主义”(The naturalism of John Dewey)、第六章“认知科学和杜威的心灵、思想和语言理论”(Cognitive science and Dewey's theory of mind, thought, and language）和第十章“杜威和实用主义的宗教自然主义”（Dewey and pragmatic religious naturalism）与近年美国兴起的对自然主义理论的积极讨论以及心灵哲学的不断深入和从宗教哲学角度阐释古典实用主义的整体学术趋势直接相关。第三、六章以杜威中期著作《经验与

---

① Cochran, M.（ed）. *The Cambridge Companion to Dewey*. Cambridge; New York: Cambridge University Press, 2010, pp. 13 – 33.

自然》，第十章以其晚期作品《确定性的追求》(*The quest for certainty*)和《一种共同的信念》(*A common faith*) 为主要文本，集中讨论了如下问题：杜威形而上学拒绝将实在看做是对人的深层感觉和期望的反应，并将自然理解为按照人类需求而安排的拒斥拟人化倾向的自然主义[①]；试图考察以一种非还原并整合了多种自然科学的探究方法在更广阔的人类语境下理解心灵及此心灵对人而言究竟意味着什么[②]；以及杜威与强调个体信仰者的宗教体验的詹姆士不同的宗教观，即人类的宗教问题可以完全与超自然实体的本体论承诺无关。[③]

另一本关于杜威的新近研究成果是《约翰·杜威和伦理生活的习惯》(*John Dewey and the Habits of Ethical Life*)。与传统的文本阐释的研究策略不同，该著作围绕当下问题，利用杜威的相关思想成果的思路，对比哈贝马斯关于交往的政治哲学，解读了杜威的教育思想和政治观点，即公民教育中必须“鼓励公民共同进行一种使其行为去影响更广大世界的方法”：公民教育必须考虑相较于自身所在的团体而言更大的“共同体”，并进行一种政治实践上的审美教育的政治哲学思想。以此铸就社会中的道德方面和智力方面关联，依靠杜威主张的“组织的艺术”“领导个体去建立一个关于他们自己和他者的政治状况的‘地图’，并在这个地图中进行他们的道德与政治的探究行动”[④]。而关注、理解、参与那些发生在别处的政治事件和这个地图的描画是同步完成的。作者指出，分权式的机构、即时交流手段的广泛传播和便捷的交通支持，使得个体生命受全球事务的影响程度越来越高，即我们现下生活在一个日益“流体化”的社会情境中，而这个事实的另一面就是个体对大事件的影响也在加强。这就使得道德考量不但只是康德式自我意志的立法问题，也不能局限于休谟对于人性道德可能的基于同情的思考，而是回归到了古希腊的如何使人更好地生活的古老话题上，而且以一种和罗尔斯的反思平衡有异曲同工之妙的策略，在一种实践立场优先的前提下，将人类的道德生活和智力生活在群体化的语境里

---

① Cochran, M. (ed). *The Cambridge companion to Dewey.* Cambridge; New York: Cambridge University Press, 2010, p. 55.

② Ibid., pp. 123－144.

③ Ibid., pp. 211－241.

④ Kosnoski, J. 2010. *John Dewey and the Habits of Ethical Life: the Aesthetics of Political Organizing in a Liquid World.* Lanham, Md.: Lexington Books, p. 13.

进行互动式解读。[①]

2. 詹姆士研究情况：哲学史研究倾向明显

2010年是詹姆士逝世100周年。詹姆士本人的哲学发展史和更深广意义上实用主义哲学发展史视角成了研究中的突出特色。可以说，2010年的詹姆士研究与其说是单纯对詹姆士哲学的阐释，不如说是以詹姆士为个例切入，努力对美国实用主义的整体研究，并对美国实用主义自身的脉络进行梳理，对关键问题进行评价，对未来发展进行展望。这种倾向在J. J. 斯图尔（J. J. Stuhr）主编的论文集《实用主义一百年：威廉·詹姆士的革命性哲学》（100 *Years of Pragmatism*：*William James's Revolutionary Philosophy*）和保罗·克洛斯（Paul J. Croce）的《超越威廉叔叔：一个世纪来威廉·詹姆士的理论和生活》（Reaching Beyond Uncle Willliam：A Century of William James in Theory and in Life）[②]一文中体现得最为明显。

斯图尔在导论中指出，《实用主义一百年：威廉·詹姆士的革命性哲学》一书围绕四个主要问题展开：第一，詹姆士自身对其著作的历史重要性的评价，即关注詹姆士对其自身的哲学史定位问题；第二，考察在某个意义上解决了漫长的形而上学问题，使哲学变成了非常实验性的、能够帮助哲学家取得思想进步的方法论实用主义；第三，作为真理观的实用主义；第四，探讨作为一种态度、精神和气质的实用主义在实用主义诞生百年之后是蓬勃发展的还是被严重妨碍的。[③]在整部书中唯一进行专门问题讨论的是第三部分，即詹姆士论真理和协同性（James on Truth and Solidarity）。这一章分析了詹姆士真理观中的个体主义和社会因素之间的张力关系，也分析了个体主义和认识论上的多样性的融贯的可能性。作者指出，"虽然他是固执且无限制的个体主义者，但是在他的哲学中有一个强大的社会因素。而我在他的多元主义和关系主义中看到了这种朝向主体间和社会化的动力。他的多元

① 参见 Kosnoski, J. *John Dewey and the Habits of Ethical Life*: *the Aesthetics of Political Organizing in a Liquid World*. Lanham, Md.: Lexington Books, 2010.

② Croce, P. J. "Reaching Beyond Uncle Willliam: A Century of William James in Theory and in Life", *History of Psychology*. Vol. 13 (2010), No. 4.

③ Stuhr, J. J. 100 *Years of Pragmatism*: *William James's Revolutionary Philosophy*. Bloomington, IN: Indiana University Press, 2010, pp. 2-3.

主义建立在这样的前提上：没有事物可以只在其内部或只通过其自身被理解，任何东西都是在与他者的关系中、在一张关系网中被理解的"[1]。这个观点对探讨詹姆士认识论的内部张力有一定价值。在如何评价实用主义的问题上，露丝·安娜·普特南（Ruth Anna Putnam）的观点很有启发性："将实用主义作为一种思考的方式，一种看待我们自身、看待我们碰巧生活在其中的物理的和社会的世界、看待哲学的态度，我坚信实用主义活下来了，虽然它常常并不被叫做这个名字。而且它将会继续大胆创新地活下去，虽然它可能继续不被叫做这个名字。"[2] 实用主义深刻地影响了美国的百年思想史，它对实在的看法、对形而上学的看法、对真理问题的看法、对宗教和人的伦理生活的看法、对政治生活的看法不乏深刻，这些彼此交错、互相支撑的洞见渗透在各种其他名字的"学派中"，而形而上学、分析哲学、心灵哲学、宗教哲学等领域中的自然主义、多元主义、可错论、积极的怀疑主义等倾向都有它不可抹去的影子，而这也正是实用主义的生命力仍然旺盛地燃烧着的表现。斯图尔认为，如果我们想确切地定义詹姆士的哲学或者说想弄清楚实用主义究竟存有哪些气质，以便让我们能在现今的哲学角斗场中准确判定实用主义的性质，至少有三点可参照的判定标准：其一，实用主义带有一种向善论的气质；其二，实用主义是一种不可还原的多元论；其三，这种向善多元的实用主义气质不能还原为信念，但是人们仍然要信仰。[3]

2010 年，R. 理查德森（Richardson）选编的詹姆士心灵哲学文集表明，西方学术界对詹姆士的心灵哲学的热情仍然存在。在该文集数十页的导言中，编者总结了詹姆士心灵哲学和实在论方面的主要主张，并提供了许多深入探讨的研究线索。例如，编者指出，"根本不存在作为物或实体的知觉。只存在一种功能、一个进程、一条印象之流"。[4] 这是理解其激进的彻底经验主义的关键。另外，导论支持艾默生和詹姆士的相近的立场

① Stuhr, J. J. 100 *Years of Pragmatism*: *William James' s Revolutionary* Philosophy. Bloomington, IN: Indiana University Press, 2010, p. 124.

② Ibid., p. 185.

③ Ibid., pp. 204 - 205.

④ Richardson, R. *The Heart of William James*. Cambridge, Mass.: Harvard University Press, 2010: Introduction xv.

使其可以互为解读路径的观点[1]，这表明在比较分析的方法论意义上，选择艾默生作为参照系来理解詹姆士具有充分的合理性，而这个比较将推动对从横向断代史意义上理解詹姆士和其他美国哲学家的关系及其所共同完成的对话语境。

3. 继续探究古典实用主义与新实用主义之关系

2010 年，有一些著作将实用主义作为一个学派来进行哲学史介绍和阐释。在这种涵盖多个学术兴趣点、涉及多位实用主义哲学家的综合性研究成果中，以何种视角介入各个哲学家的思想，以怎样的态度评价他们的彼此不同却又相互影响的观点，并如何理解新实用主义和古典实用主义之间的复杂关系，成了这类研究成果的核心问题。2010 年，这类进行整体学派研究的作品主要有伯恩斯坦（R. J. Bernstein）的《实用主义的转向》（*The Pragmatic Turn*），马拉考唯斯基（Alan Malachowski）的《新的实用主义》（*The New Pragmatism*），等等。

伯恩斯坦的《实用主义的转向》由九章构成。它主要讨论了如下问题：皮尔士对笛卡儿哲学的批评；詹姆士的实用主义多元论的伦理学后果；杜威关于激进民主的观点；黑格尔和实用主义；实用主义、客观性和真理；在语言学转向之后的经验；普特南论事实与价值的关系；哈贝马斯的康德式的实用主义以及罗蒂的强烈的人本主义。对九个议题的讨论中也穿插着人物分析，比如，黑格尔和实用主义以及哈贝马斯的康德式实用主义两章将德意志古典哲学的传统和实用主义立场进行了比较细致和文本化的学理探究，这在近几年其他的实用主义研究中不常见到。在该书长达 30 多页的作者序中，伯恩斯坦回顾了古典实用主义在皮尔士和詹姆士的共同作用下出场的哲学史背景。他指出，在美国的后内战时代，詹姆士、皮尔士、杜威参与并推动的在麻州剑桥市组建的形而上学俱乐部提供了当时美国哲学的主要语境，然而，常常被忽视的另一个来自欧洲大陆的文化背景是，“剑桥并不是当时美国在后内战时期的唯一一个哲学活动中心。在 19 世纪，许多影响深远的德国知识分子移民到美国，他们中的一些人成为了著名人物。他们也带来了德国哲学的兴趣，尤其是康德和黑格尔的

① 参见 Richardson, R. *The Heart of William James*. Cambridge, Mass.: Harvard University Press, 2010: Introduction。

哲学。‘康德俱乐部’和‘黑格尔俱乐部’分别在密苏里和俄亥俄得以成立”①。这也佐证了杜威对当时美国哲学界的一个基本判断：新康德主义和黑格尔主义“在19世纪末期的美国是非常重要的。我自己以及与我一起阐释工具主义的同伴们是从成为新康德主义者开始的，同样的，皮尔士的观点是从与康德主义的决裂开始的，而詹姆士是开始于和英国学派的经验论分道扬镳”②。这或许表明了从当时的美国学术背景分析实用主义的开端的重要性，而更深层的问题是这个话题背后隐含的关于美国实用主义和德国的观念论之间的关系问题。根据伯恩斯坦的论断，1867年创办的《思辨哲学杂志》(*Journal of Speculative Philosophy*) 的早期卷目中包含大量对费希特、谢林和黑格尔论著的翻译作品。其实不止是在实用主义之初，黑格尔哲学至少在三个时代非常深刻地影响了美国的哲学灵感和讨论：19世纪末，20世纪中叶和当下。③ 结合2010年美国哲学年会东部分会中对皮尔士的讨论大量涉及的费希特和谢林的影响之情况，可以说，对德国古典哲学与实用主义的学术承袭和批判之关系的研究应当可以成为一个新的研究视角，尤其亟待讨论费希特和谢林对詹姆士和皮尔士的学术影响问题。另外，伯恩斯坦关于实用主义和语言学转向的关系问题的看法也值得重视。他指出自1953年伯格曼（Bergmann）发表了题为《逻辑实证主义、语言和对形而上学的再造》一文以来，“语言学转向”这个概念就使语言在哲学思考中占据了主导性地位，这也就使得关注“经验”而非语言的古典实用主义面临一个重大问题。关于这个转向对实用主义的影响，作者认为“试着通过古典美国实用主义去发展一个全面的能包含所有意义和对所有经验之使用的理论，注定将是无成果的。但这不是阻挠我们通过古典美国实用主义去恢复仍然富有洞察力且和对经验的反思相关的哲学的理由……那种流行且被牢固确立的在经验和语言学转向之间的二分法正是实用主义该拒斥的二分法”④。这个立场对于讨论语言哲学对实用主义的影响和如何理解实用主义的哲学史意义很有启发性。

① Bernstein, R. J. *The Pragmatic Turn*, Cambridge; Malden, MA: Polity, 2010, p. 6.

② Dewey, J. *The Philosophy of John Dewey*, ed. J. J. McDermott. IL: University of Chicago Press, p. 52.

③ Bernstein, R. J. 2010. *The Pragmatic Turn*, Cambridge; Malden, MA: Polity, 1981, p. 89.

④ Bernstein, R. J. *The Pragmatic Turn*, Cambridge; Malden, MA: Polity, 2010, pp. 128 – 129.

与伯恩斯坦从不同哲学领域内的一些具体观点对主要实用主义哲学家展开讨论的策略不同，马拉考唯斯基是以全面介绍实用主义的各位哲学家为逻辑线索来架构他的整部著作。这部书中的独到之处在于，它从罗蒂和普特南如何对待古典实用主义的不同态度作为切入点，分析了新实用主义的两个主要路向。该书指出，与实验型科学家和逻辑学家出身的皮尔士和詹姆士不同，对接受了规范分析哲学教育的罗蒂和普特南而言，与其说他们的思想完全植根于古典实用主义的研究思路，不如说他们在从詹姆士、杜威等人中截取了最有启发性的问题和论域，并结合语言学转向之后的20世纪哲学情境提供的讨论方式，进行其全新的哲学思考，促进其自身的哲学立场的演化。必须注意到的是，新实用主义在吸收古典实用主义养分的同时，也实现了对传统实用主义某些问题的超越：超越古典实用主义格外关注的“经验”问题，超越皮尔士的真理判定标准，但是却保留了实用主义精神中对伦理问题、政治问题的持续关注，保留了努力同时持有怀疑主义和可错论的认识论倾向，保留了从知觉、功能等概念理解身心、理解实在的学术思路。“新实用主义是不加掩饰的机会主义分子。它将古典实用主义看作刺激其观点产生的资源，尤其是那些可错论、反基础主义的学术资源，它挑战有害的二元论，挑战不依靠心灵、社会概念的真理观点的学术资源，特别是挑战独立于实践的实在概念的学术资源。但是，它不想花费时间为这些相关的观点进行辩护。”① 新实用主义者运用分析哲学的一些思维方式，跳过了古典实用主义内部的许多裂隙与断层，将精力花在他们更为感兴趣的地方，这种理解对如何看待评价实用主义在分析哲学的冲击下的内在发展逻辑是非常重要的。

纵然新实用主义并不是单纯在古典实用主义的文本上作注解式的研究，但是，《新的实用主义》一书认为，对待古典实用主义哲学家的文本态度的差异恰恰是罗蒂和普特南对于新实用主义最大的不同。这个观点把传统的将罗蒂评价为彻底叛离分析哲学而普特南仍然在分析哲学语境中进行实用主义思考的观点移植到了实用主义内部。即罗蒂同时也叛离了古典实用主义的论域，而普特南在以分析哲学方式阐释古典实用主义的意义上讨论了许多遗留问题。具体来说，罗蒂是作为“与传统逆行”的反叛形象出现在实用主义视野中的。“罗蒂想要在全新的问题上引起注意，他想

① Malachowski, A. *The New Pragmatism*, Durham [England]: Acumen, 2010, p. 29.

传播新的讨论和思考的方法，而不是去颂扬名为实用主义的方法。"[1] 在罗蒂于1989年发表的代表作《偶然性、讽刺和协同性》(*Contingency Irony, and Solidarity*) 中，实用主义一词几乎销声匿迹了，虽然有一些论文非常精细化地考察实用主义，但是余下的更多部分并没有试图勾画出一个独特的实用主义者的立场。通常，罗蒂只是总体上地对詹姆士和杜威这样的古典实用主义者进行概括意义上的暗指，而不是将其文本进行严格的解读。这么做究竟有什么重要作用呢？这表明我们称作是"后分析性的实用主义"并不是代表着它在分析哲学之后出现或是试图取代分析哲学，而是表明它将自己定位为某种不同于那个主导型的分析哲学传统的独立的哲学立场。而古典实用主义者尤其是詹姆士和杜威恰恰是花费了太多精力去应对以罗素和摩尔为代表的批评者。而这导致了实用主义必须在论战敌手选定的角斗场上用对手的术语和逻辑去进行哲学思考的问题，而罗蒂发现了这个话语主权丧失的问题，并在自己的哲学生涯中避免了它。[2] 因此他和古典实用主义传统的关系看上去是精神上承袭但是论断上疏离的，他关注的是自己的问题，而不是别人的。

马拉考唯斯基也发现了普特南和罗蒂思想上的不同之处。普特南大量地引用和阐释了古典实用主义的文本，他"成了一个詹姆士和杜威著作的敏锐评论人，他从他们的文本中提取出大量有历史感的洞见来帮助他为一种更为开放且实用的总体意义上的哲学路径辩护"[3]。普特南对20世纪上半叶哲学家批评古典实用主义的一些误解性的观点做了许多睿智、敏锐的反驳，这对消除对古典实用主义的误读极有帮助。也正是因此，罗蒂和普特南是不同的。罗蒂更多地关注如何将旧有的哲学形式抛在身后，而不是尝试营救那些有价值的部分。与以往的研究观点所表明的一样，罗蒂是作为解构者的形象出场的。而普特南是积极的继承者和修正者，对他而言，古典实用主义的许多议题虽然已经不再是哲学角斗场的中心位置，但是他仍然乐于将古典实用主义的许多话题看做承载哲学继续前进的力量。也正是因此，普特南较之罗蒂更可能实现一个直接有效的对新实用主义的辩护，来抵抗那些或是将新实用主义看做相对主义者的避难所，或是拒绝

① Malachowski, A. *The New Pragmatism*, Durham [England]: Acumen, 2010, p. 34.

② Ibid., pp. 57 – 58.

③ Ibid., p. 62.

直面实在的观点。在讨论普特南在新实用主义阵营中所扮演的角色时，马拉考唯斯基从四个角度进行了总结：第一，通过回归到原始文本的方式，挑战了广被采纳的对古典实用主义的不当批评，并表明了早就开始的对实用主义的误读倾向；第二，采纳了某些古典实用主义者的观点，例如詹姆士的被中伤的真理观，并指出经过合理的修正，这种真理观如何优越于许多其他更晚近的可选方案；第三，鼓励一种可以追溯到詹姆士著作中的彻底的整体主义，进而支持它在蒯因和戴维森相关论述中的说服力；第四，富有洞察力地探究了实用主义如何能帮助解决当下在伦理、政治方面的问题，并重新发动了古典实用主义在社会进步方面的议程。①

4. *深度挖掘新实用主义的哲学思想*

2010年新实用主义者的自我阐释和对新实用主义哲学家的研究仍然很热烈，主要体现在普特南本人的学术成果和对罗蒂与布兰顿的研究性著作等方面。

第一，普特南对哲学与科学关系的再思考及其对自己当前哲学立场的澄清。

自20世纪90年代开始将学术兴趣从心灵哲学、实在论问题转向实用主义和元伦理学研究的普特南，在84岁高龄时仍然活跃在美国哲学舞台上。2010年美国哲学学会东部分会的“普罗米修斯”论文大奖就颁发给他的题为《与实在的符合》(Corresponding with Reality）的论文。此外，2010年出版的《自然主义和规范性》(*Naturalism and Normotivity*)一书讨论了近年来人们关注较多的规范性问题。在这部思考哲学应该思考些什么并如何思考，在科学化的自然主义和柏拉图式的超自然主义的论争之间应该如何取舍的著作中，普特南发表了题为《科学和哲学》(Science and Philosophy）的论文，专门讨论我们在当下科学化世界图景缺少了重要的规范性维度的情形下，应当如何去理解、阐释哲学的寓意。

在《科学和哲学。中，普特南指出，上帝观念和灵魂的非物质性观念在20世纪的衰落导致形而上学的衰落。再加之科学领域的全面繁荣，使得科学和哲学之间呈现出了以科学驱逐哲学的紧张状态。普特南认为，逻辑实证主义和后现代主义试图以完全相反的思考逻辑去解决科学和哲学

---

① Malachowski, A. *The New Pragmatism*, Durham [England]: Acumen, 2010, p. 64.

之间的张力问题。1935年卡尔纳普著名的《语言的逻辑句法》一书表明了将哲学科学化的意愿，即将传统的充斥着“无意义”语句的形而上学式的哲学改造成“科学的逻辑”。而这种立场所要求的、将不可观察的科学术语还原为可观察术语的努力，以及提供分析命题的语法特点的尝试都失败了。与逻辑实证主义试图将哲学变成一种特殊科学的努力不同，后现代主义挽救哲学声望的方式是主张所有我们认为是对事实的表述都只是一种虚构形式，一种有效的虚构形式。[①] 因此科学并没有它自认为优越于哲学的那种准确性和客观性。普特南认为，这两种途径都没有正确地看待哲学本身，这门学科必须具有两副面孔，一副是卡维尔（S. Cavell）在《理性的断言》(*The Claim of Reason*）中表达的哲学的道德化一极，“我需要的是汇聚我的文化标准，以便当我追求和想象我的语言和生活时，可以使它们直面那标准；同时使我的语言和生活与那种我的文化语境所能为我想象的生活相直面”[②]，另一副是塞拉斯在《哲学和人类的科学影像》（Philosophy and the Scientific Image of Man）一文中所说的哲学的目标是去理解事物在术语的最广泛的可能性意义上是如何与术语连接在一起的。逻辑实证主义在一个有限的意义上试图去维护哲学的理论化方面而放弃了整个道德方面，而后现代主义试图以哲学的理论化方面为代价去保护哲学的道德方面。这两种尝试对哲学都是伤害性的，要么强调理论化方面，要么看重道德方面，不仅杀死了哲学这门学科，同时也是对人类的智力、精神生活的谋杀。[③] 至此，普特南再次强调了他从20世纪80年代后期开始就不断重申的事实/价值二分法必须从哲学中被剔除掉的论断。不难理解，对哲学的学科性质的双重性解读，是普特南作为一个持有人文主义倾向的自然主义式的实用主义者所能提供的最好解释。即无论对于科学还是对于哲学，真和规范性这两个维度都是必要且互补的。需要注意的是，关于事实价值之关系的讨论在2010年研究普特南的文献中也得到了特别的关注，著名的普特南研究者塞米·费尔斯特姆（Sami Pihlström）指出，事实—价值关系问题必须在讨论实在的非还原性的自然主义的意义上完成。他进一步

---

① Putnam, H. “Science and Philosophy”, Caro, M. D. (ed.). *Naturalism and Normotivity*, NY: Columbia University Press, 2010, p. 92.

② 参见 Cavell, S. *The Cliam of Reason*, Oxford: Oxford University Press, 1979, p. 125。

③ Putnam, H. “Science and Philosophy”, Caro, M. D. (ed.). *Naturalism and Normotivity*, NY: Columbia University Press, 2010, pp. 93 – 94.

主张，普特南试图打破事实和价值的二元化分，但是他只有两种论证逻辑可选：其一，价值在事实中得以显示（普特南长久以来支持的观点）；其二，事实—价值是连续、不可隔断的。这就使得实用主义式的自然主义必须选择浮现主义或是连续性原则，而且事实—价值之间的张力不只对实用主义的价值问题是重要的，对于整个自然主义的形而上学而言也是重要的。①

作为一位将不断修正、改变自己的观点作为特色一直坚持的哲学家，普特南研究中最困难的工作之一在于，人们经常不知道他最近又在思考哪些问题，在支持哪些观点。因此，如何给他当下的哲学观点定位，成了似乎只有普特南自己才能完成的任务。也是出于澄清自己目前的哲学立场的目的，"检视我过去曾支持过的观点，并说明现在我认为它们中的哪些仍然是富有洞见的，而哪些是错误的"② 成为普特南的与实在的符合学说的中心任务。他回顾了自由主义式的功能主义、实在论和反实在论的论争、还原论、意义及真理等问题，尤其是分析了麦克道威尔试图抵抗康德哲学传统中的怀疑主义的论证③，并指出他的论证与一种自由主义化的功能主义分析方式并不相容。普特南认为他本人所支持的自由主义化的功能主义，"在正常情境下，不会将我们的知觉经验或是我们接受的语句看作是形成一个知觉信念的起点。那个起点在我们的头脑之外，形成桌上有个便条的知觉判断过程是一种功能的实践，事实上是一个功能系统的实践，这些功能或被进化所形成，或被我们的文化进程所影响，它把我、对象和我的环境中发生的事联结起来"④。不难看出，普特南重新燃起了对心灵的认知问题的兴趣，而这种对心灵、认知的解释策略，与杜威那种受到进化论影响、强调经验的文化属性的观点有值得重视的相似之处。

第二，对罗蒂的比较性研究的新进展——女性主义和实用主义的可能

① Sami Pihlström. "Toward A Pragmatically Naturalist Metaphysics of The Fact - Value Entanglement: Emergence or Continuity?", *Journal of Philosophical Research* Volume 35 (2010).

② 参见 Putnam, H. "Corresponding with Reality", APA 2010 年获奖论文。

③ 依据 James Conant 的分析，怀疑主义可以分为笛卡儿式的怀疑主义与康德式的怀疑主义。前者怀疑人类对外部世界的知识的可能性，而后者更为激进，它怀疑人的思想无论是关于外部世界还是人的感觉印象是否真正有内容。

④ 参见 Putnam, H. "Corresponding with Reality", APA2010 年获奖论文。

的对话。

已经去世多年的罗蒂依然显示出强大的学术影响力，以罗蒂为研究对象的专著和论文集持续问世。

2010年，罗蒂哲学和女性主义的关系成了学术界讨论的热点之一。《理查·罗蒂的女性主义的解释》（*Feminist Interpretations of Richard Rorty*）选辑了包括女性主义哲学家南希·弗雷泽（Nancy Frazer）等人对罗蒂的《女性主义和实用主义》（Feminism and Pragmatism）和《女性主义、意识形态和解构主义：一种实用主义的见解》（Feminism，Ideology，and Deconstruction：A Pragmatist View）等文章的评析。整本书围绕真理的认识论问题、女性主义的学科定位问题、实在论问题以及实用主义与女性主义的对话的合法性问题等展开讨论。有作者认为，罗蒂的后期哲学放弃了对认识论、形而上学问题的研究而转向了文化研究和推动社会政治结构改造的工作，如何看待其自身的学术身份归属和对当下的人文学科的学科划分的问题，始终是评价和理解罗蒂思想的一个难点，而这恰恰和政治化倾向明显的、被英美哲学界的主流分析哲学排斥的女性主义面临着相似的困境，因此也就不难取得学术共鸣。有趣的是，在处理罗蒂和传统哲学之间的张力问题上，对罗蒂的支持或拒绝显示了女性主义内部的两种不同的学术定位。“一些女性主义者通过重新定义哲学学科来舒缓这种张力，然而也有一些女性主义者采取了罗蒂的逻辑，超越了那门学科，将它看作是并认为其将继续作为父权制意识形态的辅助系统。”[①]如果采取了第二种态度，那么如何在学理意义上给出拒绝进入那种被建构起来的特殊系统的理由？罗蒂和女性主义的策略都可以经由认识论上的个人主义倾向得到解答。罗蒂拒斥现代哲学将心灵看做镜子的隐喻所需要的全部前提和假设以及随之而来的认识论方面的推论，他至少以一种隐晦的方式支持了女性主义对未经检验的当代认识论中认为知识与身份无关这一假设的攻击。从更深层的意义上讲，女性主义者认为知识在更大程度上是一种个人事务，而且我们对知识的最好模型将出自对个体认知者如何进入到一种经验陈述的设想和检验。而这种理解和罗蒂将传统哲学问题看做是无用的，思想活动应该趋向于表达“真实世界”中的认识困难，而不是将认知情境作高度抽象的态

① Janack, M.（ed）. *Feminist Interpretations of Richard Rorty*, Pa：Pennsylvania State University Press. 2010, p. 3.

度有着相同的学术期望和论敌。[①] 然而，女性主义者南希·弗雷泽认为这位首个公开试图与女性主义进行联盟的男性哲学家把女性主义看做是“带着求婚请求的追求者，他的大量文章都致力于劝说我们最好和他结成联盟而不是选择和他的普遍主义与实在论的敌手一起”[②]。然而，这个看上去很有吸引力的建议，却可能暗藏着巨大的代价。罗蒂更热衷于将弗雷泽和费耶这样的女性主义者看做是非哲学家，更愿意将她们看成对人类智力生活而言更重要的预言家。问题是女性主义力图以一种不同于传统哲学的方式进入哲学思考，而不是成为与哲学没有任何关系的群体。也是在这个意义上，罗蒂所做的是与传统哲学完全一样的事情，只是不同于男性主导的西方哲学历史，这次把女性作为了偶像崇拜的对象。[③] 罗蒂对于实用主义和女性主义对于公共政治文化生活的联盟持有一种乐观的态度，然而女性主义者对于这个问题显然有更为保守的看法。

第三，对布兰顿代表作《阐释清晰》（*Making It Explicit*）的精细化专题讨论。

随着布兰顿（R. Brandom）变得越来越受重视，2010 年出现了对文本的文集式研究著作，其中主要的有魏斯（B. Weiss）和万德里（J. Wanderer）编辑的《解读布兰顿》(*Reading Brandom*：*On Making It Explicit*)。

这本书由 17 篇论文和布兰顿本人完成的 16 篇回复构成，围绕三个主题展开：规范性的实用主义、实用主义和推理主义、推理主义者的语义学。整部书主要从如下方面立体地展现了布兰顿哲学：推理主义、再现说、语言哲学和心灵哲学中的规范性、语用论和中心性、语言的入口和出口、意义和真理、语义学的紧缩论。[④] 魏斯认为，在《阐释清晰》一书中，布兰顿将康德、弗雷格和塞拉斯看做他的学术资源，“但是一个形成布兰顿的推理主义的更全面的能量来自实用主义，即尝试去解释人在言说行为中所做的能被语词言说的东西。对内容而言使实用主义作为一种方法

---

① Janack, M. (ed). *Feminist Interpretations of Richard Rorty*, Pa: Pennsylvania State University Press. 2010, p. 1 - 17.

② Ibid. , p. 48.

③ Ibid. , p. 47 - 54.

④ B. Weiss, J. Wanderer. *Reading Brandom*: *On Making It Explicit*, Abingdon Oxon; New YorK: Routledge, 2010.

变得与众不同的是：它拒绝承认对内容而言与使用无关的说明性维度”[①]。布兰顿对推理主义的推崇和他的唯理论类型的实用主义构成了他学术的两条主要脉络。相比于他所热衷的推理主义这个新话题，他的实用主义和其他实用主义者的版本之差异倒是更吸引人。首先，在自然主义的立场上，布兰顿可以说是实用主义中的异类。皮尔士、杜威和普特南都可以被看做是自然主义者，但是“布兰顿拒绝成为一个‘自然主义者’，他不想对自然科学的术语给出一个充分的说明”[②]。在布兰顿看来，将知识、心灵自然化倾向暗藏着一个内在的逻辑悖论，即用非规范性的配料制作规范性的蛋糕。这里布兰顿的立场表明了一个至关重要的问题，如果彻底的自然主义立场成为认识论和伦理学问题中的基本前提，那么还原主义的方法必然无可避免，而非自然性的规范性几乎不可能。这和普特南在《科学和哲学》（Science and Philosophy）一文中讨论的实际是同一个问题，即哲学如何在强调客观性的自然主义倾向和将人的主观判断的规范性问题在哲学中进行平衡，并且以这个平衡为起点去表述关于心灵、语言、知识的、可以促进人类智力生活的思考逻辑和哲学判断。此外，布兰对实用主义的定义是很特别的：“控制目前解释的一个基本的形而上学承诺是一种实用主义，一种关于语义学和语用论关系的实用主义。此意义上的实用主义是这样一种观点：语义学上的确定的满足的作用是为了解释意向状态的规范重要性，例如信念和诸如断言的这些语言行为。因此，内容的语义学概念一定要回答正当性的标准问题，而这种标准是由语用论决定的。语用论考察语义确定的意向状态和在语言行为中用以调大这些状态的语句。”[③] 此种布兰顿定义是展现了在黑格尔传统内的唯理论风格的实用主义和其他实用主义者的理解的异同，显然是值得讨论和研究的问题关键。

5. 研究欧陆哲学和美国实用主义之间的学术脉络的关系

如果细致地列出近五年的实用主义研究成果并细心归类的话，不难发现，从实用主义和欧陆哲学的关系（或是更具体而言，比较实用主义哲

① Weiss, B. and Wanderer, J. (ed). *Reading Brandom: on Making It Explicit*, Abingdon, Oxon; New York, 2010: Routledge, p. 6.

② Ibid., p. 46.

③ Brandom, R. *Making It Explicit*, MA: Havard University Press, 1998, p. 143.

学家与海德格尔、列维纳斯、德里达等欧洲的代表性哲学家）的作品屡见不鲜。主要有：马古利斯（J. Margolis）的《实用主义的优点：20 世纪末的美国和欧洲哲学》（*Pragmatism's Advantage: American and European Philosophy at the end of the Twentieth century*, *Calif.: Stanford University Press*, 2010）；卡夫艾格（M. Cfaig）的《列维纳斯和詹姆士：朝向一种实用主义的现象学》（*Levinas and James: Toward a Pragmatic Phenomenology*, *Bloomington: Indiana University Press*, 2010），等等。

虽然这些著作并没有集中地讨论实用主义者同某个固定的欧陆哲学家的关系，比较的对象也相对分散。然而，可以确定的是，在美国本土受到分析哲学影响但始终没有放弃哲学的人文主义立场的实用主义和欧陆哲学尤其是存在主义、后期现象学和后现代主义的关系非常紧密，作为一种合理的趋势预测，探讨实用主义和欧陆哲学对相似问题的不同探讨方式将是实用主义研究中的重要增长点，这不只是因为对相似的具体问题的讨论的争议性，更重要的是如何理解英美哲学和欧陆哲学在 20 世纪以来作为互补的两极试图解决问题时各自面临的问题，和目前看来仍就具有推动性的哲学问题或是立场在新的世纪应该以怎样的逻辑继续演化。依据现有的研究情况并结合哲学家的学术旨趣，最有可能成为未来研究热点的是詹姆士和罗蒂。前者的强烈的宗教主义的神秘倾向和后者对整个现代的彻底反基础主义的批评使他们成为最容易被选出来和欧洲哲学家进行比较的实用主义哲学家。

《实用主义的优点：20 世纪末的美国和欧洲哲学》一书指出，当代西方哲学的现状就是一个三驾马车：欧陆哲学研究、分析哲学研究和实用主义三种主要路向。作者强调，他并不认为我们应该回到古典实用主义的全盛时期或是回到 20 世纪 70 年代的实用主义复兴。他力图表明的是：实用主义可以被理解为一种达尔文进化论化了的康德传统和黑格尔传统的调和，在科学主义的分析哲学和依靠个体的先验力量的欧陆哲学之间，实用主义代表着一种中间道路。①

卡夫艾格的新著《列维纳斯和詹姆士：朝向一种实用主义的现象学》作了这样一个总结："这本书是为任何对现象学和实用主义的相互关系感

① 参见 Margolis, J. *Pragmatism's advantage. American and European philosophy at the end of the twentieth century*, Calif.: Stanford University Press, 2010。

兴趣的人所写的，它们的关系仍在继续影响伦理学和美学思考。列维纳斯和詹姆士一道描绘出了铸造一种实用主义现象学的潜在可能，这种现象学保留了对意向性、经验的关注，拥抱关于书写和创造性表述的实验形式，并建议一种基于对不断发展的特殊性和多样性的关注的伦理学。”① 作者指出了詹姆士的实用主义和列维纳斯对当代哲学的重要性，即一种对不确定性和模糊性的积极态度。詹姆士哲学内部这种带有神秘主义性质的拒绝规则和概括化的多元主义，表明了被当代哲学忽视的一个事实：我们生活在一个追求高度概念化概括的时代，但是这个时代常常出现新的问题，而在面对新的情境时，我们需要不断引入新的人性来表述实在，也需要新的角度去看待道德和政治。而这些引进的努力和尝试，总是伴随着不确定的结果，它们是以一种解决问题的实验态度出现的。这种对哲学风格的认知，表明了遭到分析哲学拒斥却被实用主义坚持的人文主义立场，表明了当下哲学研究中必须被坦然接受的现实。

（季雨　王成兵）

① Cfaig, M. *Levinas and James*: *Toward a Pragmatic Phenomenology*, Bloomington: Indiana University Press, 2010: xviii.

德国哲学

2010年，第十一届国际康德学术会议的召开，再一次在世界范围内掀起了康德研究的热潮。这一热潮，是与德国哲学界对古典哲学的研究传统相呼应的。当代学者在康德世界性哲学观念的启发下，从知识系统和政治现实两个方面积极介入当代的思想文化的发展。而这一思想立场，也是和德国哲学界近年来对哲学人类学的再发现和重视相配合的。2010年的德国哲学人类学研究，在学科建构、思想家研究和研究思路等各方面都取得了新的突破。此外，这一年，恰逢布洛赫诞辰125周年，德国学界掀起了一股布洛赫热，大量关于布洛赫的研究成果纷纷问世。而以哈贝马斯、霍耐特为代表的法兰克福学派的思想与研究，也是我们长期关注德国思想界的热点话题之一。除了以上几种主流的思想趋势之外，对布鲁门贝格的兴趣，也在2010年持续升温。因此，我们选取了康德与德国唯心主义哲学、哲学人类学、布洛赫、法兰克福学派、布鲁门贝格等几个方面内容为重点，系统回顾2010年德国哲学的发展概况。

一

相较于古典唯心主义的其他巨擘，康德无疑是长期以来最受学界关注的哲学家。2010年的《德国哲学杂志》推出一组重点文章，致力于讨论康德的批判形而上学的基本概念——实体、自由和体系。这组文章各有侧重点，分别聚焦于三大批判的核心问题。而从总体上看来，这组文章又构成一种有机互补的、具有“合目的性”的研究。安德里·哈曼（Andree Hahmann）的论文《康德为何需要实体范畴》[1]

[1] Andree Hahmann, “Wozu braucht Kant die Kategorie der Substanz? Dingheit und Einheit der Zeitvorstellung”, in *Deutsche Zeitschrift für Philosophie*, 58 (2010) 4, S. 579 - 594.

聚集于《纯粹理性批判》的第一个“经验类比”，指出康德将传统的本体论转化为一种纯粹知性研究，因之，实体概念也转化为纯粹知性的范畴。伯纳德·路德维希（Bernd Ludwig）的《思辨性批判的坚定的思考方式》[①] 一文则致力于分析康德在1781—1787年之间的自由概念，尤其是自由与道德律之间的关系。在《道德形而上学的奠基》（1785）中，康德主张，先验自由必然无涉于道德律的使命而成为可能，反之，道德律是由自由概念推导出来并建立起来的。但在1786年3月，由于一篇批评文章，康德显然意识到，这一自由概念与他的批判性的认识概念不一致。于是，康德转而在《实践理性批判》中将优位性赋予道德律，并在《纯粹理性批判》第二版中建构出实践理性的主导性地位。这一激进的转变导向了一个前所未有的概念——“实践上独断论的形而上学”（praktisch - dogmatische Metaphyik）。上述两篇文章事实上都涉及在前两批判中隐而不显的“超感官实体”的问题。而玛丽－艾丽丝·扎伏科（Marie - Élise Zovko）的《康德〈判断力批判〉中哲学的体系性关系》[②]则是对“超感官实体”所表征的一体性的专门研究。该文指出，康德整体著作的系统统一性不是基于外在的理由，而是基于“理念”（Idée），而《判断力批判》的主题便是对总体进行了“第二次聚焦”。值得注意的是，她承继近年来德国康德研究界对“反思性判断力”的关注，特别标举出“反思性判断力”的特殊地位，借此试图阐明，《判断力批判》中的“理念”对理论哲学和实践哲学具有反作用，而这一“第二次聚焦”表现出一种可能性，即人类意志之理智的、原初的生产性是具有实在性的，即便它无法识别出自身。

此外，在康德哲学的专题研究方面，德国康德研究者们正日益关注康德的想象力概念的哲学意义。2010年，天主教神学家、哲学家雅各布·弗洛肖梅尔（Jakob Frohschammer）的《论康德与斯宾诺莎哲学中想

① Bernd Ludwig, “Die” consequente Denkungsart der speculativen Kritik “ - Kants radikale Umgestaltung seiner Freiheitslehre im Jahre 1786 und die Folgen für die Kritische Philosophie als Ganze”, in *Deutsche Zeitschrift für Philosophie*, 58 (2010) 4, S. 595 - 628.

② Marie - Élise Zovko, “Der systematische Zusammenhang der Philosophie in Kants *Kritik der Urteilskraft* - ” Zweite Aufmerksamkeit “ und Analogie der ästhetischen und teleologischen Urteilskraft”, in *Deutsche Zeitschrift für Philosophie*, 58 (2010) 4, S. 629 - 645.

象力的含义》(1879) 分别被两家英美出版社整理出版,① 乃是这一趋势的反映。此前,亦有相关专著问世,如卡尔·赫菲尔(Karl Hepfer)的《认识的形式——康德的理论想象力》(2006)②和马拉亚斯·温森(Matthias Wunsch)的《康德的想象力与经验》③等。在康德哲学中,想象力与其说是一个美学概念,不如说是一个认识论概念,对于理解经验的可能性,这一概念扮演着重要的角色。

近年来的黑格尔研究呈现出一个比较鲜明的特点,黑格尔越来越被视为一位伟大的现代社会理论家,相关的研究领域也由此得以拓展。由著名黑格尔专家安德里亚斯·阿恩特(Andreas Arndt)教授主编的《黑格尔的国家与文化》④ 明显体现了这一学术趋向。这本论文集围绕黑格尔的“文化国家”(kulturstaat)概念,对黑格尔国家—文化观念的理论问题进行了全面的阐述,其主旨可归结为:黑格尔的文化概念源于赫尔德,但他质疑后者只在事实层面缔结国家与文化之间的关系;对他而言,“文化国家”的基础包含于精神概念,即包含于改造自然、社会性和历史性等现代文化的特征当中;而国家就是这一精神历程的核心要素,国家本身就是文化的持存部分。而另一本题为《反思性·同一性·精神——黑格尔作为(后)卢曼主义思想家?》⑤ 的专著,则提出两个核心论点:第一,黑格尔的思想绝不是过时的,相反它能够对当代哲学产生重大贡献;第二,卢曼系统理论拥有足够的统摄性,能够反映出黑格尔的思想。作者在卢曼的概念工具下展开论证,一方面用黑格尔的存在逻辑丰富了卢曼的思想;另一方面,又缔结了黑格尔的精神概念与卢曼的社会系统之间的亲和性。作者由此阐发出黑格尔思想对于建构一种后实体主义和差异理论的理论潜力。此外,比较值得注意的是,著名唯心主义专家迪特·亨利希(Dieter Henrich)的名作《语境中的黑格尔》⑥,也于2010年重新出版了。

---

① Jakob Frohschammer, *ber Die Bedeutung Der Einbildungskraft in Der Philosophie Kants Und Spinozas* (1879), Kessinger Pub Co., 2010; Nabu Press, 2010.

② Karl Hepfer, *Die Form der Erkenntnis: Immanuel Kants theoretische Einbildungskraft*, Freiburg: Alber, 2006.

③ Matthias Wunsch, *Einbildungskraft und Erfahrung bei Kant*, Berlin: de Gruyter, 2007.

④ Andreas Arndt (Hrsg.), *Staat und Kultur bei Hegel*, Berlin: Akad., 2010.

⑤ Sebastian Brandl, *Reflexion - Identität - Geist: Hegel als (Post -) Luhmannscher Denker?*, München: AVM, 2010.

⑥ Dieter Henrich, *Hegel im Kontext*, Berlin: Suhrkamp, 2010.

对于德国唯心主义的总体研究，2010 年也出现了值得注意的成果。《语言·诗·哲学》[1] 是讨论海德格尔与德国唯心主义语言观的专题论文，汇集了安德里亚斯·阿恩特、安东-弗利德里希·科赫（Anton-Friedrich Koch）等著名德国唯心主义研究专家的相关论文。我们知道，海德格尔致思于荷尔德林诗学凡三十余年，高度认同于荷尔德林综合哲学与诗学的观念：真正的诗总是思，真正的思总是以一定的方式成为诗。但这种观念并非荷尔德林所独有，也为早期浪漫派所秉持。后者试验过一种诗学哲学、一种先验诗学，意图在一种新神话学或一种百科全书式的学说中综合所有精神领域，而这也影响了德国唯心主义的哲学形态。而这本论文集所讨论的领域遍及荷尔德林的诗歌与哲学、施莱格尔的诗学反思、康德、谢林、黑格尔哲学，全面阐述了这些思想家对于真理之本质、语言之本质、诗之本质与哲学之本质的思索。

除了德国本土所取得的研究成果之外，就世界范围内的哲学研究而言，德国唯心主义也始终是热门议题。继 2008 年、2009 年哲学界召开数场以康德的调节性理念（regulative ideen）为主题的国际会议后，2010 年学界的研究重心转移到了在世界主义（cosmopolitanism）视角下的康德研究。以此为中心，国际学界召开了数次学术研讨会，其中以在意大利比萨市召开的第十一届国际康德大会为代表。

2010 年英国康德学会年会，由英国康德学会与黑格尔学会共同主办，9 月 1—3 日在牛津大学召开。会议的主要发言人包括：波琳·克莱盖尔德（Pauline Kleingeld）所作的报告《康德与世界主义》(Kant and Cosmopolitanism)，罗伯特·斯特恩（Robert Stern）的报告《邪恶的意志？康德与黑格尔向善的斗争》(Unholy Wills? Kant and Hegel on the Struggle to be good)，卡林·德·波尔（Karin de Boer）的报告《先验哲学的转变：伍尔夫、康德与黑格尔》(Transformations of Transcendental Philosophy: Wolff, Kant and Hegel)，以及霍华德·威廉斯（Howard Williams）的报告《对当前黑格尔派正义战争论的康德式批判》(A Kantian Critique of Contemporary Hegelian Just War Theory)。

2010 年康德研究界最重要的国际会议，当属 2010 年 5 月 22—26 日在

[1] Bärbel Frischmann (Hrsg.), *Sprache – Dichtung – Philosophie: Heidegger und der deutsche Idealismus*, Freiburg, Br.; München: Alber, 2010.

意大利比萨市召开的第十一届国际康德大会（11th International Kant Congress）。大会由康德学会（Kant Congress）与意大利比萨大学、佛罗伦萨大学、锡耶纳大学等合办。此次会议，也是康德大会首次在德国之外的欧洲城市举行。会议的主题是：世界主义意义上的康德与哲学（Kant and Philosophy in a Cosmopolitan Sense）。这次会议以康德的哲学概念为出发点，在有关人类最深层利益的层面上推进有关哲学功能与意义的思考。众所周知，康德对“哲学”的解释是双重的。首先，哲学被理解为一种学院之内的知识体系；其次，根据康德的世界概念（Weltbegriff），哲学被理解为一切认识形式的科学，这些科学涉及人类理性的基本目标。而这样的哲学，必然与所有人的利益相关。通过对哲学在知识关联方面的考察，通过对人类生活的方方面面关系的研究，这种世界性意义的哲学，既提供了对哲学的意义和功能进行反思的机会，也为在全球化语境当中的思想与政治实践提供了一种世界公民的立场和角度。因此，作为五年一度的国际康德大会，此次研讨话题涵盖了康德哲学主要命题，包括：康德与哲学传统，逻辑与认知理论，科学、数学与自然哲学，本体论与形而上学，伦理学，法律与正义，政治与历史，人类学与心理学，宗教与神学，认识论，康德的哲学概念，康德的遗产，康德与莱布尼茨传统，康德与叔本华。会议的14个分论题，近400场专题报告，体现了当前康德研究的新动向，全面涵盖了当前康德研究诸多重要论题，从政治哲学、自然哲学、宗教学视角对康德与世界主义的关联进行了深入探讨。

会议以亨利·阿利森（Henry Allison）教授与约翰·塞尔（John Searle）教授的两篇论文作为开场，分别为《绝对律令的单一性》（The Singleness of the Categorical Imperative）与《基础实在与人性实在：后康德主义的主题》（The Basic Reality and the Human Reality: Post - Kantian Themes）。针对“康德与世界主义”论题，马丁内·普兰格（Martine Prange）教授所作的报告《冲突与世界主义：康德与尼采的战争论与和平论》（Conflict and Cosmopolitanism: Kant and Nietzsche on War and Peace）[①] 一文颇受好评，从冲突与世界主义的角度，对康德与尼采关于战争与和平的思想进行了比较：首先指明康德与尼采都以自然主义的视角将“冲突”视作人类社会与发展占据优势地位的反映，康德强调“体制化”（institutionalized）

① 11th International Kant Congress, 2010, essay schedule. http://kant2010.org.

的世界主义，而尼采则更关注世界主义的“态度”(attitude)，进而廓清学界将康德视作推崇和平的哲学家，而将尼采视作推崇战争的哲学家的习见。作为结论，论文探讨了康德与尼采对于世界主义的不同定义，前者将其视作国际联盟(league of nations)、世界国家(world - state)，而后者将其视为动态的文化间性主义（dynamic interculturalism)，二者之间有着内在的关联，并且共同指明了世界主义理论的发展方向：应当强调以获得人道（humanity）作为世界主义的终结；“冲突”应被作为人类关系的必需因素加以研究。会议期间，由弗里茨·蒂森基金会（Fritz Thyssen Foundation）提供的国际康德奖（The Internationaler Kant - Preis)，授予了布宜诺斯艾利斯大学的马里奥·凯米教授（Mario Caimi)，以表彰他为康德哲学在西班牙语世界的传播所做的杰出工作。由西尔维斯特·马库奇基金会（Silvestro Marcucci Foundation）提供的康德研究新人奖（The Kant - Nachwuchspreis)，则授予了圣安德鲁斯大学的简斯·提摩尔曼教授（Jens Timmermann)，以表彰他在康德哲学、伦理学和道德哲学领域所取得的成就。

二

哲学人类学是近几年来德国哲学界的研究热点领域。与前几年取得的成绩相较，2010 年的德国哲学人类学研究，在学科史、学科体系的建设以及思想家的专题研究方面，均取得了丰硕的成果和突破。

在学科史研究方面，2010 年出版的《哲学人类学年鉴·第二卷·2009/2010 本·起航中的哲学人类学：马克思·舍勒与赫尔穆特·普莱斯纳比较》① 是自 20 世纪 90 年代哲学人类学复兴以来的一本标志性出版物。收录于其讨论主题中的研究文章多可追溯至 2007 年 5 月 30 日至 6 月 2 日德累斯顿工大召开的主题为“人是什么？马克思·舍勒与赫尔穆斯·普莱斯纳间的哲学人类学星丛”② 会议（Editorial，s11)。会议与年鉴共

① *Philosophische Anthropologie im Aufbruch. Max Scheler und Helmuth Plessner im Vergleich*, Berlin: Akademie Verlag Berlin, 2009.

② Was ist der Mensch? Konstellation der philosophischen Anthropologie zwischen Marx Scheler und Helmuth Plessner.

同标志着哲学人类学研究的新阶段。多年来因舍勒（Max Scheler）与普莱斯纳（Helmuth Plessner）之间的一段抄袭公案而被遮蔽的研究领域得到审视，换言之，研究者不再纠缠于普莱斯纳是否以及在多大程度上借鉴了舍勒，而是求同存异，以两位思想家对于人的共同信条与成就——反对将人的本质等同于重建身体状况因果链的生理学，而将人定义为心理上中立的存在，摆脱了现代自然科学的笛卡儿范式——为基础，分析二者在探寻人与动物的区别时给出的不同答案：二者都认为人的“自我意识”与主体间性产生自因为了解彼此的表达行为而彼此相知的肢体身体（Leibkörper）的共同作用，并以经典的“精神”概念指称这种活生生的表达关系向自我意识和主体间性的转化，但二者的“精神”概念内涵却不同。对于舍勒而言，精神是反自然的原则，它与自然的“推力”相互对置，人的特殊地位最终形而上学地发挥出来；对于普莱斯纳而言，精神概念代表的是人类本质中的不可解释性，他拒绝任何从形而上学层面对此进行解释的尝试，认为这将会圈定人的本质。① 具体研究主要分为三大方面：一是先于哲学人类学并对其构成竞争和挑战的思想流派，如生命哲学，自然主义—生物学方法，哲学解释学，法兰克福的社会批判理论，曼海姆（Karl Mannheim）的知识社会学，以及来自同辈的胡塞尔（Edmund Husserl）、海德格尔（Martin Heidegger）、卡西尔（Ernst Cassirer）、霍克海默（M. Max Horkheimer）等人对此思想计划的反响与批判。二是哲学人类学理论本身，即舍勒与普莱斯纳之间的概念连接点与论证思路。三是舍勒和普莱斯纳的哲学人类学理论“星丛”对人类生活世界新现象的解释力，诸如机器智能、人类文化的媒介传播性等，是否有理由认为盖伦及其他作者的论述是对这一思想计划的推进。② 此外，在文献方面，该卷亦提供了新近发现于巴伐利亚州慕尼黑图书馆的手稿，即舍勒撰于20世纪20年代初但未曾发表于世的《人的结构问题与所谓“心理物理理论”》③，其重要性在于，舍勒在此开始将其思想明确宣称为“哲学人类学”。

在学科体系方面，《大脑、行为与时间：以哲学人类学为研究框架》④

① Einleitung, Ralf Becker/ Joachim Fischer/ Matthias Schlossberger, S. 16.

② Ibid., S. 17.

③ Das Problem der Struktur des Menschen und die sog [enannten] "psychophysischen Theorie".

④ Hans-Peter Krüger: *Gehirn, Verhalten und Zeit. Philosophische Anthropologie als Forschungsrahmen*. Berlin: Akademie Verlag, 2009.

一书继续探索以哲学人类学为基础进行跨学科整合的可能，试图对自20世纪80年代以来，在新保守主义思潮影响下，自然科学领域的遗传学、脑科学、行为研究所取得的引人注目的新进展，然而大众媒体对其研究成果的利用却很成问题：遗传学呈现出一种分子生物学的决定论（Molekularbiologischer Determinismus）的态势，利己与利他的基因在经济人的市场模型框架中表现为一种决定一切的存亡之争，几乎否认了有机体作为行为主体以及人类进化的可能；脑科学则以自然决定论来对抗社会文化的任意性，认为应对西方社会中作为社会文化行动尺规的价值进行再自然化（re－naturalisiert），这无论在战略上还是时机上都与资本与金融市场的去管制化（De－Regulierung）相契合；而比较行为研究一方面在异域图景的想象中让人类形态学大为繁盛，另一方面则陷入人类中心和种族中心的幻象（Vorwort, S. 12－13）。对此，该书作者以神经生物学大脑研究与比较行为研究所取得的颠覆性认识为基本出发点，即，如果人类大脑的运行的确是自我关涉的（selbstreferentiell），不能以“表征”（repräsentationen）对其进行解释，从组织上便可看出人脑是以能够回溯（rekurrieren）至“超表征”（metarepräsentationen）的“超表征”形态存活的，思考在笛卡儿哲学、经验哲学、分析哲学与二元论都因此崩塌之后的哲学建构可能。对大脑自我关涉功能及其脑皮质的发现不可小觑，作为脑生理学的关联，它与自皮尔士（Charles Sanders Peirce）的三位符号的符号学以来我们所知的自我指涉（selbstreferenz）相互契合。在交往中为人们所分享的符号，并不是经验的普泛化，而是它使得经验的普泛化得以可能。作者由此质疑，无论就其种而言是否人类（Menschheit），在人形生物（personale Lebewesen）的进化中是否存在超验智能？对于20世纪20年代便已经由科勒的猩猩实验所揭示出的事实——灵长类动物所发展出的实践智能，超验的和经验的意识哲学都因无法将之纳入其体系而置若罔闻。此书作者则试图通过哲学人类学的基本理论架构，即横向的跨文化种族比较与纵向的不同生物间比较，并借助身体躯体的区别，与世界相应的离心定位和与环境相应的向心定位等主要源自舍勒及普莱斯纳的概念，整合托马塞罗（M. Tomasello）等从对其他哺乳类动物和灵长类动物的观察研究中得出的新结论，以形成对人的更为完全的认识。

而在思想家专题研究中，新作亦层出不穷。《政治人类学与“迟到的民族”赫尔穆特·普莱斯纳对德国与国家社会主义的研究》[①] 以普莱斯纳为例，论述了对抗自诩高等的种族阶级及文化的文化霸权和有选择的普遍主义（selektiver Universalismus）的政治人文主义的普遍适用性要求与普遍的公民权人权。而《有缺陷的存在的变体：论阿诺德·盖伦的著作与影响》[②] 一书打破了对哲学人类学颇具争议的代表人物、哲学家、社会学家盖伦的冷淡态度，观照当下行动理论的观点，重构了盖伦代表作《人》和《原始人与晚期文化》的分析力，也不避讳其意识形态维度，论述了盖伦思想对1945年以后著名的社会学家，如哈贝马斯及卢曼等人的巨大影响。

三

作为哲学家，布洛赫也许是晦涩难懂的，然而始终却是不能忘却的。2010年恰值恩斯特·布洛赫（Ernst Bloch，1885—1977）诞辰125周年。在布洛赫的故乡——德国的路得维希港，以布洛赫研究中心（Ernst - Bloch - Zentrum）为主，举行了多种纪念活动。该中心集资料保存、思想展览、学术交流和理论研究于一身，每三年颁发一次布洛赫奖，是德国研究布洛赫的中心和基地。2010年也是布洛赫研究中心开设10周年，因此，布洛赫的相关纪念活动格外多样。除官方纪念会之外，包括以“新乌托邦：时代批判与思想转型”为题的学术交流会，以讨论“希望原理”及其重要价值为内容的专业学术会议，以“流行乐与政治乌托邦”、“布洛赫、布莱希特和威尔（Kurt Weill）：政治与艺术的同行者”为题的音乐茶座，还有艺术家君特·威廉（Günther Wilhelm）以布洛赫思想为主题的摄影展等。其中，法兰克福学派的第三代代表人物霍耐特（Axel Honneth）也受邀参加了主题为“危机—希望—正义”的对话讨论。

另外，还值得纪念的是，布洛赫的儿子、布洛赫思想的传承者

---

① Wolfgang Bialas：*Politischer Humanismus und《Verspätete Nation》：Helmuth Plessners Auseinandersetzung mit Deutschland und dem Nationalsozialismus*，Göttingen：Vandenhoeck & Ruprecht，2010.

② Patrick Wöhrle：*Metamorphosen des Mängelwesens：Zu Werk und Wirkung Arnold Gehlens*，Frankfurt；New York：Campus Verlag，2010.

杨·罗伯特·布洛赫（Jan Robert Bloch）于2010年逝世，"布洛赫协会"（Ernst－Bloch－Gesellschaft）在每年出版的"布洛赫年刊"中隆重纪念两位学者，题目为《经验世界：纪念布洛赫诞辰125周年；回忆杨·罗伯特·布洛赫》。[①] 书中发表了以弗朗西斯卡·维达尔（Francesca Vidal）、西尔维娅·玛兹尼（Silvia Mazzini）、莱纳·齐默尔曼（Rainer E. Zimmermann）等为代表的布洛赫学者的数篇纪念文章。"经验世界"正是《布洛赫全集》总结性最终卷的题目[②]，强调世界对于人们的试验性和开放性，这也恰恰代表着布洛赫的个性气质和学术立场。

更值得注意的是，为了纪念布洛赫，在德国学术界和出版界2010年发表和出版了一系列关于布洛赫的文章和著作。具有代表性的是《德国哲学杂志》发表的布洛赫的学生格尔德·伊尔里茨（Gerd Irrlitz）教授的纪念文章，题为《真正的穿行，在于永无止境——纪念布洛赫于2010年7月8日诞辰125周年》。[③] 格尔德·伊尔里茨教授把布洛赫及其哲学放入20世纪的时代背景之中，以"内在性的形而上学"（Metaphysik der Innerlichkeit）为线索，全面考察了布洛赫的思想主旨，布洛赫的立场是自由的、和平的，而且最终的立场是社会主义的。格尔德·伊尔里茨指出布洛赫的理论中心在于以"乌托邦意识"和"希望概念"构建一种"内在性的形而上学"，这种形而上学从《乌托邦精神》延续到《希望原理》，是"一种富有创造性的主体性的形而上学"[④]，一种"超越性的形而上学"（Transzendenz－Metaphysik）。此外，布洛赫这种形而上学思想的来源和基础在于古希腊以来的西方形而上学传统，特别是应该回到古希腊的经典形而上

① 参见 hrsg. von Francesca Vidal, *Experiment Welt：zum 125. Geburtstag von Ernst Bloch；in Erinnerung an Jan Robert Bloch* / im Auftr. der Ernst－Bloch－Gesellschaft, Mössingen－Talheim：Talheimer, 2010。

② 参见 E. Bloch：*Experimentum Mundi, Frage, Kategorien des Herausbringens, Praxis*, Ernst Bloch Gesamtausgabe in 16 Bänden, Band 15, Frankfurt am Main：Suhrkamp Verlag, 1977。

③ 参见 Gerd Irrlitz：Ehrlich durchschreiten, was endlich ist, um zu wissen, was unendlich sein kann. " Eine Erinnerung zu Ernst Blochs 125. Geburtstag am 8. Juli 2010. *Deutsche Zeitschrift für Philosophie*：Vol. 58（2010），No. 4，pp. 503－522。

④ Gerd Irrlitz：Ehrlich durchschreiten, was endlich ist, um zu wissen, was unendlich sein kann. " Eine Erinnerung zu Ernst Blochs 125. Geburtstag am 8. Juli 2010. *Deutsche Zeitschrift für Philosophie*：Vol. 58（2010），No. 4，pp. 503－522.

学之中来理解。布洛赫正是在柏拉图—亚里士多德的意义上来确立其“内在性”的。

在专著方面，德国著名的苏卡普出版社早在1977年就出版了16卷本的《布洛赫全集》[①]，全面收录了布洛赫的著作，展示其思想的全貌，此后关于布洛赫的出版一直没有间断。2010年为了纪念布洛赫，苏卡普出版社专门出版了两卷题为“哲学的基本问题”和“社会与文化”的《布洛赫选集》。[②] 选集为我们展示了布洛赫的核心主题，诸如“希望原理”(Prinzip Hoffnung)、“直行道与具体的乌托邦”(aufrechter Gang und konkrete Utopie)、“黑暗的生活瞬间”(Dunkel des gelebten Augenblicks)、“尚未存在的本体论”(Ontologie des Noch – Nicht – Seins）等，是我们了解和进入布洛赫思想的概览式重要文献。

此外，值得重视的两本研究专著是西尔维娅·玛兹尼（Silvia Mazzini）的《多样可能性的世界：论布洛赫与詹尼·瓦提莫的艺术与政治思想》。[③] 詹尼·瓦提莫（Gianni Vattimo）是当代意大利的著名哲学家，曾师从伽达默尔，他强调思想的软弱性（pensiero debole，weak thought)，被看做是后现代的思想家。书中对比讨论了布洛赫与詹尼·瓦提莫的美学与政治观点，布洛赫以批判理论突出了世界的可能性，詹尼·瓦提莫以后现代理论突出了世界的变化性，以他们的思想为基础，在全球化的今天，要想构建一个既具有乌托邦性又具有现实性的社会，关键在于“多种声音的和谐重奏”。这本专著是布洛赫思想与后现代思想的一种对话，显示出布洛赫理论的当下意义。另一本专著是《马克思主义评论》(*Marxistische Blätter*）的编者、马克思主义哲学家汉斯·亨兹·霍尔茨（Hans Heinz Holz）与西尔维娅·玛库恩（Silvia Markun）合著的《恩斯特·布洛赫：体系与断片》[④]，著作并没有沿着后现代主义的道路，而是沿着马克思主义的道路，突出马克思主义思想对布洛赫的重要价值。今天当乌托邦越来越成为痴人说梦的代名

① E. Bloch：*Gesamtausgabe* in 16 Bänden，Frankfurt am Main：Suhrkamp Verlag，1977.

② E. Bloch：*Grundfragen der Philosophie*：*Ausgewählte Schriften Band* 1，*Gesellschaft und Kultur. Ausgewählte Schriften Band* 2，Suhrkamp Verlag，2010.

③ 参见 Silvia Mazzini：*Für eine mannigfaltige mögliche Welt*：*Kunst und Politik bei Ernst Bloch und Gianni Vattimo.* Frankfurt/M.：Peter Lang Vlg. 2010。

④ 参见 Hans Heinz Holz. Silvia Markun：*Ernst Bloch, System und Fragment.* Halle：Projekte Verlag Cornelius，2010。

词时，布洛赫依然固执地坚持乌托邦精神、坚守希望的力量。作者认为布洛赫的理论也许会成为宗教的、启示的、预言的或者革命的神学思想，然而正是马克思主义思想挽救了布洛赫，作为一名马克思主义者，在保留一定预言性的同时，布洛赫的希望思想具有了重要的科学性气质。

四

法兰克福学派以及德国西方马克思主义的新发展，一直是我们关注德国哲学的重点。首先，作为法兰克福学派的第二代代表人物，81 岁高龄的哈贝马斯学术活力不减，以更大的热情继续投身于研究当下新的时代课题——宗教信仰问题，并不断充实完善自己提出的“后世俗社会”（postsäkulare Gesellschaften）理论。2010 年虽然没有重要新著问世，但是哈贝马斯笔耕不辍，其文章占据着学术期刊的主要阵地。而且我们也看到，哈贝马斯始终坚持与美国学界的交流，并努力开展欧洲哲学与美国哲学之间的对话。

具有代表性的是 2010 年《德国哲学杂志》分别登载了三篇哈贝马斯的文章。《哲学关于宗教的一种新兴趣？谈后世俗意识与多元文化世界的哲学现状》①，是美国纽约大学哲学系爱德华多·门迪塔（Eduardo Mendieta）教授与哈贝马斯的一次访谈，访谈中讨论了全球多元文化社会背景下哈贝马斯的后世俗理论，包括如何从世俗化角度看待现代化进程与“社会进步”问题，后形而上学的理性重建问题，哲学与宗教、知识与信仰之间的关系问题，宗教与非宗教民众之间的团结问题，美国与欧洲乃至世界不同语境的不同世俗化进程问题等。《所谓“良善生活”是一种“令人厌恶的废话”，青年罗尔斯政治理论中宗教伦理学的意义何在?》②，是哈贝马斯从世俗化视角对罗尔斯的研究。1942 年，21 岁的罗尔斯（John Rawls）就读普林斯顿哲学系，关注宗教伦理学及其重要的中介作用，其

---

① Jürgen Habermas and Eduardo Mendieta: Ein neues Interesse der Philosophie an der Religion? Zur philosophischen Bewandtnis von postsäkularem Bewusstsein und multikultureller Weltgesellschaft. *Deutsche Zeitschrift für Philosophie*: Vol. 58 (2010), No. 1, pp. 3 – 16.

② Jürgen Habermas: Das“gute Leben“ eine ”abscheuliche Phrase “ Welche Bedeutung hat die religiöse Ethik des jungen Rawls für dessen Politische Theorie? *Deutsche Zeitschrift für Philosophie*: Vol. 58 (2010), No. 5, pp. 797 – 810.

理论基本已经包含了以平等主义和普世主义规划个体绝对价值的所有义务论方面，这显示出罗尔斯并非压制宗教社会化，而是对其进行改造使用。所以，今天我们能够更好地理解，为什么罗尔斯会在普遍框架中强调多元主义，并在公共领域中激发关于宗教地位的广泛讨论。最后，哈贝马斯指出，"不要混淆国家权力的世俗化和市民社会的世俗化，罗尔斯对理性权利传统的无与伦比地坚守，正是基于在体系上重视世界观的多元主义"①。此外，哈贝马斯在后世俗社会研究中反思现代性理论，但是他并没有丝毫放弃或削弱关于人的现代性理论资源。《人的尊严概念与理想人权的实现》② 探讨的是人的尊严与人的权利的问题。人的尊严是现代人权的规范基础和资源所在，同时，人的权利具有一种普世主义的道德内涵，能够保护人的尊严，使之在民主的公民社会获得自尊以及社会承认。如果要实现理想中的人权，那么必须认识到社会正义是民主宪法国家的体制之本。

与哈贝马斯的学术活力相呼应，关于哈贝马斯的研究也活力更盛。一方面研究哈贝马斯的专著多集中于有关民主的法哲学讨论。新书《道德与法律：论哈贝马斯关于民主法律的对话理论》③ 指出，民主法治国家的自我理解来自道德与法律之间的张力，我们有义务重视和保护人的尊严，也要信奉人权的"不可侵犯与不可让渡"；据此作者面对哈贝马斯的对话理论提出一系列问题，当无法完全掌控一切法律时，如何满足民主法治国家的合法性诉求并构建政治自主？在道德与法律之间，遵循对话原则开辟了一个张力地带，其中人的尊严概念扮演着何种规范性的角色？等等，这些启发着我们对哈贝马斯的深入理解。与道德和法律关系的维度不同，法兰克福大学学者安德列斯·瓦格纳（Andreas Wagner）的著作《法律—权力—公共领域：论哈贝马斯与克劳德·勒福尔有关民主国家政权的基本概念》④ 从生活世界的维度研究哈贝马斯关于法律与民主法治国家的对话理

---

① Jürgen Habermas: Das "gute Leben" eine "abscheuliche Phrase" Welche Bedeutung hat die religiöse Ethik des jungen Rawls für dessen Politische Theorie? *Deutsche Zeitschrift für Philosophie*: Vol. 58 (2010), No. 5, pp. 797 - 810.

② Jürgen Habermas: Das Konzept der Menschenwürde und die realistische Utopie der Menschenrechte. *Deutsche Zeitschrift für Philosophie*: Vol. 58 (2010), No. 3, pp. 343 - 357.

③ 参见 Jens Peter Brune: *Moral und Recht: Zur Diskurstheorie des Rechts und der Demokratie von Jürgen Habermas* Verlag Karl Alber, 2010。

④ 参见 Andreas Wagner: *Recht - Macht - Öffentlichkeit. Elemente demokratischer Staatlichkeit bei Jürgen Habermas und Claude Lefort*, Franz Steiner Verlag, 2010。

论。作者跟随法国哲学家克劳德·勒福尔（Claude Lefort）的现象学道路，认为生活世界的民主，不是基于文化的生活方式，而是基于政治法律机制自身的符号意义重建。《后约定俗成政治文化中的直接民主程序：有关哈贝马斯与劳伦斯·柯尔伯格的理论思考》[①] 则借助美国心理学家劳伦斯·柯尔伯格（Lawrence Kohlberg）有关“道德发展阶段”的理论，重新思考哈贝马斯的民主程序主义理论。哈贝马斯与劳伦斯·柯尔伯格分别给出了两种政治文化，一种是道德的、伦理政治的、程序主义以及利益均衡的文化，一种则是由前约定俗成、约定俗成以及后约定俗成三个阶段共同构成的文化。作者认为应该把他们各自的话语伦理理论与发展心理学理论结合起来，以解答直接民主程序问题，重建当代后约定俗成政治文化。

另一方面有关哈贝马斯的论文则呈现出多样性，广泛涉及哈贝马斯的宗教理论观点、生物伦理学观点以及解释学观点等。《哲学研究杂志》的文章《论可译或不可译的宗教话语：评议哈贝马斯的“新宗教哲学”》[②] 认为，哈贝马斯把肯定性地指向宗教并试图寻找宗教合法性，看做是当代哲学的发展趋势；然而根据哈贝马斯的后形而上学思想，宗教概念却是一种特殊的个人生活经验，与人获得认识的感性与理性方式迥异，属于不可知论范围。因此，在哈贝马斯的后世俗社会理论与后形而上学理论之间存在自相矛盾之处，有待我们深思。《德国哲学杂志》的文章《生殖遗传学时代的亲子辩证法，一种伦理学对话》[③]，讨论生殖遗传学时代人类繁殖的伦理和哲学问题。我们是否要进行人工基因选择，这有可能破坏自我概念的天然基础以及未来一代的独立自主。文章依据哈贝马斯关于所谓自由主义优生学的批判，展开广泛的伦理讨论。《哲学评论》的文章《解释学

---

① 参见 Rolf Rauschenbach：*Mit direktdemokratischen Verfahren zu postkonventionellen politischen Kulturen：theoretische Überlegungen anhand von Jürgen Habermas und Lawrence Kohlberg，Berlin*：Duncker & Humblot，2010。

② Dietrich Schotte：Zur（Un）Übersetzbarkeit religiöser Rede. Kritische Anmerkungen zu Habermas' neuerer Religionsphilosophie. *Zeitschrift für philosophische Forschung*，Band 64（2010），Heft3，pp. 378 – 392.

③ Katharina Beier and Claudia Wiesemann：Die Dialektik der Elternschaft im Zeitalter der Reprogenetik. Ein ethischer Dialog. *Deutsche Zeitschrift für Philosophie*：Vol. 58（2010），No. 6，pp. 855 – 871.

的未来》① 中对哈贝马斯对解释学的继承和发展，给予高度评价。以哈贝马斯为代表的法兰克福学派从批判理论出发，为伽达默尔的解释学增加了“批判”维度，同时哈贝马斯在解释学中加入形式语用学与话语伦理学的因素，使得新时代的解释学呈现出新的面貌。

其次，霍耐特（Axel Honneth）作为法兰克福学派的第三代代表人物，已经成长为学术中坚。一方面，他继续发展完善自己的“承认”(Anerkennung）理论，2010年他的新书《我在我们之中：承认理论研究》② 出版。他认为从黑格尔时代开始，发展出了丰富的正义理念，而一种规范的承认概念，可以成为联系各种社会科学课题的桥梁，例如在社会学的时代诊断或者精神分析之中都能够进行承认概念的讨论。在此，我们可以看到霍耐特“承认”概念的巨大潜力和应用价值，而正如哈贝马斯以“交往行为”构建理论大厦一样，霍耐特也雄心勃勃，试图以“承认”为核心构建出自己的理论体系。另一方面，在他的引导下，显示出法兰克福学派在当代德国哲学语境中的新动向——“回归马克思”。霍耐特连续两期主持《德国哲学杂志》的专题文章部分，一组主题为“讨论马克思”③，另一组主题为“政治哲学何为”④。霍耐特指出在当下国际金融危机情形之下，促使我们回归马克思，重新审视马克思关于资本主义的批判。这包括从人类学

① Martin Gessmann：Zur Zukunft der Hermeneutik. *Philosophische Rundschau*, Band 57（2010）pp. 125 – 153.

② 参见 Axel Honneth：*Das Ich im Wir – Studien zur Anerkennungstheorie*, Frankfurt am Main：Suhrkamp Verlag, 2010。

③ Axel Honneth：Schwerpunkt：Marx in der Diskussion（Ⅱ）*Deutsche Zeitschrift für Philosophie*：Vol. 58（2010）, No. 02, pp. 193 – 194. 专题文章包括 Daniel Brudney：Gemeinschaft als Ergänzung. pp. 195 – 219. Ingo Elbe：Soziale Form und Geschichte. Der Gegenstand des *Kapital* aus der Perspektive neuerer Marx – Lektüren. pp. 221 – 240. Marco Iorio：Fetisch und Geheimnis. Zur Kritik der Kapitalismuskritik von Karl Marx. pp. 241 – 256. Michael Städtler：Selbstbestimmung zwischen Natur und Technik. pp. 257 – 271. Hendrik Wallat：Metaphysik（kritik）bei Marx. pp. 273 – 287。

④ Axel Honneth：Schwerpunkt：Wozu politische Philosophie? *Deutsche Zeitschrift für Philosophie*：Vol. 58（2010）, No. 3, pp. 417 – 418. 专题文章包括 Raymond Geuss：Realismus, Wunschdenken, Utopie. pp. 419 – 429. David Owen：Die verlorene und die wiedergefundene Wirklichkeit. Ethik, Politik und Imagination bei Raymond Geuss. pp. 431 – 443. Christoph Menke：Weder Rawls noch Adorno? Raymond Geuss' Programm einer "realistischen" Philosophie. pp. 445 – 455. Fabian Freyenhagen and Jörg Schaub：Hat hier jemand gesagt, der Kaiser sei nackt? Eine Verteidigung der Geussschen Kritik an Rawls' idealtheoretischem Ansatz. pp. 457 – 477.

视角思考马克思早期著作的异化理论，从全球化和福利国家等视角思考马克思晚期著作关于现代化的经济批判，等等，我们会发现，越是立足于马克思理论，越是能够更好地理解当下。例如罗尔斯从《正义论》到《政治自由主义》的共同体概念可以回到马克思1844年手稿的公社关系图景；通过回顾联邦共和国时期对马克思的接受，回顾马克思《资本论》对资本主义的批判，审视马克思的科技概念以及形而上学批判，可以让我们更好地理解和继承马克思的遗产。

在“政治哲学何为”的专题文章中，围绕英国剑桥大学哲学系雷蒙德·盖斯（Raymond Geuss）教授的政治哲学理论展开讨论。盖斯教授是英美学界研究欧陆政治哲学和法兰克福学派理论的著名学者，专题第一篇即为他的《唯实论，意愿论，乌托邦》，文章依据其代表作《哲学与真正的政治》[①] 对德国唯心论展开批判，指出唯实论的政治哲学的路径在于对意愿论、意识形态论及谱系论分别展开心理的、社会的以及历史的反思，并且要对分析哲学以及罗尔斯的遗产进行反思。盖斯教授指出，对于合乎时代精神的政治哲学来说，黑格尔、马克思、尼采、韦伯、列宁、杜威、阿多诺和福柯是比康德、罗尔斯、诺齐克（Nozick）、德沃金（Dworkin）或者哈贝马斯更好的典范。专题的其他相关文章即是关于盖斯教授“唯实论”和关于罗尔斯等人评论的争鸣，表达出对政治哲学未来走向的不同思考。

再次，法兰克福学派的新生代、第四代代表人物莱纳·福斯特（Rainer Forst）在批判理论的新发展上透露出新的气息。他在2010年出版了新书《论证关系的批判：政治的批判理论视角》。[②] 著作从社会实践层面延续并发展了他在代表作《论证的权力——构成主义正义论的要素》[③]（2007年版）中提出的“论证”（Rechtfertigung）概念，认为社会是由规范性机构及其论证实践而组成的复合体，社会的存在基于一种“论证秩序”（Rechtfertigungsordnung）。这要求我们分析合法性的作用与来源，研究“论证权力”（Rechtfertigungsmacht）的不平衡分配状况。我们看到，福斯特的确是从政治的现实性角度来构建他的批判理论的，更新了我们对正

---

① R. Geuss：*Philosophy and Real Politics*, Princeton 2008.

② 参见 Rainer Forst：*Kritik der Rechtfertigungsverhältnisse：Perspektiven einer kritischen Theorie der Politik*, Frankfurt am Main：Suhrkamp Verlag, 2010。

③ 参见 Rainer Forst：*Das Recht auf Rechtfertigung. Elemente einer konstruktivisitischen Theorie der Gerechtigkeit*, Frankfurt am Main：Suhrkamp Verlag, 2007。

义、人权以及民主的认识，然而不容忽视的是，在他的思想中最终包含着一种社会批判的乌托邦视阈，这正显示出批判理论所具有的“批判视角”与“乌托邦视角”的两面性。此外，《德国哲学杂志》发表了他关于皮特·施特摩尔（Peter Stemmer）的著作《规范性：一种本体论的研究》[①]的书评及作者的应答文章。皮特·施特摩尔是康斯坦茨大学研究实践哲学和解释学的教授，他们争论的焦点集中于“规范性”与“合法性”以及“道德范畴”的关系问题。实际上，这种“规范性”问题，正是“批判理论”从哈贝马斯开始转型之后，走向“规范理论”的理论生长点。

另外，我们也看到，虽然法兰克福学派研究中曾兴起的“阿多诺热”和“本雅明热”近年来逐渐退烧，但是关于阿多诺与本雅明的著作出版和学术研究却稳步增长，新作的不断涌现已经成为常态。2010年《阿多诺遗作》第2卷《辩证法导论（1958）》[②]出版，这是1958年阿多诺在法兰克福大学的讲稿，对阿多诺自身的思想发展来说具有重要转折意义，因为在此“辩证法”本身首次成为研究的主题。而关于阿多诺的研究中，其文艺美学思想是学术重心。新书《文学的自发性：阿多诺文学理论研究》[③] 是对阿多诺文艺思想的一种阐发，虽然阿多诺并没有专门的文学理论，但是他的思想主题却启发着解释学、接受美学、结构主义、解构或后结构主义以及系统理论中的文艺学讨论。新书《现代性的交汇点：马勒、阿多诺与维也纳传统》[④] 在维也纳的现代性语境中研究阿多诺的音乐哲学及其现代性思想。结合作曲家马勒的音乐及阿多诺的思想，我们看到在现代性的交汇点——维也纳，既聚焦了20世纪现代性的显著特征，也深藏着现代性内在的对立矛盾。还有，《德国哲学杂志》发表格奥尔格·摩尔（Georg Mohr）的书评《新音乐的新哲学——阿多诺及其以后》[⑤]，文章评论的是阿尔布莱希特·维

---

① Peter Stemmer: *Normativität. Eine ontologische Untersuchung*. Walter de Gruyter Verlag, Berlin 2008.

② Theodor W. Adorno: Einführung in die Dialektik (1958), *Nachgelassene Schriften*. Abteilung IV: Vorlesungen: Band 2, Frankfurt am Main: Suhrkamp Verlag, 2010.

③ Heinrich Pacher: *Die Spontaneität der Literatur*: *Studien zur Literaturtheorie Adornos*, St. Ingbert: Röhrig, 2010.

④ Gerhard Scheit, Wilhel Svoboda: *Treffpunkt der Moderne*: *Gustav Mahler*, *Theodor W. Adorno*, *Wiener Traditionen*, Wien: Sonderzahl, 2010.

⑤ Georg Mohr: Eine neue Philosophie der Neuen Musik - mit und nach Adorno. *Deutsche Zeitschrift für Philosophie*: Vol. 58 (2010), No. 4, pp. 647-655.

尔默（Albrecht Wellmer）著作《试论音乐与语言》①。阿尔布莱希特·维尔默是阿多诺的学生、2006 年阿多诺奖获得者，他的著作深深地镌刻着阿多诺的印迹。而无论是格奥尔格·摩尔，还是阿尔布莱希特·维尔默，都对阿多诺的音乐哲学给予了极高的评价。

在本雅明研究中，比较新颖的视角，一个是宗教社会学的视角，例如《平凡生活：本雅明的世俗化辩证法》②，在当代宗教力量不断回归的语境中，研究本雅明以现代性为基础的世俗化辩证法思想，显得格外有意义；另一个是文化社会学的视角，具有代表性的如维也纳大学教授希格丽德·豪瑟（Sigrid Hauser）的著作《回忆的脚步：博港（Portbou）的本雅明与丹尼·卡万拉（Dani Karavan）》③，西班牙的边境小城博港是本雅明流亡中没能跨越的最后一站，最终在此自杀。为了纪念本雅明，艺术家卡万拉主持修建了本雅明纪念馆。作者将哲学思考、建筑艺术以及社会文化结合起来，给我们以新视野。

另外，值得关注的是本雅明在拉丁美洲的传播。《20 世纪欧洲与拉美的翻译理论：比较本雅明、博尔赫斯（Jorge Luis Borges）和帕斯（Octavio Paz）》④ 将本雅明与拉美作家比较研究，《文明的审视：本雅明与新城市》⑤ 在拉美的城市语境中研究本雅明的思想，《事物的闪现：本雅明的语言、记忆与美学》⑥ 则是巴西任里约热内卢大学客座教授的德国学者沃尔夫冈·博克（Wolfgang Bock）的讲稿。

除了以上的内容之外，德国哲学家克拉考尔（Siegfried Kracauer）的理论在近两年间呈现出了一股强劲的复苏势头。其原因不仅仅是由于他与法兰克福学派之间的紧密而复杂的关系，也由于其自身理论在当下语境中

① Albrecht Wellmer: *Versuch über Musik und Sprache.* Carl Hanser Verlag, münchen, 2009.

② Daniel Weidner: *Profanes Leben: Walter Benjamins Dialektik der Saäkularisierung*, Suhrkamp Verlag, 2010.

③ Sigrid Hauser: *Der Fortschritt des Erinnerns: mit Walter Benjamin und Dani Karavan in Portbou*, Tübingen [u. a.]: Wasmuth, 2010.

④ Astrid Münstermann: *Übersetzungstheorien in Europa und Lateinamerika im 20. Jahrhundert – Walter Benjamin, Jorge Luis Borges und Octavio Paz im Vergleich*, MA, Frankfurt 2010.

⑤ Ralph Buchenhorst, Miguel Vedda: *Urbane Beobachtungen: Walter Benjamin und die neuen Städte*, übersetzt von Martin Schwietzke, Transcript Verlag, 2010.

⑥ Wolfgang Bock: *Vom Blickwispern der Dinge: Sprache, Erinnerung und Ästhetik bei Walter Benjamin*, Würzburg: Königshausen & Neumann, 2010.

所呈现出来的全新意义。2010 年明斯特大学学者克里斯汀那·兹格（Christian Sieg）在《新德国批评》（*New German Critique*）上发表了一篇名为《超越现实主义：克拉考尔和日常装饰》[①] 的文章，通过详尽的学理爬梳与学理辨析，阐发了克拉考尔的哲学理论在当下的重要意义，进一步传承并推进了达特茅斯克拉考尔学术研讨会的思想成果。作者在论文中首先回溯了克拉考尔对日常生活所进行的人类学视角的考察，并指出克拉考尔从 20 世纪 20 年代的魏玛时期开始，尤其是其在《法兰克福报》上撰写的大量文章直至他的最后一部历史哲学著作《历史，终结之前》（*History: The Last Things before the Last*）当中，始终对这一日常生活领域极为关注。作者指出，克拉考尔的哲学理论抛弃了德国古典哲学对宏大叙述的眷恋，转而将视角投向了更加富有生命力的日常生活，这一极具启发性的视角，让他在政治上与法兰克福学派区分开来，也使得其哲学理论更加符合当下的学术热点，并使其理论资源在当下焕发出了全新的活力。[②]

2009 年是克拉考尔诞辰 120 周年，借此契机，2010 年 6 月 10 日柏林的夏洛滕堡地区重新维修了克拉考尔在 1930—1933 年于此居住的老屋，并在其周边建立起了一个名为"克拉考尔广场"（Siegfried – Kracauer – Platz）的纪念区域，以此缅怀这位德国著名的哲学家与社会学家。可以说，柏林在克拉考尔的写作中占据着非常重要的地位，在此他完成了一系列现代都市文化评论，以及作为社会学奠基之作的《职员》（*Die Angestellten*）研究。柏林在两次世界大战之间的重要地位也就此成为映射在克拉考尔作品现代性批判的空间意象。关于克拉考尔哲学理论中的"空间转向"（Spatial Turns）问题，2010 年 9 月 1 日美国威斯康星大学学者埃里克·亚罗辛斯基（Eric Jarosinski）发表了一篇名为《都市调停，克拉考尔〈京斯特〉中的理论空间》（Urban Mediations: The Theoretical Space of Siegfried Kracauer's Ginster）[③]重要文章，通过对克拉考尔小说中的哲学理论进行分析，详尽阐发了这一空间与文学命题。该文着力提出，克拉考尔让我们将城市空间视为一个多元的组织结构，尤其是当其被我们直接经验

---

① Christian Sieg: Beyond Realism: Siegfried Kracauer and the Ornaments of the Ordinary, New German Critique 2010, 37 (1109): p. 99 – 118; Duke University Press.

② Ibid..

③ 该文收录在 *Spatial Turns: Space, Place, and Mobility in German Literary and Visual Culture* Herausgegeben von Norbert Otto Eke Martha B. Helfer Gerd Labroisse。

或者向我们直接呈现之时。该文力图从不同角度探讨这一理论建构，并将分析的焦点集中在空间的语言结构性上，例如将城市之间的交通视为文学空间物质因素的呈现。作者认为在现代都市的那些玻璃以及原现代派的钢铁建筑中，语言变成了客体，代理物以及一个用以描绘的复杂因素连接而成的网络，甚至变成了城市空间。这种克拉考尔隐喻修辞意义上的“空间转变”对应了当下的一种理论危机，即将城市空间同时构想为物质与抽象的双重存在。因此，作者在文章的最后指出，克拉考尔在其小说中所呈现的哲理思考提示我们，明确指出城市空间与文学文本两者之间的张力，可以为我们最大限度地界定一个更加清晰以及富有活力的空间自身的概念。在此意义上，我们发现，克拉考尔的哲学理论在魏玛时期的思想语境中确实具有某种前瞻性的意味，他对都市空间以及日常生活的关注，为我们开启了当代文化研究的先河，为一度僵化的哲学研究范式注入了全新的活力。

最后，值得一提的是，由于法兰克福学派的发展纵贯20世纪，期间经历了多次思想转型，所以21世纪以来，通过追溯历史，法兰克福学派的脉络轨迹日渐明确清晰。因此，学界关于法兰克福学派及批判理论的整体研究，显示出一种“历史取向”的新趋势。阿多诺的学生埃米尔·瓦尔特-布施（Emil Walter-Busch）出版著作《法兰克福学派史：批判理论与政治》[①]，以丰富的细节资料与强大的历史概述，为我们展示出法兰克福学派的历史图景。从创始者霍克海默和阿多诺以降，“马克思主义的火山”喷发汹涌，从未熄灭，一代代传承发展着，总是不断提出新问题，使得批判理论焕发新的生机活力。《哲学评论》的文章《关于“波恩共和国”政治观念史的文献综述》[②]，从历史角度考察了法兰克福学派对第二次世界大战后波恩共和国即联邦德国的政治影响。最初法兰克福学派提供了联邦共和国的政治文化的自我理解，是影响最大的知识分子阵营。后来20世纪60年代学生运动中，社会法兰克福学派遭遇了合法性危机，被认为正是其理论激发了红军旅恐怖主义（RAF-Terrorismus）等造反活动。

① Emil Walter-Busch: *Geschichte der Frankfurter Schule: kritische Theorie und Politik*, Fink Verlag, München, 2010.

② Philipp Hölzing: Zur politischen Ideengeschichte der《Bonner Republik》Ein Literaturbericht. *Philosophische Rundschau*, Band 57 (2010) pp. 33-48.

实际上，基于不同视角，批判理论在历史语境中呈现出不同的面貌。此外，《德国哲学杂志》的文章《个人生活史与批判理论》① 把"历史取向"上升到理论高度，强调批判理论的生活史维度。正如本雅明的晚期著作所做的那样，我们可以以传记式方法理解和进入批判理论，其核心理念是在特定的文化中记述某人自己的生活，通过自传记忆从而获得批判理论认识和评价的标准，进而作出丰富多产的文化批判。因为回忆某人的过去，能够让我们评判过去的意识形态，同时认识到相关的美好生活的理想。

五

自从德国思想界重新掀起布鲁门贝格的研究热潮以来，对布鲁门贝格的关注一直在持续升温。2010 年，是布鲁门贝格诞辰 90 周年。为了纪念这位被尊为"吕贝克（Lübeck）的伟大儿子"的哲学家，在吕贝克举行题为"布鲁门贝格思想的现实意义"的国际大会。这次大会由吕贝克大学医学史和科学研究所与"《布登勃洛克一家》——亨利希·曼和托马斯·曼"研究中心联合主办。大会拟授予布鲁门贝格荣誉市民称号。大会的主题诚如柯内留斯·波尔克（Cornelius Borck）教授所说，"大会应该着手探讨和讨论布鲁门贝格的著作，我们正确对待他的思想中的批判精神"。大会的中心议题是探讨哲学和科学之间的关系，也即是布鲁门贝格所提出的激进的问题——现代的正当性问题：布鲁门贝格对今天仍还留有的一切形形色色的绝对的拒绝意味着什么？他是如何来思考当今日新月异科学技术的正当性？我们当前的讨论又是如何对待布鲁门贝格整合哲学分析和科学史重构的努力呢？大会认为，随着浩瀚的遗稿问世，必将带动布鲁门贝格学术研究的复兴。

除了纪念活动之外，2010 年苏卡普出版社出版了布鲁门贝格的两部遗作《雄狮》② 与《生活世界的理论》③，为布鲁门贝格的研究提供了有

---

① Tim Henning: Personale Lebensgeschichte und Kritische Theorie. *Deutsche Zeitschrift für Philosophie*: Vol. 58 (2010), No. 3, pp. 377 - 393.

② Hans Blumenberg: *Löwen*, Berlin: Suhrkamp Verlag, 2010.

③ Hans Blumenberg: *Theorie der Lebenswelt*, Berlin: Suhrkamp Verlag, 2010.

益文献。《雄狮》是继苏卡普出版社2001年版本之后的新版，附有常年与布鲁门贝格保持对话的评论家马丁·迈耶（Martin Meyer）所作的后记。在布鲁门贝格看来，作为万兽之王的雄狮是一种哲学隐喻。在雄狮的隐喻下，著作引证诸多哲学轶闻，从古至今集中了从所罗门（Solomon）和欧里庇得斯（Euripides）到托马斯·曼（Thomas Mann）、奥德·马卡尔德（Odo Marquard）以及奥斯卡·拉封丹（Oskar Lafontaine）等著名人物。通过寓言式地描述自然界中雄狮的性情特点、生存状态和价值地位，阐述了他对于哲学与哲学家的独特看法：由于对雄狮的恐惧，雄狮对自然界来说是一种不在场的在场，而仁慈的爱恰恰会破坏这种由威慑而构成的秩序。《生活世界的理论》显示出布鲁门贝格对生活世界的独特理解。这本著作是从布氏遗稿中整理出来的，它和生前发表的《生命时间和世界时间》构成了"生活世界"系列的前后篇。"生活世界"这个概念承袭于胡塞尔，是布氏对胡塞尔未完成理论的面向事情的完成。布氏汲取了胡塞尔生命世界是一种自我理解性这个内涵，再一次把自我理解的世界思为一种整体，一种界限概念。在他看来"生活世界"不是指现实世界或日常世界，尽管世界充满不确定性和不安全性，然而这样的世界却没什么不能解答的问题，没什么不能满足的需求，没什么不可靠的见解。在这种自我理解的世界里，哲学还尚未能及，或不再必要。所以，我们必须白手起家地去探索理论与生活世界之间的关系，因为知识的获取恰恰会消解世界的这种自我理解性。《哲学评论》杂志专门发表了一篇关于《生活世界的理论》的书评①，指出布鲁门贝格对于"自我理解性"（Selbstverständlichkeit）的"生活世界"，一方面把其看做总体性（Totalität），具有本体论意义；另一方面又把其看做是边界性概念（Grenzbegriff），关系着人的处境。从《生命时间和世界时间》来看，生命和世界本是二元论中的一对重要因素，两者之间存在着概念上排斥和现象学境域上的不兼容。为了说明这个问题，布鲁门贝格再一次施展用一种本真的隐喻思想弥合矛盾对立的字面意思和言外意义。当然，亚里士多德（Aristotle）的"世界的统一性"是布氏解决这个界限概念的理论源头和启示。

（曹卫东）

① Volkmar Mühleis：Buchnotizen. Über：Hans Blumenberg：Theorie der Lebenswelt，*Philosophische Rundschau*，Band 57（2010），pp. 353－355.

法国哲学

一　主要论文

创建于2002年的“当代法国哲学研究中心”，附属于著名的巴黎高等师范学校。这个研究中心的文章，一向是法国哲学最新动态的风向标，现从“研究中心网站”上挑选几篇笔者所关心的文章介绍如下：

署名F. 克科（Frédéric Keck）的文章《柏格森与法国社会学》，文章认为，柏格森的思想与19—20世纪以来法国几位重要的社会学家有着非常密切的关系，例如孔德、涂尔干、列维－布留尔、毛斯、列维－斯特劳斯等。柏格森阅读这些社会学家的著作，社会学家们也阅读他的著作。在某种意义上，与人们通常的印象相反，柏格森的哲学在精神实质上与诞生于19世纪的法国实证主义思潮并行不悖。差异在于，柏格森注重研究“心理事实”，而社会学注重研究“社会事实”。文章分析了在“现代社会中的道德责任”问题上，柏格森与社会学家的态度。柏格森著有《道德与宗教的两个来源》，主张用直觉方法分析道德问题；社会学家则主张实证的方法，发展到列维－斯特劳斯，又从结构主义获得了新的灵感。但是实证与直觉并非是“两股道上跑的车”，它们的精神实质有相通之处。列维－斯特劳斯试图在“结构主义”名义下，通过实地考察西方世界之外的非洲等地的“原始部落”的原始思维，重新建立欧洲的理性；1932年，在《道德与宗教的两个来源》中，柏格森也开始反思道德责任问题，他同样对原始思维现象怀有极大的兴趣，认为直觉体现了人最原始的精神本能。柏格森指出，原始思维并非是“非科学的”思维。列维－布留尔（Lévy－Bruhl）就曾经认为，应该走出宗教（原始宗教与原始思维的一部分）与科学之间截然对立的传统观念。这个想法与涂尔干是一致的，即对原始思维的研究是一种科学研究。也就是说，宗教感情是一种集体无意识现象，属于社会学研究的对象。柏格森在《道德与宗教的两个来源》

中则进一步指出，要区别通常习惯的社会义务的感情与神秘奇异感情，这种神秘感情不符合社会习惯，但属于生命本能的部分，具有更为强烈的活力。通过分析宗教过渡为道德责任问题，这是柏格森的思路。在列维-布留尔那里，自然的事物与超自然的事物之间，有一条因果链条。人类对超自然的事物产生感情，这就是宗教的来源；在柏格森看来，理性不仅涉及原始思维或宗教，而且是精神上的超越与冒险。一直到现在，面对危急时刻，几乎所有人都会下意识地持原始思维的态度，或者叫面对恐惧而渴望一种安全感，这也就是宗教产生的基础——因为人是世上唯一的此类动物，人类无法确证自己的行为，于是彷徨尝试、满怀成功的意愿去制定某个方案，害怕失败。在《物质与记忆》中，柏格森指出，安全或自信感发挥着理智的功能，并与人的原始感觉保持距离。通常人们认为，在思想上列维-斯特劳斯与柏格森距离很远，但是人们忘记了在列维-斯特劳斯那里，无意识的结构就是意识的直接材料，这想法非常接近柏格森。把这两个思想家连接起来的，还有道德问题：在20世纪世界大战的灾难之后，如何重建道德信念及其形式。答案是在新的基础上使政治科学化。

署名F. 沃尔姆（Frédéric Worms）的作者发表了悼念德里达的文章《从超越目的出发的德里达》，认为理解德里达的关键，在于分析他关于“差异”（différence）的思想，“解构”的关键词即所谓“延异”（différance），不过是以“解构”的姿态所理解的“差异”。与索绪尔和结构主义者一样，德里达分析了符号中的差异问题：差异是一种漫无目的的意指关系，符号的意义处于绵延或“逃逸”过程中，因此符号的能指与所指之间之关系，不是主体与客体的关系，因为所指是无法抓住的。符号的“延异”（différance也是“差异”的动词化）过程至少含有双重运动，即它不是在场意义的滞留，而是敞开的面向未来的运动。不同于传统，这样的运动不是与符号之外的事物之间的关系。由于动态的符号之“延异”早于静态的符号之“差异”，于是符号不再可以忠实行使代表符号之外的事物或者思想中的观念的使命。“延异”更是一种行为或实践活动，而不是任何一种呆板的立场。“解构”即动起来了的“结构”，在“结构”之前而非“结构”之后，因此称德里达的思想是“后结构主义”并不准确，它只表达了德里达的思想诞生于“结构主义”之后。德里达继承发展了自尼采和海德格尔以来对语言符号的古典理论的批判。以上述“延异”的思想，可以理解20世纪80年代以来德里达思想的发展，比如他指出当代的“正义”应该是一种超越正义的正义，真正的“原谅”是对不能原谅的事物表示原谅，这些语言表达了迷人而又神秘的“不可能性”，它“放弃”或“超越”了哲学，打开了一片新的思想天地。

署名D. 帕诺普罗（Dimitra Panopoulos）的文章标题是《在或者不是不在》，它是一篇跨学科的讨论。文章首先认为，失忆现象可能是由于记忆过多造成的，后面的记忆掩盖了前面的记忆。记忆并不是回顾，而是直接的现实，完整地重构以往的现实，是一项不可能完成的任务。再现的事物越多，其中虚假的成分就越多，因为没有原本的再现，只有差异中的再现。换句话说，在真切意义上把握真理实际上是一项不可能完成的任务。电影问题也是镜头问题，即如何展示我们所看见的事物，是再现的角度问题。

署名M. 勒努阿尔（M. Renouard）的文章标题是《梅洛－庞蒂与文学》。文章认为于梅洛－庞蒂发表的《知觉现象学》本身就具有文学性，因为它求助于一种描述性分析。例如，其中对普鲁斯特的分析阐明了身体在记忆过程中的作用。文学所谈论的，是一些瞬间出现且无可代替的体验，是一些充满悖谬的感受，一些非常细微个别且深刻的感受，向读者暴露了最内在的感受，展示了生命本身的模样，正是这些增加了阅读时的快感。所有这些，也是哲学研究的对象。哲学可以从文学获得很多启示，比如作为一种创造性精神活动，每一次文学活动，都在创造和使用新的语言，甚至发明一些闻所未闻的句子用法，描述人之间交往的新鲜感受。也就是说，文学是用语言说语言，是一种自始至终正在进行的语言活动，而不是像传统哲学家那样，把很多“已经结束了”其含义的各种概念连接起来。文学语言就像音乐语言一样，需要沉浸其中才会体验出来，要从中感受到最新鲜的含义。真正的文学语言不是“被说”而是“正在说”，而传统哲学的语言是“已经完成”的陈述性语言。我们从这些也可以理解为什么梅洛－庞蒂把可见的经验与不可见的经验联系起来，它是一种尝试性体验。受现象学影响，梅洛－庞蒂强调感受方式的变化。不是说某个角度是伦理学的、政治学的等，而是说观察角度的差异，就像镜头取景一样，文学上称之为风格。从任一可见的取景窗口延伸到不可见的感受，文学作品的不同风格就是这样形成的。

署名E. 巴利布斯（Etienne Balibar）的文章标题《结构主义：社会科学的方法还是颠覆社会科学?》。结构主义20世纪60—70年代流行于法国，但是现在，作为一种社会学与人类学方法，结构主义已经显得过时了，因为在语言学和心理学领域，很多概念和思想策略都在被重新认识，都在朝着更加实证的方向努力，尝试寻求与经验之间更直接的联系。当然结构主义功不可没，它是一种“知性的冒险”，它使社会学与人类学领域更加开放。像现象学一样，结构主义不是一个统一的学派，而是一场思想运动。索绪尔的语言学理论核心即能指/所指、言语/语言、共时性/历时性的划分，为结构主义奠定了思想基础。

巴黎历史悠久的《形而上学与伦理学》杂志 2010 年第 1 期刊登署名 A. G. 韦桑格（Anne Gabrièle Wersinger）的文章《怀疑主义：问题的界限》。文章指出，休谟、尼采、维特根斯坦都是著名的怀疑主义者，虽然他们中的每个人都有自己的怀疑方式，有不同的怀疑界限，但是他们也有共同之处，比如他们的怀疑往往是指出对手在逻辑上的悖谬或者自我反驳。作者认为休谟的怀疑论属于一种“元怀疑”态度，维特根斯坦则给怀疑精神注入了语言与逻辑因素。语言与逻辑中的“自我反驳”现象未必都是贬义的，它很可能为 21 世纪的世界哲学注入了新的活力，为哲学开辟一条新的道路。

《形而上学与伦理学》杂志 2010 年第 2 期刊登署名 V. 格龙丹（Vincent Grondin）的文章，比较了胡塞尔与维特根斯坦的思想。文章认为，如果从早期和晚期思想不一致得出“有几个维特根斯坦”的结论，这“几个维特根斯坦”却都是反对唯心论或者理念论的。同样道理，也可以有“几个胡塞尔”，但是现象学却是典型的“唯心主义先验论”。也就是说，在胡塞尔与维特根斯坦之间，有一条难以跨越的哲学深渊，他们分别坚持两种截然不同的哲学传统。他们对待日常语言的态度上也大相径庭。但是该篇文章作者所得出的结论却出人意料，认为应该解构维特根斯坦与胡塞尔思想的势不两立，从他们的思想中找出属于 20 世纪西方哲学的大趋势，并且在某种意义上，两人都是传统形而上学的掘墓人。

《形而上学与伦理学》杂志 2010 年第 4 期刊登署名 B. 隆格讷丝（Béatrice Longuenesse）的文章《表象：与自我连接的不同方式》。文章指出，在法文与英文中，le Moi（我）/the Self（自我）/le Soi（自己）含义是不一样的。还有 le Je（我）和 le Sujet（主体）之间的细微差别。当我们将法国或德国哲学的相关词语翻译成英语时，其关于“自我”的连接方式之间有微妙的差异。哲学特征与所使用的语言特征之间有密切联系，如果同属拼音文字的法语、德语、英语之间尚且如此，那么汉语作为一种与之完全不同的象形文字或表达媒介，是否存在着麦克卢汉所谓“媒介即信息”现象呢？即汉语所具有的特征本身，就已经在散发着某种哲学信息了。当然这个信息不是某汉语句子字面表达的意思，而是对于汉语特征的总体领会。这方面引起我们巨大的好奇心。比如以单字为本位的汉语，字与字之间的连接更灵活迂回。笛卡儿在他的“沉思”中说，“我所是的东西，即是某个我所是的我”。这样的表达在汉语看来是“笨拙的”甚至是匪夷所思的，似乎什么都没有说，但它确是西方近代哲学的转折点，它暗中强调了概念性词义精确性及其微妙过渡。在某种意义上，整个德国古典哲学、胡塞尔发动的现象学运动，萨特、梅洛－庞蒂、德里达代表的当代法国哲学，“都是”在反复玩味上述笛卡儿那句话。特别是当代法国哲学，以一种表面“放弃概念思维”的方式进行一种广义的或超越的“概念思维”。总之，就是把注意力放在回答什么是“自我”，自身身份的同一性或统一性变得十分重要。正如萨特在《存在与虚无》中尖锐指出的，笛卡儿的沉思不过是将人称代词的我从主格（le Je）“非法地”变换为宾格（le Moi）并赋予其实体地位，这就破坏了形式逻辑的同一律，等于承认“我是我所不是的东西”。换句话说，我思的实体地位是“我”或者笛卡儿在瞬间从虚无中创造出来的，同理，“自我”当然可以在其他瞬间创造出来不同的东西。维特根斯坦说，“主体不属于世界，而是世界的界限”。“哲学上的‘我’不是人的存在，不是人的身体或心理学上所讨论的人的心灵，而是形而上学的主体，它是世界的界限而非世界的成分。”文章作者认为哲学史上一切革命都深刻转变了提出问题所使用的词语。我们不是否认而是改造了传统问题。

《形而上学与伦理学》杂志 2010 年第 4 期刊登署名 R－P. 奥尔斯特曼（Rolf－Peter Horstmann）的文章《自我意识所限定的意义》。文章试图重新协调直到当今的西方哲学史上“自我意识”的学说。尽管这些不同学说显得自相矛盾，但它们显然是以不同方式考虑“自我”，或者依赖自然，或者依赖意识；或者把自我放在对象的位置，或者把自我放在主体的位置。

另外，法国还有一份与现实生活联系紧密的杂志《哲学》。据笔者联系的一位巴黎索邦大学在读的法国籍研究生介绍，该杂志所创办的网站是目前法国有名的哲学网站（http：//www. philomag. com，以下笔者还要专门介绍《哲学》杂志及其网站。与国内的学术网站不同，这个网站文章丰富、更换及时且设计的色彩鲜艳)。这里先简要介绍几篇网站上最新的文章：

署名 H. 梅兰－卡雅曼（Hélène Merlin－Kajman）的文章《罗兰－巴特：语言是法西斯主义》。在罗兰－巴特看来，“古典的语言就是服务于意识形态统治的工具”。20 世纪的西方哲学在这一点上已经达成共识。1977 年，在法兰西学院的首场讲座中，罗兰－巴特提出了这样具有震撼力的看法：“言语就是语言的行为。言语既非反动的也非进步的，而是法西斯的，因为法西斯主义并非阻止去说什么，而是忘记去说什么。”换句话说，罗兰－巴特要扫除西方哲学的前提，这就是自从古希腊以来，西方哲学把言语活动与理性活动联系起来的传统。作为一种支配性的思想武器，它的理性或者逻各斯的力量是看不见的，却无所不在。在这样的思路下，罗兰－巴特研究了包括广告、电影、服饰、饮食在内的各种各样的符号系统，指出它们在社会中形成了自己的无意识结构，他还认为如果古典语言是一种“法西斯主义”的观点成立，那么，整个文学就面临着“写作的零度”，也就是面临彻底更新。

二 讲座与访谈

以下是著名的“当代法国哲学国际研究中心 2010 年”研讨班的部分主题：

（一）G. 比安科（Giuseppe Bianco）教授，讲习班的题目是《20 世纪 30 年代的巴黎哲学运动》

20 世纪 30 年代是 20 世纪法国哲学的关键时期，这又与当时举办的两场重要的哲学讲习班有密切关系，而举办这两个讲习班的学者都来自苏联。他们分别是 A. 科雷（Alexandre Koyré）和 A. 科热韦（Alexandre Kojève）。科雷研讨班的题目是《封闭的世界与无限的宇宙》；科热韦研讨班的题目是《黑格尔的主人与奴隶关系辩证法》。他们把黑格尔的哲学以及现代德国哲学引入法国。前去听讲座的有萨特、拉康、梅洛－庞蒂、福柯等后来的哲学大师，换句话说，这两个讲习班对 20 世纪法国哲学产生了至关重要的影响。20 世纪法国哲学的重要更新，在于把以柏格森为代表的19世纪法国唯灵论传统与19世纪以来德国哲学结合起来。正是由于引进并深入研究了克尔凯郭尔、尼采、狄尔泰、舍勒、雅斯贝斯、胡塞尔、海德格尔等人的思想，才有后来法国哲学的蓬勃发展。

（二）F. 沃尔姆等教授，讲习班的题目是《道德经验的表达与条件》

道德不仅应该被理解为价值的总括、道德信念与标准，而且更应该被理解为一种道德实践。这种实践把个人看成道德主体，并且依此建立起个人与世界之间的关系。这种实践旨在与社会之间建立起社会学、政治学等广泛联系，以寻求更合理的社会制度。当代道德哲学应该与政治学领域的反思结合起来，应该考察自身所处的社会环境。此外，当代伦理学更加重视新的世界环境下的内在与外在、自我与他人的关系，而且，要以一种解构的姿态淡化“自我”概念。

（三）署名F. W（这个查不到了）的主讲人，讲习班的题目是《活的瞬间》

提出了两种假说，首先是在当今时代，人类只活在瞬间。也就是说，是一种瞬间的延长与断续。在信息化与全球化时代，“生命”成为一个与技术有关的问题，甚至是一个与虚拟有关的问题。这样，与活着或者生命有关的一切传统观点都要改写，比如，我们如何对待道德责任。这种假说实际上已经包含了第二个假说，即生命不是一条直线，而是由一系列曲折的紧张状态所组成的。比如有精神活力的和必定要死的。还有，人时而是人，时而是动物，甚至当代社会对启蒙时代以来“人”的概念也加以质疑，认为“人”应该被超越，但是这样的超越，在后现代社会里却令人匪夷所思地朝向人的原始性甚至动物性的方向发展，似乎人再也没有什么信念与理想，在这个意义上，人类历史“终结”了。

上面提到的《哲学》网站2010年还刊载了学术访谈内容，其中笔者感兴趣的，是于连（François Jullien，当代法国哲学家，知名汉学家）与当代中国作家余华的对话：于连认为，对欧洲来说，中国是一个完全的“他者”而不是“另一个”，这促使他对中国产生浓厚兴趣。从学理上来说，这是因为中国有奇特的语言，不同于世界大多数其他国家。直到几个世纪之前，中国基本上在欧洲的视野之外。余华则认为20世纪以来几乎所有的中国作家都借鉴了西方的创作手法。在这个过程中，中国的韵文传统基本丧失了。与中国传统比较，西方文学和哲学一样讲究风格和方法，他承认西方文学是自己创作的灵感源泉。

在于连看来，民国的作家之所以与新中国时期不同，不仅在于吸收了西方的文学手法，还在于吸收了19世纪以来的西方哲学，比如鲁迅就是，否则难以解释他的巨大成就。但是，中国自己的哲学传统是很优秀的，比如说汉语决定了中国思想是一种文雅的“暗示”思想，通过迂回再进入。这同时是哲学与文学双重手法。中国传统文化发展出一种建立在汉语基础之上的独特的影像哲学，它的精华是通过诗的形式表达的。这样的手法与西方哲学和文学传统不同的是，清晰的“自我”总是隐而不见的。与中国传统不同，西方的民主是建立在古希腊以来的一种自由表达基础上的。所谓言论自由并非个人乱想的自由，而是有一个自由表达的公共空间。于连认为在国家转型问题上，他更倾向于一种默默地转变。于连认为，中西之间的对话是非常重要的，不同民族的理性也是相同的。他提出要区别三个概念：“普遍性”（Le universel）意味着理性，它返回到逻辑；“一致性”（Le uniforme）与生产活动有关，比如说全球化趋势在全世界范围内蔓延；还有“共同性”（Le commun），这是一个建立在分配基础上的政治概念。比如不同文化之间的对话本身，就是抵制思想上的“齐步走”的。在处理中西思想文化的关系时，要注意区分这些不同概念。总的原则是对话而非对抗。

三 《哲学》杂志及其网站

法国著名的哲学网站（http：//www. philomag. com）的内容，主要是《哲学》杂志的电子版。光看这本杂志的封面，几乎看不出这是一本学术性杂志，有点像时尚杂志，封面上通常是大幅图画、漫画、照片。刊登的文章虽然是学术性的，但标题很吸引读者，笔者粗粗浏览了一下文章题目，比如《我爱你》、《你正常吗》、《要敢于想到死》、《人类能改变生命吗》、《什么是美》、《孩子们怎样思考》、《社会主义能再生吗》、《符号使人堕落》、《我们有理由害怕吗》、《离开西方》、《心灵与肉体》、《法国精神存在吗》、《什么是今天的勇气》、《我们为什么要生小孩》、《如何反对资本主义》、《为什么美国人不像我们这样思考》、《21世纪还有宗教吗》、《“中国造”的思想》、《我工作所以我存在》、《上帝是哲学的鸦片》、《不男不女：性别的解体》、《存在主义的危机：它如何赋予我们生命的节奏》、《性与道德》、《人与动物的边界正在消失》；还有关于哲学史上著名人物的研究，比如:《莱布尼茨：真正的和谐》、《克尔凯郭尔：挑战自我》、《老子和道家》。我这样详细列举这本杂志的标题，是想冲破国内所谓学术规范的一些呆板成见。这种成见只默认某种学术文章的写法，如果只看以上的文章标题，就会被国内大部分哲学刊物认为是非学术的并予以排斥。在笔者看来，文章有无水平，并不在于它论述什么东西或题材。东西或题材并无高低之分，只有思维能力才有高下之分。

以下综合介绍该杂志有关文章的重点思想：《我爱你》认为，当我们说“我爱你”，内心其实是忧虑的，我们并不准确知道自己在说什么。对于开始探询当今爱情之路的人们来说，要记住老式的爱情观念已经死掉了。人们渐渐抛弃了柏拉图的纯粹精神恋爱，因为纯粹精神恋爱属于观念的世界，这样的世界在21世纪已经不合适宜。人们不再对超验的东西感兴趣，人们更重视经验与体会。从经验上说，“‘我爱你’是一句甜蜜的话语”；从哲学上说，则是一种冒险。《克尔凯郭尔：挑战自我》认为，与尼采的风格大不相同，克尔凯郭尔被事物的悖谬性深深震撼。事物的多样性使人无所适从，眼花缭乱。他在《非此即彼》中那句名言代表了克尔凯郭尔的真实想法，也就是选择的两难:“你结婚，你会后悔；你不结婚，你也会后悔；无论你选择结婚还是不结婚，你都会后悔。”换句话说，没有什么正确的选择，只是选择而已。事物的多样性都很精彩。克尔凯郭尔开辟了这样一种挑战自我的可能性，即我不是我，我是别的东西。《要敢于想到死》一文指出，想到死是人最高的精神特权，是精神的贵族，是精神领域里的高难动作，再进一步说，自杀是精神贵族的表现，充满了哲学意义。自觉选择结束自己的生命，是人最终的也是最大的勇气！人是创造性的勇于冒险的动物，只有人懂得什么叫死；懂得什么叫赌博；什么叫笑；尽管动物会哭，但是动物不会笑，只有人才会笑。人们有意逃避想到自己的死，为了逃避，人们就去拼命地消遣，但是快乐不能停顿下来，一停顿下来，就会感到无聊。死却不是一件无聊的事，死是庄严崇高的事情。就像德里达晚年最后一篇谈话中，他说自己最后回到了古希腊哲学家那里，也就是学会死亡。为什么死亡还要学习呢？因为死并不是一件自然而然的事情，死并非身体的事情，而是心灵的事情。就像人们经常说的，如果知道自己还能生活多久，只要这一天越早到来，就越考验他的勇气。《萨德侯爵》一文分析了18世纪法国色情哲学家萨德的哲学思想。“萨德”几乎是“性虐待狂”的代名词。这种非常疯狂的想法在激情荡漾的法国大革命时期，也为大革命的领导者所不容。他被关进监狱达27年之久。萨德的书直到20世纪上半叶之前，在法国一直是禁书。但也正是在20世纪，萨德成为哲学家竞相研究的对象。性虐待如何成为性陶醉的一个心理泉源，自从弗洛伊德提出“力比多”对人性和人类的重要意义之后，“精神分析”与萨德思想的某些相似性，进一步增加了人们从学术上研究萨德的兴趣。萨德的思想表现了启蒙思想的双面性，启蒙除了光明的一面外，还有阴暗忧郁的一面，就是光明的背面，它们就像一片树叶的两面一样须臾不可分离。伏尔泰和狄德罗的思想代表了启蒙的光明一面；萨德和卢梭的某些思想则代表了启蒙的犹豫一面。尤其是萨德，他利用性的身体做哲学式的体验，集中了哲学的暴力行为之效果，并且暗含着这也是人权应有之义。《孩子们怎样思考》认为，要学会倾听孩子说话，那些天真稚嫩的语言，那些令我们惊奇的语言，是我们绵延不绝的灵感源泉。孩子的语言毫无忌讳，是大胆的，也是富于发明的。孩子的语言能启发成年人有关什么是天才的思考。孩子的语言是游戏式的，而非成年人所谓理性的。孩子身上有人类最原始的秘密，就像胚胎在女人妊娠期间的发育史，就是省略版的人类发展史一样。以往的观念认为，孩子要向成年人学习，成年人规定孩子必须这样或者那样；现在心理学家和教育学家却认为，成年人在语言和心理方面，可以从孩子那里获益多多。

四　法国的哲学组织及其学术会议

（一）法国哲学协会（Société Francaise De Philosophie）

它是法国全国性的哲学学术团体。成立于1901年，协会设在巴黎。其初期的宗旨，是帮助哲学家之间的会见和学术交流，考察哲学用语，组织关于笛卡儿的学术讨论会。它的出版物有：《法国哲学协会通报》、《柏格森讨论会文集》以及《形而上学和道德杂志》等。在该协会网站上，列举了一个世纪以来在法国举办的重要哲学学术会议题目，我们列举其中部分题目以便于读者掌握法国哲学的部分发展脉络：

在研究方向上划分，第一个分支我们要谈到法国的“科学哲学”。与国内学界对法国哲学的看法截然不同，法国人对“科学哲学”有着浓厚的兴趣。这方面又详细划分为五个研究领域：科学认识论、逻辑与数学哲学、物理哲学、生物哲学、社会哲学；第二个分支是心理学与精神分析；第三个分支是“哲学教育学”，这个研究方向在中国几乎是空白，法国有悠久的哲学教育传统。当中国的中学生在背诵高考作文时，法国青少年却为中学毕业的哲学会考忙得不亦乐乎。像巴黎高等师范学校这样的世界著名学府，20 世纪法国大哲学家基本都出自这个学校的哲学专业，但是其哲学专业毕业生的“最好”去向，却是去中学做一名普通的哲学教师，而且还要通过相应的哲学教师任职资格的严格考试，由此可见法兰西民族对于哲学教育的重视程度。

1. 科学哲学曾经召开的会议主题，例如（年份放置括号里）：“分析的实在论”（1911）；“连续性与时间的多样性”(1937)；“康德和现代数学”(1904)；“数学活动及其在我们关于世界的概念中的作用”(1965)；“现代物理学中的时间、空间、因果性”(1911)；“原始思维”(1923)；“原始心灵”(1926)。

2. 心理学与精神分析方面的会议主题，例如“精神与物质”(1904)；“感情、行为的习惯性”(1929)；“精神分析与哲学”(1955)；“精神分析与教育”(1957)。

3. 社会分析与哲学教育方面的会议主题，例如，“中学哲学教育的特点”（1902）；“对数学专业学生的哲学教育”(1912)；“哲学的高等教育之存在的条件”（1926）；“现代文明中的人道”（1931）；“法国哲学教育的前景和现状的反思”（1990）。

（二）法语国家哲学学会（L'Association des Sociétéde Philosophie de Langue Française，简称 ASPLF）

它于 1937 年在索邦大学创建，当时一个谈论笛卡儿的国际会议正在那里举行。这个学会的宗旨，是促进哲学、特别是法语国家哲学的发展。这个学会以法语国家和地区为主，在世界各地设立了多达 60 多个分支机构，并且以学会的名义每隔两年举行一次学术会议，这些会议在不同的成员国或者地区举行。具体会议举办场所通常在某个大学，例如，1996 年在巴黎索邦大学、1998 年在魁北克的拉瓦尔大学、2002 年在尼斯大学等。最近一次学会的学术年会于 2010 年 8 月 17—21 日在威尼斯举行，会议主题是“行为”。

这里根据法语国家哲学学会网站的介绍，对该学会2010年年会的主题即关于“行为”的思想作简要描述：以“行为”作为讨论的主题，具有鲜明的时代特点，歌德曾说“一切出发点都是行为”。行为、去做，这就是历史所赋予我们的责任：我们面临的世界并不完美，人的任务或者使命，就是以毫不松懈的奋斗去改变这个世界，以便人类能在更加和平、幸福、自由的环境下生活。这样的行为是崇高的，是符合人道的。这样的行为哲学可以追溯到19世纪孔德的实证主义。孔德认为，每一种知识形式，都应该按照科学实证的方式组织起来，以便使个人和社会都能从中发现合乎理性的结论。就像马克思所说的：“从来的哲学家只是以不同方式解释世界，但是现在重要的是去改变世界。”当代一切类型的知识，都应该使其祛魅化。没有什么“大家一致认为”，警惕所谓“社会思想”的提法，因为就像马克思所说，一切社会思想都不过是统治阶级的思想。也要推翻古典时代以来理论与实践的对立。这当然是反柏拉图主义的，因为在柏拉图看来，沉思被看成是人的生命之最高目的。显然，这与笛卡儿的沉思一样，都区别于人的实际活动。当代文明，是一种意识形态失去了存在特权的文明。21世纪的哲学特点，肯定与18世纪的欧洲启蒙运动大不相同，因为后者是使人类遵循几个精神领袖的时代（所谓“伏尔泰的世纪”就是这个意思）。从学理上看，意识形态的衰落背后，是主体或传统的“人”的衰落。“经济的人”和“社会的人”都在促使“主体的人”衰落。从当代哲学角度，人们在思考，思辨的生命与行为的生命也许不应该对立起来，它们可以同时就是对方。这一点，也正是现象学和存在哲学努力的方向。人的行为处于无意识之中、处于悖谬之中、处于一种“想要”的意愿之中。观念就像行为一样不是静止和已经完成了的，而是要“在形成中形成”的。

（尚杰）

意大利哲学

纵观2010年度的意大利哲学研究，热点主要集中在如下几个方面：一是意大利哲学家一贯重视的传统哲学研究，许多哲学家依然致力于挖掘传统哲学的资源，追寻现代思想的起源，力图在传统哲学与现代哲学之间进行沟通。二是关注偶然性、不确定性的意义。对于不确定性和偶然性，人们通常采取一种消极而排斥的态度，但哲学家们认为应当重新认识其意义。他们发现，正是偶然性和不确定性的存在，增加了人生的多样性和丰富性，也为自我的改变提供了可能。三是关注他者的意义。他者，既可以是他人，也可以是其他文化。在全球化时代，我与他人、本族文化与他族文化的碰撞与交流，是不可避免的事情，因而如何对待他人和其他文化，成为一个重要问题。哲学家们认为，他者虽然常常具有消极的意义，存在着不和谐的因素，但也具有积极的意义。他者与我不同，常常是作为异己者出现的，但正是从这种不同中自我才借以显示出来，因而他者也有正面的意义，这就是“平等对话”、“互相认识”、“缔结友谊”以及“相互推进”。

一　介绍两位重要的哲学家

翁贝托·噶里姆贝蒂和雷默·伯戴依是当代意大利很有影响的两位哲学家，他们的思想具有一定的深度。在此予以介绍。

翁贝托·噶里姆贝蒂（Umberto Galimberti）是一位在意大利很有影响的现代哲学家，他出生于1942年，以历史哲学和心理分析见长并取得了丰硕的成果。他曾与卡尔·雅斯贝尔斯相识并经常规律性地碰面，后来成为卡尔·雅斯贝尔斯作品在意大利的主要翻译者和推广者。

噶里姆贝蒂曾在莫纳一个高中教授哲学至1978年，在此期间（1976），同时受任于威尼斯大学新创建的哲学与文学院，教授人类文化学直今。后又于1983年任职历史哲学的副教授，并从1999年开始教授心理学。除此之外，还教授道德哲学。2003 年起任职意大利“哲学咨询”学会副主席。1987—1995 年期间与《24 小时太阳报》合作，之后与《共和国报》合作，既以书信体的形式讨论社会现状，又深入探讨文化性格。他还曾参与管理《共和国报》的星期书信体专栏《女性共和国》。2002 年被授予“精神分析领域的大师与变革者”国际奖章。

噶里姆贝蒂著作如下：《语言与文明》(1977,1984)；《精神病学与现象学》(1979,2006)；《肉身》(1983,2003)《无恶的地球》(1984,2003)；《当代智慧的工具：文化人类学》(1985)；《相约海德格尔》(1986)；《心灵的误解》(1987,2003)；《观点的游戏》(1989,2004)；《游牧的话语》(1994,2006)；《心灵的图景》(1996)；《精神分析学》(1999)；《人类的规模与科技的挑战》(2000)；《圣踪》(2001)；《心灯》(2001)；《主要的恶以及新恶》(2003,2007)；《爱之诸事》(2004)；《在海德格尔和雅斯贝尔斯作品中所描述的西方的没落》(2005)；《哲学和传记》(2005)；《心灵之家》(2005,2006)；《心理分析词典》(2006)；《令人担忧的来客——虚无主义与青年》(2007)；《问题的秘密：人神诸事》(2008)；《行动的陨灭以及科技时代行动的首要性》(2009)；《我们时代的神话》(2009)。

噶里姆贝蒂继承了由埃玛努艾莱·塞文利诺和马丁·海德格尔提出的有关时间的论题，并深入讨论了时间的概念以及时间与人类的关系这一问题。

他的研究表明，古希腊时代的人从来不认为时间是线性发展的，同时更不会考虑到末世这一问题。他们把时间看做是一个周期循环圈，在这个循环圈之内，每件事情都会随着时间周期不断重复发生，事物只是机械的循环，不会有进步和变化；相应的，人的观念也不会发展，只能在周期之内原地打转。在古希腊，难以想象人类可以对宇宙进行控制，或是将自己的意愿置于外物之上。人类的规模以相应的形式始终处在无任何目的，而且是必然存在的自然界周期的内部。在这一循环中，人类的目的被化合在最终的结果上，目的本身被移除，变成一种被动地与事物的变化能量一同展开，直至事物发展完毕的一个隐蔽因子。在这个循环中，事物只是从开始走向它该到达的命运，这是一个极其自然的且必然的过程，人只是一个无奈的旁观者，而且当时的希腊人甘心做这一旁观者，他们安于主体的意志必须消失于自然的必然这一现实。为此，他还特别用植物的生长过程来说明他的观点：植物的果实只成熟于其生长和发育季的终端，也就是该成熟的时候它自然就获得了成熟，在这一过程中，它的果实是与自身目的以及内部能量的展开过程完全一致的。

既然一切只是在循环圈内的周而复始，没有丝毫进步和变化，那么相应地，前人的话语以及教育，作为对以往全部经验的总结和传递，就变得格外重要。

然而，噶里姆贝蒂紧接着又阐述了另外的新生事实，也就是到了近现代，不甘心袖手旁观的人类开始将触角伸向曾经的“自在自然”，他们开始把人类的意志抛向世界，企图在自在和人化之间寻找一个稳定的结合点，并使世界打上人自身存在的烙印。在这种情况下，人自身的计划和意志的重要性被完全凸显出来，然而这种凸显是要受到一个底线的限制的，因此人要对自己的有限性熟知于心，小心翼翼地不要逾越这些限制，同时要明白这些限制是必然的，比如死亡的限制，任何人都无法摆脱。相反，如果人类企图玷污这些自在必然，尤其是以骄傲的态度——这一在古人看来唯一不可饶恕的真罪来破坏自在必然的时候，惩罚是终究会到来的。所以如何在主客体之间找到一个合理的洽接点，就变得尤其重要。

噶里姆贝蒂于是便用猎人打猎的隐喻来说明这一事实：猎人的目的是获得猎物，在他瞄准猎物的时候几个要素随即展现开，最明显的要素是工具（他的弓箭）和猎物，他必须不断在二者间调试，以求实现二者的对接，也就是弓箭射到猎物身上。然而这时候其实还潜藏着第三个重要要素，也就是契机，契机既联系着主体的意志，同时也联系着客体的状态。这个第三要素——契机是最难掌控的，就像弓箭能否最终射到猎物是很难预知的。人必须会寻找契机，寻找有利的条件，而且要努力控制自身的意志，使其必须在这些现有的条件之内膨胀和扩张。然而这几个要素的平衡在工具理性到来的时代被完全搅乱了，合理的契机这一要素被人抛弃，一切限度都遭到破坏，工具和客体之间没有了空隙，人们任凭自己的欲望无限制地强加到外物上，一有愿望马上实施，于是，人和自然之间原有的和谐被完全打破，从调和变成了暴政，变成了统治。但在这一过程中，一种悲哀且矛盾的结果最终呈现了出来：本来人是工具的主体，然而在这个工具理性时代人竟成了工具的工具，人不自觉地为自身的工具所奴役。

噶里姆贝蒂还对肉身、自然和文化三者的关系进行了深入的思考，他详细地考察了从田园牧歌时代到今天有关身体的概念的变化：需要科学治愈的有机体—从事经济活动的劳动力—宗教拯救的沉重肉身—心理分析派的无意识—社会学者的符号支撑物。从这些概念中，噶里姆贝蒂发现在身体从自然世界转变到文化世界这一过程中，身体本身从开始存在之日就具有的多重且含糊的意义被取消了，这种多重和不确定的意义起初是对范畴学的单一界定的反抗，因为身体具有象征和互动的文化交流特征，身体的意义不可能是绝对的和单一的。为了避免这种由身体意义多重性的消失而造成的恐慌，理性主义哲学家遵循了一种身份同一原则，并把身体置于一般价值物的范畴中，以保证其意义的单一性。身体本来是在生死间带着象征和多重意义自由摆动的，是也可能不是，此的意思可能是彼，然而在理性主义那里，生就是生，死就是死，二者的牵连被无情隔断，在此和彼之间设立了一条不可逾越的鸿沟。

雷默·伯戴依（Remo Bodei）生于1938年，毕业于比萨大学，曾专攻德国唯心主义学说，尤其是黑格尔哲学，是剑桥大学、渥太华大学、纽约大学、多伦多大学、基洛纳大学、加利福尼亚大学及洛杉矶大学的客座教授，并在欧洲、美国及澳大利亚的多所大学中作过演讲。从2006年起长期任教于比萨大学普通高中，教授哲学史与美学，并在比萨大学任教至今。他出版的著作如下：《黑格尔的时代与体制》(1975)；《黑格尔和韦伯：霸权与合法》(1977)；《拆卸——现代个体的诸种形态》(1987)；《荷尔德林：哲学与悲剧》(1990)；《尘世冲突与天上的幸福》(1991，2005)；《激情几何学：恐惧、希望与幸福》(1991，2003)；《美的形态》(1995)；《十九世纪的哲学》(1997)；《历史是否有意义》(1997)；《政治与幸福》(1997)；《发狂的逻辑》(2000)；《无神论的时刻与形象》(2001)；《弗洛伊德和灵魂的紧张》(2001)；《个人的命运》(2002)；《火花》(2005)；《时间的金字塔》(2006)；《崇高的风景》(2008)；《匆忙的智慧》(2008)。

雷默·伯戴依对于德国古典哲学和唯心主义的本原有着浓厚的兴趣，在将约翰·卡尔·弗里德里希·罗森克朗茨所撰写的极其重要的著作《黑格尔的生活》翻译成意大利语之后，他开始凭借另一专著《黑格尔时代与体制》而开始被人们关注。他曾经一度对荷尔德林的诗歌有着浓厚的兴趣，随着他的著作《激情几何学》的面市，他的研究开始接触到近代哲学领域的主要人物，像笛卡儿、霍布斯，尤其是斯宾诺莎。他还是一个20世纪乌托邦思想的研究者，尤其是对异端马克思主义者恩斯特·布洛赫（Ernst Bloch）有较为深入的研究；另外还是法兰克福派学派阿多诺和本雅明的忠实研究者。他曾介入意大利政治，并与一些知名学者就一些敏感和重要话题进行过激烈的辩论和商讨。

在美学方面，他编辑出版了罗森克朗茨撰写的《丑中的美》，并对其中的重要范畴——例如美和悲剧，进行了特别分析。他经常关注弗洛伊德及精神分析学的发展，研究幻觉与某些经常发生却不可思议的现象间的逻辑关系，如“似曾相识”的经历。受《基督教无神论》作者恩斯特·布洛赫的世俗哲学理论影响，他提倡哲学通俗化。他的著作已被译成多种文字。1992年，他荣获意大利比萨组小品集文学奖。另外，他负责翻译和发行了意大利语版的黑格尔、罗森克朗茨、罗森茨·维格、阿多诺、克拉考尔、福柯等人的文章。他的著作拓展了很多哲学问题的研究维度，比如个体的幸福、对更好生活的集体不确定的期待、存在的限度以及政治、家庭和理想的关系等。在1987年他写作的题目为《拆卸》的书中，为了研究那些深刻影响我们的观念结构，提出了变量几何学的概念，以此来指导我们对相关问题推导出公式并进行深化研究；在1991年出版的《激情几何学》和2002年出版的《个人的命运》这两本书中，他凭借对于“可移动组态”间相互作用的理论开始备受瞩目。针对哲学中所阐述的博爱，他常举行演讲，并出版了一本名为《火的导火线》的书（2005）。目前他专注于记忆的起源和理论方面的研究。

二 2010年度出版的重要哲学著作

弗兰克·沃尔比（Franco Volpi）所著的《海德格尔与亚里士多德》一书，旨在向我们传达一个观点，那就是我们凭什么说海德格尔的作品伟大。他认为，自伟大的黑格尔哲学体系完成之后，伟大的作品一度陷于空寂，只有到了海德格尔，伟大的作品才再一次回归到我们的视线，海德格尔以其精湛的作品向我们解释了何为作品的伟大。一部作品的伟大不在于它的厚度和外形上的大小，而在于其内容的深刻和独特。海德格尔之所以可以被称为伟大，不仅仅是因为他的作品在面对我们这个时代的重要问题时所散发出来的极度敏感，这些问题包括宗教意识的缺失、传统价值的危机、工具理性时代的挑战、绝对的终结以及现时代科技前景的渺茫；更深层次的原因在于，海德格尔特别重视批判地吸收前人的经验，注意将自己的作品和希腊时代的经典进行链接。海德格尔的作品并非单纯照搬照抄亚里士多德，不是对亚里士多德思想进行简单的表面诠释，而是注意批判地吸收亚氏的精髓，特别是他的本体论和实践哲学的思想，巧妙地把这些思想化为己有，变成自己的营养。

本西沃格（E. Bencivega）所著的《康德伦理学：善的理性》，是他从事康德研究近二十年的结晶。他追随着康德的踪迹，对一些问题作出了深刻的考察，比如什么是理性作为，什么是选择的自由，携着善良去行动以及对于人类的意义等。本西沃格在这本书里不仅仅是对康德哲学问题进行简单诠释，他还纳入了诸多方面的来自自己的理解，他努力在康德哲学传统和现实问题之间建立链接，这种写作方式使得该书体系完备、内容深刻。他清晰而详细考察了自由和责任、事实和价值、善与恶、尊重和权威等康德哲学的议题，而且着重探讨了康德哲学对我们今天的信仰状况所带来的压力，以便我们实现对自己的命运的责任。

在《逃避之路：尼采、福柯与德勒兹》一书中，伯尔尼（S. Berni）和法蒂尼（U. Fadini）阐述了如下的观点：只有当一种思想与现实或传统格格不入，且这种思想敢于向现实作出挑战和反抗，敢于表达与现实或传统相悖的观点时，这种思想才是坚固而伟大的；而尼采、福柯与德勒兹就属于这种能缔造伟大思想的“不现实者”。当然，这样说并不意味着一个人可以信口雌黄或者为了追逐时髦而故作新颖。在福柯关于现实性的本体论的观点发起之后，尼采学派同样继承了这一观点，此观点强调哲学应该关注现实，在变动中领悟世界，哲学家应尽可能地把自己推向前进；哲学不应该只关注于理论，更应该研究现实社会文化的复杂性。

斯可里巴诺（E. Scribano）的《笛卡儿第一哲学指南》，对笛卡儿的经典作出了新的阐释。笛卡儿这本书在现代备受追捧，当代的诸多学者都对它作出过深入的研究。该书首先重建了《笛卡儿第一哲学沉思录》产生的历史过程并对其中的重要概念作出了诠释，继而详细考察了《笛卡儿第一哲学沉思录》对后世哲学思想产生的深刻影响。该书是近十年来作者研究相关主题的汇集，从中我们可以看到作者对相关问题产生的思想变化过程。该书不仅是大学学生研究笛卡儿著作的不可缺少的作品，而且对各种想深入研究笛卡儿思想的人都具有重要价值。

埃玛努艾莱·塞文利诺的《虚无主义的实质》，对于虚无主义进行了系统的阐述。塞文利诺是一位在意大利当代哲学界颇有影响的哲学家。他曾因与基督教会在观点上的重大分歧而于1970年宣布与教会解除关系。

虚无主义从诞生之日起便像幽灵一样笼罩在现代哲学思想的周围。首先尼采公开承认虚无主义的存在，继而海德格尔又把虚无主义和形而上学结合在一起，使得虚无主义获得了存在的根据。时至今日，在经历了各种互生事件后，虚无主义无时无刻不泛滥在我们的周围，并且在各种不同的意义间变换着面孔。但正如塞文利诺所说的，越是谈论虚无主义，我们越是要关注它的实质。

《虚无主义的实质》是一本研究塞文利诺思想不可或缺的书籍，这本书在1972年已经问世，它是塞文利诺的代表作。该书以“回到巴门尼德”这一主题开篇，这一主题曾经一度被置于意大利哲学界辩论的中心位置，尤其是塞文利诺在与天主教会的辩论中，这一主题的辩论热度被置于风口浪尖。该书主要包含两个大的议题，其一是塞文利诺认为应该终结虚无主义；其二是塞文利诺对自己过去主要作品中的具有重大价值以及无价值的作品所作出的澄清和说明，尤其是对“原始结构”这一观点，因为这一提法涉及存在的意义以及虚无主义和“荒诞”。在书中塞文利诺作出了虚无主义是西方文化的实质这一论断，为了支持这一论断，他要求我们必须向后追溯到古希腊的思想中，经过《黑夜之路》，经过《白昼之路》的转折（这是巴门尼德曾经作出的论断），最终到达《门》这几部作品，从中我们可以考察出虚无主义的一路到来的印迹以及为何说虚无主义是西方文化的实质。该书第三部分主要是塞文利诺对那些天主教世界曾经给予他的诸多批评的集中回应。

马里奥·乌杰迪的（M. Vegetti）的《古代伦理学》探讨了西方伦理学的起源和发展过程。他认为，在古代早期，道德、灵魂、宿命、激情和幸福这些概念最初都诞生在非哲学领域，它们诞生于宗教、政治社会实践等领域。这些概念在诗歌、悲剧和史书中获得了最初的表达。他于是从《伊利亚特》着手，走上了一条解开伦理学诞生和发展的探寻之路，从这些最初的诗歌里找到了有关道德、政治和灵魂等伦理学最初的基本主题。他发现，随着历史的发展，更多的伦理学范畴开始走进人类的生活，比如宿命、幸福和智慧，这些主题尤其在古希腊和古罗马时期被经常涉及。在古代思想巨人柏拉图和亚里士多德那里，伦理学被给予了更多空间，这些哲学家充分探讨了伦理学所涉及的相关主题和意义，这时的伦理学研究对象空前广泛，不仅包括道德意识现象（如个人的道德情感等），而且包括道德活动现象（如道德行为等）以及道德规范等现象。亚里士多德以后的哲学家对以下诸问题都作出了详细的解读：道德的本质、起源和发展，道德水平同物质生活水平之间的关系，道德的最高原则和道德评价的标准，道德规范体系，道德的教育和修养，人生的意义、人的价值和生活态度等。自此，伦理学开始走向规范，并更多地被用来指导人们的生活。在该书每一章的附录中，乌杰迪都简单地附上了当代哲学家对主要伦理学问题曾经展开的争论，尤其是关于古代伦理学的现代意义等话题的讨论。

亚里士多德一直是意大利哲学界关注的人物，扎纳塔（M. Zanatta）所著的《亚里士多德哲学引论》一书，便是一本重新梳理其思想的著作。亚里士多德这个曾被但丁评价为“智者的大师”的人物，从他的哲学诞生伊始便开始雄踞哲学领域的中心地位，他的思想一直并且还将持续地被后世哲学家引用和探讨，不论是赞成还是反对他的，他的思想在理论上都是无法回避和绕开的，在历史上，无数的学者都根据自己的理解并依据不同的标准重新诠释过亚里士多德。扎纳塔此次出版的《亚里士多德哲学引论》，以全新的特色面向世人。该书以一种崭新的逻辑顺序展开对亚里士多德著作的分析，这种分析使前人那些一度占据重要地位的关于解读亚里士多德哲学的诸种体系瞬间瓦解，他以一种全新的图景向我们呈现了那些时至今日一直被忽视的问题，比如在现实和智慧的多样性面前亚里士多德关于理性的用法在不同的场合发生着变换，以及在亚里士多德那里辩证法的重要性不仅仅存在于实践哲学领域，而且同样存在于关于本体论和物理学的探讨中，等等。

三 2010年度召开的重要哲学学术会议

（一）“自然·文化·自由——圣十字教皇大学哲学院第18届研讨会”，举办地：罗马，举办时间：2月22—23日

本次会议主要讨论的是如今备受争议的关于“自然”的议题，这种争论来自对自然这一概念缺乏清晰的认识。一些人主张回归自然，与这个人化的非自然世界保持距离；一些人认为自然必须被人通过科技进行统治和改造；还有一些人则完全否认任何有关自然的观念对人所具有的指导作用，主张放弃对自然这一问题的讨论。

会议表明，在有关人类学的思考中不可能完全放弃人化自然的概念于不顾，人化自然这一概念不仅不与人的自由完全背离，而且使自由成为可能。另外，人类的规模是与相应的自然历史环境对应的，虽然在同样的历史时期各个文化所创造出的价值是不同的，但我们又能从总体上概括出一定的一致性，能够找出相应的自然人化程度所带来的人类文化规模和程度。因此在科学进步和科技飞速发展的今天，对自然人化以及相应的思考都是必要的。

会议最终为多元文化模式危机和全球化所带来的问题的解决提供了一些答案，这些答案很多来自宗教的贡献。

（二）“在世界意义上的康德哲学”，第11届康德国际会议，举办地：比萨；举办时间：5月22—26日

会议特别肯定了康德哲学的现实价值，认为在过去的多年里，康德哲学总是随着当时的时代背景而不断被历史现实化，而且康德哲学的这种特色还会不断前进，成为指导我们后世的永恒灯塔。这次会议以总体讨论（主要讨论世界主义这个主题）和分类研究两种形式结合进行。

会议的核心部分是探讨世界主义与康德哲学的联系。康德曾认为，世界意义上的哲学不可避免地与世上的每个个体都会发生联系，在这个意义上可以说，哲学是全人类理性知识相叠加的终极智慧。世界主义这个概念要求我们在思考哲学的意义和作用时，必须使其与各种形式的智慧和全人类的每个个体都建立形式上的联系。

会议以如下议题为单位分别展开了讨论：康德与传统哲学，认识论和逻辑理论，科学、数学和自然哲学，本体论和形而上学，伦理学，权利和公平，人类学和心理学，宗教和神学，美学，康德的哲学概念，康德的继承，康德与莱布尼茨传统，康德和叔本华。

会议上的重要论文有：《范畴规则的单一性》，《语言与社会本体论》，《康德和弗洛伊德哲学中有关“我”这一概念的异同》，《康德和休谟因果观之比较》，《我的存在：论康德的纯粹自我意识概念》；在有关“科学、数学和自然哲学”的讨论中，有《康德论生物学与生命体验》，《世界公民的道德判断力：实践判断的三个层次》等。

（三）“哲学原理，哲学论文，柏拉图在西方晚古、中世纪与人文主义”讨论会，举办地：萨莱诺；举办时间：7月11—12日

由研究晚古、中世纪与人文时代的哲学科学及文化的博士们发起的会议，由意大利中世纪思想研究学会、萨莱诺和费西阿诺等地方机构共同资助。这次活动由萨莱诺大学发起，参加者限于学校的教师和在读博士。被邀请的27个人都针对柏拉图思想自晚古到文艺复兴时的成就这一议题展开了发言，同时兼带另一个议题，这就是一直横跨数个世纪的后世柏拉图研究者对柏拉图成就的充实。

（四）“2010年哲学节”，举办地：莫德纳（Modena）；举办时间：9月17—19日

哲学节是意大利文化界比较重视的节日之一，2009年的哲学节参与人数超过15万人，在各个广场、教堂和庭院举行过多场讲座。

2010年的哲学节同样获得了较有力的支持和赞助，这次活动的主题是“幸运”，许多较有影响的哲学家参加了活动，特别是雷默·伯戴依，他是历届活动的最高管理人，同时担任意大利社会科学主席之职务。另外，很多较有影响的外国哲学家和学者也出席了这次活动，他们分别来自法国、德国、美国、波兰、匈牙利等国。哲学节活动包括一系列的讲座和讨论会。

每个人都要学会与这种仅仅属于自己的且充满不确定性的命运共存，因此对这种不确定性的价值的讨论便成为这次活动的重心。之前人们由于怀有对这种不确定性的恐惧，所以采取了一味回避的态度，并且当涉及对不确定性和偶然性进行评价时，人们总是突出它的负面价值。在本次活动的有关会议上，人们充分肯定了不确定性对幸运实现的正面推动作用。

这种正面作用首先体现在对社会制度的完善上。当社会的人面临日益强大的来自环境、财政和社会的众多不确定性问题时，这时政府必须站出来仔细考察公共活动的方式，看看这种方式是否能最终带来保险的选择，至少让这种选择在可控的范围内。面对这个问题，众多的知名学者在主要的三个城市发表了演讲，其内容涉及政治领域的意外与正常情况的关系，偶然情况带来的多种可变结果，风险理论以及风险计算的技术，人类为控制未来所创作的文化人类学作品以及以往的风险和赌注事件带给我们的经验等问题。

参加研讨会的学者认为：幸运问题首先与我们当下面临的各种不确定问题是紧密相连的，讨论“幸运”问题当然离不开可能性和必然性这个语境。法国哲学家让-卢克·南希（Jean-Luc Nancy）作为欧陆哲学最有影响力的哲学人物之一，他认为正是世界和存在的不确定性带给了我们机会；德国彼得·斯洛特蒂吉克（Peter Sloterdijk），这位最具原创精神的思想家，曾对我们时代的种种新生问题作出过大量而全面的“诊断”，最终他认为曾诞生于风险派对、冒险、旅行及探秘的过程中的“现代性问题”，现在正在经历一种“撤退”，正是因为曾经饱受风险和不确定性的卷裹，这些问题最终才撤退到了保险的可控制的范围；马西莫·卡奇阿里（Massimo Cacciari）针对命运必然性和哈姆雷特的悲剧这二者的关系问题展开了严肃的讨论；塞尔焦·基沃奈（Sergio Givone）和毛里兹·费拉里斯（Maurizio Ferraris）这两位学者也以不同的视角就可能性和必然性的关系展开了讨论，前者着眼于罪和自由的道德问题，后者致力于物质现实的必然性模式研究。雷默·伯戴依作为本次活动筹备委员会的主席，概括了偶然性对人的心理特征的影响，即主体面对突然发生的事件而产生的无法控制的情绪体验。

既然“偶然性”总是不断光顾我们，我们就必须不断地找到解决的办法。面对这种不断的“变化”和“例外”，我们必须不断地修正和重建我们的制度或措施，以便能将其导向最终的正面意义，这与我们着眼于建立合理的现代政治秩序是一致的；这种修正是在一种集体进行的对不公正问题进行改正的模式下进行的，因此具有广泛的社会意义。不光是对政治制度，在精神方面，比如面对经常控制我们人群的“恐惧”，我们同样需要建立有效的心理防御机制对其进行控制，而且这种控制不是个体的，而是社会性的，此心理防御机制的建立也是偶然性带来的正面结果。在现代，在各种复杂的挑战下，一些似有实无或缺乏根基的法律和政策的不足性相继暴露出来，纳达利诺·伊尔蒂（Natalino Irti）却认为，这种现代制度的不完善性可以产生无限机遇，因此他在作品中总是不断地赞扬这种不完善。

偶然性与经济的关系在这次活动中也被纳入了讨论之列，马尔赛罗·德·切果（Marcello De Cecco）和奥斯卡尔·简尼诺（Oscar Giannino）这两位学者认为，自发的与看似盲目的市场环境可以带来稳定而公平的秩序，因此政府不应该强行对经济进行干预。

除了对上述提到的对社会的政治体制和经济体制的正面意义外，偶然性对个体也具有不可磨灭的正面价值。波兰哲学家邹格蒙·包曼（Zygmunt Bauman）认为，在现代社会中存在一个悖论，也就是个体总是被迫面对那些集体性的问题，个体通常是薄弱的，他们没有能力去解决那些公共问题，但他们面对自己遇到的问题总是不断被迫去解决，这就造成了无奈和不公。在这种无奈的驱使下，他们转向了宗教和迷信，开始无条件地信仰上帝。但是，如果我们相信偶然性，那么你可以重拾信心，那就是既定的社会、地域、空间以及时间条件与我们的价值创造程度是没有必然联系的，个体的力量自此便得到了加强。

（五）“在中世纪思想中的古代经典”，意大利中世纪思想研究学会第19次国际会议，举办地：特伦托；举办时间：9月27—29日

意大利哲学界这些年总是特别重视对中世纪思想的研究，尤其是重视研究中世纪思想与古代思想的关系，比如前几年着重讨论了12世纪柏拉图、13世纪和14世纪亚里士多德以及斯多葛主义与西塞罗这些先贤及其学派的重要思想在历史上的残存状况和变异情况。意大利哲学界之所以重视这个问题，是因为他们发现，古代思想在中世纪作家那里总是被大规模运用和发挥。事实上，他们发现在中世纪作家那里，他们的每一个句子，几乎都在分别运用古代哲学、文学、科学、法学和神话学相关的思想，因此对这个问题进行详细考察就显得至关重要。

由于这个议题涉及的问题庞大而复杂，所以意大利哲学界相关组织者将其分割为较小的主题，在不同的年份和会议上进行详细讨论。2010年在意大利北部山城特伦托举行的这次研讨会便是这个大系列的一部分，目的依旧是研究古代思想在中世纪的命运。

这次会议主要讨论了以下议题：(1) 一些关键词，比如“动机”和“宣判”等这些特殊词汇在中世纪神学哲学著作以及在一般的通俗的中世纪拉丁文学著作中的命运，也就是运用、摒弃、发挥以及其残存的情况。(2) 考察中世纪思想家无论是在哲学著作还是在其他著作中所使用的用来说明古代思想的一些词的独特词义，也就是对古代词汇的意义重建问题。(3) 会议将统计流传的古代思想作品的名册以及例证。(4) 考察中世纪对古代神话学思想的运用问题。(5) 论证古代的法律思想在中世纪的法学和神学著作中的重要性。(6) 考察古代思想对中世纪的科学、巫术、炼金术和天文学等这些学科的繁荣过程中曾起到的推进作用。

（六）“面对一种跨文化哲学——纪念雷蒙·潘尼卡”，跨文化哲学国际研讨会议，举办地：贝尔加莫；举办时间：10月22—23日

此次会议由贝尔加莫大学人文学院主办。雷蒙·潘尼卡（Raimon Panikkar）是西班牙著名哲学家、神学家，1918年生于巴塞罗那，母亲为西班牙人，父亲则是印度裔。这种家庭背景使他后来的研究具有跨文化背景和视野。他在马德里大学获得哲学博士学位（1946）和化学博士学位（1958），并在梵蒂冈的拉特兰大学获得神学博士学位（1961）。他于2010年逝世。他的学术研究活动和教学活动范围甚广，曾在西班牙、美国、印度等多个大学任教。一生著有40多部著作，发表论文900余篇，内容涉及西方哲学、印度哲学、神学等多个领域，在西方哲学界产生了广泛的影响。这次会议就是为了纪念他而召开的。

这次会议讨论的是“跨文化哲学问题”，但其意旨并不在于把不同文化背景下的思想家拉出来对他们的思想逐个进行比较，这种意义上的跨文化比较一直是过去一些年的做法。本次会议要面对的不是跨文化的细节比较，而是对跨文化的性质进行研究，即就一些跨文化哲学实践的性质进行研究。这次会议谈论的中心是“人”的问题，是一个“主体人”与他人的关系问题，这是一个无法回避的且争论颇多的话题。

会议认为，与他人的遭遇同时也是一种自我发掘，与他人的交往可以将潜藏于内的自我的秘密发现出来；他人虽与我相异，然而“我”可以从他人身上反观自己，同样的道理，通过“我”，他人也从“我”身上显现了出来：同他人的相遇是不可调和的，然而却是激动人心的，他人使“我”从我内部的幽闭中走出来，升华和超越起来。

在与他人遭遇的过程中，冲突在过去是不可避免的并且会一如既往地向前继续。在冲突的过程中蕴藏着“封闭”、“恐惧”“判断”以及“优越的矫饰”等不和谐因子，但同样存在着另一种具有正面意义的情况，那就是“平等对话”、“互相认识”、“缔结友谊”以及“相互推进”。

面对以上两种情况，在与人交往过程中，掌握一些不可或缺的技巧便显得很重要，比如合理的距离和节奏，谨慎和勇敢。

与他人的交往应该是一种外部的动力，因为这是与其他文化和个体的遭遇，但与他人的交往还是一种自我内部的现实，从那里我们可以认识隐藏在自我内部的未被我认识的自我的其他方面，由此可以说，他人就是自我的一部分。内部和外部两个世界本来就不是对立的，而是相互生发的。

哲学对这个重要的议题当然不能忽略。雷蒙·潘尼卡对这个问题作过详尽的论述，所以才有了这次以雷蒙·潘尼卡思想为研究对象的跨文化比较研讨会。

（严春友　徐艳东）

俄国哲学

在苏联解体后的近20年时间里，当代俄国哲学研究领域呈现多元化趋势，形成了以传统的俄罗斯宗教哲学、西方哲学和马克思主义哲学为主的三足鼎立的局势。尽管马克思主义哲学研究从未中断，但它很难恢复往日的主导地位。挖掘和利用俄罗斯宗教哲学和西方哲学的资源成为大部分哲学家们的主要工作。重新认识传统的俄罗斯宗教哲学遗产无疑是当今俄国哲学界最重要、最有潜力和前景的任务。苏联时期遭禁止的宗教哲学经典著作的出版工作在很短的时间内（20世纪80年代末至90年代）已基本完成，之后就是撰写大同小异的各类俄罗斯哲学史教材。对西方哲学的研究本来是传统俄罗斯哲学最具独创性的领域，但是，当今俄国哲学界在这方面的工作主要局限于翻译和出版西方哲学著作，介绍西方流行的哲学思潮。俄国哲学界目前依然拥有世界上最庞大的学术研究队伍（反俄国哲学协会会员就有六千人左右），每年举办各种学术活动，出版大量的学术著作。但是，高质量的哲学著作并不多见。不过，一些有独创性的哲学家和研究领域已经出现。

当代俄国哲学研究领域最突出的成就是霍鲁日（С. С. Хоружий）教授创立的协同人学（Синергийная антропология）。2010年，协同人学研究方面取得突破性进展，出版两部重要著作，它们标志着协同人学发展的新阶段。俄罗斯哲学史研究、苏联哲学遗产的整理和研究领域都有一定进展。信息社会问题，俄罗斯文化、文明及其命运的问题成为2010年俄国哲学界讨论的热点话题。最重要的研究成果主要出现在西方哲学研究领域，包括霍鲁日教授对西方人学的研究，此外对法国、美国的哲学研究也有很多收获。在俄罗斯哲学家和思想家中间，施佩特、赫尔岑和托尔斯泰的思想成为讨论的重点，陀思妥耶夫斯基的思想是俄罗斯哲学研究的永恒主题。

一 协同人学及其最新进展

协同人学是当代俄国最具独创性的哲学家霍鲁日教授开创的一个新的哲学流派。[①] 20 世纪 70 年代刚刚走上哲学研究道路的霍鲁日首先研究传统的俄罗斯宗教哲学。众所周知，俄罗斯宗教哲学的主要成就集中于所谓的俄罗斯文化的白银时代。苏联解体后，对传统俄罗斯哲学的研究几乎完全局限于对白银时代俄罗斯宗教哲学遗产的挖掘与阐释上。但是，这个阐释的最大问题是缺乏独特角度，缺乏独创性。大部分研究者都停留在泛泛地介绍白银时代俄罗斯哲学所取得的成就。在这方面，霍鲁日教授的研究具有特殊的价值。一方面，他对白银时代的一些著名代表进行过非常深入的研究，比如弗洛连斯基（П. А. Флоренский）、卡尔萨文（Л. П. Карсавин）等。另一方面，他更关注俄罗斯宗教哲学的总体命运，一般的发展逻辑。在欣赏传统俄罗斯宗教哲学所取得的辉煌成就的同时，霍鲁日提出一个非常独特的问题，即俄罗斯宗教哲学到底是在什么时候结束的？结束的原因是什么？十月革命后，俄罗斯文化的白银时代随之结束了。俄罗斯宗教哲学随着苏联社会主义制度的确立而在俄罗斯本土上中止了自己的发展。不过，在流亡的圈子里，俄罗斯宗教哲学得以延续，但为时不久，随着第一代流亡哲学家们纷纷离世，俄罗斯宗教哲学在流亡的圈子里也结束了自己的发展。霍鲁日教授立即提出这样一个问题："俄国哲学在这之后发生了什么，哲学过程在这之后是如何发展的？"[②] 霍鲁日的答案是，在十月革命后的流亡圈子里，一方面，传统的俄罗斯宗教哲学家们在国外继续自己的创造，但和俄罗斯传统哲学自身一样，这些延续遇到了自己的界限，最

① 霍鲁日（С. С. Хоружий，1941 年生）：当代俄国著名哲学家、数学物理学家，1964 年毕业于莫斯科大学物理系，数学物理学博士。他在没有放弃数学物理学研究的情况下，从事严肃的哲学研究，并取得突出成绩，目前在俄罗斯科学院哲学研究所兼职。主要著作有：《关于沉默的两部曲：修行人学的神学与哲学阐释》（写于 1978 年，正式出版于 1991 年）、《中断之后：俄罗斯哲学之路》（1994）、《修行生活的现象学》（1998）、《弗洛连斯基的世界观》（1999）、《论新与旧》（2000）、《俄罗斯精神传统简论》（2005）、《协同人学概论》（2005）、《协同人学与俄国哲学：霍鲁日在北京师范大学讲演》（中文，香港，2010）、《狄奥根尼的灯笼》（2010），还有一部用英文在香港出版的文集 *Orthodox Spiritual Tradition and Russian World*（2010）。

② 霍鲁日：《协同人学与俄国哲学：霍鲁日在北京师范大学讲演》，张百春译，2010（香港），第 74 页。

终走到了尽头。与此同时，俄罗斯哲学思想中的另外一部分走上了神学道路。以弗洛罗夫斯基（Г. В. Флоровский）和梅延多夫（И. Мейендорф）等人为代表的新一代俄罗斯思想家放弃了白银时代的宗教哲学传统，转向东正教神学研究。他们的主要成就是对东正教教父学传统的深入研究，特别是对圣帕拉马（Св. Григорий Палама）神学学说的研究。在帕拉马那里，古老的静修主义传统达到了顶峰，获得了成熟的神学表达。在帕拉马神学里包含一种特殊的人学。霍鲁日教授敏感地发现并明确地指出了俄罗斯思想的这个转向，即从哲学（宗教哲学）转到神学领域。霍鲁日认为这个转向具有重大意义。他把东正教神学里所包含的这种独特的人学提炼出来，以它为基础，借用现代西方哲学的资源，创立了自己的协同人学，这是当代人学领域的一个新方向，也是当代哲学领域的新进展。因此，俄罗斯思想发展在霍鲁日这里又从神学领域返回到哲学领域。协同人学是个非常有前景的哲学流派，在方法论上有巨大潜力，霍鲁日甚至认为，协同人学是整个人文学科的最基本范式，可以把整个人文学科建立在协同人学的基础上。

帕拉马神学的主题是对静修主义的辩护。静修主义（исихазм）是由东方基督教（东正教）修士们从事的一种精神实践活动，即通过祷告等特殊手段，修行者改变自己，最终达到与神结合，即神化（обожение，теозис）。静修主义被看做是东正教精神性的核心内容。霍鲁日对静修主义传统进行了非常细致的研究，重建了静修主义的人学。① 他从静修主义人学里总结出两个原则，一个是能的原则（принцип энергии），一个是极限原则（принцип предельности）。以这两大原则为基础，霍鲁日建立了自己的协同人学。如果说静修主义人学只适合于解释从事静修实践的人，那么协同人学则能够解释一般的人。因此，协同人学已经超越了宗教领域，具有一般的哲学理论的意义，是典型的哲学理论。但是，与近现代西方世俗化哲学传统中的哲学流派不同，协同人学与宗教有着非常密切的联系，宗教经验是协同人学的重要基础。协同人学的核心概念是协同（синергия），其含义是指人的能与神的能之间的和谐与协作的关系。在这种关系里，人必须敞开自己，展开自己。展开（敞开，размыкание）

① *С. С. Хоружий.* К феноменологии аскезы. М.: Издательство гуманитарной литературы, 1998.

是协同人学的基本观念。霍鲁日认为，人的所有展开方式可以归结为三种：本体论的展开（онтологическое размыкание），存在者意义上的展开（онтическое размыкание）和虚拟的展开（виртуальное размыкание）。这三种展开方式或范式就构成了整个协同人学的主要内容。此外，三种展开范式都是对人的形态的描述，它们都涉及人的存在极限或边界问题，都是人的存在极限上的展开。它们一起构成了对人的界定，即勾勒出人的轮廓。霍鲁日把这三种展开范式所构成的领域称为人学界限（Антропологическая Граница），这是协同人学的主要研究对象。协同人学在描述人的时候，放弃了传统西方人学（欧洲古典人学）所使用的基本概念，比如本质、实体、主体等。协同人学用能的概念取而代之，对人进行描述，这是协同人学与古典人学的重要区别，在这个意义上，协同人学属于非古典人学。①

在协同人学研究领域，2010 年有两本同名的书出版，即《狄奥根尼的灯笼》。但是，两本书的副标题不同，一本书的副标题是“欧洲人学的批判性回顾”，另一本书的副标题是“协同人学在现代人文语境中的规划”。前者是霍鲁日教授的一本专著，后者是由他主编的一本文集。霍鲁日自己认为，这两本书的出版标志着协同人学的发展进入了一个新阶段。

《狄奥根尼的灯笼：欧洲人学的批判性回顾》是霍鲁日教授多年来在西方哲学研究领域的一个重要成果，他从协同人学的立场出发对西方人学传统作了历史性的批判回顾，对西方人学乃至整个西方哲学作了全新的解读。② 这本书的研究主题是“人及其与自己界限的关系：这里的人在哲学上是由界限决定和建构的，在生活上，人被引向界限，体验界限”③。作者从人学（准确地说是协同人学）的角度考察整个西方哲学史，从亚里士多德（第一次对人进行观念上的理解）开始直到福柯（实践自己）。因

---

① 2009 年夏天，霍鲁日教授应邀在北京师范大学哲学与社会学学院举办系列讲座，共八讲，系统地介绍了协同人学的基本内容以及它与俄罗斯哲学的关系。根据录音翻译整理的八次讲座的中文缩写版分别发表在:《俄罗斯文艺》2010 年第 1、2 期（第一、二讲）;《世界哲学》2010 年第 2 期（第三、四、五讲）和《求是学刊》2010 年第 2 期（第六、七、八讲）。八次讲座的完整版也于 2010 年年底在香港出版。

② *С. С. Хоружий.* Фонарь Диогена. Критическая ретроспектива европейской антропологии. М.: Институт философии, теологии и истории св. Фомы, 2010. – 688 с.

③ Там же. С. 9.

为作者的主要目的是对欧洲人学进行“批判性回顾”，所以他没有平铺直叙地介绍欧洲人学的全部成就，而是把重点放在揭示其主要缺陷。霍鲁日认为，欧洲人学的主要缺陷就是“对人的遗忘”。他完全根据自己的这个任务来选择研究对象和内容。比如，古希腊部分叙述得比较简略，重点介绍了亚里士多德的人学思想。亚里士多德建立了庞大的哲学体系，但在其中没有独立的人学部分，其人学思想散见于这个哲学体系的各部分里，主要是伦理学部分。人学在亚里士多德那里并不是主要的。他对人学的这种轻蔑态度对后来的整个西方哲学产生了致命影响。中世纪的波埃修斯（Боэций）是第一个起来反抗亚里士多德的人，其主要贡献是发现和界定了人的个性，并将其视为人身上最重要的东西。霍鲁日教授对接下来的西方哲学史的讨论更加集中。在他看来，从笛卡儿到康德的古典形而上学在实质上都是“反人学”的，这种“反人学”趋势到黑格尔那里达到顶峰。作为黑格尔的思想对手，克尔凯郭尔在人学思想上反其道而行之，义无反顾地向人回归。霍鲁日教授把克尔凯郭尔看做是近代哲学史上向人返回的起点。在霍鲁日看来，克尔凯郭尔不仅仅是欧洲哲学史上一个小流派（存在主义）的代表，而是欧洲人学领域的著名代表。由克尔凯郭尔开创的向人回归的线路在福柯那里获得了相对的完成。在他们之间，霍鲁日教授研究了尼采和海德格尔的人学思想，舍勒在这里是作为一个有趣的例子被研究的，舍勒的人学思想表明，现象学为人学提供了巨大的可能性，但这个可能性却被彻底放弃了。这样，整个欧洲人学思想发展的脉络清晰地呈现出来了。这里有两条线索，一条是以亚里士多德、笛卡儿、康德、黑格尔等人为代表的反人学传统，它在西方哲学史上占据主导地位，其中有很多关于人的描述，但这些描述无法解释今天的人所面临的处境，甚至妨碍对人的认识。另一条线索由波埃修斯开始，经过克尔凯郭尔直到福柯，这个人学传统直接针对反人学传统，放弃反人学传统用于理解人的那些基本概念，即本质、实体和主体等，开启对人的理解的一个新流派，这种新人学的可能性在福柯那里已经出现，但他没有来得及完成新人学的建立。建立新人学的任务由霍鲁日教授完成了，他建立一个完全不同于古典人学的协同人学。霍鲁日认为，协同人学可以取代欧洲古典人学，因为协同人学能够更好地解释和描绘现代人及其处境，在这方面，欧洲古典人学的资源已经严重不足了。这是霍鲁日教授的新著《狄奥根尼的灯笼：欧洲人学的批判性回顾》的基本结论。

协同人学的使命不仅仅是取代欧洲古典人学。在霍鲁日看来，协同人学可以成为整个人文学科的新范式。由霍鲁日教授主编的这本《狄奥根尼的灯笼：协同人学在现代人文语境中的规划》就在证明这个命题。[①] 全书由四部分构成，第一部分“协同人学与实践自我的纲领的对话”旨在揭示协同人学的哲学层面，其中第一篇文章是霍鲁日撰写的《实践自己与精神实践：非古典人学的两个范式》，文章长达165页，对福柯的“实践自己（或修炼自我，практика себя）”的观念进行了全面而详尽的分析，并将福柯的这个观念与协同人学进行对比。第二部分“协同人学视域下的精神实践”主要研究静修主义和佛教的禅宗这两种主要类型的精神实践。第三部分“心理学和心理治疗具体问题中的协同人学”梳理了协同人学与心理学及心理治疗的关系。第四部分是“协同人学与相邻的人文话语”，在这里，协同人学已经进入跨学科领域，扮演着类似于人文知识一般方法论范式的角色。这部分的第一篇文章是霍鲁日的《从协同人学到社会哲学，或与马克斯·韦伯的对话》，文章揭示了协同人学在社会哲学领域里的方法论作用。霍鲁日教授为这部分写的另外一篇文章是《从协同人学看改变的人学（后人的问题）》，从协同人学角度，对后人（постчеловек）问题进行了独特的阐释。在这里，改变的人学（трансформативная антропология）是指关注人的改变，并希望人发生根本性改变的人学。

通过对欧洲古典人学的批判性分析，霍鲁日令人信服地证明，以亚里士多德、笛卡儿和康德为代表的人学发展的逻辑结果是人从人学视野中的丧失，欧洲古典人学最终走上了反人学的道路，其主要表现是作为整体的人消失，“主体死了”，“人死了”。于是，当今人学（哲学）的任务是再次返回到对人的寻找。欧洲古典人学没有能力找到人，它把人给丢失了，因此必须建立新的人学。需要建立新人学的另外一个同样非常重要的原因就是当今的人的现实，准确地说，人的现实的改变。从基因灾难到心理行为

---

① Фонарь Диогена. Проект синергийной антропологии в современном гуманитарном контексте / отв. ред. С. С. Хоружий. – М.: Прогресс – Традиция, 2010. –928 с. 在为该书所写的长长的引言“规划和语境”（第9—72页）的一个脚注里，霍鲁日对2010年出版两本同名的书有这样一个解释：“书名上的一致反映了内在联系：如果在本书里我们是在今天的学术语境下，‘在共时性里’呈现我们的学术方向，那么在另外一本同名书里，协同人学被引入人学思想历史的语境里，‘在历时性里’获得考察。因此，这两个规划必然是相互补充的：狄奥根尼的灯笼照耀着人的处境的不同维度。”（见此书第51页下面的注释）

的革命，这些人学过程是古典人学所无法解释的，它们根本无法纳入到古典人学的范畴之中，超出了古典人学的所有界限。面对今天的人学现实和人学过程，古典人学无能为力，既无法提供合理的认识，也无法提供合理的解释。霍鲁日教授创立的协同人学是一种新的人学理论，对发生在人身上的剧烈改变，对今天的人学现实都有非常合理的解释，这是一门独立的新学科在学术界站住脚的重要依据。霍鲁日教授的协同人学就是“狄奥根尼的灯笼”，它可以成为寻找人的有力和有效的工具。2010 年，霍鲁日教授手持两盏“灯笼”，大规模地展开寻找人的行动。显然，借用“狄奥根尼的灯笼”就是向古代哲学的返回，向哲学的永恒主题和任务返回，即寻找人。

二　俄罗斯哲学

目前，俄罗斯哲学史是当代俄国哲学界最活跃的研究领域之一，从事这个领域研究的人员队伍庞大，大量出版物在书店里总是占据着哲学门类里最为明显的位置。一直到今天，别尔嘉耶夫、索洛维约夫等人的著作依然不断地再版。可以说，俄罗斯哲学及其历史的研究正处在繁荣时期。不过，在二十多年前，即在苏联末期，这个领域的研究才刚刚起步。当时从事这个领域研究的人屈指可数，其中，最引人注目的学者就是乌拉尔大学教授叶梅里扬诺夫（Б. В. Емельянов）。他的研究特色是注重史料学，这也是其博士论文《19 世纪上半叶的俄罗斯哲学：哲学史史料学》(1989) 的主题。叶梅里扬诺夫教授编辑出版的俄罗斯哲学史料集在当时影响非常大，比如《19 世纪上半叶的俄罗斯哲学》(1987)，《18 世纪下半叶的俄罗斯哲学》（1990），《19 世纪下半叶的俄罗斯哲学》（1991），《俄罗斯哲学：19 世纪末—20 世纪初》(1993) 等，都是那个时代了解俄罗斯哲学原始材料的最重要参考书。1991 年，他主编一个有关俄罗斯哲学史原始文献的系列，包括两部文集：第一部《维坚斯基，洛谢夫，拉德洛夫，施佩特》（1991）汇集了四位哲学家关于俄罗斯哲学的论述，让读者对“俄罗斯哲学及其历史”有了全新的认识；第二部《别尔嘉耶夫论俄罗斯哲学》（两卷本，1991）收录别尔嘉耶夫的《我的哲学世界观》、《陀思妥耶夫斯基的世界观》、《康斯坦丁·列昂季耶夫》等重要著作，还有他关于霍米雅科夫、托尔斯泰、索洛维约夫、舍斯托夫、梅烈日科夫斯基、布尔加科夫、弗洛连斯基等人的精彩论述。在占有大量第一手材料的基础上，叶梅里扬诺夫教授自己也撰写了各类俄罗斯哲学史教材和专著。据统计，从1967年开始，截至2009年，他已发表662篇（部）作品，还有一百多份手稿尚未发表。[①] 2010年，叶梅里扬诺夫教授出版了一部独特的俄罗斯哲学史著作《肖像中的俄罗斯哲学》。[②] 作者对俄罗斯哲学家的实际生活和活动进行了较为详细的描绘，以衬托他们的哲学思想，而不是像一般的哲学史著作那样，仅仅呈现哲学家们的思想。因此，这本书的可读性更强。另外，除了通常熟知的俄罗斯哲学家外，俄罗斯的作家（陀思妥耶夫斯基、托尔斯泰等）和音乐家（斯克里亚宾）也都成为作者关注的对象。叶梅里扬诺夫教授今年75岁，他的学生和同事为此主持出版了一部纪念文集《俄罗斯哲学：哲学史的描述》。[③]

俄罗斯人文大学俄罗斯哲学史教研室副教授波洛文金（С. М. Половинкин）今年也75岁了。他毕业于莫斯科大学数学力学系，后转入莫斯科大学自然科学系哲学教研室攻读副博士学位，很早就开始迷恋白银时代的俄罗斯宗教哲学，在弗洛连斯基思想研究方面有突出的贡献。波洛文金2010年出版一部文集《俄罗斯宗教哲学》。这部文集反映了他一生对俄罗斯宗教哲学研究的历程。在该书前言“从斯大林的学校到俄罗斯东正教哲学”里，他承认，是舍斯托夫使他坚信神的存在，是弗洛连斯基使他坚信东正教的真理性。[④] 波洛文金学术研究的东正教立场是非常鲜明的，他为弗洛连斯基、布尔加科夫、叶·特鲁别茨柯依等人的著作出版作出重要贡献，并为各类词典和文集撰写俄罗斯宗教哲学方面的文章，最具权威性的《东正教百科全书：俄罗斯东正教会》中《俄罗斯宗教哲学》一文就是他写的。[⑤]

---

① Библиографический указатель трудов профессора Б. В. Емельянова. К 75 – летию ученного. Екатеринбург. 2010.

② *Б. В. Емельянов.* Русская философия в портретах. Екатеринбург：Издательство уральского университета，2010 – 512с.

③ Русская философия：историко – философские дескрипты. К 75 – летию профессора Б. В. Емельянова. Екатеринбург. 2010. 张百春在该文集上发表一篇文章，题目是《俄国宗教哲学传统简论》，第261—270页。

④ *С. М. Половинкин.* Русская религиозная философия. Избранные статьи. Санкт – Петербург：Русская христианская гуманитарная академия，2010 – 412с. С. 7.

⑤ *С. М. Половинкин.* Русская религиозная философия//Православная энциклопедия（Русская православная церковь）. Москва. 2000. Сс. 468 – 484.

在最近十多年里，彼得堡著名文化学家和哲学家萨普隆诺夫（П. А. Сапронов）几乎每年出版一部专著，2010年出版两部。《通向虚无之路：俄罗斯虚无主义概论》把虚无主义看做是理解最近二百年俄罗斯历史和文化的关键问题。① 作者认为，虚无主义现象在俄罗斯范围内必然会以各种面目不断地再生。虚无主义现象在这本书里从两个方面获得考察。第一，虚无主义是在俄罗斯古典文学里被呈现和被反思的一种实在。作者详细地分析了涉及虚无主义现象的19世纪俄罗斯文学的重要文献。第二，作者对虚无主义的代表们进行了考察。萨普隆诺夫2010年出版的另外一部著作是《俄罗斯与自由》。② 作者把自由当做贯穿俄罗斯历史与文化始终的一种实在来考察。尽管在俄罗斯历史上，自由长期与农奴制体制下的奴役共存，但是，作为整体的俄罗斯文化只能从自由的角度来理解。没有自由就没有俄罗斯文化，但俄罗斯文化与自由的关系又是非常复杂的。全书分为三部分，第一部分探讨了自由的形而上学维度和历史维度。第二部分"俄罗斯词语中自由的实在"对俄罗斯思想史上所理解的自由进行了系统的研究。第三部分"俄罗斯自由的历史实在"以自由为线索对俄罗斯历史进行了深入考察。自由与千年俄罗斯历史文化的复杂关系在这里获得了清晰的呈现。

俄罗斯科学院哲学研究所俄罗斯哲学史研究室主任格罗莫夫（М. Н. Громов）教授是古代俄罗斯哲学史领域的著名专家。③ 在有关俄罗斯哲学产生的时间问题上，他坚持古代罗斯已经出现了哲学。《古代罗斯的哲学家形象》是他在古代俄罗斯哲学史领域多年研究的成果，也是对自己观点的又一次佐证。④ 这里的古代罗斯指11—17世纪的俄罗斯。作者特别强调了基里尔－梅福季传统（кирилло－мефодиевская традиция）对古代俄罗斯哲学的影响，并把其中的基里尔（康斯坦丁，外号哲学家）看做是彼得大帝之前俄罗斯文化中标准和典型的思想家。这部著作对古代俄

---

① *П. А. Сапронов*. Путь в Ничто. Очерки русского нигилизма. Москва：Гуманитарная Академия，2010－400с.

② *П. А. Сапронов*. Россия и свобода. Санкт－Петербург：Русская христианская гуманитарная академия，2010－672с.

③ 2001年秋，笔者在俄罗斯科学院哲学研究所进修期间，格罗莫夫教授是笔者的指导老师。近年来他经常到中国访问，在北京师范大学作过多场精彩的学术报告。

④ *М. Н. Громов*. Образы философов в древней Руси. Москва：ИФРАН，2010－163с.

罗斯思想的著名代表们的生平与创作进行了详尽的展示和分析：基辅的伊拉里昂（Иларион Киевский），基里尔·图罗夫斯基（Кирилл Туровский），尼基福尔都主教（Никифор），尼尔·索尔斯基（Нил Сорский），约瑟夫·沃洛茨基（Иосиф Волоцкий），希腊人马克西姆（Максим Грек），西梅翁·波洛茨基（Симеон Полоцкий），尤里·克利让尼奇（Юрий Крижанич），大司祭阿瓦库姆（Аввакум）等。正如书名所显示的那样，作者特别关注古代罗斯思想中关于哲学家、思想家和智者的形象的观念。

在俄罗斯哲学史研究方面，同样比较关注古代俄罗斯哲学的另外一位著名专家是圣彼得堡大学哲学系的扎马列耶夫教授。[①] 其俄罗斯哲学史研究的另外一个特色是把俄罗斯哲学放在俄罗斯文化的大背景下进行考察。他的新著《俄罗斯的自我意识：俄罗斯哲学、政治学和文化研究》就是这种研究的重要成果。[②] 在这里，俄罗斯思想的产生与发展是在其与西方哲学和政治学说对话中被考察的。作者对俄罗斯文化创作的主要阶段和基本原则进行了非常详细的分析和梳理。

把俄罗斯哲学放在文化背景下进行考察的另外一部著作是普罗霍连科（А. В. Прохоренко）的《俄罗斯侨民文化的历史与哲学概述》。[③] 这本书主要研究对象是"第一波"俄罗斯侨民的文化形成问题。作者详细地介绍了俄罗斯哲学家们对俄罗斯革命、国内战争、被迫流亡等俄罗斯历史和文化现象所进行的哲学反思。该书作者与马林诺夫（А. В. Малинов）一起 2010 年出版的另外一本书是《俄罗斯的历史哲学》[④]，这本教材梳理了俄罗斯思想史上对历史进行哲学反思的主要立场，从中世纪直到 20 世纪初。作者按照时间顺序，对俄罗斯历史哲学的诸流派进行了较为详细的考察。

---

① 笔者在圣彼得堡大学读书期间听过他的《俄罗斯哲学史》课，并经常到他的办公室去请教。

② *А. Ф. Замалеев.* Самосознание России：Исследования по русской философии，политологии и культуре. Санкт－Петербург：Наука，2010－552с.

③ *А. В. Прохоренко.* Очерки по истории и философии культуры русского зарубежья. Санкт－Петербург：Европейский дом，2010－174с.

④ *А. В. Малинов*，*А. В. Прохоренко.* Философии истории в России. Санкт－Петербург：Европейский дом，2010－256с.

圣彼得堡哲学家，俄罗斯文化和世界文化史学家，赫尔岑师范大学美学与伦理学教研室教授伊苏波夫（К. Г. Исупов）2010 年出版了两部文集。第一部文集《俄罗斯哲学文化》的主要内容是俄罗斯古典文学和白银时代思想家及其后继者们关于历史意义的思考，对俄罗斯作家和思想家有关俄罗斯民族历史生活建构方面的思考进行了梳理。① 作者把这个问题看做是美学问题。俄罗斯作家和思想家从美学角度判断历史，坚信现存历史不是唯一的，应该存在“另外”一个更加理想的历史。他们以此来证明历史以及历史中存在的人的意义。第二部《经典遗产的命运与白银时代的哲学——美学文化》收入作者在不同时期发表的学术论文②，包括三方面的问题：白银时代的哲学批评对俄国经典遗产的继承（陀思妥耶夫斯基、丘特切夫、托尔斯泰）以及对西方经典的继承（阿西西的圣方济各、夏尔丹，即中文的德日进）；老问题新提法，如代与代之间的关系问题，对“乡土”的内在体验，道路的哲学，世界罪恶状态的现象学；美学、诗学和演说术之间交叉领域里经常提出的一些问题，如象征主义的历史哲学，“我”与他者，风景美学，未完成（non finito），白银时代的唯美主义，文本与诠释等。这两部文集的主题都是俄罗斯哲学与文学、美学的关系，其中的许多问题很有新意。

马尔丁诺夫（С. Д. Мартынов）的著作《俄罗斯事业的伦理学》主要探讨现代俄罗斯的伦理学问题以及俄罗斯的未来问题，对当代俄罗斯社会中的道德矛盾和疾病进行展示和分析。③ 作者直接提出这样一些问题：为什么在神赐的土地上人们依然没有尊严地生活着？俄罗斯民族性格的特点是什么，这些特点与俄罗斯命运的关系如何？俄国管理模式的优势与缺陷是什么，哪些东西是必须改变的？在当今世界里，俄罗斯人是否会过上幸福生活？为此需要什么东西？在回答这些问题时，作者求助于过去，也着眼于现在，甚至关注媒体。作者认为，就心智而言，俄罗斯民族是个精

① *К. Г. Исупов.* Русская философская культура. Санкт – Петербург: университетская книга, 2010 – 592с.

② *К. Г. Исупов.* Судьбы классического наследия и философско – эстетическая культура серебряного века. Санкт – Петербург: Русская христианская гуманитарная академия, 2010 – 592с.

③ *С. Д. Мартынов.* Этика русского дела. Санкт – Петербург: Петрополис, 2010 – 316с.

神性的民族，俄罗斯人总是幻想生活在美丽的国度，在那里不但每个人有足够的物质财富，而且还有社会和谐和公正，安全感和对未来的坚定信心。最后一章“俄罗斯理念与‘俄罗斯’民族规划”探讨如何以关于世界和谐的俄罗斯理念为基础把俄罗斯变成生活上更有吸引力的国度。在这部著作里，作者从伦理学角度，借用传统俄罗斯哲学资源，对现代俄罗斯问题进行了深入的哲学反思。

俄罗斯科学院哲学研究所出版的文集《俄罗斯文化遗产中永恒与暂时的东西》收入四篇文章：梅如耶夫（В. М. Межуев）的《在通向普世文明的道路上》，阿廖申（А. И. Алешин）的《论 19—20 世纪初俄罗斯宗教哲学传统的本质与独特性》，尼科利斯基（С. А. Никольский）的《我国哲学中的革命主义意识形态：“新人”现象》，科兹诺娃（И. Е. कознова）的《作为历史记忆的遗产》。[①] 这四篇论文的共同主题是如何对待俄罗斯文化遗产。作者都反对盲目的爱国主义，坚持有选择地对待文化遗产，要与时代相适应，这种态度明显地具有批判性。作者们认为，首先需要对文化遗产进行严肃的研究和分析，特别要注意文化遗产的整体性。俄罗斯文化是多方面和多层面的，包括民族和种族的因素，语言因素，东正教与世俗的因素，亚洲与欧洲的因素，农民、贵族与平民的因素，等等。严肃的文化研究包括对文化遗产中重要内容的重建，使之与时代相适应。

俄罗斯卫国战争参加者，以达什科娃命名的莫斯科人文研究院教授，84 岁高龄的吉季林斯基（В. И. Гидиринский）2010 年出版一部著作《作为哲学史和宗教现象的俄罗斯理念》。[②] 作者长期从事俄罗斯哲学史研究与教学工作[③]，对俄罗斯哲学中的核心主题之一——俄罗斯理念有深入研究。[④] 在这本书里，作者以俄罗斯宗教哲学为基础，在历史哲学背景下，对民族理念进行了深入细致的考察，阐释了民族理念的实质、功能和类

---

① Вечное и преходящее в культурном наследии России. Москва：ИФРАН，2010 – 152с.

② *В. И. Гидиринский.* Русская идея как философско – исторический и религиозный феномен. Москва：Издательство ПСТГУ，2010 – 168с.

③ *В. И. Гидиринский.* Введение в русскую философию. Типологический аспект. Москва：Русское слово，2003 – 320с.

④ *В. И. Гидиринский.* Русская идея и армия（Философско – исторический анализ）. М：Военный университет，1997 – 324с.

型，并对俄罗斯理念及其历史独特性和内容结构进行了清晰的描绘。

近年来，在“俄罗斯哲学史”领域撰写各类教材的热潮已经过去，研究性质的著作开始出现。《俄罗斯哲学中的拯救观念》一书从拯救的观念出发对19世纪末至20世纪初的俄罗斯宗教哲学进行了新的解读。[①] 作者认为，拯救是俄罗斯哲学的基本观念，从这个视角出发，可以揭示俄罗斯哲学传统的本质特征。该书由两部分组成，第一部分“俄罗斯宗教哲学的拯救意向”为理论部分，第二部分“俄罗斯哲学家们的拯救探索”考察了三位伟大的俄罗斯思想家的拯救论：托尔斯泰、陀思妥耶夫斯基和索洛维约夫。

别尔嘉耶夫是传统的俄罗斯宗教哲学最著名代表之一，他的著作至今依然一版再版，几乎各类涉及传统俄罗斯哲学的丛书都会把他的著作列入其中。然而，关于别尔嘉耶夫的研究著作却不多见。一本关于别尔嘉耶夫的书2010年被列入俄罗斯非常流行的“世界著名人物传记”丛书，作者是莫斯科大学教授沃尔科戈诺娃（О. Д. Волкогонова），她以前曾经出版过有关别尔嘉耶夫思想研究的著作。[②] 作者按照时间顺序把别尔嘉耶夫一生分为青少年时期，彼得堡时期，莫斯科时期，流亡时期，最后岁月。这种叙述方式符合“世界著名人物传记”丛书的风格，但无法深入挖掘别尔嘉耶夫的重要思想。

三　苏联哲学与当代俄国哲学

苏联解体前后，哲学界相对比较混乱，苏联时期的哲学曾一度遭到冷落。不过，苏联时期的一些哲学家依然活跃在当代俄国哲学舞台上，在他们的努力下，苏联哲学在当代俄国哲学界的位置逐渐得以恢复，已经成为哲学研究的重要领域，其中一个课题就是整理出版苏联时代的哲学遗产。这个工作使得苏联哲学与当代俄国哲学之间的联系得以延续。俄罗斯科学院哲学研究所与非商业基金会“谢德罗维茨基发展研究所”于2006年开

---

① *В. Ш. Сабиров, О. С. Соина.* Идея спасения в русской философии. Санкт – Петербург: Дмитрий Буланин, 2010 – 272с.

② *О. Д. Волкогонова.* Н. А. Бердяев: Интеллектуальная биография. Москва: Издательство Московского университета, 2001 – 112с.

始筹备出版大型系列丛书“20世纪下半叶的俄国哲学”，丛书主编是列克托尔斯基院士。丛书于2008年开始由俄罗斯政治百科全书出版社出版，到2010年全部出齐，总计21卷，涉及19位过世的哲学家，每人一卷，他们是：洛谢夫（А. Ф. Лосев）、巴赫金（М. М. Бахтин）、阿斯穆斯（В. Ф. Асмус）、鲁宾斯坦（С. Л. Рубинштейн）、凯德洛夫（Б. М. Кедров）、伊利因科夫（Э. В. Ильенков）、季诺维耶夫（А. А. Зиновьев）、马马尔达什维里（М. К. Мамардашвили）、弗洛罗夫（И. Т. Фролов）、科普宁（П. В. Копнин）、比布列尔（В. С. Библер）、谢德罗维茨基（Г. П. Щедровицкий）、利夫希茨（М. А. Лифшиц）、巴季谢夫（Г. С. Батищев）、彼得罗夫（М. К. Петров）、斯米尔诺夫（В. А. Смирнов）、尤金（Э. Г. Юдин）、罗特曼（Ю. М. Лотман）、米特罗欣（Л. Н. Митрохин）。另外两卷分别是《俄国哲学在继续：从20世纪走向21世纪——斯焦宾（В. С. Стёпин）、奥伊泽尔曼（Т. И. Ойзерман）、古谢因诺夫（А. А. Гусейнов）、列克托尔斯基（В. А. Лекторский）》和《当时的情况如何：回忆与思考》。每一卷除了收入分析主人公重要哲学观念的文章外，还包括回忆录、生平和著述等史料以及其他重要文献和珍贵图片。[①] 这套丛书的出版，打破了苏联解体后形成的一个观念，即全部苏联哲学都是意识形态，而不是真正的哲学，没有哲学价值和意义。另外，据丛书主编列克托尔斯基院士介绍，俄罗斯科学院哲学研究所正在筹划出版一套有关20世纪上半叶的俄国哲学的丛书，在规模上有所扩大，主要涉及俄罗斯宗教哲学家和苏联早期的部分著名哲学家。[②]

弗洛罗夫（И. Т. Фролов，1929—1999）是苏联哲学的著名代表，苏联科学院院士（1987），为苏联哲学向当代俄国哲学的过渡发挥了重要作用。弗洛罗夫院士于1999年11月18日在中国杭州去世。他的同事们出版一部纪念文集《弗洛罗夫院士：概述、回忆与文献资料》（2001）[③]，2002—2003年又出版三卷本弗洛罗夫选集。2007年，“弗洛罗夫遗产”丛

① 笔者与斯焦宾院士的一张照片在《俄国哲学在继续：从20世纪走向21世纪》的第128—129页之间。

② 列克托尔斯基院士将全部21卷赠送给了笔者，在此，笔者对列克托尔斯基院士表示衷心感谢，同时还要感谢布罗夫（В. Г. Буров）教授，全部21卷都是由他在2009年和2010年两年内往返中俄两国时带给笔者的。

③ Академик Иван Тимофеевич Фролов. Очерки. Воспоминания. Материалы. Москва：Наука，2001 -648с.

书开始出版①，2010 年出版一卷《决定论与目的论》②，除了弗洛罗夫的副博士论文外，还收入他在不同时期关于决定论和目的论所写的学术论文。在弗洛罗夫去世后不久，俄罗斯科学院人学研究所学术委员会决定，从 2001 年开始举办纪念弗洛罗夫的系列报告会，每年一次，2010 年的第十届弗洛罗夫报告会“人及其未来”于 11 月 2 日在俄罗斯科学院哲学研究所举行。③

苏联哲学的另外一位著名代表是马马尔达什维里（1930—1990）。“进步—传统”出版社和“马马尔达什维里基金会”从 2004 年开始出版他的文集，总共预计 19 卷，几乎就是他的作品全集。截止到 2010 年已经出版五部：《理性的古典与非古典理想》(2004)，《象征与意识（关于意识、象征和语言的形而上学思考）》(与皮亚季戈尔斯基合著，2009)，《古希腊哲学讲义》(2009)，《物理学形而上学简论（维尔纽斯社会学讲义）》(2009)，《现代欧洲哲学概论》（2010）。从出版时间上看，中间中断了五年，到 2009 年，出版力度加大，这与 2010 年是马马尔达什维里诞辰 80 周年和逝世 20 周年有关。④ 马马尔达什维里的思想和著作在当今俄国哲学界有很大影响，人们经常用他及其独特而丰富的哲学思想来回应苏联只有意识形态而没有哲学的说法。不过，学术界对他的评价并不完全一致。

为纪念苏联时期著名哲学家、莫斯科大学哲学系教授梅柳欣（С. М. Мелюхин，1927—2003），他的学生和同事编辑出版了三卷本文集《著作选：遗产与现代性》。⑤ 第一卷《讲稿与回忆》收入梅柳欣教授最

① *И. Т. Фролов.* Очерки методологии биологического исследования. Система методов биологии. 2007 – 288с. *И. Т. Фролов.* Философия и история генетики. Поиски и дискуссии. 2007 – 418с. *И. Т. Фролов*，*С. А. Пастушный.* Менделизм и философские проблемы современной генетики. 2008 – 288с. *И. Т. Фролов*，*Б. Г. Юдин.* Этика науки. Проблемы и дискуссии. 2009 – 256с. *И. Т. Фролов.* Жизнь и познание. О диалектике в современной биологии. 2009 – 304с.

② *И. Т. Фролов.* Детерминизм и телеология. Москва：Книжный дом ЛИБРОКОМ，2010 – 271с.

③ 笔者于 1996 年年底在莫斯科大学首届“哲学与社会人学讲习班”上听过弗洛罗夫院士的一门课程，名称是“人的综合研究”。上课时，他已经拄着拐棍。

④ См. *Ю. В. Пущаев.* К выходу в свет собрания трудов М. К. Мамардашвили. Вопросы философии. 2010（12），сс. 167 – 172.

⑤ *Серафим Тимофеевич Мелюхин.* Избранные труды：наследие и современность. Том I. Лекции. Воспоминания. М. 2010 – 232с. Том II Философская онтология. М. 2010 456с. Том III. Философская онтология сегодня. Научные статьи. М. 2010 – 384с.

后几年在莫斯科大学各系讲课的讲稿和同事们的回忆文章，包括哲学界健在的四位院士（奥伊泽尔曼、斯焦宾、列克托尔斯基和古谢因诺夫）的纪念文章。第二卷《哲学本体论》收入梅柳欣教授重要著作的核心部分，主要选自《有限与无限的问题》(1958)、《非有机自然界发展的辩证法》(1960) 和《物质及其统一性与发展的无限性》(1966)。第三卷《哲学本体论现状：学术论文》收入当代俄国哲学家的论文，这些论文进一步挖掘和发展梅柳欣教授在自己的著作中提出和研究的一些在今天仍然没有丧失现实性的重要问题和思想，它们涉及哲学基本理论、世界观、逻辑学、量子物理学和天文学、现代生物学和控制论等。梅柳欣教授毕业于莫斯科大学哲学系（1949）和苏联科学院哲学研究所研究生班（1952），从1953年起担任哲学教师工作，1960—1966年在列宁格勒电子技术学院任哲学教研室主任，1966—1974年调入莫斯科大学哲学系，担任自然科学哲学教研室主任，1974—1977年担任哲学系主任，1974—1991年担任辩证唯物主义教研室主任，1991—1998年担任系统哲学教研室主任，1981年被选为俄罗斯科学院通讯院士。

莫斯科师范大学哲学教授米凯申娜已经80多岁，她的同事和朋友们编辑出版了一部文集以表达祝贺。[①] 文集分五部分，第一部分“文化背景下的认识”除了收入斯焦宾院士和列克托尔斯基院士的文章外，还包括盖坚科（П. П. Гайденко）、莫特拉希洛娃（Мотрошилова Н. В.）、普鲁日宁（П. И. Пружинин）和波鲁斯（В. Н. Порус）等著名学者的文章。第二部分的主题是“社会人文知识认识论”，第三部分的主题是“哲学史：文化认识的经验”，第四部分的主题是“认识的哲学方法论问题”。前四部分所收入的论文均具有极强的学术性，涉及认识论问题的方方面面。表面上看，只有第五部分“关于米凯申娜的著作”与米凯申娜有直接关系，她2005年出版的那本《科学哲学：现代认识论。文化动态进程中的科学知识》引起了最多的关注。不过，实际上，该文集所有论文的作者都与米凯申娜教授有多年的学术交往与合作，所探讨问题均与她的学术兴趣有关。2010年，米凯申娜教授出版一部新著《诸认知实践之间的

---

① Философия познания. К юбилею Людмилы Александровны Микешиной. Москва: Российская политическая энциклопедия, 2010 - 664с. 笔者1997年在莫斯科大学听过她主讲的一门有关现代认识论的课程。

对话：科学认识论与科学哲学的历史》。[①] 这部著作汇集作者近些年来学术研究的最新成果，主要研究对象是社会科学和人文科学中各种认识实践的对话与综合问题。所有问题都在社会认识论视角下获得考察。作者依据的基本材料主要是科学史和哲学史，经常引用康德、胡塞尔、海德格尔、布伦坦诺、特瓦尔多夫斯基（Твардовский，1866—1938，波兰哲学家）以及马克思、卢卡奇、布迪厄、哈耶克等人的思想。作者从认识论和科学哲学的历史角度对俄罗斯哲学家施佩特、弗洛连斯基、布尔加科夫、弗兰克、巴赫金等人的思想进行了阐释，分析了他们对哲学知识领域的贡献。在这部著作里，米凯申娜教授对社会认识论给予了充分的关注。《哲学问题》2010 年第 12 期上刊登了米凯申娜教授的文章《对实在化与具体化的认识论证明》，此文就与社会认识论有关。[②]“奥卡姆剃刀”对近现代西方哲学思想史产生了深刻影响，在这个“思维经济原则”的指导下，人们通常不接受把感觉上无法把握的对象或关系实在化（гипостазирование）或具体化、物化（реификация），甚至把这种做法看做是语义学上的错误。米凯申娜教授在这篇文章里认为，在社会知识和人文知识里，从认识论角度看，实在化和物化（具体化）是可以获得证明的。

米凯申娜教授 80 寿辰纪念文集之所以集中了如此之多的当代俄国哲学界的著名学者，是因为她所从事的研究领域“认识论与科学哲学”在苏联时期的哲学研究中占有非常重要的地位，只有这个领域的研究在当时最少意识形态特征，因此取得的成就也最大，这些成就至今依然是当代俄国哲学的重要组成部分。在认识论领域，2010 年有两本文集值得注意。一本是由列克托尔斯基院士主编的《认识论：昨天与今天》[③]，另外一本是由俄罗斯科学院通讯院士卡萨文等主编的《科学与神学中的生存经验与认知实践》。[④] 前一部文集对现代认识论中的一系列现实问题进行了深

---

① *Людмила Микешина.* Диалог когнитивных практик. Из истории эпистемологии и философии науки. Москва：Российская политическая энциклопедия，2010 – 576с.

② *Л. А. Микушина.* Эпистемологическое оправдание гипостазирования и реификации. Вопросы философии. 2010（12），сс. 44 – 54. 这篇文章的编辑前言对米凯申娜教授在认识论领域所取得的研究成就给予了充分肯定。

③ Эпистемология. Вчера и сегодня. Под редакцей *В. А. Лекторского.* Москва，2010 – 188с.

④ Экзистенциальный опыт и когнитивные практики в науках и теологии. Под редакцей *И. Т. Касавина*，*В. П. Филатова*，*М. О. Шахова.* Москва：Альфа – М，2010 – 512с.

入探讨，特别关注了认识理论中古典问题的现代立场。后一部文集是围绕课题“科学与精神性的全球前景”而展开的多年学术研究的成果，主要探讨科学与宗教的相互关系问题，特别是在科学与宗教之间所展开的认识论和价值论对话中所产生的理论问题。文集分四部分，主题分别是：科学与宗教——它们各自的领域及其相互作用；理性与信仰；价值话语的类型；精神实践。从这个课题的研究中可以看出，认识论领域出现了新话题，即宗教问题，这个问题在以前的苏联时期认识论研究中是没有的。这无疑是认识论研究中的新方向，是认识论领域新的生长点。

宗教学研究也是当代俄国学术界比较活跃的领域。2010 年出版的《最新宗教学词典》收入 500 多个词条。[①] 这部词典对与宗教相关的术语进行了详细解释，特别是那些对人类发展进程产生过巨大影响的宗教学说和流派。宗教的历史，宗教的结构和功能，宗教因素对文化、经济和政治的影响等问题在词典里均有充分的反映。在众多“宗教学”教材和讲义中间，社会经济预测与模型研究院哲学教研室主任阿巴奇耶夫（С. К. Абачиев）的《东正教的宗教学引论》的独特之处在于其东正教的视角（2004 年第 1 版）。[②] 对基督教的介绍在书中占有重要位置，基督教被看做是人的道德选择的自由的宗教。基督教教义、神学、修行生活、道德与教会学说等问题都获得了相对比较详细的介绍。该书附录部分是 2000 年俄罗斯东正教会主教大会通过的《俄罗斯东正教会社会观基础》的重要段落节选。与这本讲义类似的一本教材是切尔内绍夫（В. М. Чернышев）编写的《宗教学》[③]，这本教材甚至获得了东正教会某主教的认可。

在中国哲学研究方面，俄国汉学家们关注的焦点依然是古代中国哲学，尤其是先秦时代的中国哲学。老子的《道德经》和孔子的《论语》备受出版商的青睐，每年再版，偶尔也有新译本出现。2010 年至少出版两个版本的《道德经》，其中一个版本以杨兴顺（1904—1987）译本

① *О. К. Садовников*，*Г. В. Згурский*. Новейший словарь религиоведения. Москва：Финикс，2010 – 445с.

② *С. К. Абачиев*. Православное введение в религиоведение. Курс лекций. Москва：Рохос，2010 – 472с.

③ *В. М. Чернышев*. Религиоведение. Москва，2010 – 336с.

(1950) 为基础[①]，另外一个版本的译者是当代俄国最著名汉学家之一马良文（В. В. Малявин，现为台湾淡江大学俄语系主任，俄罗斯研究所主任，欧洲研究所教授)，他一生从事中国文化研究，尤其对道家学说有特殊的理解和体悟，甚至亲自修炼道家功法。[②] 马良文译本被称为世界上最详细的《道德经》译本（700 多页)，译文吸收《道德经》研究方面的最新成果，并参考了马王堆出土的《道德经》版本。除了《道德经》外，马良文教授还翻译了王弼注与河上公注的老子，以及郭店楚墓竹简·老子(即《郭简·老子》，首次被翻译成俄文)。《论语》2010 年有多种俄文版本出版（多为选集和再版)。谢梅年科（И. Семененко）的译本收入了《论语》、《孟子》、《大学》、《中庸》，另外还翻译了司马迁关于孔子的论述，以及俄罗斯作家托尔斯泰和比丘林等人关于孔子的论述。[③] 北京师范大学于丹教授的《〈论语〉心得》俄文译本也在 2010 年面世。[④]

四　其他热点问题

俄罗斯哲学界最权威杂志《哲学问题》每年都刊登一系列圆桌会议的记录，会议主题基本上都是年度热点问题。2010 年该杂志总共刊登了四个圆桌会议的材料。

《哲学问题》杂志与俄罗斯科学院社会科学部学术委员会共同组织圆桌会议“跨学科背景下的信息立场”，共有 7 个人参加，其中包括《哲学问题》主编列克托尔斯基（Лекторский В. А.）院士。[⑤] 在当今信息社会，信息立场在各个学科里都非常流行。信息立场的哲学和方法论问题一直以来都是俄国哲学研究的重点。科学家、政治家、文化学者也都参与到所谓的“信息社会”讨论之中。毫无疑问，当代全球化过程就与信息技术的

---

① *Лао Цзы*. Дао Дэ Цзин. Москва: Феороия, 2010 - 192с.

② Лао - цзы. Дао - Дэ цзин. Книга о Пути жизни. В переводе В. В. Малявина. Москва: Феория, 2010 - 704с.

③ *Конфуций*. Луньюй. Изречения. Перевод: Семененко И. Москва: ЭКСМО, 2010 - 400с.

④ *Юй Дань*. Конфуций: От сердца к сердцу. Уроки Луньюя. Перевод: Кузнецова В. И. Москва: АСТ, 2010 - 256с.

⑤ Информационный подход в междисциплинарной перспективе (материалы “круглого стола”). *Вопросы философии*. 2010. 2. Сс. 84 - 112.

广泛使用密切相关，世界经济过程对信息的依赖将越来越大。在这次圆桌会议上集中讨论的问题有：信息概念的界定，在各学科里所使用的信息概念是否有相同的意义，信息与知识的关系，信息立场与认知立场的关系等。

《哲学问题》杂志 2010 年第 7 期刊登了俄罗斯科学院哲学研究所为纪念俄罗斯哲学家施佩特（Шпет Г. Г.，1879—1837）诞辰 130 周年以圆桌会议的形式举办的一次国际学术讨论会的材料。有来自俄罗斯、德国、法国、意大利的 12 位著名哲学家参加这次讨论会，其中包括现任哲学研究所所长古谢因诺夫（Гусейнов А. А.）和列克托尔斯基院士。[①] 施佩特于 1921 年创办科学院哲学研究所，成为后来苏联科学院哲学研究所的重要组成部分。他明确坚持哲学的理性理想，捍卫哲学的职业价值，主张哲学应该以科学为基础，因此他代表了与俄罗斯宗教哲学不同的另外一个流派，其思想对今天的俄国哲学有重要意义。圆桌会议的参加者们围绕施佩特的哲学思想及其现代意义展开讨论。

俄罗斯文化、文明及其命运问题始终是俄罗斯哲学的核心话题。《哲学问题》杂志 2010 年第 9 期刊登圆桌会议“俄国文化向哪里去?”的材料。这次圆桌会议于 2009 年 6 月 27—28 日在国立圣彼得堡工会大学举行。会议围绕斯焦宾院士在 2010 年利哈乔夫报告会上宣读的论文《文化间相互作用和寻找文明发展的新战略》而展开，包括斯焦宾院士本人在内，共有 9 位来自不同领域的专家学者参加了这次持续两天的圆桌会议。从事多年科学哲学研究的斯焦宾院士近些年来特别关注文化与文明问题，提出过许多非常有影响的论点。比如，文化是特殊的“基因编码”，在帮助人发展自身的同时保护人不丧失自己的社会文化“面孔”，因此文化在塑造人的个性与身份方面发挥着不可替代的作用。此外，传统文化与现代文化的对话问题也是这次圆桌会议讨论的重点。

《哲学问题》第 11 期上刊登了围绕 2009 年出版的《认识论与科学哲学百科全书》而举行的一次圆桌会议材料。这部百科全书的出版被认为是当代俄国哲学界的重大事件。众所周知，认识论和科学哲学领域是苏联哲学最具独创性的领域之一。目前，这个领域依然是俄国哲学界的研究重

---

① Густав Шпет и современная философия гуманитарного знания. К 130 – летию Г. Г. Шпета. Встреча вторая（материалы “круглого стола”）. *Вопросы философии.* 2010. 7. Сс. 3 – 39.

镇。当今俄国哲学界的学术出版物数量众多，但质量参差不齐。编写百科全书和词典是解决这个问题的重要途径之一，因为这类工具书是严肃的学术研究成果的积淀。苏联哲学的一大特色就是编写专业词典和百科全书，这个优良传统被当代俄国哲学界继承。

《科学哲学》杂志 2010 年第 8 期上刊登一次论坛的材料。这次论坛的主题是“宗教与当代世界”，主要讨论小学开设宗教课的问题。[①]

五 重要的哲学著作

在当代俄国哲学界活跃着一批女哲学家，特别是在西方哲学研究领域，她们做出了突出成绩。除了前面提到的米凯申娜教授外，这里再介绍三位女哲学家：莫特拉希洛娃、盖坚科和尤丽娜（Юлина Н. С.），她们 2010 年都发表了重要著作。

俄罗斯科学院哲学研究所哲学史研究部主任莫特拉希洛娃（Мотрошилова Н. В.）是当代俄国著名女哲学家，其主要研究领域是西方哲学史和认识论，后来转入俄罗斯哲学领域，在俄罗斯哲学和西方哲学的比较研究方面颇有建树。2010 年她有两部著作再版。新版《哲学观念的产生与发展：哲学史纲要与肖像》（1991 年第 1 版）增加了很多重要内容（第一部分）。作者考察了西方哲学中最基本的哲学观念的产生与发展，讨论了它们之间的冲突和相互影响以及它们与文明和文化发展的有机联系。全书分为四部分：哲学的文明基础；古希腊哲学家们的伟大观念；布鲁诺的生平与观念；康德的创新哲学。最近几年，莫特拉希洛娃开始研究文明与野蛮的问题。《全球化危机时代的文明与野蛮》一书就是她在对这个问题研究的一个总结。[②] 这本书第一版的名称是《现时代的文明与野蛮》（2007）。[③] 不过，新版与其说是再版，不如说是重新撰写的，无论从字数上看，还是从内容上看，都是如此。第一版分两部分：“什么是文

① Религия и современный мир（Философский форум）. Религиозная культура и светская этика：PRO ET CONTRA. Философские науки. 2010（8）. Сс. 5 – 83.

② *Мотрошилова Н. В.* Цивилизация и варварство в эпоху глобальных кризисов. – М.：Канон +，2010 – 480 с.

③ *Мотрошилова Н. В.* Цивилизация и варварство в современную эпоху. М.：ИФ РАН，2007 – 268с.

明?”和“文明条件下的野蛮”。新版增加了两部分：“全球化与欧洲统一”和“作为文明结构的公民社会”。在西方哲学思想史基础上，作者对文明和野蛮的概念进行了深入细致的哲学分析，进而揭示它们的本质特征。文明的基本功能是保存、延续和发展人类，其手段就是超生物个体的生命活动程序，非个体的存在形式和机制。文明自身包含诸多矛盾，这些矛盾导致的结果就是文明的伴生物——野蛮。野蛮并不是一个过时了的概念，而是今天人类文明现实中无法消除的现象。建立文明社会、公民社会，克服野蛮，都需要超越狭窄的个人利益，追求普遍价值。在这方面，哲学将发挥不可替代的作用，因为寻求普遍价值是哲学的重要功能。作者对欧洲统一问题以及俄国社会发展的现状进行了非常有深度的反思。

俄罗斯科学院哲学研究所的另外一个女哲学家盖坚科是俄罗斯科学院通讯院士（2000），哲学研究所科学技术哲学部科学史的哲学问题研究室主任，她2010年至少有三部著作再版，《唯美主义的悲剧：论克尔凯郭尔的世界观》（1970年第1版，书名为《唯美主义的悲剧：论克尔凯郭尔世界观的特点》，2007年第2版改为现名）的研究主题是克尔凯郭尔的宗教哲学。①《科学概念的演化：最初科学范式的形成与发展》（1980年第1版）考察了从公元前6世纪到公元16世纪之间西方科学的发展。② 作为这部著作的延续，《科学概念的演化（17—18世纪）：近代科学范式的形成》（1987年第1版）考察了近代科学新范式的形成，包括原子论范式、笛卡儿范式、牛顿范式和莱布尼茨范式。③

当代美国哲学研究专家尤丽娜（Юлина Н. С.）教授在自己的新作《20世纪美国的哲学思想》里介绍了为20世纪美国哲学思想作出贡献的哲学家。④ 全书分为两部分，第一部分研究的对象是皮尔士（Ч. Пирс）、詹姆士（У. Джемс）和杜威（Дж. Дьюи），新实在论者和批判实在论者，

① *Гайденко П. П.* Трагедия эстетизма: О миросозерцании Серена Киркегора. Москва: ЛКИ, 2010 – 248с.

② *Гайденко П. П.* Эволюция понятия науки. Становление и развитие первых научных программ. Москва: Либроком, 2010 – 568с.

③ *Гайденко П. П.* Эволюция понятия науки（XVII – XVIII века）. Формирование научных программ нового времени. Москва: Либроком, 2010 – 448с.

④ *Юлина Н. С.* Философская мысль в США. XX век. М.: Канон +, 2010.

米德（Дж. Мид）、桑塔亚那（Дж. Сантаяна）和怀特海（Ф. Уайтхед）等。第二部分介绍了20世纪下半叶美国哲学的最新进展，主要包括美国分析哲学与后分析哲学，杰耐特（Д. Деннет）的意识观念，切尔奇连德（П. Черчленд）的神经哲学（нейрофилософия），罗蒂（Р. Рорти）的后现代主义实用主义，新实用主义，考克斯（Х. Кокс）的极端神学，哲学女权主义，等等。

当代俄罗斯著名的西方哲学史专家、莫斯科大学哲学系教授佐托夫（А. Ф. Зотов）2010年出版一部教材《现代西方哲学》。[①] 教材对19—21世纪西方哲学所有主要流派进行较为详细的介绍：实证主义、新实证主义、实用主义、新康德主义、生命哲学、新实在论、心理分析、现象学、结构主义和后结构主义等。90多岁的莫斯科大学哲学系教授索科洛夫（В. В. Соколов）出版了一部《中世纪哲学》教材，他本人曾经多年讲授这门课程。[②] 教材以晚期希腊和中世纪的文明过程为背景，对宗教哲学的产生和发展作出清晰的阐释。作者认为，基督教在西欧和拜占庭占统治地位以及伊斯兰教在近东和阿拉伯化的西班牙占统治地位是宗教哲学发展的背景。

2010年是托尔斯泰去世100周年。他与俄罗斯东正教会的关系非常复杂，曾经被教会开除教籍（1901）。格奥尔基·奥列汉诺夫（Священик Георгий Ореханов）神父2010年出版一本专著《俄罗斯东正教会与托尔斯泰：同时代人眼中的这场冲突》。[③] 在丰富的档案材料和已经发表的文献基础上，作者对托尔斯泰的宗教观念进行了探讨，对他与教会之间的冲突的历史及其原因作了深入的分析，并展示了托尔斯泰同时代人对这场冲突的看法。

俄罗斯哲学的一个突出特征是对俄罗斯文学的极大兴趣。陀思妥耶夫斯基就是俄罗斯哲学研究的永恒对象。坎托尔（В. К. Кантор）的新著《“审判神的造物”：陀思妥耶夫斯基的先知激情（概论）》把陀思妥耶夫

---

① *А. Ф. Зотов.* Современная западная философия. Учебное пособие. Москва：проспект，2010 – 608с. 笔者1997年上半年在莫斯科大学听过他一门《现代西方哲学史》课。

② *В. В. Соколов.* Средневековая философия. Москва：ЛКИ，2010 – 352с. 笔者1997年上半年在莫斯科大学听过他的课。

③ *Священик Георгий Ореханов.* Русская Православная Церковь и Л. Н. Толстой. Конфликт глазами современников. Москва：Издательство ПСТГУ，2010 – 696с.

斯基当做旧约式的先知，神的使者，其使命是揭露同时代人的缺点与恶习。[①] 陀思妥耶夫斯基把他那个时代的俄国看做是被神遗弃的国度，在这里占统治地位的是魔鬼，善和真理变得软弱无力（小说《群魔》）。然而，在他看来，俄罗斯民族是神选的民族，为了完成自己的神圣使命，俄罗斯民族必须克服自己的缺陷和恶习，按照基督教的方式生活，成为真正的基督教民族。揭露这些缺陷与恶习，为俄罗斯民族指明未来道路，这就是陀思妥耶夫斯基的先知使命，这就是他的小说的预言。

全球化问题始终是当代俄国哲学的重要话题。2005 年，莫斯科大学成立全球过程系。该系 2010 年出版一部著作《全球地缘政治学》，对全球地缘政治学这门学科的理论地位、形成阶段等问题进行了详细阐述。[②] 该书最后一部分探讨了“俄罗斯在全球地缘政治中的命运”。在莫斯科大学全球过程系兼任教授的俄罗斯哲学协会第一副会长丘马科夫 2010 年用英文发表一部全球化研究方面的著作（文集）。[③]

斯焦宾院士是当代俄罗斯哲学的著名代表。[④] 他的学术思想已经成为当代俄罗斯哲学界研究的对象。国立圣彼得堡工会大学校长、哲学与文化学教研室主任、俄罗斯功勋演员（前面提到的圆桌会议“俄国文化向哪里去?”主持人）扎别索茨基（А. С. Запесоцкий）2010 年出版一部专门研究斯焦宾院士思想的著作《斯焦宾院士的文化理论》。[⑤] 作者对斯焦宾院士的主要学术思想进行了考察，对斯焦宾院士有关文化的思想给出了全面的阐释。作者认为，斯焦宾院士的文化理论是 20 世纪末至 21 世纪初俄罗斯学术上绝无仅有的现象，如果不了解这个理论，那么，专业人文科学人才的培养在原则上是不充分的，文化领域的基础研究和应用研究以及文化政策和文化纲领的制定与实施都将是不完整的。

---

① *В. К.* Кантор. “Судить Божью тварь”. Пророческий пафос Достоевского：Очерки. Москва：РОССПЭН，2010 – 422с.

② Глобальная геополитика. Под редакцией *И. И. Абылгазиева*，*И. В. Ильина*，*И. Ф. Кефели*. Москва：МГУ，2010 – 312с.

③ *Alexander N. Chumakov.* Philosophy of globalization. Moscow. 2010.

④ 笔者 1996 年下半年和 1997 年上半年在莫斯科大学分别听过他两门课。他讲课富有激情，不用讲稿。2006 年 11 月 24 日下午，斯焦宾院士在北京师范大学哲学系作了一场精彩报告，题目是“科学、哲学与文化”，笔者担任同声翻译。

⑤ *А. С. Запесоцкий.* Теороия культуры академика В. С. Степина. Сакнт – Петербург：СПбГУП，2010 – 112с.

《新哲学百科全书》四卷本（斯焦宾院士任编委会主任，2000—2001年第1版）再版，在第一卷里补充了一篇关于俄罗斯科学院哲学研究所建立80周年的文章。

六　其他重要事件

2010年是“俄国的法国年”和“法国的俄国年”。俄罗斯科学院哲学研究所与国立大学——高等经济研究院的哲学系于9月14—15日在哲学研究所联合举办一次国际学术会议“法国哲学在俄国：研究的结果与前景”，有近20位学者在会上发言，其中包括来自法国的4位哲学家。[①]此外，《哲学问题》杂志连续发表法国哲学研究方面的学术论文，展示了俄罗斯哲学家们对法国哲学的历史和现状的研究进展。尽管传统的俄罗斯哲学主要在德国古典哲学的影响下产生，但是法国哲学对俄罗斯哲学的影响始终存在，比如笛卡儿、启蒙运动、本格森、精神哲学、存在主义、结构主义等。

《哲学问题》2010年第8期刊登了第五届全俄哲学大会（2009年8月25—29日在新西伯利亚召开）全会上的所有报告和斯焦宾院士的一篇讲演。[②]古谢因诺夫院士：《科学与宗教之间的哲学》，采利谢夫（В. В. Целищев）：《分析哲学与唯科学主义》，马卡罗夫（В. Л. Макаров）：《人类社会能否会更稳定》，苏罗夫采夫（В. А. Суровцев）：《分析哲学：共同点与细微差别》，列克托尔斯基院士：《哲学，社会知识与人的前景》，季耶夫（В. С. Диев）：《管理·哲学·社会》，达欣（А. В. Дахин）：《社会发展与集体记忆的挑战：对记忆研究（memory studies）进行哲学概念化的前景》，尤金（Б. Г. Юдин）：《知识社会中的科学》，斯焦宾院士：《科学与哲学》。

俄罗斯科学院哲学研究所于3月初举行一次规模不大的学术会议“赫尔岑的现实性”，纪念俄罗斯思想家赫尔岑（Герцен А. И.，1812—1870）去世140周年。与会者指出，赫尔岑的思想是矛盾的，但富有创造性，这些创造性的思想至今依然还能够刺激当代人与他一起去思考一些关

① 参见 Философские науки. 2010（7）. Cc. 155－156；2010（12）. Cc. 148－158。

② Вопросы философии. 2010（8）. Cc. 3－75.

涉到俄罗斯历史命运的重大问题。会议的几篇重要报告刊登在《哲学问题》杂志第12期上。① 另外，俄罗斯科学院哲学研究所于9月21日举行一次圆桌会议，讨论赫尔岑的政治哲学思想。

为纪念托尔斯泰（1828—1910）逝世100周年，俄罗斯科学院哲学研究所与国际“知识”基金会联合举办哲学论文竞赛，主题是“不依赖于宗教的道德可能吗?”。本次竞赛设立一等奖一名（25万卢布的奖金），鼓励奖三名（各5万卢布）。竞赛主题是19世纪末德国柏林大学教授吉日茨基（Г. Гижицкий）以《伦理文化》杂志的名义向托尔斯泰咨询的两个问题之一（另外一个问题：“什么是宗教”）。来自俄罗斯、独联体和国外的232人提交了论文，评审结果是一等奖空缺，鼓励奖增加至四名。

2010年去世的当代俄罗斯著名哲学家有：罗曼年科（Романенко Б. И.，1912年生，下同），迈泽里（Майзель И. А.，1919），米申（Мишин В. И.，1925），伊万诺娃（Иванова Р. И.，1925），古辛（Гущин Д. А.，1926）②，弗兰楚佐娃（Французова Н. П.，1928），卡尔明（Кармин А. С.，1931），赖别卡斯（Райбекас А. Я.，1933），特罗菲莫夫（Трофимов В. П.，1934），德林（Дырин А. И.，1934），波尔特诺夫（Портнов А. Н.，1947），杜林（Дурин В. П.，1952）。中国哲学界的老朋友，当代俄罗斯著名哲学家凯列（Келле В. Ж.）教授于2010年8月2日去世，享年90岁。凯列教授毕业于莫斯科大学哲学系（1945），副博士毕业后留校任教。20世纪50年代，凯列曾在中国人民大学讲授马克思主义哲学，对马克思主义哲学在中国的传播产生重要影响。从1963年起，凯列到苏联科学院哲学研究所工作，1975年调入苏联科学院自然科学和技术史研究所工作。副博士论文研究的对象是黑格尔思想，博士论文的题目是《社会意识的结构与发展特点》（1964）。其主要学术研究领域是社会哲学问题和对科学的社会学分析。

① *И. К. Пантин* – Социалистическая идея：Герцен versus Маркс；*В. К. Кантор* – Трагедия Герцена，или Искушение радикализмом；*А. А. Кара – Мурза* – А. И. Герцен：в поисках русской личности；*С. А. Никольский* – А. И. Герцен：дворянский революционер，но не революционный демократ；*М. Н. Громов* – Двуликий Янус. Вопросы фиолсофии. 2010（12）. Сс. 68 – 104.

② 笔者在圣彼得堡大学哲学系攻读博士学位期间（1988—1993）曾与古辛在同一个教研室，即本体论与认识论教研室。

从20世纪90年代起，他的主要学术兴趣集中在历史研究的文明论立场的方法论以及文化的哲学问题。《俄罗斯的革新体系：形成与运行》（2003）是凯列教授晚年的重要著作。凯列教授始终与中国哲学界保持深厚的友谊和联系。[①]

莫斯科大学哲学系教授谢尔佐娃（Серцова А. П.）2010年92岁。2010年80岁的当代俄罗斯著名哲学家有：圣彼得堡大学哲学系教授布兰斯基（В. П. Бранский，他曾经是笔者博士论文的评审人），国立莫斯科师范大学哲学教研室教授米凯申娜（Микешина Л. А.），莫斯科大学教授科切尔金（Кочергин А. Н.）[②]，俄罗斯科学院哲学所高级研究员基亚欣科（Киященко Н. И.）。[③] 2010年75岁的当代著名俄罗斯哲学家有：乌拉尔大学哲学系教授叶梅里扬诺夫（Емельянов Б. В.），俄罗斯科学院哲学研究所研究员拉宾诺维奇（Рабинович В. Л.），俄罗斯科学院哲学研究所研究员、坚定的马克思主义者焦哈泽（Джохадзе Д. В.，笔者2001年在该哲学所进修期间，曾经多次参加他举办的各种学术活动），俄罗斯科学院哲学研究所著名东方哲学专家斯捷潘年茨（Степанянц М. Т.，女）。2010年70岁的当代俄罗斯著名哲学家有：俄罗斯科学院哲学研究所研究员尼基福罗夫（Никифоров А. Л.），曾经毕业于莫斯科大学化学系（本科和副博士），多年在俄罗斯科学院自然科学和技术史研究所工作，后调入哲学研究所工作的著名哲学家阿胡金（Ахутин А. В.），圣彼得堡大学哲学系教授克列斯尼科夫（Колесников А. С.），喀山经济管理与法制研究所哲学教授梅尼奇科夫（Меньчиков Г. П.），梁赞国立师范大学教授伊格纳季耶夫（Игнатьев В. А.），俄罗斯联邦内务部圣彼得堡高级学校哲学与文化学教研室主任洪（Хон Г. Н.）。

2010年是俄罗斯圣彼得堡大学哲学系成立70周年，笔者1988—1993

---

① Человек в интеллектуальном и духовном пространстве. К 90 – летию проф. В. Ж. Келле / Отв. ред. *М. С. Киселева*. М.：Прогресс – Традиция，2010 – 510 с. 笔者于1994年与凯列教授相识。在1994年秋去莫斯科访问时，凯列教授曾为笔者提供很多帮助，特别令人难忘的是，他不顾70多岁高龄，亲自开车，帮助笔者弄到很多书籍和文献。在笔者的印象中，凯列教授执著于学术，和蔼可亲。

② 1996—1997年笔者在莫斯科大学进修时，卡切尔金教授是笔者的指导老师，他当时任莫斯科大学继续教育学院哲学教研室主任。笔者听过他主讲的两门关于全球化问题的课程。

③ 2008年10月31日，基亚欣科教授在北京师范大学哲学与社会学学院作报告，题目是“世界教育体制转型问题”，笔者担任翻译。

年在该系攻读博士学位。近些年来，哲学系每年组织学术会议庆祝“哲学日”，会议在俄罗斯哲学界有很大影响。

2010年度俄罗斯高校和科研机构哲学专业分别有25人和174人通过博士、副博士学位答辩，在人数上为近几年的最低。

（张百春）

日本哲学①

一　西方哲学领域

由东京大学文学部哲学研究室负责管理的哲学会及其刊物《哲学杂志》是日本研究西方哲学一个代表性阵地。东京大学的哲学研究室除了从事常规的哲学研究、教育外，把重点放在与现实相关的问题上，例如生命伦理、环境伦理、情报伦理等，积极参与了名为"围绕生命的文化、价值展开的'生死学'的建构"的21世纪重大研究项目。以研究生为中心组织了"应用伦理研究会"，

作为常规的活动，2010年5月15日、16日，哲学会在大分大学召开了第69次大会。总计分四个会场，第一会场的内容有"柏拉图《国家》V卷所见知识与意图的区别"(太田和则)、"贝克莱哲学中的精神与语言——以爱尔兰哲学传统为背景"(野村智清)、"1684年的《大光》及其变化——Chr. 沃尔夫的表象分析论"(中泽武)、"康德对休谟怀疑论的吸收——纯粹悟性概念的起源和纯粹意志的问题"(增山浩人)、"审判员制度与康德哲学——transmodern 的伦理学"(平田俊博)、"理念的统制性使用指的是什么？——从对《纯粹理性批判》先验辩证论附录的讨论出发"(市毛干彦)、"阿伦特道德哲学批判——在思考与意志之间"(三浦隆宏)、"迈克尔·沃尔泽的《全球化市民社会》——作为对黑格尔和康德

① 本篇对2010年日本的西方哲学、日本哲学和中国哲学（或称中国思想文化）三个领域研究情况作一介绍。由于笔者的学术重点在中国哲学，因此对于前两者，只能就其学术活动作大致描述，分析点评虽然无法深入，但对彼岸的哲学风景亦可稍作一瞥。有些词汇可能无法直译，还望读者谅解。

之扬弃的国际社会形象"(滨井润也)。第二会场的内容有“《哲学探究》中度量的逻辑"(川崎诚)、“颠倒了的理性——黑格尔《精神现象学》所见观察的理性之意义"(野村卓史)、“精神的证言——黑格尔后期体系中‘客观思想’的问题”（石川和宣)、“‘相同者之永恒回归’的思想地位——基于断章Ⅴ11［141］的叙述"(岸贵介)、“尼采意志哲学中的健康与兴趣"(梅田孝太)、“真理与了解——对雅斯贝尔斯真理论的一种阐明"(松野さやか)、“海德格尔视为‘最危险之物’的语言的渊源——以荷尔德林论为线索”（木村史人)、“理性与意志：列维纳斯与奥古斯丁"(小手川正二郎)。第三会场的内容有“自然的个体之发生——吉尔贝·西蒙东的个体化论素描”（橘真一)、“前期吉尔·德勒兹所见发生的问题——为何动的发生是必要的?"(小林卓也)、“作为一种学习构造的先验经验论及其展开”（山森裕毅)、“睿智世界的各种面貌：从自我再归性到偶然性的轨迹"(小田桐拓志)、“‘西田哲学’的独特性是什么?”（渡部清)、“日本哲学的潜能——探寻坂部惠的《不知何时出现的道路》”（张政远)、“作为变化之持续原理的习惯——与皮尔士实用主义之关联”（佐古仁志)、“抱握与实在：怀特海《科学与近代世界》所见‘抱握’概念的诞生及其展开"(森元斋)。第四会场的内容有“关于‘最形而上学的实在’之存在"(菅沼聪)、“外观的知识与想象力”（宫园健吾)、“知识破坏命题与‘信赖’概念的规范性——伯纳德·威廉士对伦理的客观性之拥护"(天野真将)、“环境破坏与不可知性：科学的环境保护政策中存在的各种问题"(渡边贵史)。此次会议还对这样一些专题展开了集中的讨论，如“现代社会中‘死’”、“形而上学再讨论”、“重读哲学史：马克思”、“高中的‘哲学、伦理’教育该教什么、怎么教——面向大学哲学教育、通识教育和高中教育的协作”。

2010年10月30日、31日，哲学会在东京大学举办了第49次研究发表大会。发表的主题有“试论类型与音乐作品”（仓田刚)、“相对性与相对主义”（纳富信留)、“共同体与文本”（佐々木一也)、“科学认识论中的福柯——围绕‘真理’与‘现实’展开的问题”（手塚博)、“亚里士多德友爱论所见三种友爱”（相泽康隆)、“维特根斯坦的《论确实性》与乔治·摩尔”（铃木彻也)。东洋大学村上胜三和东京大学铃木泉就“笛卡儿与现代”、东京大学山本芳久和大东文化大学山根雄一郎就“哲学与神灵”的问题展开了讨论。

2010年4月17日在东京大学举办的讲演会上，岛村修平作了“承诺与视点的二元性：对根基中规范性行为论之可能性的讨论”、高桥若木作了“真理之前提：伽达默尔对黑格尔的批判和海德格尔的接受”、植原亮作了“种子与机理”、雨宫民雄作了“言语的外衣与物自身”的学术报告。

2010年出版的797号《哲学杂志》的主题是“想象力与同感（Imagination and Sympathy）”。其主要内容有“‘Sympathy’能够导出‘公共性’吗——效用、同感、科学”（有江大介）、“情念生成发展中同感的作用——基于休谟《人性论》第二卷”（井上治子）、“‘负’的同感——朝向厌恶的反美学”（长野顺子）、“想像力与同感——关于可能之物的实在”（村濑钢）、“DESSIN的认识论”（高桥克也）、“想像与本质”（吉田聪）。其他论文有“自由以经验的方式加以展示是可能的”（伊古田理）、“作为‘方法之精神’的唯物论——霍布斯的哲学与学知（scientia）”（伊豆藏好美）、“维特根斯坦的哲学方法”（大谷弘）、“马勒伯朗士的感觉、知觉论——判断后的感觉或自然的判断理论”（木田直人）。顺便指出这十年来的主题分别是“开端”（2001）、“哲学与意识形态”（2002）、“记忆”（2003）、“德国观念论再探讨”（2004）、“自然主义与反自然主义”（2005）、“列维纳斯：在hebraisme和hellenisme之间”（2006）、“孩子”（2007）、“日语的哲学”（2008）、“纪念胡塞尔和柏格森诞生150周年”（2009）。

从以上的学会活动、杂志主题看，虽然日本哲学界的关心点遍布西方哲学的任何一个时代、任何一个领域，“形而上学”、“马克思”等主题仍在不断讨论中，但研究的趋向的确是和现实相关、尤其是和伦理相关的问题，这些讨论和科学的发展、人类与环境的关系、人类自身的可能性、局限性等均有关系。

限于篇幅，日本伦理学会等相关组织的情况不作详细介绍。

二 日本哲学领域

京都大学文学部日本哲学史研究室是日本哲学史研究的代表性阵地。该研究室设立于1995年。研究的重点是明治时代（即18世纪60年代）以后日本哲学的形成与发展。主要讨论与西方哲学相会以后的日本思想家，从西方哲学那里发现了什么？以什么为主要问题？在接受和对抗西方哲学过程产生了哪些独特的东西。

其研究从两方面展开，一是哲学史的向度，即以“历史”层面为重点，例如通过探寻西田几多郎、田边元、和辻哲郎等人的思想发展的轨迹，由此引出要讨论的问题。另外一个是“哲学”的向度，以日本哲学家的思想为线索来展开问题，通过身体、自我、历史等主题的考察，来摸索今后日本文化及思想创造的方向。

日本哲学的产生，一方面具有东亚思想文化的传统，另一方面又是在对西方哲学的吸纳与抗争过程中形成起来的，因此要了解日本哲学家的工作，必须先了解这两大背景，展开比较的研究。可以说这就是京都大学文学部日本哲学史研究室的工作重点与特色。

从2000年4月开始，京都大学每年召开两次日本哲学史论坛，每年出版一次杂志《日本的哲学》。2010年12月18日、19日京都大学召开了西田几多郎《善的研究》刊行100周年纪念国际学术会议。其内容有《〈善的研究〉研究的百年回顾及其展望》(藤田正胜)、《〈善的研究〉这本书——作者西田几多郎的评价》(井上克人)。围绕“《善的研究》有过怎样的意义，还会有怎样的意义”这个问题，James Heisig、游佐道子、气多雅子作了集中讨论。李光来作了《西方哲学与东方哲学之对话》的特别讲演。2010年7月17日的论坛，高桥文博作了“和辻哲郎的战后思想”、佐々木彻氏作了“诗与宗教——面向西谷哲学的一个路标”的报告。

京都大学还设有西田、田边纪念讲演会，2010年度的讲题是“自觉与自我表现的体系”（伊藤邦武）、“田辺哲学与亲鸾的思想——‘种之逻辑’的挫折与来自新立场的展开”（长谷正当）。

2010年出版的《日本的哲学》第11号以“哲学是什么”为特集。主要论文有《哲学是什么——在科学和哲学之间》（野家启一）、《哲学是什么？哲学史是什么?》(藤田正胜)、《围绕“哲学”展开的争论——philosophy是什么》（中畑正志）、《哲学与信仰——对尼古拉·库萨努斯来说哲学是什么》（八卷和彦）、《哲学与日本思想史研究——土田杏村的“哲学”尝试》(清水正之)。其他还有《昭和思想史中的马克思问题——《德意志意识形态》和三木清》（平子友长）、《木村素卫的制作的美学——康德美学与制作论》(中嶋优太)。顺便指出2009年的主题是“昭和时代的哲学”、2008 年的主题是“大正时代的哲学”、2007 年的主题是“明治时代的哲学”、2006 年的主题是“经验”、2005 年的主题是“他者、关系”、2004 年的主题是“无/空”、2003 年的主题是“语言或翻译”、2002 年的主题是“生命”、2001 年的主题是“构想力/想像力”、2000 年的主题是“西田哲学研究的现状”。

从以上情况可以看出，日本哲学界的特点在于：第一，虽然偶然也有一些和中国哲学或东亚传统相关的内容，但主要的研究方向及其主题和西方哲学相关。第二，强调从哲学史角度、哲学家的个案出发作出研究。第三，近年热烈讨论的话题是哲学和哲学史的关系问题。这和近年中国哲学界在这个问题上的自我反省比较一致。

限于篇幅，其他大学和研究机构的情况不作详细介绍。

三 中国哲学领域

日本近年中国哲学研究的组织与动态，我们在 2009 年的报告中已有比较详细的介绍。这里仅对 2010 年的情况作些描述。2010 年，研究中国哲学的学界（或称中国思想文化）的主要活动场地——日本中国学会在 10 月 9 日、10 日于广岛大学召开了第 62 次大会。其中哲学、思想一组的内容如下：“梦中的死者与魂灵”（白云飞）、“《楚辞》所见上海博物馆藏战国楚竹书《三德》的结构与内容”（吉冨透）、“《吕氏春秋》与《盖庐》——关于秦汉之际时代性与地域性之考察”（青山大介）、“六朝时期散逸医书《僧深方》的辑佚与复原”（多田伊织）、“董仲舒对策真伪说再探”（城山阳宣）、“西晋武帝的‘无为之治’”（岛田悠）、“关于刘向《列女传》——以《孽嬖传》为中心”（白高娃）、“刘向的公私观及其政治背景”（南部英彦）、“浮屠与讖纬——对华夷思想展开的一个讨论”（大久保隆郎）、“《管子》中‘道’的展开”（高田哲太郎）、“今本《老子》之‘道’所见矛盾”（颍川智）、“《刘子》所见刘昼的思想”（池田恭哉）、“《物理小识自序》再探”（斋藤正高）、“刘宗周的本体工夫论”（原信太郎）、“《天学初函》中《职方外纪》的地位——耶稣会士所传达的内容”（安部力）、“明末天主教书中的灵魂——对‘行’的一个考察”（播本崇史）、“全祖望与钞书的精神史”（早坂俊广）、“乾嘉之学与科举”（水上雅晴）、“《养老令·学令》所见的‘凡教授正业……论语郑玄、何晏注’——‘论语郑玄注’是否传到了日本"（高桥均）、"《新五代史》与《蜀梼杌》——以王蜀为主"（大兼健宽）、"东亚'礼'的特质与机能——'礼'之认识与'礼'之接受的困难"（关口顺）。

日本道教学会2010年度第61次大会于11月13日在关西大学举行，发表的内容有"旧北京碧霞元君信仰——以妙峰山娘娘庙会为中心"（二ノ宫聪）、"道教斋法仪礼中命魔的观念"（王晧月）、"白玉蟾与道教圣地"（铃木健郎）、"两晋南北朝时代观音的伪经及其变化——以《高王观世音经》为中心"（田村俊郎）、"关于江户时代中期山口贯道著《养神延命录》"（坂出祥伸）。此次会议还围绕"道教研究的新侧面——从周边国家来看"为题作了集中讨论。

2010年的日本中国哲学研究一如既往，深入到各个时代、各个领域的方方面面，挖掘具体的问题，不作空洞的理论。就特点而言，首先，对中国新出土文献的关注和考察仍是热点。其次，从研究中国自身向中国周边展开，注意中国文化的展开，以及中国与东亚其他国家、与世界其他文明的交流与影响。最后，对青年学者的培养日益重视，发言者中年轻人多。中国学会甚至减少年轻学者的会费，打算组织专场的青年学者学术讨论会。

（曹峰）

2010年国外部分哲学文献

一　英语哲学文献

（一）英语哲学著作

1. David Edmonds; Nigel Warburton, *Philosophy Bites*, Oxford University Press, 2010.

2. Dean Moyar, *The Routledge Companion to Nineteenth Century Philosophy*, Routledge, 2010.

3. Mel Thompson, *Philosophy*, Teach Yourself, 2010.

4. Scott Soames, *Philosophy of Language*, Princeton University Press, 2010.

5. Laurence Lampert, *How Philosophy Became Socratic: A Study of Plato's Protagoras, Charmides, and Republic*, University of Chicago Press, 2010.

6. Joseph Margolis, *Pragmatism's advantage: American and European Philosophy at the end of the Twentieth Century*, Stanford University Press, 2010.

7. Francisco Jose Ayala; Robert Arp, *Contemporary Debates in Philosophy of Biology*, Wiley - Blackwell Pub, 2010.

8. A. C. Grayling, *Thinking of Answers: Questions in the Philosophy of Everyday Life*, Walker, 2010.

9. Charles S. Peirce; Matthew E. Moore, *Philosophy of Mathematics: Selected Writings*, Indiana University Press, 2010.

10. Naomi Zack, *The Handy Philosophy Answer Book*, Visible Ink Press, 2010.

11. Michael Proudfoot; A. R. Lacey, *The Routledge Dictionary of Philosophy*, *Routledge*, 2010.

12. Michael A. E. Dummett, *The Nature and Future of Philosophy*, Columbia University Press, 2010.

13. Frank Schalow; Alfred Denker, *Historical Dictionary of Heidegger's Philosophy*, Scarecrow Press, 2010.

14. Susana Nuccetelli; Ofelia Schutte; Otaávio Bueno, *A Companion to Latin American Philosophy*, Wiley - Blackwell, 2010.

15. Mark Bedau; Carol Cleland, *The Nature of Life: Classical and Contemporary Perspectives from Philosophy and Science*, Cambridge University Press, 2010.

16. Clare Carlisle; Jonardon Ganeri, *Philosophy as Therapeia*, Cambridge University Press, 2010.

17. Dominic Lopes, *A Philosophy of Computer Art*, Routledge, 2010.

18. Peter Goldie, *The Oxford Handbook of Philosophy of Emotion*, Oxford University Press, 2010.

19. David West, *Continental Philosophy: an Introduction*, Polity, 2010.

20. Angus Nicholls; Martin Liebscher, *Thinking the Unconscious: Nineteenth - Century German Thought*, Cambridge University Press, 2010.

21. Alisa Bokulich; Gregg Jaeger, *Philosophy of Quantum Information and Entanglement*, Cambridge University Press, 2010.

22. David Norman Rodowick, *Afterimages of Gilles Deleuze's Film Philosophy*, University of Minnesota Press, 2010.

23. Mary M. Litch, *Philosophy Through Film*, Routledge, 2010.

24. A. C. Grayling, *Ideas that Matter: the Concepts that Shape the 21st Century*, Basic Books, 2010.

25. Paul Richard Blum, *Philosophy of Religion in the Renaissance*, Ashgate Pub, 2010.

26. Anthony Paul Smith; Daniel Whistler, *After the Postsecular and the Postmodern: New Essays in Continental Philosophy of Religion*, Cambridge Scholars Publishing, 2010.

27. Robert Pasnau; Christina van Dyke, *The Cambridge History of Medieval*

Philosophy, Cambridge University Press, 2010.

28. Phillip Cary; John Doody; Kim Paffenroth, *Augustine and Philosophy*, Lexington Books, 2010.

29. F. Ochieng' - Odhiambo, *Trends and Issues in African Philosophy*, Peter Lang, 2010.

30. Andrew Brennan; Y. S. Lo, *Understanding Environmental Philosophy*, Acumen Pub Ltd, 2010.

31. Leslie Hill, *Radical Indecision: Barthes, Blanchot, Derrida, and the Future of Criticism*, University of Notre Dame Press, 2010.

32. Anton Leist; Peter Singer, *J. M. Coetzee and Ethics: Philosophical Perspectives on Literature*, Columbia University Press, 2010.

33. R. W. Sharples, *Particulars in Greek Philosophy: the Seventh S. V. Keeling Colloquium in Ancient Philosophy*, Brill Academic Pub, 2010.

34. Richard Rorty; Randall E. Auxier; Lewis Edwin Hahn, *The Philosophy of Richard Rorty*, Open Court, 2010.

35. Nick Huggett, *Everywhere and Everywhen: Adventures in Physics and Philosophy*, Oxford University Press, 2010.

36. Rudolf A. Makkreel; Sebastian Luft, *Neo - Kantianism in Contemporary Philosophy*, Indiana University Press, 2010.

37. Scott Philip Segrest, *America and the Political Philosophy of Common Sense*, University of Missouri Press, 2010.

38. G. A. J. Rogers; Tom Sorell; Jill Kraye, *Insiders and Outsiders in Seventeenth - Century Philosophy*, Routledge, 2010.

39. M. R. Wright, *Introducing Greek Philosophy*, University of California Press, 2010.

40. Edward Grant, *The Nature of Natural Philosophy in the Late Middle Ages*, Catholic University of America Press, 2010.

41. Thomas M. Norton - Smith, *The Dance of Person and Place: one Interpretation of American Indian Philosophy*, State University of New York Press, 2010.

42. Garry Hagberg; Walter Jost, *A Companion to the Philosophy of Literature*, Wiley - Blackwell, 2010.

43. Alan D. Schrift, *The History of Continental Philosophy*, University of Chicago Press, 2010.

44. James W. Felt, *Adventures in Unfashionable Philosophy*, University of Notre Dame Press, 2010.

45. Anna – Teresa Tymieniecka; Nazif Muhtaroglu, *Classic Issues in Islamic Philosophy and Theology Today*, Springer, 2010.

46. Fonna Forman – Barzilai, *Adam Smith and the Circles of Sympathy: Cosmopolitanism and Moral Theory*, Cambridge University Press, 2010.

47. Alexander Rosenberg; Robert Arp, *Philosophy of Biology: An Anthology*, Wiley – Blackwell, 2010.

48. Candice C. Carter; Ravindra Kumar, *Peace Philosophy in Action*, Palgrave Macmillan, 2010.

49. Antonella Corradini; Timothy O'Connor, *Emergence in Science and Philosophy*, Routledge, 2010.

50. Paige Arthur, *Unfinished Projects: Decolonization and the Philosophy of Jean – Paul Sartre*, Verso, 2010.

51. Charles Taliaferro; Paul Draper; Philip L. Quinn, *A Companion to Philosophy of Religion*, Wiley – Blackwell, 2010.

52. Robert Stecker, *Aesthetics and the Philosophy of Art*, Rowman & Littlefield Publishers, 2010.

53. Stefan Lorenz Sorgner; Oliver Fürbeth, *Music in German Philosophy: an Introduction*, The University of Chicago Press, 2010.

54. Robert Hahn, *Archaeology and the Origins of Philosophy*, State University of New York Press, 2010.

55. William Fish, *Philosophy of Perception: a Contemporary Introduction Routledge*, 2010.

56. David Charles, *Definition in Greek Philosophy*, Oxford University Press, 2010.

57. Graham Robert Oppy; Nick Trakakis; Lynda Burns, *A Companion to Philosophy in Australia & New Zealand*, Monash University Publishing, 2010.

58. Janet A. Kourany, *Philosophy of Science After Feminism*, Oxford University Press, 2010.

59. William Irwin; David Kyle Johnson, *Introducing Philosophy Through pop Culture: from Socrates to South Park, Hume to House*, Wiley - Blackwell, 2010.

60. Raymond J. VanArragon, *Key Terms in Philosophy of Religion*, Continuum, 2010.

61. John R. Shook; James A. Good; John Dewey, *John Dewey's Philosophy of Spirit, with the 1897 Lecture on Hegel*, Fordham University Press, 2010.

62. Michael N. Forster, *After Herder: Philosophy of Language in the German Tradition*, Oxford University Press, 2010.

63. Jon D. Mikalson, *Greek Popular Religion in Greek Philosophy*, Oxford University Press, 2010.

64. Logi Gunnarsson, *Philosophy of Personal Identity and Multiple Personality*, Routledge, 2010.

65. John R. Welch, *Other Voices: Readings in Spanish Philosophy*, University of Notre Dame Press, 2010.

66. Wesley J. Wildman, *Religious Philosophy as Multidisciplinary Comparative Inquiry: Envisioning a Future for the Philosophy of Religion*, State University of New York Press, 2010.

67. W. D. Hart, *The Evolution of Logic*, Cambridge University Press, 2010.

68. Robert Kane, *Ethics and the Quest for Wisdom*, Cambridge University Press, 2010.

69. Denis Alexander; Ronald L. Numbers, *Biology and Ideology from Descartes to Dawkins*, The University of Chicago Press, 2010.

70. Calvin O. Schrag, *Doing Philosophy with Others: Conversations, Reminscences, and Reflections*, Purdue University Press, 2010.

71. Ruth Irwin, *Climate Change and Philosophy: Transformational Possibilities*, Continuum Intl Pub Group, 2010.

72. L. Boeve; Christophe Brabant, *Between Philosophy and Theology: Contemporary Interpretations of Christianity*, Ashgate Pub, 2010.

73. David Stewart; H. Gene Blocker; James M. Petrik, *Fundamentals of Philosophy*, Prentice Hall, 2010.

74. Anthony Kenny, *A New History of Western Philosophy: in Four Parts*, Clarendon Press/Oxford University Press, 2010.

75. Paddy McQueen; Hilary McQueen, *Key Concepts in Philosophy*, Palgrave Macmillan, 2010.

76. David E. Cooper; Peter S. Fosl, *Philosophy: the Classic Readings*, Wiley - Blackwell, 2010.

77. Miguel de Beistegui, *Immanence: Deleuze and Philosophy*, Edinburgh University Press, 2010.

78. Alfred I. Tauber, *Freud, the Reluctant Philosopher*, Princeton University Press, 2010.

79. Thomas C. Brickhouse; Nicholas D. Smith, *Socratic Moral Psychology*, Cambridge University Press, 2010.

80. Shantanu Bose, *Vedic Philosophy*, Alfa Publications, 2010.

81. P. D. Magnus; Jacob Busch, *New Waves in Philosophy of Science*, Palgrave Macmillan, 2010.

82. Gary M. Hamburg; Randall Allen Poole, *A History of Russian Philosophy 1830 - 1930: Faith, Reason, and the Defense of Human Dignity*, Cambridge University Press, 2010.

83. George Graham, *The Disordered Mind: an Introduction to Philosophy of Mind and Mental Illness*, Routledge, 2010.

84. Aaron W. Hughes; Elliot R. Wolfson, *New Directions in Jewish Philosophy*, Indiana University Press, 2010.

85. Christopher Ryan, *Schopenhauer's Philosophy of Religion: the Death of God and the Oriental Renaissance*, Peeters, 2010.

86. Michael Hymers, *Wittgenstein and the Practice of Philosophy*, Broadview Press, 2010.

87. Jean - Clet Martin; Constantin V. Boundas; Susan Dyrkton, *Variations: the Philosophy of Gilles Deleuze*, Edinburgh University Press, 2010.

88. David West, *Continental Philosophy*, Polity, 2010.

89. Andrew Beards, *Philosophy: the Quest for Truth and Meaning*, Liturgical Press, 2010.

90. Paul Patton, *Deleuzian Concepts: Philosophy, Colonization, Politics*,

Stanford University Press, 2010.

91. David Jalal Hyder; Hans - Joörg Rheinberger, *Science and the Life - World: Essays on Husserl's Crisis of European Sciences*, Stanford University Press, 2010.

92. Paul Fairfield, *John Dewey and Continental PhilosophySouthern*, Illinois University Press, 2010.

93. Andrew Bowie; MyiLibrary, *German Philosophy*, Oxford University Press, 2010.

94. Bruce Rosenstock, *Philosophy and the Jewish Question: Mendelssohn, Rosenzweig, and Beyond*, Fordham University Press, 2010.

95. Michael Fagenblat, *A covenant of Creatures: Levinas's Philosophy of Judaism*, Stanford University Press, 2010.

96. Louis Agosta, *Empathy in the Context of Philosophy*, Palgrave Macmillan, 2010.

97. Maria del Guadalupe Davidson; Kathryn T. Gines; Donna - Dale L. Marcano, *Convergences: Black Feminism and Continental Philosophy*, SUNY Press, 2010.

98. Shantanu Bose, *Indian Philosophy*, Alfa Publications, 2010.

99. Christi Favor; Gerald F. Gaus; Julian Lamont, *Essays on Philosophy, Politics & Economics: Integration & Common Research Projects*, Stanford Economics and Finance, 2010.

100. Jon Stewart, *Idealism and Existentialism: Hegel and Nineteenth - and Twentieth - Century European Philosophy*, Continuum, 2010.

101. Pete Mandik, *Key Terms in Philosophy of Mind*, Continuum, 2010.

102. European Philosophy of Science Association, *EPSA Epistemology and Methodology of Science: Launch of the European Philosophy of Science Association*, Springer Verlag, 2010.

103. George Yancy, *The Center Must not Hold: White Women Philosophers on the Whiteness of Philosophy*, Lexington Books, 2010.

104. Thomas M. Kavanagh, *Enlightened Pleasures: Eighteenth - Century France and the New Epicureanism*, Yale University Press, 2010.

105. Arif Ahmed, *Wittgenstein's Philosophical Investigations: a Critical*

guide, Cambridge University Press, 2010.

106. Sarah Sawyer, *New Waves in Philosophy of Language*, Palgrave Macmillan, 2010.

107. Michael L. Peterson, *Philosophy of Religion: Selected Readings*, Oxford University Press, 2010.

108. Jyotirmaya Sharma; A. Raghuramaraju, *Grounding Morality: Freedom, Knowledge and the Plurality of Cultures*, Routledge, 2010.

109. Jay L. Garfield; William Edelglass, *The Oxford Handbook of World Philosophy*, Oxford University Press, 2010.

110. John Arthur; William H. Shaw, *Readings in the Philosophy of Law*, Prentice Hall, 2010.

111. Ed Pluth, *Badiou: a Philosophy of the New*, Polity, 2010.

112. Timothy O'Connor; Constantine Sandis, *A Companion to the Philosophy of Action*, Wiley - Blackwell, 2010.

113. H. C. Plotkin, *Evolutionary Worlds Without End*, Oxford University Press, 2010.

114. Richard Greene; K. Silem Mohammad, *Zombies, Vampires, and Philosophy: New Life for the Undead*, Open Court, 2010.

115. Jon Hellevig, *A Biological Philosophy*, Russia Advisory Group, 2010.

116. John Milbank; Slavoj Žižek; Creston Davis, *Paul's New Moment: Continental Philosophy and the Future of Christian Theology*, Brazos, 2010.

117. Joanna K. Forstrom, *John Locke and Personal Identity: Immortality and Bodily Resurrection in Seventeenth - Century Philosophy*, Continuum, 2010.

118. Haiming Wen, *Chinese Philosophy: Chinese Political Philosophy, Metaphysics, Epistemology and Comparative Philosophy*, China Intercontinental Press, 2010.

119. Peter Gaffney, *The Force of the Virtual: Deleuze, Science, and Philosophy*, University of Minnesota Press, 2010.

120. Thomas Nagel, *Secular Philosophy and the Religious Temperament: Essays* 2002 - 2008, Oxford University Press, 2010.

121. Eva Feder Kittay; Licia Carlson, *Cognitive Disability and Its Chal-*

lenge to Moral Philosophy, Wiley - Blackwell, 2010.

122. Peter A. French; Howard K. Wettstein; Ernest LePore, *Philosophy and Poetry*, Blackwell Pub, 2010.

123. William J. Wainwright, *Philosophy of Religion*, Routledge, 2010.

124. Vlatko Vedral, *Decoding Reality: the Universe as Quantum Information*, Oxford University Press, 2010.

125. Chris Meyers, *The Fetal Position: a Rational Approach to the Abortion Issue*, Prometheus Books, 2010.

126. Charles, Prince of Wales; Tony Juniper; Ian Skelly, *Harmony: a New Way of Looking at Our World*, Harpercollins, 2010.

127. Jane Burbank; Frederick Cooper, *Empires in World History: Power and the Politics of Difference*, Princeton University Press, 2010.

128. John R. Searle, *Making the Social World: the Structure of Human Civilization*, Oxford University Press, 2010.

129. Devin Zane Shaw, *Freedom and Nature in Schelling' s Philosophy of Art*, Continuum, 2010.

130. Raja Halwani, *Philosophy of Love, Sex, and Marriage: an Introduction*, Routledge, 2010.

131. Charles Taliaferro; Elsa J. Marty, *A Dictionary of Philosophy of Religion*, Continuum, 2010.

132. Friedrich Wilhelm Joseph von Schelling; Klaus Ottmann, *Philosophy and Religion*: (1804), Spring Publications, 2010.

133. M. J. Inwood; Georg Ludwig Friedrich Hegel, *A Commentary on Hegel' s Philosophy of Mind*, Clarendon Press, 2010.

134. David Macauley, *Elemental Philosophy: Earth, Air, Fire, and Water as Environmental Ideas*, State University of New York Press, 2010.

135. Matthew E. Moore, *New Essays on Peirce' s Mathematical Philosophy*, Open Court, 2010.

136. Cerwyn Moore; Chris Farrands, *International Relations Theory and Philosophy: Interpretive Dialogues*, Routledge, 2010.

137. Tim Scott, *Organization Philosophy: Gehlen, Foucault, Deleuze*, Palgrave Macmillan, 2010.

138. Viorel Guliciuc; Emilia Guliciuc, *Philosophy of Engineering and Artifact in the Digital Age*, Cambridge Scholars, 2010.

139. Jonathan Brody Kramnick, *Actions and Objects From Hobbes to Richardson*, Stanford University Press, 2010.

140. David Ingram; Alan D. Schrift, *The History of Continental Philosophy*. Volume 5, *Critical Theory to Structuralism*: *Philosophy*, *Politics*, *and the Human Sciences*, The University of Chicago Press, 2010.

141. Irene Kajon, *Contemporary Jewish Philosophy*, Routledge, 2010.

142. John Perry; Michael Bratman; John Martin Fischer, *Introduction to Philosophy*: *Classical and Contemporary Readings*, Oxford University Press, 2010.

143. Michael Lacewing, *Philosophy for A2. Unit* 4, *Philosophical Problems*, Routledge, 2010.

144. Ē. V. Demenchonok, *Philosophy after Hiroshima*, Cambridge Scholars Pub, 2010.

145. Randy Moore; Mark Decker; Sehoya Cotner, *Chronology of the Evolution – Creationism Controversy*, Greenwood Press, 2010.

146. Mariska Leunissen, *Explanation and Teleology in Aristotle' s Science of Nature*, Cambridge University Press, 2010.

147. Gianni Vattimo; Franca D' Agostini, *The Responsibility of the Philosopher*, Columbia University Press, 2010.

148. Galen Strawson, *Mental Reality*, MIT Press, 2010.

149. Jedediah Purdy, *The Meaning of Property*: *Freedom*, *Community*, *and the Legal Imagination*, Yale University Press, 2010.

150. Sheila Lintott, *Motherhood*: *Philosophy for Everyone*. *the Birth of Wisdom*, Wiley – Blackwell, 2010.

151. Meredith Williams, *Blind Obedience*: *Paradox and Learning in the Later Wittgenstein*, Routledge, 2010.

152. Rick Anthony Furtak, *Kierkegaard' s Concluding Unscientific Postscript'* : *a Critical Guide*, Cambridge University Press, 2010.

153. Thomas L. Akehurst, *The Cultural Politics of Analytic Philosophy*: *Britishness and the Spectre of Europe*, Continuum, 2010.

154. Jason Bahbak Mohaghegh, *New Literature and Philosophy of the Middle East: the Chaotic Imagination*, Palgrave Macmillan, 2010.

155. Avihu Zakai, *Jonathan Edwards' s Philosophy of Nature: the Re – enchantment of the World in the Age of Scientific Reasoning*, T & T Clark, 2010.

156. Boethius; Douglas C. Langston, *The Consolation of Philosophy: Authoritative Text, Contexts, Criticism*, W. W. Norton & Company, 2010.

157. Nicholas Rescher, *Philosophical Inquiries: an Introduction to Problems of Philosophy*, University of Pittsburgh Press, 2010.

158. Purushottama Bilimoria; Andrew B. Irvine; Purusottama Bilimoria, *Postcolonial Philosophy of Religion*, Springer, 2010.

159. Dennis Michael Patterson, *A Companion to Philosophy of Law and Legal Theory*, Wiley – Blackwell, 2010.

160. Severin Schroeder, *Philosophy of Literature*, Wiley – Blackwell, 2010.

161. Emily A. Bernhard Jackson, *The Development of Byron' s Philosophy of Knowledge: Certain in Uncertainty*, Palgrave Macmillan, 2010.

162. David Edward Jones; Ellen R. Klein, *Asian Texts, Asian Contexts: Encounters with Asian Philosophies and Religions*, State University of New York Press, 2010.

163. Peter K. Machamer; Gereon Wolters, *Interpretation: ways of Thinking about the Sciences and the Arts*, University of Pittsburgh Press, 2010.

164. Fritz Allhoff, *Philosophies of the Sciences: a Guide*, Wiley – Blackwell, 2010.

165. James Chase; Jack Reynolds, *Analytic Versus Continental: Arguments on the Methods and Value of Philosophy*, McGill – Queen' s University Press, 2010.

166. Anthony O' Hear, *Conceptions of Philosophy.* Volume 65, Cambridge University Press, 2010.

167. Paul Dicken, *Constructive Empiricism: Epistemology and the Philosophy of Science*, Palgrave Macmillan, 2010.

168. Donald Palmer, *Looking at Philosophy: the Unbearable Heaviness of Philosophy Made Lighter*, McGraw – Hill Higher Education, 2010.

169. Douglas N. Husak, *The Philosophy of Criminal Law: Selected Essays*,

Oxford University Press, 2010.

170. John Gascoigne, Ph. D., *Science, Philosophy and Religion in the Age of the Enlightenment: British and Global Contexts*, Ashgate/Variorum, 2010.

171. Noam Chomsky; J. Bricmont; Julie Franck, *Chomsky Notebook*, Columbia University Press, 2010.

172. Stephen Mark Gardiner, *Climate Ethics: Essential Readings*, Oxford University Press, 2010.

173. Kit Richard Christensen, *Nonviolence, Peace, and Justice: a Philosophical Introduction*, Broadview Press, 2010.

174. Thomas Nenon; Alan D. Schrift, *The History of Continental Philosophy*. Volume 1, Kant, *Kantianism, and Idealism: the Origins of Continental Philosophy*, The University of Chicago Press, 2010.

175. Mitchell Aboulafia, *Transcendence: on Self – Determination and Cosmopolitanism*, Stanford University Press, 2010.

176. A. Ramamurty, *Philosophy of Brahman*, Printworld, 2010.

177. Hans – Christoph Schmidt am Busch; Christopher F. Zurn, *The Philosophy of Recognition: Historical and Contemporary Perspectives*, Lexington Books, 2010.

178. John Young, *The Scope of Philosophy*, Gracewing, 2010.

179. Stathis Psillos; Martin Curd, *The Routledge Companion to Philosophy of Science*, Routledge, 2010.

180. Martijn Blaauw, *Contrastivism in Philosophy*, Routledge, 2010.

181. Brian Clarence Hulse; Nick Nesbitt, *Sounding the Virtual: Gilles Deleuze and the Theory and Philosophy of Music*, Ashgate, 2010.

182. Michel Foucault, *The Government of Self and Others*, St Martin's Press, 2010.

183. Jack Reynolds, *Postanalytic and Metacontinental: Crossing Philosophical Divides*, Continuum, 2010.

184. Merigala Gabriel, *Subjectivity and Religious Truth in the Philosophy of Søren Kierkegaard*, Mercer University Press, 2010.

185. André Goddu, *Copernicus and the Aristotelian Tradition: Education*,

Reading, and Philosophy in Copernicus' s Path to Heliocentrism, Brill, 2010.

186. Lawrence J. McCrea; Parimal G. Patil; Jñānasrimitra, *Buddhist Philosophy of Language in India: Jñānasrimitra on Exclusion*, Columbia University Press, 2010.

187. Ralph Barton Perry, *Approach to Philosophy*, General Books, 2010.

188. Manohar Bhardwaj, *Philosophy of Buddhism*, Cyber Tech Publications, 2010.

189. Edward Grant, *The Nature of Natural Philosophy in the Late Middle Ages*, The Catholic University of America Press, 2010.

190. Piotr Stalmaszczyk, *Philosophy of Language and Linguistics*, Ontos Verlag, 2010.

191. Richard A. Cohen, *Levinasian Meditations: Ethics, Philosophy, and Religion*, Duquesne University Press, 2010.

192. Salomon Maimon, *Essay on Transcendental Philosophy*, Continuum, 2010.

193. Deborah K. Heikes, *Rationality and Feminist Philosophy*, Continuum, 2010.

194. Timothy Morton, *The Ecological Thought*, Harvard University Press, 2010.

195. Gordon P. Baker; P. M. S. Hacker, *Wittgenstein - - rules, Grammar, and Necessity: Essays and Exegesis of* 185 - 242, Wiley - Blackwell, 2010.

196. Richard Arnot Home Bett, *The Cambridge Companion to Ancient Scepticism*, Cambridge University Press, 2010.

197. D. L. D' Avray, *Rationalities in History: a Weberian Essay in Comparison*, Cambridge University Press, 2010.

198. Fred Spier, *Big History and the Future of Humanity*, Wiley - Blackwell, 2010.

199. Christian Smith, *What is a Person?: Rethinking Humanity, Social Life, and the Moral Good From the Person up*, University of Chicago Press, 2010.

200. Robert W. Sharples, *Particulars in Greek Philosophy: the Seventh*

S. V. Keeling Colloquium in Ancient Philosophy, Brill, 2010.

201. Maria Alvarez, *Kinds of Reasons: an Essay in the Philosophy of Action*, Oxford University Press, 2010.

202. Antonella Corradini; Sergio Galvan; E. J. Lowe, *Analytic Philosophy Without Naturalism*, Routledge, 2010.

203. Michael Oren Fitzgerald, *Frithjof Schuon: Messenger of the Perennial Philosophy*, World Wisdom, 2010.

204. Muhsin Mahdi; Charles E. Butterworth, *Alfarabi and the Foundation of Lslamic Political Philosophy*, University of Chicago Press, 2010.

205. Todd May; Alan D. Schrift, *The History of Continental Philosophy.* Volume 8, *Emerging Trends in Continental Philosophy*, The University of Chicago Press, 2010.

206. Muhammad Moinuddin Khan; M. H. Syed, *Encyclopaedia of Muslim Philosophy*, Anmol Publications, 2010.

207. Todd Hedrick, *Rawls and Habermas: Reason, Pluralism, and the Claims of Political Philosophy*, Stanford University Press, 2010.

208. Lloyd P. Gerson, *The Cambridge History of Philosophy in Late Antiquity*, Cambridge University Press, 2010.

209. Plato; Malcolm Schofield; Tom Griffith, *Gorgias, Menexenus, Protagoras*, Cambridge University Press, 2010.

210. Paul Cilliers; Rika Preiser, *Complexity, Difference and Identity: an Ethical Perspective*, Springer, 2010.

211. Avital Wohlman; David B. Burrell, *Al－Ghazali, Averroës and the Interpretation of the Qur'an: Common Sense and Philosophy in Islam*, Routledge, 2010.

212. Marcel Weber, *Philosophy of Experimental Biology*, Cambridge University Press, 2010.

213. Jeremy Butterfield; *Constantine Pagonis From Physics to Philosophy*, Cambridge University Press, 2010.

214. Chad V. Meister; Paul Copan, *The Routledge Companion to Philosophy of Religion*, Routledge, 2010.

215. Michael Boylan; Charles Richard Johnson, *Philosophy: an Innovative*

Introduction: *Fictive Narrative, Primary Texts, and Responsive Writing*, Westview Press, 2010.

216. Jennifer K. Uleman, *An Introduction to Kant's Moral Philosophy*, Cambridge University Press, 2010.

217. Surendranath Dasgupta, *A History of Indian Philosophy*. Volume 1, General Books, 2010.

218. Anthony De Jasay; Hartmut Kliemt, *Political Philosophy, Clearly: Essays on Freedom and Fairness, Property and Equalities*, Liberty Fund, 2010.

219. Robert Louis Hoffman, *Anarchism as Political Philosophy*, Aldine-Transaction, 2010.

220. Albert Schweitzer; C. T. Campion, *The Philosophy of Civilization*, Kessinger Publishing, 2010.

221. Stefan Paul Linquist, *Philosophy of Evolutionary Biology*. Volume 1, Ashgate, 2010.

222. Michael Funk Deckard; Péter Losonczi, *Philosophy Begins in Wonder: an Introduction to Early Modern Philosophy, Theology, and Science*, Pickwick Publications, 2010.

223. Alan D. Schrift, *The History of Continental Philosophy*. Volume 6, *Poststructuralism and Critical Theory's Second Generation*, The University of Chicago Press, 2010.

224. Peter Eli Gordon, *Continental Divide: Heidegger, Cassirer, Davos*, Harvard University Press, 2010.

225. Peter Achinstein, *Evidence, Explanation, and Realism: Essays in the Philosophy of Science*, Oxford University Press, 2010.

226. Leen De Bolle, *Deleuze and Psychoanalysis: Philosophical Essays on Deleuze's Debate with Psychoanalysis*, Leuven University Press, 2010.

227. Marije Martijn, *Proclus on Nature: Philosophy of Nature and its Methods in Proclus' Commentary on Plato's Timaeus*, Brill, 2010.

228. Bryan Magee, *The Story of Philosophy*, Dorling Kindersley, 2010.

229. Henrik Lagerlund, *Encyclopedia of Medieval Philosophy: Philosophy Between 500 and 1500*, Springer, 2010.

230. Günter Figal, *Objectivity: the Hermeneutical and Philosophy*, State U-

niversity of New York Press, 2010.

231. Frederic P. Miller; Agnes F. Vandome; John McBrewster, *Action Theory (Philosophy)*, Alphascript, 2010.

232. Anthony Tol, *Philosophy in the Making: D. H. Th. Vollenhoven and the Emergence of Reformed Philosophy*, Dordt College Press, 2010.

233. Graham Robert Oppy; Michael Scott, *Reading Philosophy of Religion*, Wiley - Blackwell, 2010.

234. Friedrich Wallner; Florian Schmidsberger; Franz Martin Wimmer, *Intercultural Philosophy: new Aspects and Methods*, P. Lang, 2010.

235. Carmen Meinert, *Traces of Humanism in China: Tradition and Modernity*, Transcript, 2010.

236. Hans Ulrich Vogel; Günter Dux; Mark Elvin, *Concepts of Nature: a Chinese - European Cross - Cultural Perspective*, Brill, 2010.

237. Michael Ehrmantraut, *Heidegger's Philosophic Pedagogy*, Continuum, 2010.

238. Mirja Hartimo, *Phenomenology and Mathematics*, Springer, 2010.

239. Andrew E. Benjamin, *Place, Commonality, and Judgement: Continental Philosophy and the Ancient Greeks*, Continuum, 2010.

240. Nicholas Saul, *Philosophy and German literature*, 1700 - 1990, Cambridge University Press, 2010.

241. J. B. Schneewind, *Essays on the History of Moral Philosophy*, Oxford University Press, 2010.

242. Caroline van Eck; James McAllister; Renée van de Vall, *The Question of Style in Philosophy and the Arts*, Cambridge University Press, 2010.

243. George G. M. James, *Stolen Legacy: the Egyptian Origins of Western Philosophy*, Feather Trail Press, 2010.

244. Stephen F. Brown; Juan Carlos Flores, *The A to Z of Medieval Philosophy and Theology*, Scarecrow, 2010.

245. Daniel W. Graham, *The Texts of Early Greek Philosophy: the Complete Fragments and Selected Testimonies of the Major Presocratics*, Cambridge University Press, 2010.

246. Lieve Van Hoof, *Plutarch's Practical Ethics: the Social Dynamics of*

Philosophy, Oxford University Press, 2010.

247. Christopher Norris, *The Deconstructive Turn: Essays in the Rhetoric of Philosophy*, Routledge, 2010.

248. Sergius Kodera, *Disreputable Bodies: Magic, Medicine and Gender in Renaissance Natural Philosophy*, Centre for Reformation and Renaissance Studies, 2010.

249. W. T. Stace, *A Critical History of Greek Philosophy*, Floating Press, 2010.

250. Michael Lacewing, *Philosophy for A2: Unit 3: Key Themes in Philosophy*, Routledge, 2010.

251. Georg Ludwig Friedrich Hegel; William Wallace; Arnold V. Miller; M. J. Inwood, *Hegel's Philosophy of Mind*, Clarendon Press, 2010.

252. Ernst Tugendhat, *Traditional and Analytical Philosophy: Lectures on the Philosophy of Language*, Cambridge University Press, 2010.

253. Jesús H. Aguilar; Andrei A. Buckareff; Keith Frankish, *New Waves in Philosophy of Action*, Palgrave Macmillan, 2010.

254. Hyam Maccoby, *Philosophy of the Talmud*, Routledge, 2010.

255. Robert Stecker, *Aesthetics and the Philosophy of Art: an Introduction*, Rowman & Littlefield Pub, 2010.

256. Heather Webb, *The Medieval Heart*, Yale University Press, 2010.

257. Mark A. Bedau, *The Nature of Life: Classical and Contemporary Perspectives From Philosophy and Science*, Cambridge University Press, 2010.

258. Sam B. Girgus, *Levinas and the Cinema of Redemption: Time, Ethics, and the Feminine*, Columbia University Press, 2010.

259. Andrew Fuyarchuk, *Gadamer's Path to Plato: a Response to Heidegger and a Rejoinder by Stanley Rosen*, Wipf & Stock, 2010.

260. Thanos Zartaloudis, *Giorgio Agamben: Power, Law and the Uses of Criticism*, Routledge, 2010.

261. Edmund Neill, *Michael Oakeshott*, Continuum, 2010.

262. Timothy Brook, *The Troubled Empire: China in the Yuan and Ming Dynasties*, Belknap Press of Harvard University Press, 2010.

263. Erin McCarthy, *Ethics Embodied: Rethinking Selfhood Through Conti-*

nental, *Japanese, and Feminist Philosophies*, Lexington Books, 2010.

264. Mary Efrosini Gregory, *Freedom in French Enlightenment Thought*, Peter Lang, 2010.

265. Xavier Zubiri; Joaquín Redondo; Thomas B. Fowler, *Fundamental Problems of Western Metaphysics*, University Press of America, 2010.

266. Tyler Burge, *Origins of Objectivity*, Oxford University Press, 2010.

267. Cambridge University Press, *The Ironic Defense of Socrates: Plato' s Apology*, Cambridge University Press, 2010.

268. Julia Voss; Lori Lantz, *Darwin' s Pictures: Views of Evolutionary Theory*, 1837 - 1874, Yale University Press, 2010.

269. Jeroen van Dongen, *Einstein' s Unification*, Cambridge University Press, 2010.

270. Brian Z. Tamanaha, *Beyond the Formalist - Realist Divide: the Role of Politics in Judging*, Princeton University Press, 2010.

271. Peter Baehr, *Hannah Arendt, Totalitarianism, and the Social Sciences*, Stanford University Press, 2010.

272. Filip Mattens; Hanne Jacobs; Carlo Ierna, *Philosophy, Phenomenology, Sciences: Essays in Commemoration of Edmund Husserl*, Springer Science, 2010.

273. George Stuart Fullerton, *An Introduction to Philosophy*, Book Jungle, 2010.

274. John Mullarkey, *Philosophy and the Moving Image: Refractions of Reality*, Palgrave Macmillan, 2010.

275. Paolo Mancosu, *The Adventure of Reason: Interplay Between Philosophy of Mathematics and Mathematical Logic*, 1900 - 1940, Oxford University Press, 2010.

276. Nagendra Kr Singh; A. P. Mishra, *Global Encyclopaedia of Indian Philosophy*, Global Vision Pub, 2010.

277. N. Ann Davis; Richard Keshen; Jeff McMahan, *Ethics and Humanity: Themes From the Philosophy of Jonathan Glover*, Oxford University Press, 2010.

278. Centre for Studies in Civilizations, *Materialism and immaterialism in*

India and the West: Varying Vistas, Munshirm Manoharlal Pub Pvt Ltd, 2010.

279. George Graham, *The Disordered Mind: an Introduction to Philosophy of Mind and Mental illness*, Routledge, 2010.

280. Michael B. Wilkinson; Hugh N. Campbell, *Philosophy of Religion: an Introduction*, Continuum, 2010.

281. Kurt Brandhorst, *Descartes' Meditations on first Philosophy*, Edinburgh University Press, 2010.

282. Claudia Baracchi, *Aristotle's Ethics as first Philosophy*, Cambridge University Press, 2010.

283. Timothy W. O'Connor, *A Companion to the Philosophy of Action*, Wiley-Blackwell, 2010.

284. Jeremy Harwood, *Philosophy: a Beginner's Guide to the Ideas of 100 Great Thinkers*, Quercus, 2010.

285. Alain Badiou, *Second Manifesto for Philosophy*, Polity, 2010.

286. W. Windelband; Herbert Ernest Cushman, *History of Ancient Philosophy*, Nabu Press, 2010.

287. Richard G. Stevens, *Political Philosophy: an Introduction*, Cambridge University Press, 2010.

288. Sharon R. Steadman; Jennifer C. Ross, *Agency and Identity in the Ancient Near East: New Paths Forward*, Equinox Pub, 2010.

289. Bernd Herzogenrath, *An American Body-Politic: a Deleuzian Approach*, Dartmouth, 2010.

290. Philip Stokes, *Philosophy: 100 Essential Thinkers*, Arcturus Publishing, 2010.

291. Brad Inwood, *Oxford Studies in Ancient Philosophy*. Vol. 38, Oxford University Press, 2010.

292. Klaus Petrus, *Meaning and Analysis: New Essays on Grice*, Palgrave Macmillan, 2010.

293. Samantha Novello, *Albert Camus as Political Thinker: Nihilisms and the Politics of Contempt*, Palgrave Macmillan, 2010.

294. Brad Inwood, *Oxford Studies in Ancient Philosophy*. Vol. 39, Oxford University Press, 2010.

295. Mieszko Talasiewicz, *Philosophy of Syntax: Foundational Topics*, Springer, 2010.

296. J. P. A. Mekkes, *Creation, Revelation, and Philosophy*, Dordt College Press, 2010.

297. Lisa T. Sarasohn, *The Natural Philosophy of Margaret Cavendish*, The Johns Hopkins University Press, 2010.

298. Alan Kam - leung Chan; Yuet Keung Lo, *Philosophy and Religion in Early Medieval China*, State University of New York Press, 2010.

299. David Jones, *The Gift of Logos: Essays in Continental Philosophy*, Cambridge Scholars, 2010.

300. Keith Ansell - Pearson; Alan D. Schrift, *The History of Continental Philosophy*. Volume 3, *The New Century: Bergsonism, Phenomenology, and Responses to Modern Science*, The University of Chicago Press, 2010.

301. John Bickle, *Philosophy and Neuroscience: a Ruthlessly Reductive Account*, Springer, 2010.

302. Johannes Bronkhorst; Karin Preisendanz, *From Vasubandhu to Caitanya: Studies in Indian Philosophy and its Textual History*, Motilal Banarsidass Publishers, 2010.

303. David James, *Fichte's Social and Political Philosophy: Property and Virtue*, Cambridge University Press, 2010.

304. Alan D. Schrift; Daniel W. Conway, *The History of Continental Philosophy*. Volume 2, *Nineteenth - Century Philosophy: Revolutionary Responses to the Existing Order*, The University of Chicago Press, 2010.

305. Stephen S. Hall, *Wisdom: From Philosophy to Neuroscience*, University of Queensland Press, 2010.

306. Antony Eagle, *Philosophy of Probability: Contemporary Readings*, Routledge, 2010.

307. Richard Thomas Eldridge, *Beyond Representation: Philosophy and Poetic Imagination*, Cambridge University Press, 2010.

308. Graham Priest; Damon Young, *Martial Arts and Philosophy: Beating and Nothingness*, Open Court, 2010.

309. Thom Brooks, *Hegel's Political Philosophy: a Systematic Reading of*

the Philosophy of Right, Edinburgh University Press, 2010.

310. Richard L. Mendelsohn, *The Philosophy of Gottlob Frege*, Cambridge University Press, 2010.

311. Graham Macdonald; Cynthia Macdonald, *Emergence in Mind*, Oxford University Press, 2010.

312. Ethan Putterman, *Rousseau, Law and the Sovereignty of the People*, Cambridge University Press, 2010.

313. Ian Marsh, *Suicide: Foucault, History and Truth*, Cambridge University Press, 2010.

314. David Stewart, *Exploring the Philosophy of Religion*, Pearson Prentice Hall, 2010.

315. Richard E. Lee, *Questioning Nineteenth - Century Assumptions about Knowledge*, State University of New York Press, 2010.

316. Maria Drakopoulou, *Feminist Encounters with Legal Philosophy*, Routledge - Cavendish, 2010.

317. Andrea Wilson Nightingale; D. N. Sedley, *Ancient Models of Mind: Studies in Human and Divine Rationality*, Cambridge University Press, 2010.

318. Richard A. Fumerton; Diane Jeske, *Introducing Philosophy Through film: Key Texts, Discussion, and Film Selections*, Wiley - Blackwell, 2010.

319. Scott Soames, *What is Meaning?* Princeton University Press, 2010.

320. Cary Wolfe, *What is Posthumanism?* University of Minnesota Press, 2010.

321. Bence Nanay, *Perceiving the World*, Oxford University Press, 2010.

322. Pamela Sue Anderson, *New Topics in Feminist Philosophy of Religion: Contestations and Transcendence Incarnate*, Springer, 2010.

323. Steven M. Cahn, *Political Philosophy: the Essential Texts*, Oxford University Press, 2010.

324. L. Nathan Oaklander, *C. D. Broad's Philosophy of Time*, Routledge, 2010.

325. Ute Deichmann; Anthony S. Travis, *Darwinism, Philosophy, and Experimental Biology*, Springer, 2010.

326. Ībrahim Kalin, *Knowledge in Later Islamic Philosophy*: Mulla - Saadrā

on *Existence, Intellect, and Intuition*, Oxford University Press, 2010.

327. Etienne Balibar; John Rajchman; Anne Boyman, *French Philosophy Since 1945: Problems, Concepts, Inventions*, New Press, 2010.

328. Peter Ludlow, *The Philosophy of Generative Linguistics*, Oxford University Press, 2010.

329. Rex Welshon, *Problems of Consciousness*, Acumen, 2010.

330. Kimberly Hutchings; Tuija Pulkkinen, *Hegel's Philosophy and Feminist Thought: Beyond Antigone?* Palgrave Macmillan, 2010.

331. David Woodruff Smith; Amie L. Thomasson, *Phenomenology and Philosophy of Mind*, Clarendon, 2010.

332. Jeffrey J. Jordan, *Philosophy of Religion: the Key Thinkers*, Continuum International Pub, 2010.

333. Alexander N. Chumakov, *Philosophy of Globalization: Selected Articles*, MAKS Press, 2010.

334. Cowherds, *Moonshadows: Conventional Truth in Buddhist Philosophy*, Oxford University Press, 2010.

335. Junjie Huang; John Allen Tucker, *Dao Companion to Japanese Confucian Philosophy*, Springer, 2010.

336. Paul Dicken, *Constructive Empiricism: Epistemology and the Philosophy of Science*, Palgrave Macmillan, 2010.

337. Zhongying Cheng; On Cho Ng, *Philosophy of the Yi: Unity and Dialectics*, Wiley – Blackwell, 2010.

338. Ernst Cassirer; Mario Domandi, *The Individual and the Cosmos in Renaissance Philosophy*, University of Chicago Press, 2010.

339. Roger Grainger, *The Uses of Chaos*, Peter Lang, 2010.

340. Marina Oshana, *The Importance of How We See Ourselves: Self – Identity and Responsible Agency*, Lexington Books, 2010.

341. Christopher Bartley, *An Introduction to Indian Philosophy*, Continuum, 2010.

342. Meg Harris Williams, *The Aesthetic Development: the Poetic Spirit of Psychoanalysis: Essays on Bion, Meltzer, Keats*, Karnac, 2010.

343. O. V. Bychkov, *Greek and Roman Aesthetics*, Cambridge University

Press, 2010.

344. Sergius Kodera, *Disreputable Bodies: Magic, Medicine and Gender in Renaissance Natural Philosophy*, Centre for Reformation and Renaissance Studies, 2010.

345. Irene Kajon, *Contemporary Jewish Philosophy: an Introduction*, Routledge, 2010.

346. Daniel Garber; Steven M. Nadler, *Oxford Studies in Early Modern Philosophy*. Volume Ⅴ, Oxford University Press, 2010.

347. C. J. Misak, *The Oxford Handbook of American Philosophy*, Oxford University Press, 2010.

348. Maurice Hamington, *The Social Philosophy of Jane Addams*, Combined Academic, 2010.

349. Mary Lynne Ellis; Noreen O'Connor, *Questioning Identities: Philosophy in Psychoanalytic Practice*, Karnac, 2010.

350. Sahotra Sarkar, *Biodiversity and Environmental Philosophy: an Introduction*, Cambridge University Press, 2010.

351. David Sprintzen, *Critique of Western Philosophy and Social Theory*, Palgrave Macmillan, 2010.

352. Stephen Palmquist, *Cultivating Personhood: Kant and Asian Philosophy*, De Gruyter, 2010.

353. Vishwa Adluri, *Parmenides, Plato and Mortal Philosophy: Return From Transcendence*, Continuum International Pub, 2010.

354. Colin Smith, *Contemporary French Philosophy: a Study in Norms and Values*, Routledge, 2010.

355. Pathiaraj Rayappan, *Intention in Action: the Philosophy of G. E. M. Anscombe*, Peter Lang, 2010.

356. Ben Goertzel, *A Cosmist Manifesto: Practical Philosophy for the Posthuman Age*, Humanity press, 2010.

357. Herbert Marcuse; Douglas Kellner; Clayton C. Pierce, *Philosophy, Psychoanalysis and Emancipation*, Routledge, 2010.

358. Erwin Isak Jakob Rosenthal, *Judaism, Philosophy, Culture*, Routledge, 2010.

359. Mauricio Suárez; Mauro Dorato; Miklós Rédei, *EPSA Epistemology and Methodology of Science*, Springer, 2010.

360. I. Grattan - Guinness, *Corroborations and Criticisms: Forays with the Philosophy of Karl Popper*, College Publications, 2010.

361. Thomas L. Akehurst; MyiLibrary, *The Cultural Politics of Analytic Philosophy: Britishness and the Spectre of Europe*, Continuum, 2010.

362. Henrik Jøker Bjerre; Carsten Bagge Lausten, *The Subject of Politics: Slavoj Zizek' s Political Philosophy*, Humanities - Ebooks, 2010.

363. Peter Morton, *A Historical Introduction to the Philosophy of Mind: Readings With Commentary*, Broadview Press, 2010.

364. Erik J. Olsson; Sebastian Enqvist, *Belief Revision Meets Philosophy of Science*, Springer, 2010.

365. Brooke Noel Moore; Kenneth Bruder, *Philosophy: the Power of Ideas*, McGraw - Hill, 2010.

366. Zhongying Cheng; Franklin Perkins, *Chinese Philosophy in Excavated Early Texts*, Wiley - Blackwell, 2010.

367. Robert Pasnau, *The Cambridge History of Medieval Philosophy*, Cambridge University, 2010.

368. Charles Blattberg, *Patriotic Elaborations: Essays in Practical Philosophy*, Mcgill Queens Univ Pr, 2010.

369. Dominique Janicaud, *A Beginner' s Guide to Philosophy*, Pegasus Books, 2010.

370. J. W. Watt, *Rhetoric and Philosophy From Greek into Syriac*, Ashgate Variorum, 2010.

371. Robert C. Solomon, *The Big Questions: a Short Introduction to Philosophy*, Wadsworth, 2010.

372. Decio Krause, *Brazilian Studies in Philosophy and History of Science: an Account of Recent Works*, Springer, 2010.

373. Stephen Bull, *Photography*, Routledge, 2010.

374. Arkady Plotnitsky, *Epistemology and Probability: Bohr, Heisenberg, SchrōDinger and the Nature of Quantum - Theoretical Thinking*, Springer, 2010.

375. C. Alexander Simpkins; Annellen M. Simpkins, *The Dao of Neuroscience: Combining Eastern and Western Principles for Optimal Therapeutic Change*, W. W. Norton, 2010.

376. C. E. M. Joad, *Essays in Common Sense Philosophy*, General Books LLC, 2010.

377. Joshua Cohen, *Rousseau: a Free Community of Equals*, Oxford University Press, 2010.

378. Mark Rowlands, *The New Science of the Mind: From Extended Mind to Embodied Phenomenology*, MIT Press, 2010.

379. Arthur Hyman; James J. Walsh; Thomas Williams, *Philosophy in the Middle Ages: the Christian, Islamic, and Jewish Traditions*, Hackett Pub, 2010.

380. Earl Stanley B. Fronda, *Wittgenstein's (Misunderstood) Religious Thought*, Brill, 2010.

381. Freddie Rokem, *Philosophers and Thespians: Thinking Performance*, Stanford University Press, 2010.

382. Miriam Leonard, *Derrida and Antiquity*, Oxford University Press, 2010.

383. Paul Richard Blum, *Philosophers of the Renaissance*, Catholic University of America Press, 2010.

384. Fred Feldman, *What is this Thing Called Happiness?* Oxford University Press, 2010.

385. Tamar Gendler, *Intuition, Imagination, and Philosophical Methodology*, Oxford University Press, 2010.

386. Colin Davis, *Critical Excess: Overreading in Derrida, Deleuze, Levinas, Žižek and Cavell*, Stanford University Press, 2010.

387. Nils J. Nilsson, *The Quest for Artificial Intelligence: a History of Ideas and Achievements*, Cambridge University Press, 2010.

388. Peter Hylton, *Propositions, Functions, and Analysis: Selected Essays on Russell's Philosophy*, Clarendon Press, 2010.

389. Khaled El - Rouayheb, *Relational Syllogisms and the History of Arabic Logic*, 900 - 1900, Brill, 2010.

390. Paul L. Nevins, *The Politics of Selfishness: How John Locke's Legacy is Paralyzing America*, Praeger, 2010.

391. Don Ihde, *Heidegger's Technologies: Postphenomenological Perspectives*, Fordham University Press, 2010.

392. Martin Puchner, *The Drama of Ideas: Platonic Provocations in Theater and Philosophy*, Oxford University Press, 2010.

393. Kuisma Korhonen; Pajari Räsänen, *The Event of Encounter in Art and Philosophy: Continental Perspectives*, Gaudeamus, 2010.

394. Otfried Höffe, *Kant's Critique of Pure Reason: the Foundation of Modern Philosophy*, Springer, 2010.

395. Seymour Feldman, *Philosophy in a Time of Crisis*, Routledge, 2010.

396. John Hick, *Dialogues in the Philosophy of Religion*, Palgrave Macmillan, 2010.

397. Hegel, G. W. F.; Petry, M. J., *Hegel's Philosophy of Nature*, Routledge, 2010.

398. Kurt Brandhorst, *Descartes' Meditations on first Philosophy*, Indiana University Press, 2010.

399. S. Foster Damon, *William Blake: his Philosophy and Symbols*, Kessinger Publishing, 2010.

400. Dr Tim Scott, *Organization Philosophy: Gehlen, Foucault, Deleuze*, Palgrave Macmillan, 2010.

401. Mark TEXTOR, *Routledge Philosophy Guidebook to Frege on Sense and Reference*, Routledge, 2010.

402. Lon S. Nease; Michael W. Austin, *FATHERHOOD: Philosophy for Everyone: Dao of Daddy*, Wiley - Blackwell, 2010.

403. Christopher Norris, *The Deconstructive Turn: Essays in the Rhetoric of Philosophy*, Routledge, 2010.

404. Reuven Agushevits; Mark Steiner, *Ancient Greek Philosophy From Thales to the Pythagoreans*, KTAV Publishing House, 2010.

405. Andrew Buchwalter, *Dialectics, Politics, and the Contemporary Value of Hegel's Practical Philosophy*, Routledge, 2010.

406. James Mark Baldwin, *Dictionary of Philosophy and Psychology*, Nabu

Press, 2010.

407. Scott Andrew Halse, *Bernard Lonergan's Methodology and the Philosophy of Religion: Functional Specialization and Religious Diversity*, Edwin Mellen Press, 2010.

408. Pierfrancesco Basile, *The Metaphysics of Consciouness*, Cambridge University Press, 2010.

409. Todd Hedrick, *Rawls and Habermas: Reason, Pluralism, and the Claims of Political Philosophy*, Stanford University Press, 2010.

410. Ingolf U. Dalferth; Hartmut von Sass, *The Contemplative Spirit: D. Z. Phillips on Religion and the Limits of Philosophy*, Mohr Siebeck, 2010.

411. Brayton Polka, *Between Philosophy and Religion*: Vol. 2, *Politics and Ethics Spinoza, the Bible, and Modernity*, Lexington Books, 2010.

412. Brayton Polka, *Between Philosophy and Religion*: Vol. 1, *Hermeneutics and Ontology Spinoza, the Bible, and Modernity*, Lexington Books, 2010.

413. Chikile Prema Kumar, *Religion and the Modern World: a Study of the Philosophy of Dr. S. Radhakrishnan*, Akansha Pub. House, 2010.

414. Alan Hausman; Howard Kahane; Paul Tidman, *Logic and Philosophy: a Modern Introduction*, Thomson Wadsworth, 2010.

415. Michael Ruse, *The Oxford Handbook of Philosophy of Biology*, Oxford University Press, 2010.

416. Jon Mayled; Judith Anderson, *Philosophy and Applied Ethics for OCR B. Revision Guide*, Hodder Education, 2010.

417. Averroës, *On the Harmony of Religions and Philosophy*, Dodo Press, 2010.

418. Aviezer Tucker, *A Companion to the Philosophy of History and Historiography*, Wiley - Blackwell, 2010.

419. Roy Bhaskar, *Plato etc.: Problems of Philosophy and Their Resolution*, Routledge, 2010.

420. Gregory Currie, *Narratives and Narrators: a Philosophy of Stories*, Oxford University Press, 2010.

421. Emmanuel Faye, *Heidegger: the Introduction of Nazism Into Philosophy*, Yale University Press, 2010.

422. Diane Jeske; Richard A. Fumerton, *Readings in Political Philosophy: Theory and Applications*, Eurospan, 2010.

423. Allan M. Savage, *Phenomenological Philosophy: and Reconstruction in Western Theism*, WestBow Press, 2010.

424. Chris Thornhill, *German Political Philosophy: the Metaphysics of Law*, Routledge, 2010.

425. Elisabeth Roudinesco, *Philosophy in Turbulent Times: Canguilhem, Sartre, Foucault, Althusser, Deleuze, Derrida*, Columbia University Press, 2010.

426. María Alvarez, *Kinds of Reasons: an Essay in the Philosophy of Action*, Oxford University Press, 2010.

427. D. Christopher Ralston; Justin Ho, *Philosophical Reflections on Disability*, Springer Verlag, 2010.

428. Manuel Eugen Bremer, *Universality in Set Theories: a Study in Formal Ontology*, Transaction Books, 2010.

429. Wei Zhang, *What is Enlightenment?: Can China Answer Kant's Question?* State University of New York Press, 2010.

430. Pamela Sue Anderson; Jordan Bell, *Kant and Theology*, T & T Clark, 2010.

431. Jennifer Ann Bates, *Hegel and Shakespeare on Moral Imagination*, State University of New York Press, 2010.

432. Michael P. Jensen, *Martyrdom and Identity: the Self on Trial*, T & T Clark, 2010.

433. S. J. McGrath; Andrzej Wierciński, *A Companion to Heidegger's Phenomenology of Religious Life*, Rodopi, 2010.

434. Raymond Geuss, *Politics and the Imagination*, Princeton University Press, 2010.

435. Monica Vilhauer, *Gadamer's Ethics of Play: Hermeneutics and the Other*, Lexington Books, 2010.

436. John N. Deely, *Medieval Philosophy Redefined: the Development of Cenoscopic Science, AD* 354 *to* 1644, University of Scranton Press, 2010.

437. Linda A. W. Brakel, *Unconscious Knowing and Other Essays in Psycho-Philosophical Analysis*, Oxford University Press, 2010.

438. Theodore R. Schatzki, *The Timespace of Human Activity: on Performance, Society, and History as Indeterminate Teleological Events*, Lexington Books, 2010.

439. Richard Dien Winfield, *Hegel and Mind: Rethinking Philosophical Psychology*, Palgrave Macmillan, 2010.

440. Christopher Want, *Philosophers on Art From Kant to the Postmodernists: a Critical Reader*, Columbia University Press, 2010.

441. Joseph M. Nyasani, *Philosophy of Development: an African Perspective: Reflections on Why Africa May Never Develop on the Western Model*, Consolata Institute of Philosophy Press, 2010.

442. Y. Tzvi Langermann, *Avicenna and his Legacy: a Golden Age of Science and Philosophy*, Marston, 2010.

443. Brian Leiter; Michael Rosen, *The Oxford Handbook of Continental Philosophy*, Oxford University Press, 2010.

444. Bernard Schumacher, *Death and Mortality in Contemporary Philosophy*, Cambridge University Press, 2010.

445. General Books, *History of the Philosophy of History*, General Books, 2010.

446. Robert Hanna, *Kant and the Foundations of Analytic Philosophy*, Clarendon, 2010.

447. Komarine Romdenh - Romluc, *Routledge Philosophy Guidebook to Merleau - Ponty and Phenomenology of Perception*, Routledge, 2010.

448. Kisor Kumar Chakrabarti; Gan□ geśa, *Classical Indian Philosophy of Induction: the Nyāya Viewpoint*, Lexington Books, 2010.

449. Anthony Preus, *The A to Z of Ancient Greek Philosophy*, Scarecrow, 2010.

450. David Macauley, *Elemental Philosophy: Eearth, air, fire, and Water as Elemental Ideas*, State University of New York Press, 2010.

451. Samantha Novello, *Albert Camus as Political Thinker: Nihilisms and the Politics of Contempt*, Palgrave Macmillan, 2010.

452. Lisa T. Sarasohn, *The Natural Philosophy of Margaret Cavendish: Reason and Fancy During the Scientific Revolution*, Johns Hopkins University

Press, 2010.

453. Christofer Edling; Jens Rydgren, *Sociological Insights of Great Thinkers: Sociology Through Literature, Philosophy, and Science*, Praeger, 2010.

454. Andrew Beards, *Insight and Analysis: Essays in Applying Lonergan's Thought*, Continuum, 2010.

455. Andrzej Wierciński, *Hermeneutics Between Philosophy and Theology: the Imperative to Think the Incommensurable*, Global, 2010.

456. Richard DeWitt, *Worldviews: an Introduction to the History and Philosophy of Science*, Wiley - Blackwell, 2010.

457. Virgilio Pacioni, *Augustine of Hippo: his Philosophy in a Historical and Contemporary Perspective*, Gracewing, 2010.

458. Ronald Beiner, *Civil Religion: a Dialogue in the History of Political Philosophy*, Cambridge University Press, 2010.

459. Piotr Balcerowicz, *Logic and Belief in Indian Philosophy*, Motilal Banarsidass Publishers, 2010.

460. Andrew Kania; Theodore Gracyk, *The Routledge Companion to Philosophy and Music*, Routledge, 2010.

461. Chad Meister, *The Routledge Companion to Philosophy of Religion*, Routledge, 2010.

462. Patrick L. Miller, *Becoming God: Pure Reason in Ancient Greek Philosophy*, Continuum, 2010.

463. Gary E. Kessler, *Voices of Wisdom: a Multicultural Philosophy Reader*, Wadsworth Pub Co. , 2010.

464. Theodore Schick; Lewis Vaughn, *Doing Philosophy: an Introduction Through Thought Experiments*, McGraw - Hill, 2010.

465. Douglas J. Soccio, *Archetypes of Wisdom: an Introduction to Philosophy*, Wadsworth/Cengage Learning, 2010.

466. Roy Bhaskar, *Reclaiming Reality: a Critical Introduction to Contemporary Philosophy*, Routledge, 2010.

467. Aaron Preston, *Analytic Philosophy: the History of an Illusion*, Continuum, 2010.

468. Todd May, *Contemporary Political Movements and the Thought of Jac-*

ques Rancieère: *Equality in Action*, Edinburgh University Press, 2010.

469. Espen Dahl, *Phenomenology and the Holy*: *Religious Experience after Husserl*, SCM Press, 2010.

470. E. B. Davies, *Why Beliefs Matter*: *Reflections on the Nature of Science*, Oxford University Press, 2010.

471. Colin B. Grant, *Beyond Universal Pragmatics*: *Studies in the Philosophy of Communication*, Peter Lang, 2010.

472. Ben Golder, *Foucault and Law*, Ashgate, 2010.

473. Lara Trout, *The Politics of Survival*: *Peirce*, *Affectivity*, *and Social Criticism*, Fordham University Press, 2010.

474. Darragh Byrne; Max Kölbel, *Arguing about Language*, Routledge, 2010.

475. George F. Thomson, *Book of Pure Logic*, Thomson, 2010.

476. Stephen J. Ball; Mike Gane; John Rajchman; Barry Smart, *Michel Foucault*, Routledge, 2010.

477. James I. Porter, *The Origins of Aesthetic Thought in Ancient Greece*: *Matter*, *Sensation*, *and Experience*, Cambridge University Press, 2010.

478. Anthony Bogues, *Empire of Liberty*: *Power*, *Desire*, *and Freedom*, University Press of New England, 2010.

479. William A. Galston; Peter H. Hoffenberg, *Poverty and Morality*: *Religious and Secular Perspectives*, Cambridge University Press, 2010.

480. Hans – Jörg Rheinberger, *An Epistemology of the Concrete*: *Twentieth – Century Histories of Life*, Duke University Press, 2010.

481. Francesco Pelosi, *Plato on Music*, *Soul and Body*, Cambridge University Press, 2010.

482. Torbjörn Tännsjö, *From Reasons to Norms*: *on the Basic Question in Ethics*, Springer, 2010.

483. Arto Laitinen; Constantine Sandis, *Hegel on Action*, Palgrave Macmillan, 2010.

484. Alison Hills, *The Beloved Self*: *Morality and the Challenge From Egoism*, Oxford University Press, 2010.

485. Karin de Boer, *On Hegel*: *the Sway of the Negative*, Palgrave Macmil-

lan, 2010.

486. Ian Ravenscroft, *Minds, Ethics, and Conditionals: Themes From the Philosophy of Frank Jackson*, Clarendon Press, 2010.

487. Ryan Topping, *St. Augustine*, Continuum International Pub, 2010.

488. Edward Barrett, *Persons and Liberal Democracy: the Ethical and Political Thought of Karol Wojtyla/Pope John Paul* Ⅱ, Lexington Books, 2010.

489. Max Malikow, *Being human: philosophical reflections on psychological issues*, Hamilton Books, 2010.

490. Gabrielle A. Hezekiah, *Phenomenology's Material Presence: Video, Vision and Experience*, Intellect, 2010.

491. W. Glenn Kirkconnell, *Kierkegaard on Sin and Salvation: From Philosophical Fragments Through the two Ages*, Continuum, 2010.

492. Nils Holtug, *Persons, Interests, and Justice*, Oxford University Press, 2010.

493. René Vincente Arcilla, *Mediumism: a Philosophical Reconstruction of Modernism for Existential Learning*, State University of New York Press, 2010.

494. Laurence BonJour, *Epistemology: Classic Problems and Contemporary Responses*, Rowman & Littlefield Publishers, 2010.

495. Robert P. Crease, *The Great Equations: Breakthroughs in Science From Pythagoras to Heisenberg*, Norton & Co., 2010.

496. Michael LeBuffe, *From Bondage to Freedom: Spinoza on Human Excellence*, Oxford University Press, 2010.

497. Juha Manninen; Friedrich Stadler, *The Vienna Circle in the Nordic Countries: Networks and Transformations of Logical Empiricism*, Business Media, 2010.

498. Jon Stewart, *Kierkegaard and his Danish Contemporaries.* Tome 2, Theology Ashgate, 2010.

499. David Ingram, *Habermas: Introduction and Analysis*, Cornell University Press, 2010.

500. Sergio Sismondo, *An Introduction to Science and Technology Studies*, Wiley – Blackwell, 2010.

501. Sheldon S. Wolin, *Democracy Incorporated: Managed Democracy and*

the Specter of Inverted Totalitarianism, Princeton University Press, 2010.

502. Simone Bignall, *Postcolonial Agency: Critique and Constructivism*, Edinburgh University Press, 2010.

503. Michael S. Moore, *Act and Crime: the Philosophy of Action and its Implications for Criminal Law*, Oxford University Press, 2010.

504. Larry A. Hickman; Matthew Caleb Flamm, *The Continuing Relevance of John Dewey: Reflections on Aesthetics, Morality, Science, and Society*, Rodopi, 2010.

505. Eric Thomas Weber, *Rawls, Dewey, and Constructivism: on the Epistemology of Justice*, Continuum, 2010.

506. George Lakoff; Mark Johnson, *Philosophy in the Flesh the Embodied Mind and its Challenge to Western Thought*, NY Basic Books, 2010.

507. Richard Joyce; Simon Kirchin, *A World Without Values*, Springer, 2010.

508. Jacob Howland, *Plato and the Talmud*, Cambridge University Press, 2010.

509. Helen Beebee, *The Semantics and Metaphysics of Natural Kinds*, Routledge, 2010.

510. Richard J. Bernstein, *The Pragmatic Turn*, Polity, 2010.

511. Michah Gottlieb, *Faith and Freedom: Moses Mendelssohn's Theological - Political Thought*, Oxford University Press, 2010.

512. Peggy Holman, *Engaging Emergence: Turning Upheaval into Opportunity*, Berrett - Koehler Pub, 2010.

513. Kas Saghafi, *Apparitions - - of Derrida's other*, Fordham University Press, 2010.

514. Tim Maudlin, *The Metaphysics Within Physics*, Oxford University Press, 2010.

515. Yitzhak Y. Melamed; Michael A. Rosenthal, *Spinoza's Theological - political Treatise': a Critical Guide*, Cambridge University Press, 2010.

516. Tim O'Keefe, *Epicureanism*, University of California Press, 2010.

517. Christopher Bobonich, *Plato's Laws: a Critical Guide*, Cambridge University Press, 2010.

518. Alex Murray, *Giorgio Agamben*, Routledge, 2010.

519. Wesley C. Swedlow, *Against the Personification of Democracy: a Lacanian Critique of Political Subjectivity*, Continuum, 2010.

520. Giulio M. Gallarotti, *Cosmopolitan Power in International Relations: a Synthesis of Realism, Neoliberalism, and Constructivism*, Cambridge University Press, 2010.

521. François Laruelle, *Philosophies of Difference: a Critical Introduction to Non-Philosophy*, Continuum, 2010.

522. Lesley Levene, *I Think Therefore I am: all the Philosophy you Need to Know*, Michael O'Mara, 2010.

523. Aaron Zimmerman, *Moral Epistemology*, Routledge, 2010.

524. Bernhard Weiss, *How to Understand Language: a Philosophical Inquiry*, McGill-Queen's University Press, 2010.

525. Ksana Blank, *Dostoevsky's Dialectics and the Problem of Sin*, Northwestern University Press, 2010.

526. Lawrence A. Shapiro, *Embodied Cognition*, Routledge, 2010.

527. Craig B. Matarrese, *Starting with Hegel*, Continuum, 2010.

528. Wolfgang Detel, *Foucault and Classical Antiquity: Power, Ethics and Knowledge*, Cambridge University Press, 2010.

529. Jason Clower, *The Unlikely Buddhologist: Tiantai Buddhism in Mou Zongsan's New Confucianism*, Brill, 2010.

530. Emmanuel Faye, *Heidegger, the Introduction of Nazism into Philosophy in Light of the Unpublished Seminars of* 1933-1935, Yale University Press, 2010.

531. Olga Sedakova; Slava Yastremski; Michael M. N., *Freedom to Believe: Philosophical and Cultural Essays*, Associated University Presses, 2010.

532. Steve Stewart-Williams, *Darwin, God and the meaning of life: how evolutionary theory undermines everything you thought you knew*, Cambridge University Press, 2010.

533. Ernest LePore; Barry Loewer, *Meaning, Mind, and Matter: Philosophical Essays*, Oxford University Press, 2010.

534. Howard Brody; Zahra Meghani; Kimberley Gree, *Michael Ryan's*

Writings on Medical Ethics, Academic Publishers, 2010.

535. Brian Coote; Rick Bigwood, *Contract as Assumption*: *Essays on a Theme*, Hart, 2010.

536. Kuno Lorenz, *Logic*, *Language*, *and Method*: *on Polarities in Human Experience*: *Philosophical Papers*, De Gruyter, 2010.

537. Diana H. Coole; Samantha Frost, *New Materialisms*: *Ontology*, *Agency*, *and Politics*, Duke University Press, 2010.

538. Fritj of Capra, *The Tao of Physics*: *an Exploration of the Parallels Between Modern Physics and Eastern Mysticism*, Shambhala, 2010.

539. Andrew G. Fiala, *Public War*, *Private Conscience*: *the Ethics of Political Violence*, Continuum, 2010.

540. Judith Suissa, *Anarchism and Education*: *a Philosophical Perspective*, PM, 2010.

541. Susanna Siegel, *The Contents of Visual Experience*, Oxford University Press, 2010.

542. Tom Angier, *Techne in Aristotle' s Ethics*: *Crafting the Moral Life*, Continuum International Pub, 2010.

543. John Hendrix; Charles H. Carman, *Renaissance Theories of Vision*, Ashgate, 2010.

544. Manuel De Landa, *Deleuze*: *History and Science*, Atropos, 2010.

545. Karl E. Smith, *Meaning*, *Subjectivity*, *Society*: *Making Sense of Modernity*, Brill, 2010.

546. Cory Juhl; Eric Loomis, *Analyticity*, Routledge, 2010.

547. Thomas Wylton; Lauge Olaf Nielsen, *On the Intellectual Soul*, Oxford University Press, 2010.

548. Andrew Bowie, *Philosophical Variations*: *Music as' Philosophical Language'*, NSU Press, 2010.

549. Dieter Lohmar; Ichirō Yamaguchi, *On time*: *New Contributions to the Husserlian Phenomenology of Time*, Springer, 2010.

550. James Rovira, *Blake and Kierkegaard*: *Creation and Anxiety*, Continuum, 2010,

551. Radu J. Bogdan, *Our Own Minds*: *Sociocultural Grounds for Self -*

Consciousness, MIT Press, 2010.

552. D. L. D'Avray, Medieval religious rationalities: a Weberian analysis, Cambridge University Press, 2010.

553. Richard M. Gale, *God and metaphysics*, Prometheus Books, 2010.

554. Brooke Holmes, *The Symptom and the Subject: the Emergence of the Physical Body in Ancient Greece*, Princeton University Press, 2010.

555. Derek Attridge, *Reading and Responsibility: Deconstruction's Traces*, Edinburgh University Press, 2010.

556. Seyla Benhabib, *Politics in Dark times: Encounters with Hannah Arendt*, Cambridge University Press, 2010.

557. Linda Meyer, *The Justice of Mercy*, University of Michigan Press, 2010.

558. Richard A. Richards, *The Species Problem: a Philosophical Analysis*, Cambridge University Press, 2010.

559. David Cunning, *Argument and Persuasion in Descartes' Meditations*, Oxford University Press, 2010.

560. Continuum, *Rousseau and Radical Democracy*, Continuum, 2010.

561. Ian Almond, *History of Islam in German Thought from Leibniz to Nietzsche*, Routledge, 2010.

562. Georgios Varouxakis; P. J. Kelly, *John Stuart Mill, Thought and Influence: the Saint of Rationalism*, Routledge, 2010.

563. Ekaterina V. Haskins, *Logos and Power in Isocrates and Aristotle*, Eurospan, 2010.

564. Paul Crowther, *The Kantian Aesthetic: From Knowledge to the Avant-Garde*, Oxford University Press, 2010.

565. Roland Faber; Henry Krips; Daniel Pettus, *Event and Decision: Ontology and Politics in Badiou, Deleuze, and Whitehead*, Cambridge Scholars, 2010.

566. Robin Barrow, *Plato, Utilitarianism and Education*, Routledge, 2010.

567. Sven Bernecker, *Memory: a Philosophical Study*, Oxford University Press, 2010.

568. Andrew Schaap; Danielle Celermajer; Vrasidas, *Power, Judgment*

and Political Evil: in Conversation with Hannah ARendt, Ashgate Publishing Co. , 2010.

569. Mel Thompson, *Understand Ethics*, Teach Yourself, 2010.

570. Catherine Malabou, *Plasticity at the Dusk of Writing: Dialectic, Destruction, Deconstruction*, Columbia University Press, 2010.

571. Patrick Stokes, *Kierkegaard' s Mirrors: Interest, Self, and Moral Vision*, Palgrave Macmillan, 2010.

572. Jon Mills, *Origins: on the Genesis of Psychic Reality*, McGill – Queen' s University Press, 2010.

573. Daniel Breazeale; Tom Rockmore, *Fichte, German Idealism, and Early Romanticism*, Rodopi, 2010.

574. Debika Saha; Laxmikanta Padhi, *Moral Language*, Northern Book Centre, 2010.

575. Judith Still, *Derrida and Hospitality: Theory and Practice*, Edinburgh University Press, 2010.

576. Henrik Lagerlund, *Rethinking the History of Skepticism: the Missing Medieval Background*, Brill, 2010.

577. D. V. Nikulin, *Dialectic and Dialogue*, Stanford University Press, 2010.

578. Benjamin Noys, *The Persistence of the Negative: a Critique of Contemporary Continental Theory*, Edinburgh University Press, 2010.

579. Darrow Schecter, *The Critique of Instrumental Reason From Weber to Habermas*, Continuum International Pub, 2010.

580. Ralph D. Ellis; Natika Newton, *How the Mind Uses the Brain: to Move the Body and Image the Universe*, Open Court, 2010.

581. Paul G. Harris, *World Ethics and Climate Change: From International to Global Justice*, Edinburgh University Press, 2010.

582. Dieter Lohmar; Ichirō Yamaguchi, *New Contributions to Husserlian Phenomenology of Time*, Springer, 2010.

583. Gur Zak, *Petrarch' s Humanism and the Care of the Self*, Cambridge University Press, 2010.

584. Jan Westerhoff, *Twelve Examples of Illusion*, Oxford University Press,

2010.

585. Gregory Landini, *Russell*, Taylor & Francis, 2010.

586. Bart van Kerkhove; Jonas de Vuyst, *Philosophical Perspectives on Mathematical Practice*, College Publications, 2010.

587. Dean Moyar, *Hegel's Conscience*, Oxford University Press, 2010.

588. Ronald Bogue, *Deleuzian Fabulation and the Scars of History*, Edinburgh University Press, 2010.

589. Garth Green, *The Aporia of Inner Sense: the Self - Knowledge of Reason and the Critique of Metaphysics in Kant*, Brill, 2010.

590. S. C. Coval; P. G. Campbell, *A Critique of the Liberal Idea of a Person: the Contradiction Within Equalitarian Wthical Theory*, Edwin Mellen Press, 2010.

591. Christopher Coker, *Barbarous Philosophers: Reflections on the Nature of War From Heraclitus to Heisenberg*, Columbia University Press, 2010.

592. Harry Oldmeadow, *Crossing Religious Frontiers*, World Wisdom, 2010.

593. Burton Frederick Porter, *The Good Life: Options in Ethics*, Littlefield Publishers, 2010.

594. C. L. Ten, *Mill's On Liberty: a Critical Guide*, Cambridge University Press, 2010.

595. William Robert Wians, *Logos and Muthos: Philosophical Essays in Greek literature*, University Presses Marketing, 2010.

596. Tom Greaves, *Starting with Heidegger*, Continuum, 2010.

597. Mark Siderits; Evan Thompson; Dan Zahavi, *Self, no Self?: Perspectives from Analytical, Phenomenological, and Indian Traditions*, Oxford University Press, 2010.

598. Casey O'Callaghan, *Sounds: a Philosophical Theory*, Oxford University Press, 2010.

599. Edwin A. Burtt, *The Metaphysical Foundations of Modern Physical Science: a Historical and Critical Essay*, BiblioLife, 2010.

600. Nektarios Limnatis, *The Dimensions of Hegel's Dialectic*, Continuum, 2010.

601. Michael Stone - Richards, *Logics of Separation: Exile and Transcend-*

ence in Aesthetic Modernity, Peter Lang, 2010.

602. Jonathan Webber, *Reading Sartre*: *On Phenomenology and Existentialism*, Taylor & Francis, 2010.

603. R. S. Peters, *John Dewey reconsidered*, Routledge & Kegan Paul, 2010.

604. Fiona Hughes, Dr. , *Kant's Critique of Aesthetic Judgement*: *a Reader's Guide*, Continuum, 2010.

605. Jon Stewart, *Kierkegaard and his Danish Contemporaries.* Tome 1, *Philosophy*, *Politics and Social Theory*, Ashgate, 2010.

606. Sidney Axinn, *Sacrifice and Value*: *a Kantian Interpretation*, Lexington Books, 2010.

607. Kurt A. Richardson, *Thinking About Complexity*: *Grasping the Continuum Through Criticism and Pluralism*, Emergent Publications, 2010.

608. Peter Barab, *The Complementary Nature of Reality*, Open Way Press, 2010.

609. Michael A. Slote, *Moral Sentimentalism*, Oxford University Press, 2010.

610. C. Stephen Jaeger, *Magnificence and the Sublime in Medieval Aesthetics*: *Art*, *Architecture*, *Literature*, *Music*, Palgrave Macmillan, 2010.

611. John W. Carroll; Ned Markosian, *An Introduction to Metaphysics*, Cambridge University Press, 2010.

612. Niels Jørgen Cappelørn; Hermann Deuser; K. Brian Söderquist, *Kierkegaard's Late Writings*, De Gruyter, 2010.

613. Catherine Wilson, *Epicureanism at the Origins of Modernity*, Oxford University Press, 2010.

614. Christopher W. Morris, *Amartya Sen*, Cambridge University Press, 2010.

615. James L. Cox, *An Introduction to the Phenomenology of Religion*, Continuum, 2010.

616. Daniel E. Ritchie, *The Fullness of Knowing*: *Modernity and Postmodernity From Defoe to Gadamer*, Baylor University Press, 2010.

617. Mary Leng, *Mathematics and Reality*, Oxford University Press, 2010.

618. Pater S. Eardley; Carl N. Still, *Aquinas*: *a Guide for the Perplexed*,

Continuum, 2010.

619. George Powell, *Language, Thought and Reference*, Palgrave Macmillan, 2010.

620. Kurt Smith, *Matter Matters: Metaphysics and Methodology in the Early Modern Period*, Oxford University Press, 2010.

621. Gail Evelyn Linsenbard, *Starting with Sartre*, Continuum, 2010.

622. Howard J. Wiarda, *Grand theories and ideologies in the social sciences*, Palgrave Macmillan, 2010.

623. Plato. ; C. J. Rowe, *The Last Days of Socrates: Euthyphro, Apology, Crito, Phaedo*, Penguin Books, 2010.

624. Ruiping Fan, *Reconstructionist Confucianism: Rethinking Morality After the West*, Springer, 2010.

625. Amartya Sen, *The Idea of Justice*, Penguin, 2010.

626. Eran Guter, *Aesthetics A - Z*, Edinburgh University Press, 2010.

627. James G. Lennox; Robert Bolton, *Being, Nature, and Life in Aristotle: Essays in Honor of Allan Gotthelf*, Cambridge University Press, 2010.

628. John M. Heaton, *The Talking Cure: Wittgenstein's Therapeutic Method for Psychotherapy*, Palgrave Macmillan, 2010.

629. Paul Horwich, *Truth - Meaning - Reality*, Oxford University Press, 2010.

630. B. D. Ellis, *The Metaphysics of Scientific Realism*, McGill - Queen's University Press, 2010.

631. Israel Scheffler, *Beyond the Letter: a Philosophical Inquiry into Ambiguity, Vagueness, and Metaphor in Language*, Routledge, 2010.

632. Fred R. Dallmayr, *The Promise of Democracy: Political Agency and Transformation*, State University of New York Press, 2010.

633. Darrell Rowbottom, *Popper's Critical Rationalism: a Philosophical Investigation*, Routledge, 2010.

634. Julian Baggini, *Hume on Religion*, Philosophy Press, 2010.

635. Bob Hale; Aviv Hoffmann, *Modality: Metaphysics, Logic, and Epistemology*, Oxford University Press, 2010.

636. C. B. Martin, *The Mind in Nature*, Oxford University Press, 2010.

637. Beth Lord, *Kant and Spinozism: Transcendental Idealism and Immanence From Jacobi to Deleuze*, Palgrave Macmillan, 2010.

638. Kathrin Koslicki, *The Structure of Objects*, Oxford University Press, 2010.

639. Krister Bykvist, *Utilitarianism: a Guide for the Perplexed*, Continuum, 2010.

640. Catharine Abell; Katerina Bantinaki, *Philosophical Perspectives on Depiction*, Oxford University Press, 2010.

641. Michael R. Kelly, *Bergson and Phenomenology*, Palgrave Macmillan, 2010.

642. R. S. Woolhouse, *Starting with Leibniz*, Continuum, 2010.

643. Kelly Dean Jolley, *Wittgenstein: Key Concepts*, Acumen, 2010.

644. Brian Lightbody, *Philosophical Genealogy: an Epistemological Reconstruction of Nietzsche and Foucault's Genealogical Method*, Peter Lang, 2010.

645. Fredric Jameson, *Valences of the Dialectic*, Verso, 2010.

646. Thomas Brown; Thomas Dixon, *Thomas Brown: Selected Philosophical Writings*, Imprint Academic, 2010.

647. Robert Brandom, *Between Saying and Doing: Towards an Analytic Pragmatism*, Oxford University Press, 2010.

648. Thomas L. Cooksey, *Plato's Symposium: a Reader's Guide*, Continuum, 2010.

649. Jon Williamson; Federica Russo, Dr., *Key Terms in Logic*, Continuum, 2010.

650. Greg Shirley, *Heidegger and Logic: the Place of Lógos in Being and Time*, Continuum, 2010.

651. Philip Tonner, *Heidegger, Metaphysics and the Univocity of Being*, Continuum, 2010.

652. Rebekah S. Peery, *Nietzsche for the 21st Century*, Algora Pub, 2010.

653. Claire Colebrook, *Deleuze and the Meaning of Life*, Continuum, 2010.

654. Nuno Venturinha, *Wittgenstein After his Nachlass*, Palgrave Macmillan, 2010.

655. Philip Benesch, *The Viennese Socrates: Karl Popper and the Recon-*

struction of Progressive Politics, P. Lang, 2010.

656. Bernard J. Verkamp, *Encyclopedia of Philosophers on Religion*, McFarland, 2010.

657. Jonathan Dancy; Ernest Sosa; Matthias Steup, *A Companion to Epistemology*, Wiley - Blackwell, 2010.

658. Jon Stewart, *Kierkegaard and the Greek World.* Tome 2, *Aristotle and Other Greek Authors*, Ashgate, 2010.

659. Nicholas Rescher, *Reality and Its Appearance*, Continuum, 2010.

660. John R. Fitzpatrick, *Starting with Mill*, Continuum, 2010.

661. Christine Daigle, *Jean - Paul Sartre*, Routledge, 2010.

662. Martin Cohen, *Mind Games*: 31 *Days to Rediscover Your Brain*, Wiley - Blackwell, 2010.

663. Mary - Jane Rubenstein, *Strange Wonder*: *the Closure of Metaphysics and the Opening of Awe*, Columbia University Press, 2010.

664. Alan W. Norrie, *Dialectic and Difference*: *Dialectical Critical Realism and the Grounds of Justice*, Routledge, 2010.

665. Bengt Kristensson Uggla, *Ricoeur*, *Hermeneutics*, *and Globalization*, Continuum, 2010.

666. Jones Irwin, *Derrida and the Writing of the Body*, Ashgate, 2010.

667. Theodore Schick; Lewis VaughnDoing, *Philosophy*: *an Introduction Through Thought Experiments*, McGraw - Hill, 2010.

668. Douglas J. Soccio, *Archetypes of Wisdom*: *an Introduction to Philosophy*, Wadsworth/Cengage Learning, 2010.

669. Roy Bhaskar, *Reclaiming Reality*: *a Critical Introduction to Contemporary Philosophy*, Routledge, 2010.

670. Aaron Preston, *Analytic Philosophy*: *the History of an Illusion*, Continuum, 2010.

671. Todd May, *Contemporary Political Movements and the Thought of Jacques Rancière*: *Equality in Action*, Edinburgh University Press, 2010.

672. Espen Dahl, *Phenomenology and the Holy*: *Religious Experience After Husserl*, SCM Press, 2010.

673. E. B. Davies, *Why Beliefs Matter*: *Reflections on the Nature of Science*,

Oxford University Press, 2010.

674. Colin B. Grant, *Beyond Universal Pragmatics: Studies in the Philosophy of Communication*, Peter Lang, 2010.

675. Ben Golder, *Foucault and Law*, Ashgate, 2010.

676. Lara Trout, *The Politics of Survival: Peirce, Affectivity, and Social Criticism*, Fordham University Press, 2010.

677. W. J. Talbott, *Human Rights and Human Well - Being*, Oxford University Press, 2010.

678. Lisa Downing; Libby Saxton, *Film and Ethics: Foreclosed Encounters*, Routledge, 2010.

679. Daniel Whiting, *The Later Wittgenstein on Language*, Palgrave Macmillan, 2010.

680. W. G. Runciman, *Great Books, Bad Arguments: Republic, Leviathan, & the Communist Manifesto*, Princeton University Press, 2010.

681. Zehou Li; Maija Bell Samei, *The Chinese aesthetic tradition*, University of Hawaii Press, 2010.

682. Gary L. Comstock, *Life Science Ethics: Second Edition*, Springer Science + Business Media B. V. , 2010.

683. Gerrit Jan van der Heiden, *The Truth (and Untruth) of Language: Heidegger, Ricoeur, and Derrida on Disclosure and Displacement*, Duquesne University Press, 2010.

684. William James, *The Will to Believe and Other Essays in Popular Philosophy*, Floating Press, 2010.

685. Christine E. Gudorf; James Edward Huchingson, *Boundaries: a Casebook in Environmental Ethics*, Georgetown University Press, 2010.

686. Ronald Beiner, *Civil Religion: a Dialogue in the History of Political Philosophy*, Cambridge University Press, 2010.

687. Martha Craven Nussbaum, *Not for Profit: Why Democracy Needs the Humanities*, Princeton University Press, 2010.

688. Peter Gaffney, *Force of the Virtual: Deleuze, Science, and Philosophy*, University of Minnesota Press, 2010.

689. Annette Baier, *The Cautious Jealous Virtue: Hume on Justice*, Harvard

University Press, 2010.

690. Karin de Boer, *On Hegel: the Sway of the Negative*, Palgrave Macmillan, 2010.

691. Benjamin Ike Ewelu, *Language and Thought: a ProbléMatique in African Philosophy*, Delta Publications, 2010.

692. Seymour Feldman, *Gersonides: Judaism Within the Iimits of Reason*, Littman Library of Jewish Civilization, 2010.

693. T. J. Smiley; Jonathan Lear; Alex Oliver, *The Force of Argument: Essays in Honor of Timothy Smiley*, Routledge, 2010.

694. Mahendra Chaturvedi, *Philosophy and the Mirror of Nature*, DPS Pub. House, 2010.

695. R. D. Rollinger, *Philosophy of Language and Other Matters in the Work of Anton Marty: Analysis and Translations*, Rodopi, 2010.

696. Little, Daniel, *New Contributions to the Philosophy of History*, Springer Verlag, 2010.

697. Joseph Louis Perrier, *The Revival of Scholastic Philosophy in the Nineteenth Century*, Gorgias Press, 2010.

698. Christopher Norris, *The Contest of Faculties: Philosophy and Theory After Deconstruction*, Routledge, 2010.

699. Anais Spitzer, *Derrida, Myth, and the Impossibility of Philosophy*, Continuum, 2010.

700. Roy Bhaskar, *Plato Etc.: Problems of Philosophy and Their Resolution*, Routledge, 2010.

701. E. K. Brown; Alex Barber; Robert Stainton, *Concise Encyclopedia of Philosophy of Language and Linguistics*, Elsevier, 2010.

702. Jaap Mansfeld; David T. Runia, *Studies in the Doxographical Traditions of Ancient Philosophy*, Brill, 2010.

703. Roger Hollinrake, *Nietzsche, Wagner and the Philosophy of Pessimism*, Routledge, 2010.

704. John Milbank; Slavoj Žižek; Creston Davis, *Paul's New Moment: Continental Philosophy and The Future of Christian Theology*, Brazos, 2010.

705. C. Marvin Pate, *From Plato to Jesus: What Does Philosophy Have to*

do with Theology? Kregel Publications, 2010.

706. Gareth Southwell, *Words of Wisdom: Philosophy' s Most Important Quotations and their Meanings*, Quercus Pub, 2010.

707. Colin Smith, *Contemporary French Philosophy: a Study in Norms and Values*, Routledge, 2010.

708. Martin Ganeri, *Indian Philosophy and Western Theism: the Vedanta of Ramanuja*, Routledge, 2010.

709. Andrew Janiak, *Newton as Philosopher*, Cambridge University Press, 2010.

710. Beth Lord, *Spinoza' s Ethics: an Edinburgh Philosophical Guide*, Edinburgh University Press, 2010.

711. Brian Lightbody; Rohit Dalvi, *Studies in the Philosophy of Michel Foucault: a French Alternative to Anglo – Americanism*, Edwin Mellen Press, 2010.

712. Gregor Reisch; Andrew Cunningham, Dr.; Sachiko Kusukawa, *Natural Philosophy Epitomised: a Translation of Books 8 – 11 of Gregor Reisch' s Philosophical Pearl* (1503), Ashgate, 2010.

713. Nancy Brenner – Golomb, *The Importance of Spinoza for the Modern Philosophy of Science: Can the Revival of Spinoza' s Naturalism Refute Cultural Relativism*? Ontos Verlag, 2010.

714. Nico P Swartz, *Rosmini' s* (1797 – 1855) *Contribution to Theology, Philosophy and Fundamental Rights in Civil Society, According to Post – Thomist Natural Law*, Sun Press, 2010.

715. Robert C. Solomon, *The Big Questions: a Short Introduction to Philosophy*, Harcourt College Publishers, 2010.

716. Petr Glombíček; James Hill, *Essays on the Concept of Mind in Early – Modern Philosophy*, Cambridge Scholars, 2010.

717. Paul Redding, *Analytic Philosophy and the Return of Hegelian Thought*, Cambridge University Press, 2010.

718. Axel Honneth, *The Pathologies of Individual Freedom: Hegel' s Social Theory*, Princeton University Press, 2010.

719. Jean – Marie Schaeffer; Steven Rendall, *Art of the Modern Age: Phi-*

losophy of Art From Kant to Heidegger, Princeton University Press, 2010.

720. Joaquim Siles i Borrás, *The Ethics of Husserl's Phenomenology: Responsibility and Ethical Life*, Continuum, 2010.

721. Nicholas Rescher, *Philosophical Textuality: Studies on Issues of Discourse in Philosophy*, Ontos Verlag, 2010.

722. Henrik Jøker Bjerre, *Kantian Deeds*, Continuum, 2010.

723. Stefanos Geroulanos, *An Atheism that is not Humanist Emerges in French Thought*, Stanford University Press, 2010.

724. Meinard Kuhlmann, *The Ultimate Constituents of the Material World: in Search of an Ontology for Fundamental Physics*, Ontos, 2010.

725. Tzvetan Todorov, *The Limits of Art: two Essays*, Seagull Books, 2010.

726. Anthony Paul Smith; Daniel Whistler, *After the Postsecular and the Postmodern: New Essays in Continental Philosophy of Religion*, Cambridge Scholars, 2010.

727. Charlotte Witt, *Feminist Metaphysics: Explorations in the Ontology of Sex, Gender and Identity*, Springer, 2010.

728. Dhananjay Jagannathan; University of Oxford. Humanities Division.; University of Oxford. Faculty of Philosophy.; Balliol College (University of Oxford), *Aristotle's Theory of Citizenship*, University of Oxford, 2010.

729. Murray Rae, *Kierkegaard and Theology*, T & T Clark, 2010.

730. Alexander Moseley, *Aristotle*, Alexander Moseley, 2010.

731. Mark Andrew Schroeder, *Noncognitivism in Ethics*, Routledge, 2010.

732. Sami – Juhani Savonius – Wroth; Jonathan Walmsley; Paul Schuurman, *The Continuum Companion to Locke*, Continuum, 2010.

733. Garth Hallett, *One God of All?: Probing Pluralist Identities*, Continuum, 2010.

734. M. de Wulf, *Philosophy and Civilization in the Middle Ages* (1922), Kessinger Publishing, 2010.

735. Anne Margaret Baxley, *Kant's Theory of Virtue: the Value of Autocracy*, Cambridge University Press, 2010.

736. Eliezer Schweid; Leonard Levin, *The Classic Jewish Philosophers:*

From Saadia Through the Renaissance, Extenza Turpin, 2010.

737. Ted Benton; Ian Craib, *Philosophy of Social Science*: *the Philosophical Foundations of Social Thought*, Palgrave Macmillan, 2010.

738. James Chase; Jack Reynolds, *Analytic Versus Continental*: *Arguments on the Methods and Value of Philosophy*, Acumen, 2010.

739. Richard Rorty, *An Ethics for Today*: Finding Common Ground Between Philosophy and Religion, Columbia University Press, 2010.

740. Lawrence J. McCrea; Parimal G. Patil; Jñåana śråimitra. , *Buddhist philosophy of Language in India*: *Jnanasrimitra' s Monograph on Exclusion*, Columbia University Press, 2010.

741. Erich Frauwallner; Lodrö Sangpo, *The Philosophy of Buddhism* = *Die Philosophie Des Buddhismus*, Motilal Banarsidass Publishers, 2010.

742. Gabriele Cornelli; Francisco L. Lisi, *Plato and the CityAcademia*, Verlag, 2010.

743. Chung - Chi Yu, *Phenomenology*, Volume 1: *Selected Essays From Asia and Pacific*: *Phenomenology in Dialogue with East Asian Tradition*, Zeta Books, 2010.

744. José Luis Martí; Philip Pettit, *A Political Philosophy in Public Life*: *Civic Republicanism in Zapatero' s Spain*, Princeton University Press, 2010.

745. Christopher Lauer, *The Suspension of Reason in Hegel and Schelling*, Continuum, 2010.

746. Tom Ricketts; Michael Potter, *The Cambridge Companion to Frege*, Cambridge University Press, 2010.

747. Maxwell R. Bennett, *Neuroscience and Philosophy*: *Brain*, *Mind*, *and Language*, Columbia Univ. Press, 2010.

748. Christopher Norris, *The Contest of Faculties*: *Philosophy and Theory After Deconstruction*, Routledge, 2010.

749. Geoff Crocker, *An Enlightened Philosophy*: *Can an Atheist Believe Anything*? Ropley, 2010.

750. Robert W. Smid, *Methodologies of Comparative Philosophy*: *the Pragmatist and Process Traditions*, SUNY Press, 2010.

751. Martin Ganeri, *Indian Philosophy and Western Theism*: *the Vedanta of*

Ramanuja, Routledge, 2010.

752. Robrecht Vanderbeeken; Bart D'Hooghe, *Worldviews, Science, and us: Studies of Analytical Metaphysics: a Selection of Topics From a Methodological Perspective*, World Scientific, 2010.

753. John Tulloch, *Rational Theology and Christian Philosophy in England in the Seventeenth Century*, Nabu Press, 2010.

754. Georg Wilhelm Friedrich Hegel; M. J. Inwood, *Hegel: Philosophy of Mind: a Revised Version of the Wallace and Miller Translation*, Oxford University Press, 2010.

755. Avihu Zakai, *Jonathan Edwards' Philosophy of Nature: the Re-Enchantment of the World in the Age of Scientific Reasoning*, T & T Clark, 2010.

756. Nicholas Maxwell, *Cutting God in Half - And Putting the Pieces Together Again: a New Approach to Philosophy*, Pentire Press, 2010.

757. Béla Szabados, *Ludwig Wittgenstein on Race, Gender, and Cultural Identity: Philosophy as a Personal Endeavour*, Edwin Mellen Press, 2010.

758. Angelica Nuzzo, *Hegel and the Analytic Tradition*, Angelica Nuzzo, 2010.

759. Bruce Ellis Benson; Norman Wirzba, *Words of Llife: New Theological Turns in French Phenomenology*, Fordham University Press, 2010.

760. Hans Rainer Sepp; Lester E. Embree, *Handbook of Phenomenological Aesthetics*, Springer, 2010.

761. Robert Stecker; Ted Gracyk, *Aesthetics Today: a Reader*, Rowman & Littlefield Publishers, 2010.

762. Paul S. Loeb, *The Death of Nietzsche's Zarathustra*, Cambridge University Press, 2010.

763. Christopher Gill, *Naturalistic Psychology in Galen and Stoicism*, Oxford University Press, 2010.

764. Matter and Mind, *Matter and Mind*, The Netherlands Springer Verlag, 2010.

765. Mihnea Tanasescu, *The Dissolution of Philosophy: E. M. Cioran: Giving Voice to the Void*, Lambert Academic Publishing, 2010.

766. Luigi Marco Bassani, *Liberty, State & Union: the Political Theory of*

Thomas Jefferson, Mercer University Press, 2010.

767. Robert Geyer; Samir Rihani, *Complexity and Public Policy*, Routledge, 2010.

768. Cheryl Berman, *Reasonable Doubts: a Religious Skeptic Learns a Thing or two About God*, Urim, 2010.

769. Matteo Vercelloni; Virgilio Vercelloni; Paola Gallo, *The Iinvention of the Western Garden: the History of an Idea*, Waverley, 2010.

770. Graham Adams, *Christ and the Other: in Dialogue with Hick and Newbigin*, Ashgate Pub, 2010.

771. Edward J. López, *The Pursuit of Justice*, Palgrave Macmillan, 2010.

772. Samar Attar, *The Vital Roots of European Enlightenment: Ibn Tufayl's Influence on Modern Western Thought*, Lanham: Lexington Books, 2010.

773. Barbara G. Walker, *Man Made God: a Collection of Essays*, Stellar House Publishing, 2010.

774. Richard H. Schlagel, *Seeking the Truth: How Science Has Prevailed Over the Supernatural Worldview*, Lancaster, 2010.

775. Marsha Driscoll; et al, *Charles Darwin, the Copley Medal, and the Rise of Naturalism* 1862 - 1864, Longman, 2010.

776. Jon Stewart; Kanalin Nun, *Kierkegaard and the Greek World.* Tome 1, *Socrates and Plato*, Farnham: Ashgate, 2010.

777. Plato. ; Benjamin Jowett; James Langton; Tantor Media, *The Republic*, Tantor Media, 2010.

778. Keith M. Murphy; C. Jason Throop, *Toward an Anthropology of the Will*, Stanford University Press, 2010.

779. Martin Riesebrodt, *The Promise of Salvation: a Theory of Religion*, University of Chicago Press, 2010.

780. Robert C. Koons; George Bealer, *The Waning of Materialism*, Oxford University Press, 2010.

781. Tom P. S. Angier, *Technē in Aristotle's Ethics: Crafting the Moral Life*, Continuum, 2010.

782. George Gessert, *Green Light: Toward an Art of Evolution*, MIT Press, 2010.

783. Kam – por Yu; Julia Lai Po – Wah Tao; P. J. Ivanhoe, *Taking Confucian Ethics Seriously: Contemporary Theories and Applications*, State University of New York Press, 2010.

784. Di Mo; Ian Johnston, *The Mozi: a Complete Translation*, Columbia University Press, 2010.

785. Roger Berkowitz; Jeffrey Katz; Thomas Keenan, *Thinking in Dark Times: Hannah Arendt on Ethics and Politics*, Fordham University Press, 2010.

786. Eftichis Pirovolakis, *Reading Derrida and Ricoeur: Improbable Encounters Between Deconstruction and Hermeneutics*, State University of New York Press, 2010.

787. Martin McQuillan; Ika Willis, *The Origins of Deconstruction*, Palgrave Macmillan, 2010.

788. Jonathan Kertzer, *Poetic Justice and Legal Fictions*, Cambridge University Press, 2010.

789. Christopher Norris, *Re – thinking the Cogito: Naturalism, Reason and the Venture of Thought*, Continuum, 2010.

790. Marije Martijn, *Proclus on Nature: Philosophy of Nature and its Methods in Proclus' Commentary on Plato's Timaeus*, Brill, 2010.

791. John Powell Clayton, *Religions, Reasons and Gods: Essays in Cross – Cultural Philosophy of Religion*, Cambridge University Press, 2010.

792. Kurt Brandhorst, *Descartes' Meditations on First Philosophy: an Edinburgh Philosophical Guide*, Edinburgh Univ Press, 2010.

793. Daniel W. Graham, *The Texts of Early Greek Philosophy: the Complete Fragments and Selected Testimonies of the Major Presocratics.* Part 2, Cambridge University Press, 2010.

794. Émile Durkheim; Neil Gross; Robert Alun Jones, *Durkheim's Philosophy Lectures: Notes From the Lycee De Sens Course*, 1883 – 1884, Cambridge University Press, 2010.

795. Daniel W. Graham, *The Texts of Early Greek Philosophy: the Complete Fragments and Selected Testimonies of the Major Presocratics.* Part 1, Cambridge University Press, 2010.

796. Ībrahim Kalin, *Knowledge in Later Islamic Philosophy: Mulla Sadra*

on *Existence*, *intellect*, *and Intuition*, Oxford University Press, 2010.

797. Vivienne Brown; Samuel Fleischacker, *The Philosophy of Adam Smith: Essays Commemorating the 250th Anniversary of The Theory of Moral Sentiments*, IASS, 2010.

798. Peter R. Anstey; Dana Jalobeanu, *Vanishing Matter and the Laws of Nature: Descartes and Beyond*, Routledge, 2010.

799. Denis R Alexander, *Biology and Ideology From Descartes to Dawkins*, Univ. of Chicago Press, 2010.

800. Nils Ch Rauhut; Robert H Bass, *Readings on the Ultimate Questions: an Introduction to Philosophy*, Pearson Education/Prentice Hall, 2010.

801. Toula Nicolacopoulos; George Vassilacopoulos, *Hegel and the Logical Structure of Love: an Essay on Sexualities*, Family and the Law, Ashgate Publishing, 2010.

802. Genia Schönbaumsfeld, *A Confusion of the Spheres: Kierkegaard and Wittgenstein on Philosophy and Religion*, Oxford Univ. Press, 2010.

803. Svetozar Minkov, *Francis Bacon's "Inquiry Touching Human Nature": Virtue, Philosophy, and the Relief of Man's Estate*, Lexington Books, 2010.

804. Mahendrakumar, Muni; Jain Vishva Bharati University, *The Enigma of the Universe: Critical Studies and Research in the Metaphysical, Epistemological, Cosmological, Cosmogonical and Mathematical Aspects of the Universe in Jain Philosophy in the Light of Modern Scientific Theories and Western Philosophy*, Jain Vishva Bharati University, 2010.

805. Neil Scott; Sandi Mann, *This Book has Feelings: Adventures in the Philosophy and Psychology of your Mind*, Allen & Unwin, 2010.

806. Richard Healey, *Reduction, Time and Reality: Studies in the Philosophy of the Natural Sciences*, Cambridge University Press, 2010.

807. Harajindara Singha Majhaila, *Philosophy of "Charhdi Kala" and Higher State of Mind in Sri Guru Granth Sahib*, Deepak Publishers, 2010.

808. R. D. Rollinger, *Philosophy of Language and Other Matters in the Work of Anton Marty: Analysis and Translations*, Rodopi, 2010.

809. Laura Berman Fortgang, *The Little Book on Meaning: Why We Crave*

it, *How We Create it*, Jeremy Press, 2010.

810. David Kennedy, *Philosophical Dialogue with Children*: *Essays on Theory and Practice*, Edwin Mellen Press, 2010.

811. Nidhi, Sadhvi; Kripa, Sadhvi; Nandita Jain, *Life's Quest*: *the Journey of the Soul - From Bondage to Freedom*, 2010.

812. Richard L. Amoroso, *Complementarity of Mind and Body*: *Realizing the Dream of Descartes*, *Einstein and Eccles*, Nova Science, 2010.

813. J. M. Ziman, *Puzzles*, *Problems*, *and Enigmas*: *Occasional Pieces on the Human Aspects of Science*, Cambridge University Press, 2010.

814. John - Michael Kuczynskim, *Morality*, *Politics*, *and Law*, Dubuque Iowa: Kendall - Hunt, 2010.

815. Jerald D. Gort; Henry Jansen; W. Stoker; H. M. Vroom, *Crossroad Discourses Between Christianity and Culture*, Rodopi, 2010.

816. Jaehoon Yeon; Jieun Kiaer, *Selected Papers From the 2nd European Conference on Korean Linguistics*, LINCOM Europa, 2010.

817. Gosia M. Brykczyńska, *Ethical and Philosophical Aspects of Nursing Children*, Wiley - Blackwell, 2010.

818. Richard W. Miller, *Globalizing Justice*, Oxford University Press, 2010.

819. Morris A. Inch, *The Enigma of Justice*, Wipf & Stock Publishers, 2010.

820. William L. Sharrar, *What is the Meaning of Life*? Xlibiris Co. , 2010.

821. Kurt Spellmeyer; Robert Thurman, *Buddha at the Apocalypse*: *Awakening From a Culture of Destruction*, Wisdom Publications, 2010.

822. Garry Hagberg, *Art and Ethical Criticism*, Wiley - Blackwell, 2010.

823. John Hick, *Between Faith and Doubt*: *Dialogues on Religion and Reason*, Palgrave Macmillan, 2010.

824. Jon Williamson; Federica Russo, *Key Terms in Logic*, Continuum International Pub, 2010.

825. Averroës; Rüdiger Arnzen, *On Aristotle's "Metaphysics"*: *an Annotated Translation of the So - Called "Epitome"*, De Gruyter, 2010.

826. Nicholas Wade, *The Faith Instinct*: *How Religion Evolved and Why it Endures*, Penguin Books, 2010.

827. John Carroll, *Ego & Soul: the Modern West in Search of Meaning*, Counterpoin, 2010.

828. Ludwig Wittgenstein, *Tractatus Logico - Philosophicus*, eBooksLib, 2010.

829. John Hittinger, *The Vocation of the Catholic Philosopher: From Maritain to John Paul* Ⅱ, the Catholic University of America Press, 2010.

830. Theo Papaioannou, *Robert Nozick's Moral and Political Theory: a Philosophical Critique of Libertarianism*, Edwin Mellen Press, 2010.

831. Franklin Perkins, *Leibniz*, Continuum International Pub, 2010.

832. Ivan Snook, *Concepts of Indoctrination: Philosophical Essays*, Routledge, 2010.

833. Darryl R. J. Macer; Souria Saad - Zoy, *Asian - Arab Philosophical Dialogues on Globalization, Democracy and Human Rights*, UNESCO, 2010.

834. William Day; Victor J. Krebs, *Seeing Wittgenstein Anew*, Cambridge University Press, 2010.

835. Colin Davis, *Critical Excess: Overreading in Derrida, Deleuze, Levinas, Žižek and Cavell*, Stanford University Press, 2010.

836. Matthew Sharpe; Geoff Boucher, *Žižek and Politics*, Edinburgh University Press, 2010.

837. Marian Przęcki; Jacek Juliusz Jadacki, *Within and Beyond the Limits of Science: Logical Studies of Scientific and Philosophical Knowledge*, Semper, 2010.

838. Gary Hatfield, *Descartes and the Meditations*, Routledge, 2010.

839. David L. D'Avray, *Medieval Religious Rationalities: a Weberian Analysis*, Cambridge University Press, 2010.

840. Max Kistler, *Causation and Laws of Nature*, Routledge, 2010.

841. Jürgen Habermas; Ciaran Cronin; et al, *An Awareness of What is Missing: Faith and Reason in a Post - Secular Age*, Polity, 2010.

842. Brian Duignan; Britannica Educational Publishing, *The* 100 *most Influential Philosophers of All Time*, Britannica Educational Pub, 2010.

843. Pavel Materna Marie Duží; Bjørn Jespersen, *Procedural Semantics for Hyperintensional Logic: Foundations and Applications of Transparent Intensional*

Logic, Springer, 2010.

844. Denis Diderot; Jean Seznec, *On Art and Artists: an Anthology of Diderot's Aesthetic Thought*, Springer, 2010.

845. Rudolph Berlinger; Siebke Schrader; Georges Goedert; Martina Scherbel, *Perspektiven der Philosophie: Bd.* 36 – 2010 *Neues Jahrbuch*, Rodopi, 2010.

846. Erin McCarthy; Thomas P. Kasulis, *Ethics Embodied: Rethinking Selfhood Through Continental, Japanese, and Feminist Philosophies*, Rowman & Littlefield, 2010.

847. Fred D'Agostino, *Naturalizing Epistemology: Thomas Kuhn and the ' Essential Tension'*, Palgrave Macmillan, 2010.

848. Lucius Annaeus Seneca; Brad Inwood, *Seneca: Selected Philosophical Letters*, Oxford University Press, 2010.

849. Lee Ward, *John Locke and Modern Life*, Cambridge University Press, 2010.

850. Soumyajit Patra, *Rethinking Religion*, Rawat Publications, 2010.

851. John Heaton, *The Talking Cure: Wittgenstein's Therapeutic Method for Psychotherapy*, Palgrave Macmillan, 2010.

852. Robert Launay, *Foundations of Anthropological Theory*, Wiley – Blackwell, 2010.

853. John Holbo; Belle Waring, *Reason & Persuasion: Three Dialogues by Plato: Euthyphro, Meno, Republic Book* 1, Prentice Hall, 2010.

854. Fabio Vighi; Alexis Nouss, *Pasolini, Fassbinder and Europe: Between Utopia and Nihilism*, Cambridge Scholars Pub, 2010.

855. Michael L. Frazer, *The Enlightenment of Sympathy: Justice and the Moral Sentimentalism in the Eighteenth Century and Today*, Oxford University Press, 2010.

856. Julie Scott Jones, *Being the Chosen: Exploring a Christian Fundamentalist Worldview*, Ashgate Pub, 2010.

857. Peter Baofu, *The Future of Post – Human Religion: a Preface to a New Theory of Spirituality*, Cambridge International Science Pub., 2010.

858. John Dudley, *Aristotle's Concept of Chance: Accidents, Cause, Necessity, and Determinism*, State University of New York Press, 2010.

859. Dean W. Zimmerman, *Oxford Studies in Metaphysics.* Volume 5, Oxford University Press, 2010.

860. Marilynne Robinson; Dwight Harrington Terry Foundation, *Absence of Mind: the Dispelling of Inwardness From the Modern Myth of the Self*, Yale University Press, 2010.

861. Isaac Bashevis Singer, Schriftsteller Polen USA, *Meaning in Life*, MIT Press, 2010.

862. Lesibana Jacobus Rafapa, *Es' kia Mphahlele' s Afrikan Humanism*, Stainbank & Associates, 2010.

863. Richard L. Amoroso, *Complementarity of Mind and Body: Realizing the Dream of Descartes, Einstein, and Eccles*, Nova Science Publishers, 2010.

864. Sven Bernecker, *Memory: a Philosophical Study*, Oxford University Press, 2010.

865. Anna Storozhuk, *Color: Ontological Status and Epistemic Role*, Nova Science, 2010.

866. James F. Gaines, *Moliére and Paradox: Skepticism and Theater in the Early Modern Age*, Narr Verlag, 2010.

867. Spencer J. Pack, *Aristotle, Adam Smith and Karl Marx: on Some Fundamental Issues in 21st Century Political Economy*, Edward Elgar, 2010.

868. Kuang - ming Wu, *Chinese Wisdom Alive: Vignettes of Life - Thinking*, Nova Science Publishers, 2010.

869. Daphne M. Rolle, *A Second Appeal: a Consideration of Freedom and Social Justice*, University Press of America, 2010.

870. Cameron Freeman, *Post - Metaphysics and the Paradoxical Teachings of Jesus: the Structure of the Real*, Peter Lang, 2010.

871. Mitchell Aboulafia; John R. Shook, *Contemporary Pragmatism.* Volume 7, Number 2, Rodopi, 2010.

872. Darrow Schecter, *The Critique of Instrumental Reason From Weber to Habermas*, Continuum International Pub, 2010.

873. B. Alan Wallace, *Hidden Dimensions: the Unification of Physics and*

Consciousness, Columbia University Press, 2010.

874. Junjie Huang, *Humanism in East Asian Confucian Contexts*, Transaction Publishers, 2010.

875. Jonna Bornemark; Hans Ruin, *Phenomenology and Religion: New Frontiers*, Södertörn University, 2010.

876. Caitlin Smith Gilson, Philosophin., *The Metaphysical Presuppositions of Being - in - the - World: a Confrontation Between St. Thomas Aquinas and Martin Heidegger*, Continuum, 2010.

877. Louis P. Blond, *Heidegger and Nietzsche: Overcoming Metaphysics*, Continuum, 2010.

878. Jon Stewart, *Kierkegaard and his Danish Contemporaries.* Tome 3, *Literature, Drama and Aesthetics*, Ashgate, 2010.

879. Eva Aldea, *Magical Realism and Deleuze: the Indiscernibility of Difference in Postcolonial Literature*, Continuum, 2010.

880. Eftichis Pirovolakis, *Reading Derrida and Ricoeur: Improbable Encounters Between Deconstruction and Hermeneutics*, State University of New York Press, 2010.

881. Regine Lamboy, *The Real Banality of Evil: an Examination of Hannah Arendt's Reflections on Thinking*, Lambert Academic Publishing, 2010.

882. R. F. Stalley; Plato, *An Introduction to Plato's Laws*, B. Blackwell, 2010.

883. Cory Juhl; Eric Loomis, *Analyticity*, Routledge, 2010.

884. Paul Crowther, *The Kantian Aesthetic*, Oxford University Press, 2010.

885. Patricia Sheridan, *Locke, a Guide for the Perplexed*, Continuum, 2010.

886. Yuvarāja Sonatakke, *The Buddha: Dhamma and Doctrine*, Abhishek Prakashan, 2010.

887. John R. Bowlin, *Contingency and Fortune in Aquinas's Ethics*, Cambridge University Press, 2010.

888. Annette C. Baier, *The Cautious Jealous Virtue: Hume on Justice*, Harvard University Press, 2010.

889. Ernest J. Lowe, *Personal Agency: the Metaphysics of Mind and Action*, Oxford University Press, 2010.

890. David Colclasure, *Habermas and Literary Rationality*, Routledge, 2010.

891. Timothy J. Keller, *Generous Justice: how God's Grace Makes us Just*, Dutton, 2010.

892. Steven Berg, *Eros and the Intoxications of Enlightenment: on Plato's Symposium*, State University of New York Press, 2010.

893. Paul W. Bruno, *Kant's Concept of Genius: Its Origin and Function in the Third 'Critique'*, Continuum, 2010.

894. Daniel Stoljar, *Physicalism*, Routledge, 2010.

895. Muhammad Legenhausen, Christian Kanzian, *Soul: a Comparative Approach*, Ontos, 2010.

896. Roslyn Wallach Bologh, *Love or Greatness: Max Weber and Masculine Thinking: a Feminist Inquiry*, Routledge, 2010.

897. Sean Creaven, *Against the Spiritual Turn: Marxism, Realism and Critical Theory*, Routledge, 2010.

898. Douglas Lane Patey, *Probability and Literary Form: Philosophic Theory and Literary Practice in the Augustan Age*, Cambridge University Press, 2010.

899. Peter Anstey; Dana Jalobeanu, *Vanishing Matter and the Laws of Nature: Descartes and Beyond*, Taylor & Francis, 2010.

（二）英语哲学杂志主要论文

Analysis《分析》

Volume 70, **Number** 1, **January** 2010

Luca Incurvati and Peter Smith

Rejection and valuations, 2010 (70): 3-10.

Bradley Armour - garb and James A. Woodbridge

Truthmakers, paradox and plausibility, 2010 (70): 11-22.

Luc Bovens

Judy Benjamin is a Sleeping Beauty, 2010 (70): 23-26.

Peter Lewis

A note on the Doomsday Argument, 2010 (70): 27-30.

Sorin Bangu

On Bertrand's paradox, 2010 (70): 30-34.

John Turri

Refutation by elimination, 2010 (70): 35-38.

Gabriel Uzquiano

How to solve the hardest logic puzzle ever in two questions, 2010 (70): 39-44.

Philip Goff

Orthodox truthmaker theory cannot be defended by cost/benefit analysis, 2010 (70): 46-49.

Jan Heylen

Descriptions and unknowability, 2010 (70): 50-53.

Hugh J. Mccann

Di Nucci on the Simple View, 2010 (70): 53-58.

A. C. Genova

Has Gemes refuted global scepticism? 2010 (70): 59-63.

Ken Gemes

A vindication of a refutation of global scepticism, a refutation of global perceptual scepticism and a refutation of global existential scepticism, 2010 (70): 63-70.

Joseph K. Campbell

Incompatibilism and fatalism: reply to Loss, 2010 (70): 71-75.

Roberto Loss

Fatalism and the necessity of the present: reply to Campbell, 2010 (70): 76-78.

Duncan Watson

An argument against an argument against the necessity of universal mereological composition, 2010 (70): 78-81.

Peter Baumann

Factivity and contextualism, 2010 (70): 82-88.

Hanoch Ben - Yami

Backwards causation still impossible, 2010 (70): 89-92.

Harold W. Noonan

The thinking animal problem and personal pronoun revisionism, 2010 (70): 93-100.

Volume 70, **Number** 2, **April** 2010

Hannes Leitgeb

Sleeping Beauty and eternal recurrence, 2010 (70): 203-204.

Ian Rumfitt

Ricky Ponting and the judges, 2010 (70): 205-209.

Gareth B. Matthews and Lynne Rudder Baker

The ontological argument simplified, 2010 (70): 210-211.

Peter Eldridge - Smith and Veronique Eldridge - Smith

The Pinocchio paradox, 2010 (70): 212-214.

Harry Deutsch

Diagonalization and truth functional operators, 2010 (70): 215-217.

Jonathan Cohen and Shaun Nichols

Colours, colour relationalism and the deliverances of introspection, 2010 (70): 218-227.

Jonathan Schaffer

The debasing demon, 2010 (70): 228-236.

Caspar Hare

Take the sugar, 2010 (70): 237-246.

Ben Colburn

Anti - Perfectionisms and autonomy, 2010 (70): 247-255.

Rebecca Roache

Fission, cohabitation and the concern for future survival, 2010 (70): 256-262.

Bence Nanay

Attention and perceptual content, 2010 (70): 263-269.

David M. Rosenthal

Consciousness, the self and bodily location, 2010 (70): 270-275.

Duncan Watson

Counterpart theory and modal realism aren't incompatible, 2010 (70): 276-282.

Michael Tye

Up close with the speckled hen, 2010 (70): 283-285.

E. J. Lowe

Another dubious counter - example to conditional transitivity, 2010 (70): 286-289.

Stephan Kra¨Mer

How not to defend ontological cheats, 2010 (70): 290-295.

Einar Duenger Bohn

The necessity of universalism versus the possibility of junky worlds: a rejoinder, 2010 (70): 296-298.

Markus E. Schlosser

Bending it like Beckham: movement, control and deviant causal chains, 2010 (70): 299-306.

Volume 70, **Number** 3, **July** 2010

Richard Woodward

Fictionalism and inferential safety, 2010 (70): 409-416.

Richard Holton

Norms and the Knobe effect, 2010 (70): 417-423.

M. J. Cresswell and A. A. Rini

Are contingent facts a myth? 2010 (70): 424-430.

Jonathan Weisberg

A note on design: What's fine - tuning got to do with it? 2010 (70): 431-437.

Antti Kauppinen

The pragmatics of transparent belief reports , 2010 (70): 438-445.

Phil Dowe

Proportionality and omissions, 2010 (70): 446-450.

Jon Pérez Laraudogoitia

Erik - Jon Gaizka, the magician of infinity, 2010 (70): 451-455.

John Turri

Prompting challenges, 2010 (70): 456-461.

Neil Tennant

Harmony in a sequent setting, 2010 (70): 462–467.

Tim Lewens

Foot note, 2010 (70): 468–472.

Luc Bovens and José Luis Ferreira

Monty Hall drives a wedge between Judy Benjamin and the Sleeping Beauty – a reply to Bovens, 2010 (70): 473–480.

Ezio Di Nucci

Rational constraints and the Simple View, 2010 (70): 481–485.

Anthony Brueckner and Christopher T. Buford

Reply to Baumann on factivity and contextualism, 2010 (70): 486–489.

Michael C. Rea

Universalism and Extensionalism: A reply to Varzi, 2010 (70): 490–495.

Timothy Lane and Caleb Liang

Mental ownership and higher – order thought: Response to Rosenthal, 2010 (70): 496–501.

Jonathan Tallant

Still cheating, still prospering, 2010 (70): 502–505.

Brendan Larvor

Frankfurt counter – example defused, 2010 (70): 506–510.

Volume 70, **Number** 4, **October** 2010

Galen Strawson

The depth (s) of the twentieth century, 2010 (70): 607–608.

Roy Sorensen

Knowledge – lies, 2010 (70): 608–614.

William G. Lycan

What, exactly, is a paradox? 2010 (70): 615–621.

John Biro

The number of planets is not a number , 2010 (70): 622–631.

Gregory Currie

Tragedy, 2010 (70): 632–637.

Jim Stone

Harry Potter and the spectre of imprecision, 2010 (70): 638–643.

Maximilian De Gaynesford

Speech acts and poetry, 2010 (70): 644-646.

Storrs Mccall

An insoluble problem, 2010 (70): 647-648.

Mark Jago

Closure on knowability, 2010 (70): 648-658.

Sam Cowling

Kantian humility and ontological categories, 2010 (70): 659-665.

Branden Fitelson

Strengthening the case for knowledge from falsehood, 2010 (70): 666-668.

Harold W. Noonan

A flaw in Sider's vagueness argument for unrestricted mereological composition, 2010 (70): 669-672.

Greg Restall

On t and u, and what they can do, 2010 (70): 673-675.

Simon Langford

Reply to Roache, 2010 (70): 676-680.

Alan Baker

Mathematical induction and explanation, 2010 (70): 681-688.

Darrell P. Rowbottom and Nicholas Shackel

Bangu's random thoughts on Bertrand's paradox, 2010 (70): 689-692.

Bradley Armour - Garb

Horwichian Minimalism and the Generalization Problem, 2010 (70): 693-702.

John Shand

Taking offence, 2010 (70): 703-712.

American Philosophical Quarterly《美国哲学季刊》

Volume 47, **Number** 1, **January** 2010

Michael Pauen

How Privileged Is First - Person Privileged Access? 2010 (47): 1-16.

Dorothea Debus

Accounting for Epistemic Relevance: A New Problem for the Causal Theory of Memory, 2010 (47): 17-30.

Donald Smith

Chisholm's Phenomenal Argument Revisited: A Dilemma for Perdurantism, 2010 (47): 31-42.

Meghan Griffith

Why Agent-Caused Actions Are Not Lucky, 2010 (47): 43-56.

William C. Lane

Leibniz's Best World Claim Restructured, 2010 (47): 57-84.

Gillian Brock

Recent Work on Rawls's Law of Peoples: Critics versus Defenders, 2010 (47): 85-102.

Volume 47, **Number** 2, **April** 2010

Clare Batty

Scents and Sensibilia, 2010 (47): 103-118.

Andrew Cullison

Two Solutions to the Problem of Divine Hiddenness, 2010 (47): 119-134.

Howard J. Curzer

An Aristotelian Critique of the Traditional Family, 2010 (47): 135-148.

David K. Chan

Reasoning without Comparing, 2010 (47): 149-160.

Mary Clayton Coleman

Could There Be a Power World? 2010 (47): 161-170.

Robin Le Poidevin

Time without Change (In Three Steps), 2010 (47): 171-180.

Kristie Miller

On Contingently Error-theoretic Concepts, 2010 (47): 181-190.

Andrea Iacona

Truth Preservation in Any Context, 2010 (47): 191-204.

Volume 47, **Number** 3, **July** 2010

Gottfried Vosgerau and Matthis Synofzik

A Cognitive Theory of Thoughts, 2010 (47): 205-222.

Kevin Meeker and Ted Poston

Skeptics without Borders, 2010 (47): 223-238.

Seth Shabo

Against Logical Versions of the Direct Argument: A New Counterexample,

2010 (47): 239-252.

Robert Schroer

How Far Can the Physical Sciences Reach? 2010 (47): 253-266.

Mikhail Valdman

The Deep Problem with Voluntaristic Theories of Political Obligation, 2010 (47): 267-278.

Benjamin Schnieder

Bad Examples? 2010 (47): 279-286.

Peter Kung and Masahiro Yamada

A Neglected Way of Begging the Question, 2010 (47): 287-298.

Volume 47, **Number** 4, **October** 2010

Jean - Paul Vessel

Supererogation for Utilitarianism, 2010 (47): 299-320.

James Kellenberger

Humility, 2010 (47): 321-336.

Robert Francescotti

Psychological Continuity and the Necessity of Identity, 2010 (47): 337-350.

Steve Matthews

Anonymity and the Social Self, 2010 (47): 351-364.

Richard Gray

An Argument for Nonreductive Representationalism, 2010 (47): 365-376.

David M. Holley

Treating God's Existence as an Explanatory Hypothesis, 2010 (47): 377-388.

Randolph Clarke

Are We Free to Obey the Laws? 2010 (47): 389-400.

Contemporary Pragmatisim《当代实用主义》

Volume 7, **Number** 1, **June** 2010

Melvin L. Rogers

Rogers, Introduction: Revisiting The Public and Its Problems, 2010 (7): 1-7.

Eddie S. Glaude Jr

The Problem of African American Public (s): Dewey and African American

Politics in the 21st Century, 2010 (7): 9–29.

Eric MacGilvray

Dewey's Public, 2010 (7): 31–47.

James Bohman

Participating through Publics: Did Dewey answer Lippmann? 2010 (7): 49–68.

Melvin L. Rogers

Dewey and His Vision of Democracy, 2010 (7): 69–91.

Robert Sinclair

Dewey Religion and the New Atheism, 2010 (7): 93–106.

Jeffrey Metzger

Richard Rorty's Disenchanted Liberalism, 2010 (7): 107–128.

Nick Rumens and Mihaela Kelemen

American Pragmatism and Feminism: Fresh Opportunities for Sociological Inquiry, 2010 (7): 129–148.

Isabelle Peschard

Non – Passivity of Perceptual Experience, 2010 (7): 149–164.

Matthew Burstein

Epistemological Behaviorism, Nonconceptual Content, and the Given, 2010 (7): 165–189.

Volume 7, **Number** 2, **December** 2010

Frederic R. Kellogg

Hobbes, Holmes, and Dewey: Pragmatism and the Problem of Order, 2010 (7): 1–14.

Brian E. Butler

Dews, Dworks, and Poses Decide Lochner, 2010 (7): 15–44.

Sor – hoon Tan

Our Country Right or Wrong: A Pragmatic Response to Anti – Democratic Cultural Nationalism in China, 2010 (7): 45–69.

Stephen Harris

Antifoundationalism and the Commitment to Reducing Suffering in Rorty and Madhyamaka Buddhism, 2010 (7): 71–89.

Eric Thomas Weber

On Applying Ethics：Who's Afraid of Plato's Cave? 2010（7）：91–103.

William Gavin，Stefan Neubert，and Kersten Reich

Language and Its Discontents：William James，Richard Rorty，and Interactive Constructivism，2010（7）：105–130.

Matthew J. Brown

Genuine Problems and the Significance of Science，2010（7）：131–153.

Robert Chodat

Evolution and Explanation：Biology，Aesthetics，Pragmatism，2010（7）：155–188.

Joseph Margolis

Pragmatism's Future：A Touch of Prophecy，2010（7）：189–218.

Brian E. Butler

Sen's The Idea of Justice：Back to the（Pragmatic）Future，2010（7）：219–229.

Episteme《认识：社会知识论杂志》

Volume 7，**Number** 1，**February** 2010

Frederick F. Schmitt and Oliver R. Scholz

Introduction：The History of Social Epistemology，2010（7）：1–7.

Jörg Hardy

Seeking the Truth and Taking Care for Common Goods – Plato on Expertise and Recognizing Experts，2010（7）：7–22.

Robert Pasnau

Medieval Social Epistemology：Scientia for Mere Mortals，2010（7）：23–41.

Saul Traiger

Experience and Testimony in Hume's Philosophy，2010（7）：42–57.

Fred Wilson

Hume and the Role of Testimony in Knowledge，2010（7）：58–78.

Axel Gelfert

Kant and the Enlightenment's Contribution to Social Epistemology，2010（7）：79–100.

Volume 7，**Number** 2，**June** 2010

David Coady

Two Concepts of Epistemic Injustice, 2010 (7): 101-113.

Andrew Cullison

On the Nature of Testimony, 2010 (7): 114-127.

Book Symposium: Miranda Fricker's Epistemic Injustice: Power and the Ethics of Knowing.

Linda Martín Alcoff

Epistemic Identities, 2010 (7): 128-137.

Sanford Goldberg

Comments on Miranda Fricker's Epistemic Injustice, 2010 (7): 138-150.

Christopher Hookway

Some Varieties of Epistemic Injustice: Reflections on Fricker, 2010 (7): 151-163.

Miranda Fricker

Replies to Alcoff, Goldberg, and Hookway on Epistemic Injustice, 2010 (7): 164-178.

Volume 7, **Number** 3, **October** 2010

K. Brad Wray

Introduction: Collective Knowledge and Science, 2010 (7): 181-184.

Alban Bouvier

Passive Consensus and Active Commitment in the Sciences, 2010 (7): 185-197.

John Beatty and Alfred Moore

Should We Aim for Consensus? 2010 (7): 198-214.

Kristina Rolin

Group Justification in Science, 2010 (7): 215-231.

Kent W. Staley

Evidence and Justification in Groups with Conflicting Background Beliefs, 2010 (7): 232-247.

Hanne Andersen

Joint Acceptance and Scientific Change: A Case Study, 2010 (7): 248-265.

Paul Thagard

Explaining Economic Crises: Are There Collective Representations? 2010 (7): 266-278.

The American Journal of Bioethics《美国生命伦理学杂志》

Volume 10, **Number** 1, **January** 2010

Target Articles:

Thomas S. Huddle

The Pitfalls of Deducing Ethics From Behavioral Economics: Why the Association of American Medical Colleges Is Wrong About Pharmaceutical Detailing, 2010 (10): 1-8.

Open Peer Commentary(9-29).

Target Articles:

Douglas S. Diekema, Norman Fost

Ashley Revisited: A Response to the Critics, 2010 (10): 30-44.

Open Peer Commentary(45-60).

Target Articles:

Jeffrey P. Bishop, Ayesha Ahmad, Jeffrey P. Bishop, Kyle B. Brothers, Joshua E. Perry

Reviving the Conversation Around CPR/DNR, 2010 (10): 61-67.

Open Peer Commentary(69-84).

Volume 10, **Number** 2, **February** 2010

Target Articles:

Rosamond Rhodes, Thomas Schiano

Transplant Tourism in China: A Tale of Two Transplants, 2010 (10): 3-12.

Open Peer Commentary(12-28).

Target Articles:

Charlene Galarneau

Blood Donation, Deferral, and Discrimination: FDA Donor Deferral Policy for Men Who Have Sex With Men, 2010 (10): 29-39.

Open Peer Commentary(40-47).

Target Articles:

Deborah Zion, Linda Briskman, Bebe Loff

Returning to History: The Ethics of Researching Asylum Seeker Health in Australia, 2010 (10): 48-56.

Open Peer Commentary(57-67).

Volume 10, **Number** 3, **March** 2010

Target Articles:

Christian Simon, Maghboeba Mosavel

Community Members as Recruiters of Human Subjects: Ethical Considerations, 2010 (10): 3-11.

Open Peer Commentary(12-26).

Target Articles:

David B. Resnik

Trans Fat Bans and Human Freedom, 2010 (10): 27-32.

Open Peer Commentary(33-49).

Target Articles:

Alan B. Jotkowitz, Shimon Glick, Ari Z. Zivotofsky

The Case of Samuel Golubchuk and the Right to Live, 2010 (10): 50-53.

Open Peer Commentary(54-74).

Volume 10, **Number** 4, **April** 2010

Target Articles:

Benjamin H. Levi, Michael J. Green

Too Soon to Give Up: Re - examining the Value of Advance Directives, 2010 (10): 3-22.

Open Peer Commentary(23-36).

Target Articles:

Samuel J. Kerstein, Greg Bognar

Complete Lives in the Balance, 2010 (10): 37-45.

Open Peer Commentary(46-61).

Target Articles:

Ruiping Fan

A Confucian Reflection on Genetic Enhancement, 2010 (10): 62-70.

Open Peer Commentary(71-86).

Volume 10, **Number** 5, **May** 2010

Target Articles:

Amy Zarzeczny, Timothy Caulfield

Stem Cell Tourism and Doctors' Duties to Minors - A View From Canada, 2010 (10): 3-15.

Charles E. Murdoch, Christopher Thomas Scott

Stem Cell Tourism and the Power of Hope, 2010 (10): 16–23.

Open Peer Commentary(24–49).

Volume 10, **Number** 6, **June** 2010

Target Articles:

Benjamin Sachs

The Case for Evidence – Based Rulemaking in Human Subjects Research, 2010 (10): 3–13.

Open Peer Commentary(14–25).

Target Articles:

Angela Ballantyne

How to Do Research Fairly in an Unjust World, 2010 (10): 26–35.

Open Peer Commentary(36–54).

Volume 10, **Number** 7, **July** 2010

Target Articles:

Robert Sparrow

Should Human Beings Have Sex? Sexual Dimorphism and Human Enhancement, 2010 (10): 3–12.

Open Peer Commentary(13–29).

Target Articles:

Timothy F. Murphy

Sex, Romance, and Research Subjects: An Ethical Exploration, 2010 (10): 30–38.

Open Peer Commentary(39–44).

Target Articles:

Fabrice Jotterand

Human Dignity and Transhumanism: Do Anthro – Technological Devices Have Moral Status? 2010 (10): 45–52.

Open Peer Commentary(53–71).

Volume 10, **Number** 8, **August** 2010

Target Articles:

Gregory L. Larkin, Roderick S. Hooker

Patient Willingness to Be Seen by Physician Assistants, Nurse Practitioners, and Residents in the Emergency Department: Does the Presumption of Assent Have an Empirical Basis? 2010 (10): 1–10.

Open Peer Commentary(11–18).

Target Articles:

Neema Sofaer, Nir Eyal

The Diverse Ethics of Translational Research, 2010 (10): 19–30.

Open Peer Commentary(31–44).

Target Articles:

James Wilson, David Hunter

Research Exceptionalism, 2010 (10): 45–54.

Open Peer Commentary(55–67).

Volume 10, **Number** 9, **September** 2010

Target Articles:

Mark A. Rothstein

Is Deidentification Sufficient to Protect Health Privacy in Research? 2010 (10): 3–11.

Open Peer Commentary(12–34).

Target Articles:

Laurence B. McCullough, Robert Brent, Frank A. Chervenak, Benjamin Hippen

A Case Study in Unethical Transgressive Bioethics: Letter of Concern from Bioethicists About the Prenatal Administration of Dexamethasone, 2010 (10): 35–45.

Open Peer Commentary(46–68).

Volume 10, **Number** 10, **October** 2010

Target Articles:

Kenneth Kipnis, Nancy M. P. King, Robert M. Nelson

HIGHEST POLICY IMPACT ARTICLE: An Open Letter to Institutional Review Boards Considering Northfield Laboratories' PolyHeme® Trial, 2010 (10): 5–8.

Invited Commentary:

Chuck Grassley

Americans Should Not Be on a Game Show in U. S. Emergency Rooms and Ambulances, 2010 (10): 9–10.

Target Articles:

MOST CITED ARTICLE: Dana Katz, Arthur L. Caplan, Jon F. Merz

Dana Katz, Arthur L. Caplan, Jon F. Merz

All Gifts Large and Small: Toward an Understanding of Ethics in Pharmaceutical Industry Gift - Giving, 2010 (10): 11-17.

Invited Commentary:

Diane Bieri

PhRMA's Code on Interactions With Healthcare Professionals, 2010 (10): 18.

Target Articles:

Rosamond Rhodes

MOST CONTROVERSIAL ARTICLE: Rethinking Research Ethics, 2010 (10): 19-36.

Invited Commentary:

Greg Koski

Rethinking Research Ethics,? Again: Casuistry, Phronesis, and the Continuing Challenges of Human Research, 2010 (10): 37-39.

Target Articles:

Paul Root Wolpe, Kenneth R. Foster, Daniel D. Langleben

MOST PRESCIENT ARTICLE: Emerging Neurotechnologies for Lie - Detection: Promises and Perils, 2010 (10): 40-48.

Invited Commentary:

Steven Hyman

Emerging Neurotechnologies for Lie - Detection: Where Are We Now? An Appraisal of Wolpe, Foster and Langleben's "Emerging Neurotechnologies for Lie - Detection: Promise and Perils" Five Years Later, 2010 (10): 49-50.

Volume 10, **Number** 11, **November** 2010

Target Articles:

Richard Payne

A Rose by Any Other Name: Pain Contracts/Agreements, 2010 (10): 5-12.

Open Peer Commentary(13-27).

Volume 10, **Number** 12, **December** 2010

Target Articles:

Bjorn Hofmann

Stuck in the Middle: The Many Moral Challenges With Bariatric Surgery, 2010 (10): 3–11.

Open Peer Commentary(12–32).

Target Articles:

Bertha Manninen

Rethinking Roe v. Wade: Defending the Abortion Right in the Face of Contemporary Opposition, 2010 (10): 33–46.

Open Peer Commentary (47–66) .

Ethics《伦理学》

Volume 120, **Number** 2, **January** 2010

Symposium: Joseph Raz on Value, Reasons, and Respect

Kimberley Brownlee, Zofia Stemplowska

Introduction, 2010 (120): 209–211.

Leslie Green

Two Worries about Respect for Persons, 2010 (120): 212–231.

Steven Wall

Neutralism for Perfectionists: The Case of Restricted State Neutrality, 2010 (120): 232–256.

Stephen Darwall

Authority and Reasons: Exclusionary and Second Personal, 2010 (120): 257–278.

Joseph Raz

On Respect, Authority, and Neutrality: A Response, 2010 (120): 279–301.

Elizabeth Brake

Minimal Marriage: What Political Liberalism Implies for Marriage Law, 2010 (120): 302–337.

Sarah Fine

Freedom of Association Is Not the Answer, 2010 (120): 338–356.

Volume 120, **Number** 3, **April** 2010

Erik J. Wielenberg

On the Evolutionary Debunking of Morality, 2010 (120): 441–464.

Gopal Sreenivasan

Duties and Their Direction, 2010 (120): 465-494.

Mark van Roojen

Moral Rationalism and Rational Amoralism, 2010 (120): 495-525.

Edward S. Hinchman

Conspiracy, Commitment, and the Self, 2010 (120): 526-556.

Judith Lichtenberg

Negative Duties, Positive Duties, and the "New Harms", 2010 (120): 557-578.

John Brunero

Self Governance, Means Ends Coherence, and Unalterable Ends, 2010 (120): 579-591.

Volume 120, **Number** 4, **July** 2010

Symposium: James Griffin's On Human Rights

John Tasioulas

Taking Rights out of Human Rights, 2010 (120): 647-678.

Allen Buchanan

The Egalitarianism of Human Rights, 2010 (120): 647-678.

Rainer Forst

The Justification of Human Rights and the Basic Right to Justification: A Reflexive Approach, 2010 (120): 711-740.

James Griffin

Human Rights: Questions of Aim and Approach, 2010 (120): 741-760.

Mikhail Valdman

Outsourcing Self Government, 2010 (120): 761-790.

Louis Philippe Hodgson

Kant on the Right to Freedom: A Defense, 2010 (120): 791-819.

Volume 121, **Number** 1, **October** 2010

Gunnar Björnsson, Stephen Finlay

Metaethical Contextualism Defended, 2010 (121): 7-36.

Rebecca Stangl

Asymmetrical Virtue Particularism, 2010 (121): 37-57.

Joshua Gert

Color Constancy and the Color/Value Analogy, 2010 (121): 58-87.

Peter A. Graham

In Defense of Objectivism about Moral Obligation, 2010 (121): 88-115.

Japa Pallikkathayil

Deriving Morality from Politics: Rethinking the Formula of Humanity, 2010 (121): 116-147.

Ben Saunders

Democracy, Political Equality, and Majority Rule, 2010 (121): 148-177.

European Journal of Philosophy《欧洲哲学杂志》

Volume 18, **Issue** 1, **March** 2010

Alasdair MacIntyre

Danish Ethical Demands and French Common Goods: Two Moral Philosophies, 2010 (18): 1-16.

Colin Bird

Self - respect and the Respect of Others, 2010 (18): 17-40.

Eugene Marshall

Spinoza on the Problem of Akrasia, 2010 (18): 41-59.

Berislav Marušić

Skepticism Between Excessiveness and Idleness, 2010 (18): 60-83.

Jeremy Schwartz

Do Hypothetical Imperatives Require Categorical Imperatives?, 2010 (18): 84-107.

Ásta Kristjana Sveinsdóttir

Siding with Euthyphro: Response - Dependence and Conferred Properties, 2010 (18): 108-125.

Nick Zangwill

Science and Ethics: Demarcation, Holism and Logical Consequences, 2010 (18): 126-138.

Christoph Menke

Neither Rawls Nor Adorno: Raymond Geuss' Programme for a 'Realist' Political Philosophy, 2010 (18): 139-147.

Volume 18, **Issue** 2, **June** 2010

Andrew Cullison

Moral Perception, 2010 (18): 159-175.

Ian Phillips

Perceiving Temporal Properties, 2010 (18): 176-202.

Gurpreet Rattan

Indeterminacy, A Priority, and Analyticity in the Quinean Critique, 2010 (18): 203-226.

Louise Richardson

Seeing Empty Space, 2010 (18): 227-243.

Daniel Schwartz

Luck and the Domain of Distributive Justice , 2010 (18): 244-261.

Owen Ware

Fichte's Voluntarism, 2010 (18): 262-282.

Gary Kemp

Quine: The Challenge of Naturalism, 2010 (18): 283-295.

Herlinde Pauer - Studer

The Moral Standpoint: First or Second Personal?, 2010 (18): 296-310.

Volume 18, **Issue** 3, **September** 2010

Josep E. Corbí

First - Person Authority and Self - Knowledge as an Achievement, 2010 (18): 325-362.

Tony Fisher

Heidegger's Generative Thesis, 2010 (18): 363-384.

Katalin Makkai

Kant on Recognizing Beauty, 2010 (18): 385-413.

Jeremy R. Simon

Playing the Odds: A New Response to Lucretius's Symmetry Argument, 2010 (18): 414-424.

José L. Zalabardo

The Tractatus on Logical Consequence, 2010 (18): 425-442.

Jürgen Habermas

The 'Good Life' —A 'Detestable Phrase': The Significance of the Young Rawls's Religious Ethics for His Political Theory, 2010 (18): 443-454.

David Stern

The Bergen Electronic Edition of Wittgenstein's Nachlass, 2010 (18): 455-467.

Volume 18, **Issue** 4, **December** 2010

Hanne Andrea Kraugerud

'Essentially Social'? A Discussion of the Spirited Part of the Soul in Plato, 2010 (18): 481-494.

Marie McGinn

Wittgenstein and Internal Relations, 2010 (18): 495-509.

Niels Skovgaard Olsen

Reinterpreting Sellars in the Light of Brandom, McDowell, and A. D. Smith, 2010 (18): 510-538.

Timothy Rosenkoetter

Absolute Positing, the Frege Anticipation Thesis, and Kant's Definitions of Judgment, 2010 (18): 539-566.

Marcus Willaschek

Non-Relativist Contextualism about Free Will, 2010 (18): 567-587.

Andrew Inkpin

Ideas above its Station: Putting Folk Psychology in its Place, 2010 (18): 588-599.

Philosophical Investigations《哲学研究》

Volume 33, **Issue** 1, **January** 2010

Annalisa Coliva

Was Wittgenstein an Epistemic Relativist?, 2010 (33): 1-23.

Derek A. McDougall

Necessities of Origin and Constitution, 2010 (33): 24-43.

Robert Wutscher, Robert P. Murphy and Walter E. Block

Mathematics in Economics: An Austrian Methodological Critique, 2010 (33): 44-66.

Volume 33, **Issue** 2, **April** 2010

David Carr

Moral Madness, 2010 (33): 103-125.

Frederick E. Mosedale

Wittgenstein and Ebersole, 2010 (33): 126-141.

Michel Ter Hark

Experience of Meaning, Secondary Use and Aesthetics, 2010 (33): 142-158.

Nadine Faulkner

Wittgenstein's Philosophical Grammar: A Neglected Discussion of Vagueness, 2010 (33): 159-183.

Volume 33, **Issue** 3, **July** 2010

Christian Helmut Wenzel

On Wittgenstein's Notion of Meaning - Blindness: Its Subjective, Objective andAesthetic Aspects, 2010 (33): 201-219.

Jeffrey Hershfield

What Can Austin Tell Us about Truth? 2010 (33): 220-228.

Hanoch Ben - Yami

A Wittgensteinian Solution to the Sorites, 2010 (33): 229-244.

Michael Weston

Forms of Our Life: Wittgenstein and the Later Heidegger, 2010 (33): 245-265.

Volume 33, **Issue** 4, **October** 2010

Ronald L. Hall

It's a Wonderful Life: Reflections on Wittgenstein's Last Words, 2010 (33): 285-302.

Olli Lagerspetz

Descartes' Error, with Reference to the Third and Fourth Meditations, 2010 (33): 303-320.

Hugh Chandler

Wittgenstein on the Resurrection, 2010 (33): 321-338.

Alexander S. Harper

Fallibilism, Contextualism and Second - Order Skepticism, 2010 (33): 339-359.

Carlo Penco

The Influence of Einstein on Wittgenstein's Philosophy, 2010 (33):

360–379.

The British Journal of Aesthetics《不列颠美学杂志》

Volume 50, **Number** 1, **January** 2010

Anna Bergqvist

Why Sibley is Not a Generalist After All, 2010 (50): 1–14.

Dominic Gregory

Pictures, Pictorial Contents and Vision, 2010 (50): 15–32.

Julian Dodd

Confessions of an Unrepentant Timbral Sonicist, 2010 (50): 33–52.

Keren Gorodeisky

A New Look at Kant's View of Aesthetic Testimony, 2010 (50): 53–70.

Paul Boghossian

The Perception of Music: Comments on Peacocke, 2010 (50): 71–76.

Volume 50, **Number** 2, **April** 2010

Hans Maes

Intention, Interpretation, and Contemporary Visual Art, 2010 (50): 121–138.

Jerrold Levinson

Defending Hypothetical Intentionalism, 2010 (50): 139–150.

Francis Longworth and Andrea Scarantino

The Disjunctive Theory of Art: The Cluster Account Reformulated, 2010 (50): 151–168.

Fiona Ellis

Scruton's Wagner on God, Salvation, and Eros, 2010 (50): 169–188.

Christopher Peacocke

Music and Experiencing Metaphorically - As: Further Delineation, 2010 (50): 189–192.

Volume 50, **Number** 3, **July** 2010

Christopher Dowling

The Aesthetics of Daily Life, 2010 (50): 225–242.

Richard Bullen

ReFining the Past, 2010 (50): 243–254.

James Grant

The Dispensability of Metaphor, 2010 (50): 255-272.

Catharine Abel

Cinema as a Representational Art, 2010 (50): 273-286.

Brian Laetz

Kendall Walton's 'Categories of Art': A Critical Commentary, 2010 (50): 287-306.

Robert Stecker and Stephen Davies

The Hypothetical Intentionalist's Dilemma: A Reply to Levinson, 2010 (50): 307-312.

Volume 50, **Number** 4, **October** 2010

Stephen Davies

Why Art Is not a Spandrel, 2010 (50): 333-342.

T. J. Reed

Kant and his German Literary Culture: Coincidences and Consequences, 2010 (50): 343-356.

Robert Hopkins

Sculpture and Perspective, 2010 (50): 357-374.

Peter Lamarque

Wittgenstein, Literature, and the Idea of a Practice, 2010 (50): 375-388.

Lydia Goehr

How to Do More with Words. Two Views of (Musical) Ekphrasis, 2010 (50): 389-410.

David Davies

Multiple Instances and Multiple 'Instances', 2010 (50): 411-426.

Aaron Ridley

Perishing of the Truth: Nietzsche's Aesthetic Prophylactics, 2010 (50): 427-438.

Paisley Livingston and Carol Archer

Artistic Collaboration and the Completion of Works of Art, 2010 (50): 439-456.

Michael Podro

Literalism and Truthfulness in Painting, 2010 (50): 457-468.

Music Criticism

Opera and the Limits of Philosophy: on Bernard Williams's, 2010 (50): 469-480.

Journal of Philosophical Research《哲学研究杂志》

Volume 35, 2010

Peter Dalton

Humean Causality

Peter Brian Barry

Extremity of Vice and the Character of Evil

Kristin Boyce

Literature, Logic and the Liberating Word

Lydia McGrew

Probability Kinematics and Probability Dynamics

Rico Vitz

Descartes and the Question of Direct Doxastic Voluntarism

Ben Blumson

Maps and Meaning

Andre M. Archie

The Anatomy of a Dialogue

Jan - Erik Jones

Locke on Real Essences, Intelligibility, and Natural Kinds

B. J. C. Madison

Is Justification Knowledge?

Rik Peels

Epistemic Desiderata and Epistemic Pluralism

Scott F. Aikin, Michael Harbour, Robert B. Talisse

Nagel on Public Education and Intelligent Design

Andrew Lugg

"But What About This?"

E. J. Coffman

Misleading Dispositions and the Value of Knowledge

Cato Wittusen

Wittgenstein' s Distinction between Primary and Secondary Sense Reconsidered

Christopher Toner

Virtue Ethics and the Nature and Forms of Egoism

Andre M. Archie

The Anatomy of Three Thought Experiments in Plato' s Republic, Apology, and Alcibiades Minor

Sami Pihlström

Toward a Pragmatically Naturalist Metaphysics of the Fact – Value Entanglement

Philosophical Studies《哲学研究》

Volume147, **Number** 1, **January** 2010

Special Issue: SkyrmsFest: Papers in honor of Brian Skyrms

Brad Armendt and Kevin Zollman

Introduction, 2010 (147): 1-5.

Kevin J. S. Zollman and Rory Smead

Plasticity and language: an example of the Baldwin effect? 2010 (147): 7-21.

William F. Harms

Determining truth conditions in signaling games, 2010 (147): 23-35.

Peter Vanderschraaf

The Invisible Foole, 2010 (147): 37-58.

Nancy Cartwright

What are randomised controlled trials good for? 2010 (147): 59-70.

Brad Armendt

Stakes and beliefs, 2010 (147): 71-87.

Patrick Suppes

The nature of probability, 2010 (147): 89-102.

J. McKenzie Alexander

Local interactions and the dynamics of rational deliberation, 2010 (147): 103-121.

Jeffrey A. Barrett

Faithful description and the incommensurability of evolved languages, 2010 (147): 123-137.

James M. Joyce

Causal reasoning and backtracking, 2010 (147): 139-154.

Brian Skyrms

The flow of information in signaling games, 2010 (147): 155-165.

Volume 147, **Number** 2, **January** 2010

Richard L. Mendelsohn

Referential/attributive: a scope interpretation, 2010 (147): 167-191.

Bryan Pickel

There is no 'Is' of constitution, 2010 (147): 193-211.

Jonathan Way

Defending the wide - scope approach to instrumental reason, 2010 (147): 213-233.

Ulrike Heuer

Reasons and impossibility, 2010 (147): 235-246.

Francesco Pupa

On the Russellian Reformation, 2010 (147): 247-271.

Jonathan Ellis

Phenomenal character, phenomenal concepts, and externalism, 2010 (147): 273-299.

Jeffrey Seidman

Caring and incapacity, 2010 (147): 301-322.

Volume 147, **Number** 3, **February** 2010

With Book Symposium on Hartry Field's Saving Truth from Paradox

James John

Against qualia theory, 2010 (147): 323-346.

Steinvör Thöll Árnadóttir

Functionalism and thinking animals, 2010 (147): 347 - 354.

Klaas J. Kraay

Theism, possible worlds, and the multiverse, 2010 (147): 355-368.

Ted Poston

Similarity and acquaintance: a dilemma, 2010 (147): 369-378.

Richard Fumerton

Poston on similarity and acquaintance, 2010 (147): 379-386.

David Davies

Eluding Wilson's "Elusive Narrators", 2010 (147): 387-394.

Meghan Masto

Questions, answers, and knowledge - wh, 2010 (147): 395-413.

Hartry Field

Precis of saving truth from paradox, 2010 (147): 415-420.

Vann McGee

Field's logic of truth, 2010 (147): 421-432.

Greg Restall

What are we to accept, and what are we to reject, while saving truth from paradox? 2010 (147): 433-443.

Stewart Shapiro

So truth is safe from paradox: now what? 2010 (147): 445-455.

Hartry Field

Replies to commentators on Saving Truth From Paradox, 2010 (147): 457-470.

Volume 148, **Number** 1, **March** 2010

Special Issue: Selected Papers from the American Philosophical Association, Pacific Division, 2009 Meeting

Mohan Matthen

Is memory preservation? 2010 (148): 3-14.

Alex Byrne

Recollection, perception, imagination, 2010 (148): 15-26.

John Sutton

Observer perspective and acentred memory: some puzzles about point of view in personal memory, 2010 (148): 27-37.

Adam Leite

How to take skepticism seriously, 2010 (148): 39-60.

Jennifer S. Hawkins

The subjective intuition, 2010 (148): 61-68.

Derek H. Brown

Locating projectivism in intentionalism debates, 2010 (148): 69-78.

Scott Tanona

The pursuit of the natural, 2010 (148): 99–87.

Louise Antony

Realization theory and the philosophy of mind: comments on Sydney Shoemaker's physical, 2010 (148): 89–99.

Jaegwon Kim

Thoughts on Sydney Shoemaker's Physical Realization, 2010 (148): 101–112.

Andrew Melnyk

Comments on Sydney Shoemaker's Physical Realization, 2010 (148): 113–123.

Sydney Shoemaker

Reply to my critics, 2010 (148): 125–132.

Robert Merrihew Adams

A theory of virtue: introductory remarks, 2010 (148): 133–134.

John M. Doris

Heated agreement: Lack of Character as Being for the Good, 2010 (148): 135–146.

Rachana Kamtekar

Comments on Robert Adams, A theory of virtue: excellence in being for the good, 2010 (148): 147–158.

Robert Merrihew Adams

A theory of virtue: response to critics, 2010 (148): 159–165.

Volume 148, **Number** 2, **March** 2010

Joshua Spencer

A tale of two simples, 2010 (148): 167–181.

Joshua Rasmussen

From states of affairs to a necessary being, 2010 (148): 183–200.

Petri Ylikoski and Jaakko Kuorikoski

Dissecting explanatory power, 2010 (148): 201–219.

Steven Daskal

Absolute value as belief, 2010 (148): 221–229.

Pete Mandik

Swamp Mary's revenge: deviant phenomenal knowledge and physicalism, 2010 (148): 231–247.

Nathan Ballantyne and Ian

Sosa's dream, 2010 (148): 249-252.

Zoltán Szabó

The determination of content, 2010 (148): 253-272.

Peter A. Graham

Against the Mind Argument, 2010 (148): 273-294.

Vassilios Livanios

Symmetries, dispositions and essences, 2010 (148): 295-305.

Assaf Sharon and Levi

Dogmatism repuzzled, 2010 (148): 307-321.

Volume 148, **Number** 3, **April** 2010

With Book Symposium on John Pollock's Thinking About Acting

Jesse R. Steinberg

Dispositions and subjunctives, 2010 (148): 323-341.

Danielle Bromwich

Clearing conceptual space for cognitivist motivational internalism, 2010 (148): 343-367.

Benjamin Schnieder

Inexpressible properties and Grelling's antinomy, 2010 (148): 369-385.

Jonathan Tallant

There's no existent like 'no existence' like no existent I know, 2010 (148): 387-400.

Nellie Wieland

Minimal propositions and real world utterances, 2010 (148): 401-412.

David Enoch

The epistemological challenge to metanormative realism: how best to understand it, and how to cope with it, 2010 (148): 413-438.

Mario Gómez - Torrente

On quoting the empty expression, 2010 (148): 439-443.

Timothy Schroeder

Desire and pleasure in John Pollock's Thinking about Acting, 2010 (148): 447-454.

Branden Fitelson

Pollock on probability in epistemology, 2010 (148): 455-465.

Paul Weirich

Optimization and improvement, 2010 (148): 467-475.

Volume 149, **Number** 1, **May** 2010

Selected Papers from the 2009 Bellingham Summer Conference

Tyler Doggett

Why Leibniz thinks Descartes was wrong and the Scholastics were right, 2010 (149): 1-18.

Susanna Schellenberg

The particularity and phenomenology of perceptual experience, 2010 (149): 19-48.

Christopher J. G. Meacham

Binding and its consequences, 2010 (149): 49-71.

Louis deRosset

Getting priority straight, 2010 (149): 73-97.

Ishani Maitra and Brian Weatherson

Assertion, knowledge, and action, 2010 (149): 99-118.

Michael G. Titelbaum

Tell me you love me: bootstrapping, externalism, and no - lose epistemology, 2010 (149): 119-134.

Volume 149, **Number** 2, **June** 2010

Ben Blumson

Pictures, perspective and possibility, 2010 (149): 135-151.

Randolph Clarke

Opposing powers, 2010 (149): 153-160.

Philippe Chuard

Non - transitive looks & fallibilism, 2010 (149): 161-200.

Jeff Speaks

Millian descriptivism defended, 2010 (149): 201-208.

Chris Daly and David

In defence of error theory, 2010 (149): 209-230.

Luke Russcll

Dispositional accounts of evil personhood, 2010 (149): 231-250.

Nikk Effingham

The metaphysics of groups, 2010 (149): 251–267.

Julien Murzi

Knowability and bivalence: intuitionistic solutions to the Paradox of Knowability, 2010 (149): 269–281.

Volume 149, **Number** 3, **July** 2010

With Book Symposium on Edouard Machery's Doing without Concepts

Errol Lord

Having reasons and the factoring account, 2010 (149): 283–296.

Andrew M. Bailey

Warrant is unique, 2010 (149): 297–304.

Justin P. McBrayer

A limited defense of moral perception, 2010 (149): 305–320.

Alastair Wilson

Disagreement, equal weight and commutativity, 2010 (149): 321–326.

Stephan Leuenberger

Humility and constraints on O – language, 2010 (149): 327–354.

Jonas Akerman

Communication and indexical reference, 2010 (149): 355–366.

Moritz Schulz

Wondering what might be, 2010 (149): 367–386.

Daniel Z. Korman

The contingent a priori and the publicity of a priori knowledge, 2010 (149): 387–393.

Michael Hicks

A note on pretense and co – reference, 2010 (149): 395–400.

Edouard Machery

Précis of Doing without Concepts, 2010 (149): 401–410.

Christopher S. Hill

I love Machery's book, but love concepts more, 2010 (149): 411–421.

Diana Raffman

Can we do without concepts? Comments on Edouard Machery, Doing Without Concepts, 2010 (149): 423–427.

Edouard Machery

Replies to my critics, 2010 (149): 429-436.

Volume 150, **Number** 1, **August** 2010

Robert Northcott

Natural - born determinists: a new defense of causation as probability-raising, 2010 (150): 1-20.

Jens Johansson

Parfit on fission, 2010 (150): 21-35.

Derek Baker

Ambivalent desires and the problem with reduction, 2010 (150): 37-47.

Jeanne Peijnenburg and David Atkinson

Lamps, cubes, balls and walls: Zeno problems and solutions, 2010 (150): 49-59.

Justin A. Capes

The W - defense, 2010 (150): 61-77.

Irem Kurtsal Steen

Three - dimensionalist ' s semantic solution to diachronic vagueness, 2010 (150): 79-96.

Stephan Torre

Centered assertion, 2010 (150): 97-114.

Peter B. M. Vranas

What time travelers may be able to do, 2010 (150): 115-121.

Michael Watkins

A posteriori primitivism, 2010 (150): 123-137.

Malte Dahlgrün

The notion of a recognitional concept and other confusions, 2010 (150): 139-160.

Volume 150, **Number** 2, **September** 2010

Imogen Dickie

Negation, anti - realism, and the denial defence, 2010 (150): 161-185.

Friederike Moltmann

Relative truth and the first person, 2010 (150): 187-220.

Jon Tresan

Question authority: in defense of moral naturalism without clout, 2010 (150): 221–238.

Bence Nanay

Perception and imagination: amodal perception as mental imagery, 2010 (150): 239–254.

Peter Nichols

Substance concepts and personal identity, 2010 (150): 255–270.

Ira M. Schnall

Weak reasons-responsiveness meets its match: in defense of David Widerker's attack on PAP, 2010 (150): 271–283.

Warren Shrader

Shoemaker on emergence, 2010 (150): 285–300.

Tommaso Piazza and Francesco Piazza

On inconsistent entities. A reply to Colyvan, 2010 (150): 301–311.

Volume 150, **Number** 3, **September** 2010

With Book Symposium on van Fraassen's Scientific Representation: Paradoxes of Perspective Realization, determination, and mechanisms

Dylan Dodd and Paula Sweeney

Indexicals and utterance production, 2010 (150): 331–348.

Ken Daley

The structure of lexical concepts, 2010 (150): 349–372.

Chad Carmichael

Universals, 2010 (150): 373–389.

Alfred Mele

Weakness of will and akrasia, 2010 (150): 391–404.

Seth Shabo

The fate of the direct argument and the case for incompatibilism, 2010 (150): 405–424.

Bas C. van Fraassen

Precis of Scientific representation: paradoxes of perspective, 2010 (150): 425–428.

Gordon Belot

Transcendental idealism among the Jersey metaphysicians, 2010 (150):

429-438.

Catherine Z. Elgin

Keeping things in perspective, 2010 (150): 439-447.

Leon Horsten

Having an interpretation, 2010 (150): 449-459.

Bas C. van Fraassen

Reply to Belot, Elgin, and Horsten, 2010 (150): 461-472.

Volume 151, **Number** 1, **October** 2010

with SI: CELEBRATING 30 YEARS OF 'ASSERTION'

Sun Demirli

Indiscernibility and bundles in a structure, 2010 (151): 1-18.

Ragnar Francén

No deep disagreement for new relativists, 2010 (151): 19-37.

Matthew S. Bedke

Rationalist restrictions and external reasons, 2010 (151): 39-57.

Igor Douven and Lieven

Identity and similarity, 2010 (151): 59-78.

Bart Streumer

Reasons, impossibility and efficient steps: reply to Heuer, 2010 (151): 79-86.

Jason Stanley

"Assertion" and intentionality, 2010 (151): 87-113.

Philippe Schlenker

Local contexts and local meanings, 2010 (151): 115-142.

Robert Stalnaker

Responses to Stanley and Schlenker, 2010 (151): 143-157.

Volume 151, **Number** 2, **November** 2010

Chandra Sekhar Sripada

The Deep Self Model and asymmetries in folk judgments about intentional action, 2010 (151): 159-176.

Cody Gilmore

Sider, the inheritance of intrinsicality, and theories of composition, 2010 (151): 177-197.

Michael McGlone

Putnam on what isn't in the head, 2010 (151): 199–205.

Sven Walter

Taking realization seriously: no cure for epiphobia, 2010 (151): 207–226.

Jonathan D. Jacobs

A powers theory of modality: or, how I learned to stop worrying and reject possible worlds, 2010 (151): 227–248.

Ross P. Cameron

How to have a radically minimal ontology, 2010 (151): 249–264.

Ian Underwood

Cross–count identity, distinctness, and the theory of internal and external relations, 2010 (151): 265–283.

Michael A. Bishop

Why the generality problem is everybody's problem, 2010 (151): 285–298.

Justin Sytsma and Edouard Machery

Two conceptions of subjective experience, 2010 (151): 299–327.

Volume 151, **Number** 2, **November** 2010

Sharon Hewitt

What do our intuitions about the experience machine really tell us about hedonism? 2010 (151): 331–349.

Billy Dunaway

Minimalist semantics in meta–ethical expressivism, 2010 (151): 351–371.

Berit Brogaard

Strong representationalism and centered content, 2010 (151): 373–392.

Brian McElwee

The rights and wrongs of consequentialism, 2010 (151): 393–412.

Nicolas Bommarito

Rationally self–ascribed anti–expertise, 2010 (151): 413–419.

S. Matthew Liao

The buck–passing account of value: lessons from Crisp, 2010 (151): 421–432.

Kimberley Brownlee

Reasons and ideals, 2010 (151): 433–444.

Ralph Wedgwood

The Nature of Normativity: Précis, 2010 (151): 445-448.

Richard Holton

Comments on Ralph Wedgwood's The Nature of Normativity, 2010 (151): 449-457.

Peter Railton

Staying in touch with normative reality, 2010 (151): 459-467.

James Lenman

Uggles and Muggles: Wedgwood on normative thought and justification, 2010 (151): 469-477.

Ralph Wedgwood

The Nature of Normativity: A Reply to Holton, Railton, and Lenman, 2010 (151): 479-491.

Erkenntnis《认识》

Volume 72, **Number** 1, **January** 2010

Howard Sankey

Witchcraft, Relativism and the Problem of the Criterion, 2010 (72): 1-16.

Kevin J. S. Zollman

The Epistemic Benefit of Transient Diversity, 2010 (72): 17-35.

Yujin Nagasawa

The Knowledge Argument and Epiphenomenalism, 2010 (72): 37-56.

Dwayne Moore

The Generalization Problem and the Identity Solution, 2010 (72): 57-72.

Simon Dierig

The Discrimination Argument Revisited, 2010 (72): 73-92.

Nic Damnjanovic

No Route to Material Origin Essentialism? 2010 (72): 93-110.

Michael Baumgartner

Causal Slingshots, 2010 (72): 111-133.

Johannes Persson

Activity - Based Accounts of Mechanism and the Threat of Polygenic Effects, 2010 (72): 135-149.

Volume 72, **Number** 2, **March** 2010

Gila Sher

Epistemic Friction: Reflections on Knowledge, Truth, and Logic, 2010 (72): 151-176.

Linton Wang and Oliver Tai

Skeptical Conclusions, 2010 (72): 177-204.

Maria Lasonen - Aarnio

Is There a Viable Account of Well - Founded Belief? 2010 (72): 205-231.

Stefan Rummens and Stefaan E. Cuypers

Determinism and the Paradox of Predictability, 2010 (72): 233-249.

Stuart Glennan

Ephemeral Mechanisms and Historical Explanation, 2010 (72): 251-266.

Tobias Hansson Wahlberg

The Tenseless Copula in Temporal Predication, 2010 (72): 267-280.

Ross P. Cameron

Vagueness and Naturalness, 2010 (72): 281-293.

Volume 72, **Number** 3, **May** 2010

Wlodek Rabinowicz

Analyticity and Possible - World Semantics, 2010 (72): 295-314.

Sebastian Enqvist

Contraction in Interrogative Belief Revision, 2010 (72): 315-335.

Moritz Schulz

The Dynamics of Indexical Belief, 2010 (72): 337-351.

Lars Gundersen

Tracking, Epistemic Dispositions and the Conditional Analysis, 2010 (72): 353-364.

K. Brad Wray

Selection and Predictive Success, 2010 (72): 365-377.

Carlotta Piscopo and Mauro Birattari

A Critique of the Constitutive Role of Truthlikeness in the Similarity Approach, 2010 (72): 379-386.

K. Brad Wray

Philosophy of Science: What are the Key Journals in the Field? 2010 (72):

423–430.

Volume 73, **Number** 1, **July** 2010

Matthew S. Bedke

Developmental Process Reliabilism: on Justification, Defeat, and Evidence, 2010 (73): 1–17.

Wayne Wright

Perception, Color, and Realism, 2010 (73): 19–40.

Mark Bauer

Psychological Laws (Revisited), 2010 (73): 41–53.

Matthew C. Haug

The Exclusion Problem Meets the Problem of Many Causes, 2010 (73): 55–65.

Simon Friederich

Structuralism and Meta-Mathematics, 2010 (73): 67–81.

Stephen Pollard

'As if' Reasoning in Vaihinger and Pasch, 2010 (73): 83–95.

Kris McDaniel

Composition as Identity Does Not Entail Universalism, 2010 (73): 97–100.

Jiri Benovsky

Relational and Substantival Ontologies, and the Nature and the Role of Primitives in Ontological Theories, 2010 (73): 101–121.

Michael J. Clark

Inclusionism and the Problem of Unmarried Husbands, 2010 (73): 123–131.

Jonathan Tallant

A Sketch of a Presentist Theory of Passage, 2010 (73): 133–140.

Volume 73, **Number** 2, **September** 2010

Sascia Pavan

Sentential Connectives and Translation, 2010 (73): 145–163.

Gilead Bar-Elli

Analyticity and Justification in Frege, 2010 (73): 165–184.

Chase B. Wrenn

A Puzzle About Desire, 2010 (73): 185–209.

Kristie Miller

The Existential Quantifier, Composition and Contingency, 2010 (73): 211-235.

Andrea Bianchi

Dicing with Saul Kripke, 2010 (73): 237-249.

Michael Devitt

What "Intuitions" are Linguistic Evidence? 2010 (73): 251-264.

Volume 73, **Number** 3, **November** 2010

Ingo Brigandt

Beyond Reduction and Pluralism: Toward an Epistemology of Explanatory Integration in Biology, 2010 (73): 295-311.

William Bechtel

The Downs and Ups of Mechanistic Research: Circadian Rhythm Research as an Exemplar, 2010 (73): 313-328.

Kevin D. Hoover

Idealizing Reduction: The Microfoundations of Macroeconomics, 2010 (73): 329-347.

Panu Raatikainen

Causation, Exclusion, and the Special Sciences, 2010 (73): 349-363.

Jack Vromen

MICRO-Foundations in Strategic Management: Squaring Coleman's Diagram, 2010 (73): 365-383.

Peter Abell, Teppo Felin and Nicolai Foss

Causal and Constitutive Relations, and the Squaring of Coleman's Diagram: Reply to Vromen, 2010 (73): 385-391.

Foad Dizadji-Bahmani, Roman Frigg and Stephan Hartmann

Who's Afraid of Nagelian Reduction? 2010 (73): 393-412.

Paul Teller

Mechanism, Reduction, and Emergence in Two Stories of the Human Epistemic Enterprise, 2010 (73): 413-425.

Craig Callender and Jonathan Cohen

Special Sciences, Conspiracy and the Better Best System Account of Lawhood, 2010 (73): 427-447.

Pacific Philosophical Quarterly《太平洋哲学季刊》

Volume 91, **Issue** 1, **March** 2010

Keith Allen

In Defence of Natural Daylight, 2010 (91): 1-18.

Torin Alter

A Defense of the Necessary Unity of Phenomenal Consciousness, 2010 (91): 19-37.

Igor Douven, Leon Horsten and Jan-Willem Romeijn

Probabilist Antirealism, 2010 (91): 38-63.

M. Oreste fiocco

Temporary Intrinsics and Relativization, 2010 (91): 64-77.

Whitley Kaufman

Self-Defense, Innocent Aggressors, and the Duty of Martyrdom, 2010 (91): 78-96.

Matthew J. Kisner

Perfection and Desire: Spinoza on the Good, 2010 (91): 97-117.

Volume 91, **Issue** 2, **June** 2010

John Chandler

Religious Reasons and Public Policy, 2010 (91): 137-152.

Brad Chynoweth

Descartes' Resolution of the Dreaming Doubt, 2010 (91): 153-179.

Han-Kyul Kim

What Kind of Philosopher Was Locke on Mind and Body? 2010 (91): 180-207.

James Morauta

In Defence of State-Based Reasons to Intend, 2010 (91): 208-228.

Seyed N. Mousavian

Neo-Meinongian Neo-Russellians, 2010 (91): 229-259.

Søren Overgaard

On The Looks of Things, 2010 (91): 260-284.

Volume 91, **Issue** 3, **September** 2010

Rebecca Copenhaver

Thomas Reid on Acquired Perception, 2010 (91): 285-312.

Melissa Seymour Fahmy

Kantian Practical Love, 2010 (91): 313-331.

Michael Huemer

Lexical Priority and the Problem of Risk, 2010 (91): 332-351.

Tim Kenyon

Assertion and Capitulation, 2010 (91): 352-368.

Michael Lebuffe

Change and the Eternal Part of the Mind in Spinoza, 2010 (91): 369-384.

Berislav Marušić

The Desires of Others, 2010 (91): 385-400.

Michael Pace

Foundationally Justified Perceptual Beliefs and the Problem of the Speckled Hen, 2010 (91): 401-441.

Volume 91, **Issue** 4, **December** 2010

Michael Mcglone

Essentialist Arguments Against Descriptivism, 2010 (91): 443-462.

Bence Nanay

Transparency and Sensorimotor Contingencies: Do We See Through Photographs?, 2010 (91): 463-480.

Mark Phelan

The Inadequacy of Paraphrase is the Dogma of Metaphor, 2010 (91): 481-506.

Greg Sax

Having Know-How: Intellect, Action, and Recent Work on Ryle's Distinction Between Knowledge-How and Knowledge-That, 2010 (91): 507-530.

Eric Schwitzgebel

Acting Contrary to Our Professed Beliefs Or the Gulf Between Occurrent Judgment and Dispositional Belief, 2010 (91): 531-553.

Lionel Shapiro

Two Kinds of Intentionality in Locke, 2010 (91): 554-586.

Patrick Toner

St. Thomas aquinas on death and the separated soul, 2010 (91): 587-599.

Philosophy《哲学》

Volume 85, **Issue** 1, **January** 2010

Simon Blackburn

The Majesty of Reason, 2010 (85): 5-27.

Amelie Rorty

Questioning Moral Theories, 2010 (85): 29-46.

Garrath Williams

'Who are we to judge?' - On the Proportionment of Happiness to Virtue, 2010 (85): 47-66.

Sophie R. Allen

Can Theoretical Underdetermination support the Indeterminacy of Translation? Revisiting Quine's 'Real Ground', 2010 (85): 67-90.

Nick Zangwill

Scruton's Musical Experiences, 2010 (85): 91-104.

Timothy Chappell

"A logos that increases itself": response to Burley, 2010 (85): 105-108.

Graham Priest

Hopes Fade For Saving Truth, 2010 (85): 109-140.

Volume 85, **Issue** 2, **April** 2010

Joel J. Kupperman

Why Ethical Philosophy Needs to Be Comparative, 2010 (85): 185-200.

John Kekes

War, 2010 (85): 201-218.

István Aranyosi

The Nature of Shadows, from Yale to Bilkent, 2010 (85): 219-223.

Tim Heysse

Bernard Williams on the History of Ethical Views and Practices, 2010 (85): 225-243.

K. L. Evans and K. Steslow

A Rest from Reason: Wittgenstein, Drury, and the Difference Between Madness and Religion, 2010 (85): 245-258.

Tony Lynch

Deliberating from One's Virtues, 2010 (85): 259-272.

John W. Cook

Locating Wittgenstein, 2010 (85): 273-289.

Volume 85, **Issue** 3, **July** 2010

Mark Platts

The Languages of Rights and of Human Rights, 2010 (85): 319-340.

R. Read

On Philosophy's (lack of) Progress: From Plato to Wittgenstein (and Rawls), 2010 (85): 341-367.

Alasdair Richmond

Time Travel, Parahistory and the Past Artefact Dilemma, 2010 (85): 369-373.

K. Lennon

Re-enchanting the World: The Role of Imagination in Perception, 2010 (85): 375-389.

N. M. L. Nathan

Exclusion and Sufficient Reason, 2010 (85): 391-397.

Anthony de Jasay

Ordered Anarchy and Contractarianism, 2010 (85): 399-403.

Volume 85, **Issue** 4, **October** 2010

John Leslie

The Risk that Humans Will Soon Be Extinct, 2010 (85): 447-463.

Robin Attfield

Darwin's Doubt, Non-deterministic Darwinism and the Cognitive Science of Religion, 2010 (85): 465-483.

Kristjǘn Kristjǘnsson

CThe Trouble with Ambivalent Emotions, 2010 (85): 485-510.

Alexander Naraniecki

Neo-Positivist or Neo-Kantian? Karl Popper and the Vienna Circle, 2010 (85): 511-530.

Brenda Almond

Idealism and Religion in the Philosophy of T. L. S. Sprigge, 2010 (85): 531-549.

Daniel Putman

Equivocating the Ad Hominem, 2010 (85): 551-555.

Dialectica《论辩术》

Volume 64, **Issue** 1, **March** 2010

Hans-Johann Glock

Can Animals Judge? 2010 (64): 11-33.

Christopher Peacocke

Relation-Based Thought, Objectivity and Disagreement, 2010 (64): 35-56.

Fernando Martínez-Manrique

On the Distinction between Semantic and Conceptual Representation, 2010 (64): 57-78.

Agustín Vicente

Clusters: On the Structure of Lexical Concepts, 2010 (64): 79-106.

Daniel A. Weiskopf

Concepts and the Modularity of Thought, 2010 (64): 107-130.

Volume 64, **Issue** 2, **June** 2010

Imogen Dickie and Gurpreet Rattan

Sense, Communication, and Rational Engagement, 2010 (64): 131-151.

Yannis Stephanou

The Meaning of 'Actually',2010 (64): 153-185.

René Jagnow

Shadow-Experiences and the Phenomenal Structure of Colors, 2010 (64): 187-212.

Daniel Whiting

Should I Believe the Truth? 2010 (64): 213-224.

Aleksandar Kellenberg

The Antinomy of the Variable, 2010 (64): 235-226.

Iris Einheuser

The Model-Theoretic Argument against Quantifying over Everything, 2010 (64): 237-246.

Darren Bradley

Conditionalization and Belief De Se, 2010 (64): 247-250.

Johan E. Gustafsson

A Money-Pump for Acyclic Intransitive Preferences, 2010 (64): 251-257.

Richard Gaskin

Précis of the Unity of the Proposition, 2010 (64): 259-264.

William F. Vallicella

Gaskin on the Unity of the Proposition, 2010 (64): 265-277.

Manuel García-Carpintero

Gaskin's Ideal Unity, 2010 (64): 279-288.

Benjamin Schnieder

Proposition, 2010 (64): 289-301.

Richard Gaskin

The Unity of the Proposition: Replies to Vallicella, Schnieder, and García-Carpintero, 2010 (64): 303-311.

Volume 64, **Issue** 3, **September** 2010

Edmund Henden

Deliberation Incompatibilism, 2010 (64): 313-333.

Sonia Roca-Royes

Modal Epistemology, Modal Concepts and the Integration Challenge, 2010 (64): 335-361.

Sophie Gibb

Closure Principles and the Laws of Conservation of Energy and Momentum, 2010 (64): 363-384.

M. J. Cain

Linguistics, Psychology and the Scientific Study of Language, 2010 (64): 385-404.

Daan Evers

The End-Relational Theory of 'Ought' and the Weight of Reasons, 2010 (64): 405-417.

Nigel Sabbarton-Leary

Descriptivist Reference from Metaphysical Essence, 2010 (64): 419-433.

George Darby and Duncan Watson

Lewis's Principle of Recombination: Reply to Efird and Stoneham, 2010 (64): 435-445.

Volume 64, **Issue** 4, **December** 2010

Ansgar Beckermann

Darwin – What if Man is Only an Animal, After All? 2010 (64): 467–482.

R. Mark Sainsbury

Paderewski Variations, 2010 (64): 483–502.

R. Jay Wallace

Reasons, Values and Agent–Relativity, 2010 (64): 503–528.

Wolfgang Künne

Sense, Reference and Hybridity: Reflections on Kripke's Recent Reading of Frege, 2010 (64): 529–551.

Paul Boghossian

Our Grasp of the Concept of Truth: Reflections on Künne, 2010 (64): 553–563.

Kevin Mulligan

The Truth Predicate vs the Truth Connective. On Taking Connectives Seriously, 2010 (64): 565–584.

Wolfgang Künne

Replies to Paul Boghossian and Kevin Mulligan, 2010 (64): 585–615.

Bioethics《生命伦理学》

Volume 24, **Issue** 1, **January** 2010

Bernice s. Elger and Anne Spaulding

Research On Prisoners – A Comparison Between The Iom Committee Recommendations (2006) And European Regulations, 2010 (24): 1–13.

Eric Chwang

Against Risk–Benefit Review of Prisoner Research, 2010 (24): 14–22.

David L. Thomas

Prisoner Research – Looking Back or Looking Forward? 2010 (24): 23–26.

Laura Calkins

Detained and Drugged: A Brief Overview of The Use of Pharmaceuticals For the Interrogation of Suspects, Prisoners, Patients, and Pows in the Us, 2010 (24): 27–34.

Christian Munthe, Susanna Radovic and Henrik Anckarsäter

Ethical Issues in Forensic Psychiatric Research on Mentally Disordered Offenders, 2010 (24): 35–44.

Iwao Hirose

Should We Select People Randomly? 2010 (24): 45-46.

Volume 24, **Issue** 2, **February** 2010

Ari Joffe

Are Recent Defences of the Brain Death Concept Adequate? 2010 (24): 47-53.

Mary Jiang Bresnahan and Kevin Mahler

Ethical Debate Over Organ Donation in the Context of Brain Death, 2010 (24): 54-60.

John Burgess

Could a Zygote Be a Human Being? 2010 (24): 61-70.

Joyce C. Havstad

Human Reproductive Cloning: A Conflict of Liberties, 2010 (24): 71-77.

Chris Gastmans and Jan de Lepeleire

Living to the bitter end? A Personalist Approach to Euthanasia in Persons With Severe Dementia, 2010 (24): 78-86.

Kristine bærøe

Patient Autonomy, Assessment of Competence and Surrogate Decision-Making: A Call for Reasonableness in Deciding for Others, 2010 (24): 87-95.

Bernard Baertschi and Alexandre Mauron

Moral Status Revisited: The Challenge of Reversed Potency, 2010 (24): 96-103.

Volume 24, **Issue** 3, **March** 2010

Violeta Beširević

End-of-Life Care in the 21st Century: Advance Directives in Universal Rights Discourse, 2010 (24): 105-112.

Myongsei Sohn

A Korean Perspective on Developing a Global Policy for Advance Directives, 2010 (24): 113-117.

Matthijs P. S. Van Wijmen, Mette I. Rurup, H. Roeline W. Pasman, Pam J. Kaspers and Bregje D. Onwuteaka-philipsen

Advance Directives in the Netherlands: An Empirical Contribution to the Exploration of a Cross-Cultural Perspective on Advance Directives, 2010 (24):

118-126.

Tolga Guven and Gurkan Sert

Advance Directives in Turkey's Cultural Context: Examining the Potential Benefits for the Implementation of Patient Rights, 2010 (24): 127-133.

Carmel Shalev

Reclaiming the Patient's Voice and Spirit in Dying: an Insight From Israel, 2010 (24): 134-144.

Assya Pascalev and Takis Vidalis

'Vague Oviedo': Autonomy, Culture and the Case of Previously Competent Patientsisrael, 2010 (24): 145-152.

Volume 24, **Issue** 4, **May** 2010

Bernward Gesang

Are Moral Philosophers Moral Experts? 2010 (24): 153-159.

Jessica Hammond

Genetic Engineering to Avoid Genetic Neglect: From Chance to Responsibility, 2010 (24): 160-169.

Dov Fox

Retracing Liberalism and Remaking Nature: Designer Children, Research Embryos, and Featherless Chickens, 2010 (24): 170-178.

Paul Biegler

Autonomy and Ethical Treatment in Depression, 2010 (24): 179-189.

Govert Den Hartogh

Trading With the Waiting-List: The Justice of Living Donor List Exchange, 2010 (24): 190-198.

Alan J. Kearns, Dónal P. O'mathúna and P. Anne Scott

Diagnostic Self-Testing: Autonomous Choices and Relational Responsibilities, 2010 (24): 199-207.

Volume 24, **Issue** 5, **June** 2010

Ruth Macklin

The Death of Bioethics, 2010 (24): 211-217.

Angus Dawson

The Futurc pf Bioethics: Three Dogmas and a Cup of Hemlock, 2010 (24): 218-225.

Miran Epstein

How Will the Economic Downturn Affect Academic Bioethics?, 2010 (24): 226-233.

Alasdair Cochrane

Undignified Bioethics, 2010 (24): 234-241.

Tineke A. Abma, Vivianne E. Baur, Bert Molewijk and Guy A. M. Widdershoven

Inter-Ethics: Towards an Interactive and Interdependent Bioethics, 2010 (24): 242-255.

Jonathan Ives and Michael Dunn

Who's arguing? A call for reflexivity in bioethics, 2010 (24): 256-265.

Volume 24, **Issue** 6, **July** 2010

Tobenna D. Anekwe

Profits and Plagiarism: The Case of Medical Ghostwriting, 2010 (24): 267-272.

Sergio Sismondo and Mathieu Doucet

Publication Ethics and the Ghost Management of Medical Publication, 2010 (24): 273-283.

Carl Elliott and Amy Snow Landa

Commentary: What's Wrong With Ghostwriting? 2010 (24): 284-286.

Mikhail Valdman

On the Morality of Guinea-Pig Recruitment, 2010 (24): 287-294.

Leah Mcclimans

Elective Twin Reductions: Evidence and Ethics, 2010 (24): 295-303.

Izet Pajević, Mevludin Hasanovićand Alina Koprić

Psychiatry in a Battle Zone, 2010 (24): 304-307.

Steven H. Miles

Commentary on Psychiatry in a Battle Zone, 2010 (24): 307-308.

Volume 24, **Issue** 7, **September** 2010

Anne Donchin

Reproductive Tourism and the Quest for Global Gender Justice, 2010 (24): 323-332.

Jennifer A. Parks

Care Ethics and the Global Practice of Commercial Surrogacy, 2010 (24):

333-340.

Jason K. M. Hanna

Revisiting Child - Based Objections to Commercial Surrogacy, 2010 (24): 341-347.

Yukari Semba, Chiungfang Chang, Hyunsoo Hong, Ayako Kamisato, Minori Kokado and Kaori Muto

Surrogacy: Donor Conception Regulation in Japan, 2010 (24): 348-357.

Sarah Jones

The Ethics of Intercountry Adoption: Why it Matters to Healthcare Providers and Bioethicists, 2010 (24): 358-364.

Katrien de Graeve

The Limits of Intimate Citizenship: Reproduction of Difference in Flemish-Ethiopian 'Adoption Cultures', 2010 (24): 365-372.

Volume 24, **Issue** 8, **October** 2010

Colin Farrelly

Equality and the Duty to Retard Human Ageing, 2010 (24): 384-394.

Iain Brassington

Enhancing Evolution and Enhancing Evolution, 2010 (24): 395-402.

Muireann Quigley

A Right to Reproduce?, 2010 (24): 403-411.

Michael Cholbi

The Duty to Die and the Burdensomeness of Living, 2010 (24): 412-420.

Andrea Scarantino

Inductive Risk and Justice in Kidney Allocation, 2010 (24): 421-430.

Ger Palmboom and Dick Willems

Risk Detection in Individual Health Care: Any Limits? 2010 (24): 431-438.

Samia Hurst

What 'Empirical Turn in Bioethics'? 2010 (24): 439-444.

Volume 24, **Issue** 9, **November** 2010

E. M. Dadlez and William L. Andrews

Post-Abortion Syndrome: Creating an Affliction, 2010 (24): 445-452.

Franklin G. Miller, Robert D. Truog And Dan W. Brock

Moral Fictions and Medical Ethics, 2010 (24): 453-460.

Chrisoula Andreou

Rehabilitating Human Nature, 2010 (24): 461–469.

Tony Hope, Lars Peter Østerdal and Andreas Hasman

An Inquiry Into the Principles of Needs–Based Allocation of Health Care, 2010 (24): 470–480.

David Shoemaker

The Insignificance of Personal Identity for Bioethics, 2010 (24): 481–489.

Martine de Vries and Evert van Leeuwen

Reflective Equilibrium and Empirical Data: Third Person Moral Experiences in Empirical Medical Ethics, 2010 (24): 490–498.

Carla Saenz

Virtue Ethics and the Selection of Children With Impairments: a Reply to Rosalind Mcdougall, 2010 (24): 499–506.

Proceedings of the Aristotelian Society《亚里士多德学会会刊》

Volume 110, **Issue** 1pt1, **April** 2010

John Campbell

Control Variables and Mental Causation, 2010 (110): 15–30.

Stephen Darwall

Moral Obligation: Form and Substance, 2010 (110): 31–46.

Lucy Allais

Kant's Argument for Transcendental Idealism in the Transcendental Aesthetic, 2010 (110): 47–75.

Matthew Kennedy

Naive Realism and Experiential Evidence, 2010 (110): 77–109.

Volume 110, **Issue** 2pt2, **September** 2010

Arif Ahmed

Causation and Decision, 2010 (110): 111–131.

Cian Dorr

Of Numbers and Electrons, 2010 (110): 133–181.

Stephen Barker

Cognitive Expressivism, Faultless Disagreement, and Absolute but Non–Objective Truth, 2010 (110): 183–199.

Joel Smith

The Conceptual Problem of Other Bodies, 2010 (110): 201-217.

Thomas Crowther

The Agential Profile of Perceptual Experience, 2010 (110): 219-242.

Volume 110, **Issue** 3**pt**3, **October** 2010

David Wallace

Diachronic Rationality and Prediction-Based Games, 2010 (110): 243-266.

Alexander Nehamas

The Good of Friendship, 2010 (110): 267-294.

Robyn Carston

Metaphor: Ad Hoc Concepts, Literal Meaning and Mental Images, 2010 (110): 295-321.

Gail Fine

Aristotle's Two Worlds: Knowledge and Belief in Posterior Analytics 1.33, 2010 (110): 323-346.

Nishi Shah

The Limits of Normative Detachment, 2010 (110): 347-371.

Ratio: An International Journal of Analytic Philosophy《理性：国际分析哲学杂志》

Volume 23, **Issue** 1, **March** 2010

Jason Brennan

Scepticism About Philosophy, 2010 (23): 1-16.

Timothy Chappell

Ethical Blind-Spots: Why Socrates Was Not a Cosmopolitan, 2010 (23): 17-33.

Katarzyna de Lazari-Radek and Peter Singer

Secrecy in Consequentialism: a Defence of Esoteric Morality, 2010 (23): 34-58.

S. Matthew Liao

Twinning, Inorganic Replacement, and the Organism View, 2010 (23): 59-72.

Harold W. Noonan

Bird Against the Humeans, 2010 (23): 73-86.

Jonas Olson

The Freshman Objection to Expressivism and What to Make of It, 2010 (23): 87-101.

Saul Smilansky

When Does Morality Win? 2010 (23): 102-110.

Volume 23, **Issue** 2, **June** 2010

Dan Cavedon-Taylor

In Defence of Fictional Incompetence, 2010 (23): 141-150.

Claudio F. Costa

A Perspectival Definition of Knowledge, 2010 (23): 151-167.

Jessica F. Leech

"Creationism" and the Contingent a Priori, 2010 (23): 168-183.

Hartley Slater

What Priest (Amongst Many Others) Has Been Missing, 2010 (23): 184-198.

Fiona Woollard

Doing/Allowing and the Deliberative Requirement, 2010 (23): 199-216.

Bill Wringe

Global Obligations and the Agency Objection, 2010 (23): 217-231.

Volume 23, **Issue** 3, **September** 2010

Lilian Alweiss

Against Cartesian Mistrust: Cavell, Husserl and the Other Mind Sceptic, 2010 (23): 241-259.

Andrew Cullison

What Are Seemings? 2010 (23): 260-274.

David Mark Kovacs

Is There a Conservative Solution to the Many Thinkers Problem? 2010 (23): 275-290.

Justin P. McBrayer

Moral Perception and the Causal Objection, 2010 (23): 291-309.

Brian McElwee

Should We De-Moralize Ethical Theory? 2010 (23): 308-321.

Matthew Tugby

Simultaneity in Dispositional Interaction? 2010 (23): 322-338.

Volume 23, **Issue** 4, **December** 2010

Special Issue: AGENTS AND THEIR ACTIONS

Maria Alvarez

Reasons for Action and Practical Reasoning, 2010 (23): 355-373.

Laura W. Ekstrom

Ambivalence And Authentic Agency, 2010 (23): 374-392.

John Hyman

The Road to Larissa, 2010 (23): 393-414.

John McDowell

What Is the Content of an Intention in Action? 2010 (23): 415-432.

Joseph Raz

Being in the World, 2010 (23): 433-452.

Robert Stern

Moral Scepticism and Agency: Kant and Korsgaard Action? 2010 (23): 453-474.

The Journal of Philosophy《哲学杂志》

Volume Cvii, **Number** 1, **January** 2010

Jason Turner

Ontological Pluralism

Peter Achinstein

What to Do if You Want to Defend a Theory You Cannot Prove: A Method of "Physical Speculation"

Volume Cvii, **Number** 2, **February** 2010

Matthew J. Barker and Robert A. Wilson

Cohesion, Gene Flow, and the Nature of Species

Simon M. Huttegger

Generic Properties of Evolutionary Games and Adaptationism

Volume Cvii, **Number** 3, **March** 2010

Niko Kolodny and John MacFarlane

Ifs and Oughts

Øystein Linnebo

Pluralities and Sets

Volume Cvii, Number 4, April 2010

Ernest Sosa

Value Matters in Epistemology

G. Aldo Antonelli

The Nature and Purpose of Numbers

Ronald P. Endicott

Realization, Reductios, and Category Inclusion

Volume Cvii, Number 5, May 2010

Eric Swanson

Lessons from the Context Sensitivity of Causal Talk

Sherrilyn Roush

Closure on Skepticism

Anthony Booth and Rik Peels

Why Responsible Belief Is Blameless Belief

Volume Cvii, Number 6, June 2010

Eli Dresner

Measurement-Theoretic Representation and Computation-Theoretic Realization

Michaelis Michael

Belief De Re, Knowing Who, and Singular Thought

Zach Weber and Mark Colyvan a Topological Sorites

Eleonora Cresto on Reasons and Epistemic Rationality

Volume Cvii, Number 7, July 2010

L. A. Paul

Temporal Experience

Joseph Almog

Nature without Essence

Volume Cvii, Number 8, August 2010

Meir Hemmo and Orly Shenker

Maxwells' Demon

Bence Nanay

A Modal Theory of Function

Dana Goswick

Bridging the Modal Gap

Volume Cvii, Number 9, **September** 2010

Nathan Salmon

Lambda in Sentences with Designations: An Ode to Complex Predication

Michael Morreault

Simply Does Not Add Up: Trouble with Overall Similarity

Meir Buzaglo

A Note on Parity and Modality

Volume Cvii, Number 10, **October** 2010

Ben Caplan, Chris Tillman, and Pat Reeder

Parts of Singletons

Adrienne M. Martin

Owning Up and Lowering Down: The Power of Apology

Colin Klein

Response to Tumulty on Pain and Imperatives

Volume Cvii, Number 11, **November** 2010

Kit Fine

Towards a Theory of Part

Robert Kraut

Universals, Metaphysical Explanations, and Pragmatism

Chris Daly and David Liggins

Do Object-Dependent Properties Threaten Physicalism?

Volume Cvii, Number 11, **November** 2010

Sidney Morgenbesser and Arnold Koslow

Theories and Their Worth

Noûs《努斯》

Volume 44, **Issue** 1, **March** 2010

Jason Turner

Fitting Attitudes De Dicto and De Se, 2010 (44): 1-9.

Martin Smith

What Else Justification Could Be, 2010 (44): 10-31.

David Bourget

Consciousness is Underived Intentionality, 2010 (44): 32-58.

Dale Dorsey

Three Arguments for Perfectionism, 2010 (44): 59-79.

Boris Kment

Causation: Determination and Difference-Making, 2010 (44): 80-111.

Adina L. Roskies

"That" Response doesn't Work: Against a Demonstrative Defense of Conceptualism, 2010 (44): 112-134.

Matthew Noah Smith

Reliance, 2010 (44): 135-157.

Randolph Clarke

Intentional Omissions, 2010 (44): 158-177.

Ross P. Cameron

From Humean Truthmaker Theory to Priority Monism, 2010 (44): 178-198.

Volume 44, **Issue** 2, **June** 2010.

Thomas Hurka

Asymmetries In Value, 2010 (44): 199-223.

Baron Reed

A Defense of Stable Invariantism, 2010 (44): 224-244.

Duncan Pritchard

Relevant Alternatives, Perceptual Knowledge and Discrimination, 2010 (44): 245-268.

David Barnett

Zif Would Have Been If: A Suppositional View of Counterfactuals, 2010 (44): 269-304.

Bernhard Nickel

How General Do Theories of Explanation Need To Be? 2010 (44): 305-328.

Nikolaj Jang Lee Linding Pedersen and Marcus Rossberg

Open-endedness, Schemas and Ontological Commitment, 2010 (44): 329-339.

Ray Buchanan

A Puzzle about Meaning and Communication, 2010 (44): 340-371.

Colin Allen

Mirror, Mirror in the Brain, What's the Monkey Stand to Gain? 2010 (44): 372-391.

Rowland Stout

What You Know When You Know an Answer to a Question, 2010 (44): 392-402.

Volume 44, **Issue** 3, **September** 2010

Sinan Dogramaci

Knowledge of Validity, 2010 (44): 403-432.

Alexis Burgess

How to Reconcile Deflationism and Nonfactualism, 2010 (44): 433-450.

C. S. Jenkins and Daniel Nolan

Maximising, Satisficing and Context, 2010 (44): 451-468.

Samuel Newlands

Another Kind of Spinozistic Monism, 2010 (44): 469-502.

Mark Colyvan, Damian Cox and Katie Steele

Modelling the Moral Dimension of Decisions, 2010 (44): 503-529.

Michael Friedman

Logic, Mathematical Science, and Twentieth Century Philosophy: Mark Wilson and the Analytic Tradition, 2010 (44): 530-544.

Mark Wilson

What Can Contemporary Philosophy Learn from Our "Scientific Philosophy" Heritage? 2010 (44): 545-570.

Volume 44, **Issue** 4, **December** 2010

Juan Comesaña

Evidentialist Reliabilism, 2010 (44): 571-600.

Elizabeth Barnes

Ontic Vagueness: A Guide for the Perplexed, 2010 (44): 601-627.

Kris McDaniel

Being and Almost Nothingness, 2010 (44): 628-649.

J. Robert G. Williams

Defending Conditional Excluded Middle, 2010 (44): 650-668.

Joshua Gert

Color Constancy, Complexity, and Counterfactual, 2010 (44): 669-690.

James R. Beebe

Moral Relativism in Context, 2010 (44): 691-724.

Markus Schrenk

The Powerlessness of Necessity, 2010 (44): 725-739.

John Perry

Critical Study Velleman: Self to Self, 2010 (44): 740-758.

Mind《心灵》

Volume 119, **Issue** 1, **January** 2010

Keith DeRose

The Conditionals of Deliberation, 2010 (119): 1-42.

Ruth Garrett Millikan

On Knowing the Meaning; With a Coda on Swampman, 2010 (119): 43-82.

Mark T. Nelson

We Have No Positive Epistemic Duties, 2010 (119): 83-102.

J. R. G. Williams

Fundamental and Derivative Truths, 2010 (119): 104-142.

Andrew Moon

Gibbons on Epistemic Internalism, 2010 (119): 143-152.

John Gibbons

Missing the Obvious: Reply to Moon, 2010 (119): 153-158.

Peter A. Sutton

The Epoch of Incredulity: A Response to Katz and Olin's 'A Tale of Two Envelopes', 2010 (119): 159-170.

Bernard D. Katz and Doris Olin

Conditionals, Probabilities, and Utilities: More on Two Envelopes, 2010 (119): 171-184.

Volume 119, **Issue** 2, **April** 2010

Mark Colyvan

There is No Easy Road to Nominalism, 2010 (119): 285-306.

Marc Lange

What Are Mathematical Coincidences (and Why Does It Matter)?, 2010

(119): 307-340.

Jonathan Schaffer

The Internal Relatedness of All Things, 2010 (119): 340-376.

Philippe Schlenker

Presuppositions and Local Contexts, 2010 (119): 377-392.

Roy Sorensen

Borderline Hermaphrodites: Higher - order Vagueness by Example, 2010 (119): 393-408.

Cezary Cies' lin' ski

Truth, Conservativeness, and Provability, 2010 (119): 409-422.

Jeffrey Ketland

Truth, Conservativeness, and Provability: Reply to Cies' lin' ski, 2010 (119): 433-436.

Neil Tennant

Defationism and the Go¨del Phenomena: Reply to Cies' lin' ski, 2010 (119): 437-450.

Volume 119, **Issue** 3, **October** 2010

Ben Eggleston

Practical Equilibrium: A Way of Deciding What to Think about Morality, 2010 (119): 549-584.

Philip Gerrans and Jeanette Kennett

Neurosentimentalism and Moral Agency, 2010 (119): 585-618.

Mark Textor

Frege on Judging as Acknowledging the Truth, 2010 (119): 619-656.

Timothy Williamson

Necessitism, Contingentism, and Plural Quantifcation, 2010 (119): 657-748.

Asbjørn Steglich - Petersen

The Truth Norm and Guidance: A Reply to Glu¨er and Wikforss, 2010 (119): 749-756.

Kathrin Glu¨er and A sa Wikforss

The Truth Norm and Guidance: A Reply to Steglich-Petersen, 2010 (119): 757-762.

Vera Hoffmann - Kolss

Denby on the Distinction between Intrinsic and Extrinsic Properties, 2010 (119): 763-772.

David A. Denby

Intrinsic and Extrinsic Properties: A Reply to Hoffmann - Kolss, 2010 (119): 773-782.

Volume 119, **Issue** 4, **December** 2010

Jeffrey E. Brower

Aristotelian Endurantism: A New Solution to the Problem of Temporary Intrinsics, 2010 (119): 883-906.

Daniel Cohen and Toby Handfeld

Rational Capacities, Resolve, and Weakness of Will, 2010 (119): 907-932.

E. Dl' az-Leo' n

Can Phenomenal Concepts Explain The Epistemic Gap, 2010 (119): 933-952.

David Enoch

Not Just a Truthometer: Taking Oneself Seriously (but not Too Seriously) in Cases of Peer Disagreement, 2010 (119): 933-958.

Alex Neill and Aaron Ridley

Religious Music for Godless Ears, 2010 (119): 999-1024.

Zach Weber

A Paraconsistent Model of Vagueness, 2010 (119): 1025-1046.

International Philosophical Quarterly《国际哲学季刊》

Volume 50, **Number** 1, 2010

Carl S. Hughes

Writing the Law/Gospel Dialectic of, and in, Lutheranism

Jerry H. Gill

Language as Gesture

Jason T. Eberl

Varieties of Dualism

Richard White

Schopenhauer and Indian Philosophy

Ryan Drake

Wonder, Nature, and the Ends of Tragedy

Hugh Williams

The Problem of Realism in the Philosophy of Charles Taylor and an Existential Thomist Proposal

Volume 50, **Number** 2, 2010

Katherine E. Kirby

The Hero and Asymmetrical Obligation

Steven G. Smith

Intrinsic Value, Goodness, and the Appeals of Things

Daniel J. Kirchner

Augustine's Use of Epicureanism

Michael Wenisch

The Epistemological Roots of the Dispute over Time and Freedom in the Leibniz-Clarke

Volume 50, **Number** 3, 2010

Damion Buterin

Reconstructing Experience

Douglas Low

Hegel and Merleau-Ponty on Modernism and Postmodernism

Terrence Wright

Susan Selner-Wright, Vocational Call

Robert Piercey

Metaphilosophy as First Philosophy

Robert Piercey

Does Virtue Ethics Really Exclude Duty Ethics?

Nathaniel Bowditch Malebranche

Volume 50, **Number** 4, 2010

William Franke

On Poetic Truth that is Higher than History

Jonathan J. Sanford

Are You Man Enough? Aristotle and Courage

Chad Engelland

Unmasking the Person

Steven J. Jensen

Getting Inside the Acting Person

Julie Piering

Irony and Shame in Socratic Ethics

Thomas L. Gwozdz

Metaphysics and Ethics

Mind & Language《心灵 & 语言》

Volume 25, **Issue** 1, **February** 2010

Kristian Tylén, Ethan Weed, Mikkel Wallentin, Andreas Roepstorff

Language as a Tool for Interacting Minds, 2010 (25): 3-29.

Stephen Crain and Drew Khlentzos

The Logic Instinct, 2010 (25): 30-65.

Jordi Fernández

Thought Insertion and Self-Knowledge, 2010 (25): 66-88.

Kevan Edwards

Concept Referentialism and the Role of Empty Concepts, 2010 (25): 89-118.

Shannon Spaulding

Embodied Cognition and Mindreading, 2010 (25): 119-140.

Volume 25, **Issue** 2, **April** 2010

Gergely Csibra

Recognizing Communicative Intentions in Infancy, 2010 (25): 141-168.

Joseph Levine

Demonstrative Thought, 2010 (25): 169-195.

Catherine Wearing

Autism, Metaphor and Relevance Theory, 2010 (25): 196-216.

Michael Luntley

Expectations Without Content, 2010 (25): 217-236.

Volume 25, **Issue** 3, **June** 2010

Paul M. Pietroski

Concepts, Meanings and Truth: First Nature, Second Nature and Hard Work, 2010 (25): 247-278.

Kim Sterelny

Moral Nativism：A Sceptical Response，2010（25）：279-297.

Matthew van Cleave and Christopher Gauker

Linguistic Practice and False-belief Tasks，2010（25）：298-328.

Stefano Predelli

Malapropisms and the Simple Picture of Communication，2010（25）：329-345.

Hagop Sarkissian，Amita Chatterjee，Felipe de Brigard，Joshua Knobe，Shaun Nichols and Smita Sirker

Is Belief in Free Will a Cultural Universal? 2010（25）：346-358.

Volume 25，**Issue** 4，**September** 2010

Dan Sperber，Fabrice Clément，Christophe Heintz，Olivier Mascaro，Hugo Mercier，Gloria Origgi and Deirdre Wilson

Epistemic Vigilance，2010（25）：359-393.

Dominic Gregory

Visual Imagery：Visual Format or Visual Content? 2010（25）：394-417.

Eli Dresner

Language and the Measure of Mind，2010（25）：418-419.

Friederike Moltmann

Generalizing Detached Self-Reference and the Semantics of Generic one，2010（25）：440-473.

James R. Beebe and Wesley Buckwalter

The Epistemic Side-Effect Effect，2010（25）：474-498.

Philosophy of Science《科学哲学》

Volume 77，**No.** 1，**January** 2010

Vincenzo Crupi，Katya Tentori

Irrelevant Conjunction：Statement and Solution of a New Paradox，2010（77）：1-13.

Daniel Steel

Epistemic Values and the Argument from Inductive Risk，2010（77）：14-34.

Greg Frost Arnold

The No Miracles Argument for Realism：Inference to an Unacceptable Explanation, 2010 (77): 35-58.

Angela Potochnik

Levels of Explanation Reconceived, 2010 (77): 59-72.

Matthew J. Barker

Specious Intrinsicalism, 2010 (77): 73-91.

Melinda B. Fagan

Social Construction Revisited: Epistemology and Scientific Practice, 2010 (77): 92-116.

James Ladyman, Tomasz Bigaj

The Principle of the Identity of Indiscernibles and Quantum Mechanics, 2010 (77): 117-136.

Volume 77, **No.** 2, **April** 2010

Denis M. Walsh

Not a Sure Thing: Fitness, Probability, and Causation, 2010 (77): 147-171.

Leah Henderson, Noah D. Goodman, Joshua B. Tenenbaum, James F. Woodward

The Structure and Dynamics of Scientific Theories: A Hierarchical Bayesian Perspective, 2010 (77): 172-200.

Hannes Leitgeb, Richard Pettigrew

An Objective Justification of Bayesianism I: Measuring Inaccuracy, 2010 (77): 201-235.

Hannes Leitgeb, Richard Pettigrew

An Objective Justification of Bayesianism Ⅱ: The Consequences of Minimizing Inaccuracy, 2010 (77): 236-272.

Brad Weslake

Explanatory Depth, 2010 (77): 273-294.

John Kulvicki

Knowing with Images: Medium and Message, 2010 (77): 295-313.

Volume 77, **No.** 3, **July** 2010

Bert Leuridan

Can Mechanisms Really Replace Laws of Nature? 2010 (77): 317-340.

Robert Hudson

Carnap, the Principle of Tolerance, and Empiricism, 2010 (77): 341-358.

Aris Spanos

The Discovery of Argon: A Case for Learning from Data? 2010 (77): 359-380.

Gregory Stephen Gandenberger

Producing a Robust Body of Data with a Single Technique, 2010 (77): 381-399.

Lawrence Shapiro

James Bond and the Barking Dog: Evolution and Extended Cognition, 2010 (77): 400-418.

Carrie Figdor

Neuroscience and the Multiple Realization of Cognitive Functions, 2010 (77): 419-456.

Robert Northcott

Walsh on Causes and Evolution, 2010 (77): 457-467.

Volume 77, **No.** 4, **October** 2010

Oron Shagrir

Marr on Computational-Level Theories, 2010 (77): 477-500.

Holger Andreas

Semantic Holism in Scientific Language, 2010 (77): 524-543.

Jouni-Matti Kuukkanen

Kuhn on Essentialism and the Causal Theory of Reference, 2010 (77): 544-564.

Aris Spanos

Is Frequentist Testing Vulnerable to the Base-Rate Fallacy? 2010 (77): 565-583.

Volume 77, **No.** 5, **December** 2010

Michael Devitt

Species Have (Partly) Intrinsic Essences, 2010 (77): 648-661.

Olivier Rieppel

New Essentialism in Biology, 2010 (77): 662-673.

Marc Ereshefsky

What's Wrong with the New Biological Essentialism, 2010 (77): 674-685.

Richard Boyd

Homeostasis, Higher Taxa, and Monophyly, 2010 (77): 686-701.

Robert N. Brandon

A Non - Newtonian Newtonian Model of Evolution: The ZFEL View, 2010 (77): 702-715.

Christopher Stephens

Forces and Causes in Evolutionary Theory, 2010 (77): 716-727.

Peter Achinstein

The War on Induction: Whewell Takes On Newton and Mill (Norton Takes On Everyone), 2010 (77): 728-739.

John Worrall

For Universal Rules, Against Induction, 2010 (77): 740-753.

Thomas Kelly

Hume, Norton, and Induction without Rules, 2010 (77): 754-764.

John D. Norton

There Are No Universal Rules for Induction, 2010 (77): 765-777.

Jim Bogen

Noise in the World, 2010 (77): 778-791.

James Woodward

Data, Phenomena, Signal, and Noise, 2010 (77): 792-803.

James W. McAllister

The Ontology of Patterns in Empirical Data, 2010 (77): 804-814.

Paul Teller

"Saving the Phenomena" Today, 2010 (77): 815-826.

Katherine Brading

Autonomous Patterns and Scientific Realism, 2010 (77): 827-839.

Carl F. Craver

Prosthetic Models, 2010 (77): 840-851.

Gualtiero Piccinini

The Resilience of Computationalism, 2010 (77): 852-861.

Oron Shagrir

Computation, San Diego Style, 2010 (77): 862-874.

Jacqueline Anne Sullivan

A Role for Representation in Cognitive Neurobiology, 2010 (77): 875-887.

Robert J. Deltete

Thermodynamics in Wilhelm Ostwald ' s Physical Chemistry, 2010 (77): 888-899.

Paul Needham

A Mereological Interpretation of the Phase Rule, 2010 (77): 900-910.

G. K. Vemulapalli

Thermodynamics and Chemistry: How Does a Theory Formulated without Reference to Matter Explain the Properties of Matter? , 2010 (77): 911-920.

The Philosophical Review《哲学评论》

Volume 119, **Number** 1, **January** 2010

Rachael Briggs

Decision-Theoretic Paradoxes as Voting Paradoxes, 2010 (119): 1-30.

Jonathan Schaffer

Monism: The Priority of the Whole, 2010 (119): 31-76.

John Turri

Epistemic Invariantism and Speech Act Contextualism, 2010 (119): 77-96.

Volume 119, **Number** 2, **April** 2010

Jeffrey K. McDonough

Leibniz and the Puzzle of Incompossibility: The Packing Strategy, 2010 (119): 135-164.

Niko Kolodny

The Explanation of Amour-Propre, 2010 (119): 165-200.

Julia Markovits

Acting for the Right Reasons, 2010 (119): 201-242.

Volume 119, **Number** 3, **July** 2010

Thomas Sattig

Compatibilism about Coincidence, 2010 (119): 273-314.

John Martin Fischer

The Frankfurt Cases: The Moral of the Stories, 2010 (119): 315-336.

Stuart Brock

The Creationist Fiction: The Case against Creationism about Fictional Characters

Joseph Levine, 2010 (119): 337-364.

The Q Factor: Modal Rationalism versus Modal Autonomism, 2010 (119): 365-380.

Volume 119, **Number** 4, **October** 2010

Jacob Ross

Sleeping Beauty, Countable Additivity, and Rational Dilemmas, 2010 (119): 411-448.

Ian Proops

Kant's First Paralogism, 2010 (119): 449-496.

Christopher Tucker

When Transmission Fails, 2010 (119): 497-530.

Michael LeBuffe

Theories about Consciousness in Spinoza's Ethics, 2010 (119): 531-564.

Philosophy and Phenomenological Research《哲学与现象学研究》

Volume 80, **Issue** 1, **January** 2010

Hilary Kornblith

What Reflective Endorsement Cannot Do, 2010 (80): 1-19.

Guy Kahane

Feeling Pain for the Very First Time: The Normative Knowledge Argument, 2010 (80): 20-49.

David Efird and Tom Stoneham

The Subtraction Argument for the Possibility of Free Mass, 2010 (80): 50-57.

Alan Carter

Biodiversity and All That Jazz, 2010 (80): 58-75.

Peter Carruthers

Introspection: Divided and Partly Eliminated, 2010 (80): 76-111.

Stephan Torre

Tense, Timely Action and Self-Ascription, 2010 (80): 112-132.

Laura Sizer

Good and Good For You: An Affect Theory of Happiness, 2010 (80): 133-163.

Baron Reed

Self-Knowledge and Rationality, 2010 (80): 164-181.

Michael Pendlebury

How to be a Normative Expressivist, 2010 (80): 182-207.

John Kulvicki

Introspective Availability, 2010 (80): 208-228.

Volume 80, **Issue** 2, **March** 2010

Masahiro Yamada

Rule Following: A Pedestrian Approach, 2010 (80): 283-311.

John Turri

On the Relationship between Propositional and Doxastic Justification, 2010 (80): 312-326.

Joseph Shieber

Between Autonomy and Authority: Kant on the Epistemic Status of Testimony, 2010 (80): 327-348.

Seth Shabo

Uncompromising Source Incompatibilism, 2010 (80): 349-383.

A. D. Smith

Disjunctivism and Illusion, 2010 (80): 384-410.

Leon Horsten

Impredicative Identity Criteria

Carl Ginet and David Palmer, 2010 (80): 411-439.

On Mele and Robb's Indeterministic Frankfurt-Style Case, 2010 (80): 440-446.

Juan Comesaña and Holly Kantin

Is Evidence Knowledge? 2010 (80): 447-454.

Volume 80, **Issue** 3, **May** 2010

Allan Hazlett

The Myth of Factive Verbs, 2010 (80): 497-522.

Randolph Clarke

Skilled Activity and the Causal Theory of Action, 2010 (80): 523-550.

Felipe Leon and Neal A. Tognazzini

Why Frankfurt-Examples Don't Need to Succeed to Succeed, 2010 (80): 551-565.

Heidi L. Maibom

The Descent of Shame, 2010 (80): 566-594.

Jessica Wilson

What is Hume's Dictum, and Why Believe It? 2010 (80): 595-637.

Jennifer Church

Seeing Reasons, 2010 (80): 638-670.

Volume 81, **Issue** 1, **July** 2010

Hemdat Lerman

Non-conceptual Experiential Content and Reason-giving, 2010 (81): 1-23.

David Sanson and Ben Caplan

The Way Things Were, 2010 (81): 24-39.

Nellie Wieland

Context Sensitivity and Indirect Reports, 2010 (81): 40-48.

Michael Pelczar

Must an Appearance of Succession Involve a Succession of Appearances? 2010 (81): 49-63.

Samuel Newlands

The Harmony of Spinoza and Leibniz, 2010 (81): 64-104.

Mark Textor

Proper Names and Practices: On Reference without Referents, 2010 (81): 105-118.

Philip Goff

Ghosts and Sparse Properties: Why Physicalists Have More to Fear from Ghosts than Zombies, 2010 (81): 119-139.

Edward Wilson Averill and Allan Hazlett

A Problem for Relational Theories of Color, 2010 (81): 140-145.

Brad Thompson

The Spatial Content of Experience, 2010 (81): 146-184.

David Christensen

Higher-Order Evidence, 2010 (81): 185-215.

Volume 81, **Issue** 2, **September** 2010

Gualtiero Piccinini

The Mind as Neural Software? Understanding Functionalism, Computationalism, and Computational Functionalism, 2010 (81): 269-311.

Philip J. Nickel

Voluntary Belief on a Reasonable Basis, 2010 (81): 312-334.

John Gibbons

Things That Make Things Reasonable, 2010 (81): 335-361.

Stuart Glennan

Mechanisms, Causes, and the Layered Model of the World, 2010 (81): 362-381.

Pablo Gilabert

Kant and the Claims of the Poor, 2010 (81): 382-418.

Bryan Frances

The Reflective Epistemic Renegade, 2010 (81): 419-463.

Volume 81, **Issue** 3, **November** 2010

Jonathan Weisberg

Bootstrapping in General, 2010 (81): 525-548.

Jessica Brown

Knowledge and Assertion, 2010 (81): 549-566.

Kristie Miller

Persons as Sui Generis Ontological Kinds: Advice to Exceptionists, 2010 (81): 567-593.

Lawrence A. Shapiro

Lessons from Causal Exclusion, 2010 (81): 594-604.

M. Eddon

Three Arguments from Temporary Intrinsics, 2010 (81): 605-619.

Peter Kung

Imagining as a Guide to Possibility, 2010 (81): 620-663.

Dennis Whitcomb

Curiosity was Framed, 2010 (81): 664-687.

Kris Mcdaniel

A Return to the Analogy of Being, 2010 (81): 688-717.

Stewart Cohen

Luminosity, Reliability, and the Sorites, 2010 (81): 718-730.

Joel Smith

Seeing Other People，2010（81）：730-748.

The Philosophical Quarterly《哲学季刊》

Volume 60，**Issue** 238，**January** 2010

Maria Aloni and Paul ÉGré

Alternative Questions and Knowledge Attributions，2010（60）：1-27.

John Brunero

The Scope of Rational Requirements，2010（60）：28-49.

Kyla Ebels-Duggan

The Beginning of Community：Politics in the Face of Disagreement，2010（60）：50-71.

Yujin Nagasawa

The Ontological Argument and the Devil，2010（60）：72-91.

Nikolaj Jang Pedersen

Stabilizing Alethic Pluralism，2010（60）：92-108.

Alan Sidelle

Modality and Objects，2010（60）：109-125.

Mark Textor

Frege's Concept Paradox and the Mirroring Principle，2010（60）：126-148.

Bruno Whittle

There Are Brute Necessities，2010（60）：149-159.

Volume 60，**Issue** 239，**April** 2010

Alison Hills

Utilitarianism，Contractualism and Demandingness，2010（60）：225-242.

Matthew Kieran

The Vice of Snobbery：Aesthetic Knowledge，Justification and Virtue in Art Appreciation，2010（60）：243-263.

Tim Lewens

What Are 'Natural Inequalities'？2010（60）：264-285.

Jennifer Nagel

Knowledge Ascriptions and the Psychological Consequences of Thinking About Error，2010（60）：286-306.

Jonathan Schaffer

The Least Discerning and Most Promiscuous Truthmaker, 2010 (60): 307-324.

Jeff Speaks

Attention and Intentionalism, 2010 (60): 325-334.

Charlie Tanksley

The Mereological Constancy of Masses, 2010 (60): 343-354.

Michael Thune

'Partial Defeaters' and the Epistemology of Disagreement, 2010 (60): 355-372.

Anthony Woozley

Plato and the Need for Law, 2010 (60): 373-395.

Volume 60, **Issue** 240, **July** 2010

James R. Beebe

Impossible Worlds and Propositions: Against the Parity Thesis, 2010 (60): 449-470.

Francesco Berto

Causal Refutations of Idealism, 2010 (60): 471-486.

Andrew Chignell

The Generality of Particular Thought, 2010 (60): 487-507.

Imogen Dickie

Justification and the Right to Believe, 2010 (60): 508-531.

Jeffrey Glick

Art, Value and Character, 2010 (60): 532-544.

Andrew McGonigal

Intentions, Motives and the Doctrine of Double Effect, 2010 (60): 545-566.

Lawrence Masek

Imaginative Resistance and Conversational Implicature, 2010 (60): 567-585.

Bence Nanay, 2010 (60): 586-600.

Expressivism Concerning Epistemic Modals

Benjamin Schnieder

Constraints on Sceptical Hypotheses, 2010 (60): 601-615.

Volume 60, **Issuc** 241, **October** 2010

Larry Krasnoff

Autonomy and plurality, 2010 (60): 673-691.

Mustafa Dehqan

Kurdish glosses on aristotelian logical texts, 2010 (60): 692-697.

Thomas Douglas

Should institutions prioritize rectification over aid? 2010 (60): 698-717.

Richard Gray and Alessandra Tanesini

Perception and action: the taste test, 2010 (60): 718-734.

Dominic Gregory

Imagery, the imagination and experience, 2010 (60): 735-753.

Johan E. Gustafsson and Nicolas Espinoza

Conflicting reasons in the small-improvement argument, 2010 (60): 754-763.

David Liggins

The autism objection to pretence theories, 2010 (60): 764-782.

Irene McMullin

A modest proposal: accounting for the virtuousness of modesty, 2010 (60): 783-807.

Kristie Miller

On the concept of sexual perversion, 2010 (60): 808-830.

Robert Schroer

Is there more than one categorical property? 2010 (60): 831-850.

Synthese《综合》

Volume 172, **Number** 1, **January** 2010

FOUNDATIONS OF THE DECISION SCIENCES

Jonathan Baron

Cognitive biases in moral judgments that affect political behavior, 2010 (172): 7-35.

Horacio Arló-Costa and Jeffrey Helzner

Ambiguity aversion: the explanatory power of indeterminate probabilities, 2010 (172): 37-55.

Luc Bovens and Wlodek Rabinowicz

The puzzle of the hats, 2010 (172): 57-78.

Itzhak Gilboa, Offer Lieberman and David Schmeidler

On the definition of objective probabilities by empirical similarity, 2010 (172): 79–95.

Isaac Levi

Probability logic, logical probability, and inductive support, 2010 (172): 97–118.

Patrick Maher

Bayesian probability, 2010 (172): 91–127.

Nils – Eric Sahlin, Annika Wallin and Johannes Persson

Decision science: from Ramsey to dual process theories, 2010 (172): 129–143.

Dov Samet

S5 knowledge without partitions, 2010 (172): 145–155.

Teddy Seidenfeld, Mark J. Schervish and Joseph B. Kadane

Coherent choice functions under uncertainty, 2010 (172): 157–176.

Simon M. Huttegger, Brian Skyrms, Rory Smead and Kevin J. S. Zollman

Evolutionary dynamics of Lewis signaling games: signaling systems vs. partial pooling, 2010 (172): 177–191.

Volume 172, **Number** 2, **January** 2010

THE ONTOLOGY OF SCIENTIFIC MODELS

Anjan Chakravartty

Informational versus functional theories of scientific representation, 2010 (172): 197–213.

Gabriele Contessa

Scientific models and fictional objects, 2010 (172): 215–229.

Steven French

Keeping quiet on the ontology of models, 2010 (172): 231–249.

Roman Frigg

Models and fiction, 2010 (172): 251–268.

Ronald N. Giere

An agent – based conception of models and scientific representation, 2010 (172): 269–281.

Martin Thomson–Jones

Missing systems and the face value practice, 2010 (172): 283–299.

Adam Toon

The ontology of theoretical modelling: models as make-believe, 2010 (172): 301-315.

Volume 172, **Number** 3, **February** 2010

Kevin James Spears Zollman

Social structure and the effects of conformity, 2010 (172): 317-340.

A. Casullo

Knowledge and modality, 2010 (172): 341-359.

William Mark Goodwin

Coffa's Kant and the evolution of accounts of mathematical necessity, 2010 (172): 361-379.

Dylan Dodd

Confusion about concessive knowledge attributions, 2010 (172): 381-396.

David M. Godden

The importance of belief in argumentation: belief, commitment and the effective resolution of a difference of opinion, 2010 (172): 397-414.

Gerhard Schurz and Paul Weingartner

Zwart and Franssen's impossibility theorem holds for possible-world-accounts but not for consequence-accounts to verisimilitude, 2010 (172): 415-436.

Janez Bregant, Andraž Stožer and Marko Cerkvenik

Molecular reduction: reality or fiction? 2010 (172): 437-450.

Alexander Sarch

Bealer and the autonomy of philosophy, 2010 (172): 451-474.

Volume 173, **Number** 1, **March** 2010

KNOW ABILITY AND BEYOND

Joe Salerno

Introduction to knowability and beyond, 2010 (173): 1-8.

Neil Tennant

Williamson's Woes, 2010 (173): 9-23.

Michael Hand

Antirealism and universal knowability, 2010 (173): 25-39.

Dorothy Edgington

Possible knowledge of unknown truth, 2010 (173): 41-52.

Michael Fara

Knowability and the capacity to know, 2010 (173): 53-73.

Carlo Proietti and Gabriel Sandu

Fitch's paradox and ceteris paribus modalities, 2010 (173): 75-87.

Jonathan Kvanvig

The incarnation and the knowability paradox, 2010 (173): 89-105.

Richard Routley

Necessary limits to knowledge: unknowable truths, 2010 (173): 107-122.

Volume 173, **Number** 2, **March** 2010

KNOW LEDGE, RATIONSLITY & ACTION. "ADVANCES IN BELIEF DYNAMICS."

F. Liu and O. Roy

Advances in belief dynamics: Introduction, 2010 (173): 123-126.

John Cantwell

On an alleged counter-example to causal decision theory, 2010 (173): 127-152.

Sven Ove Hansson

Multiple and iterated contraction reduced to single-step single-sentence contraction, 2010 (173): 153-177.

Natasha Alechina and Brian Logan

Belief ascription under bounded resources, 2010 (173): 179-197.

Danielc Porcllo

Ranking judgments in Arrow's setting, 2010 (173): 199-210.

Volume 173, **Number** 3, **April** 2010

Timothy Chan

Moore's Paradox is not just another pragmatic paradox, 2010 (173): 211-229.

Conor McHugh

Self-knowledge and the KK principle, 2010 (173): 231-257.

Francesca Poggiolesi

Display calculi and other modal calculi: a comparison, 2010 (173): 259-279.

Arvid Bavc

Deflationism and the primary truth bearer, 2010 (173): 281-297.

Stephen Clarke

Transcendental realisms in the philosophy of science: on Bhaskar and Cartwright, 2010 (173): 299–315.

Martin Montminy

Two contextualist fallacies, 2010 (173): 317–333.

Joe Morrison

Just how controversial is evidential holism? 2010 (173): 335–352.

Sheldon R. Smith

Elementary classical mechanics and the principle of the Composition of Causes, 2010 (173): 353–373.

Volume 174, **Number** 1, **May** 2010

LANGUAGE AND VAGUENESS

Haim Gaifman

Vagueness, tolerance and contextual logic, 2010 (174): 5–46.

Paul Égré and Denis Bonnay

Vagueness, uncertainty and degrees of clarity, 2010 (174): 47–78.

Christopher Kennedy and Louise McNally

Color, context, and compositionality, 2010 (174): 79–98.

Gennaro Chierchia

Mass nouns, vagueness and semantic variation, 2010 (174): 99–149.

Galit Weidman Sassoon

Measurement theory in linguistics, 2010 (174): 151–180.

Volume 174, **Number** 2, **May** 2010

THE CLASSICAL MODEL OF SCIENCE I: A MILLENNIA-OLD MODEL OF SCIENTIFIC RATIONALITY

Willem R. de Jong and Arianna Betti

The Classical Model of Science: a millennia-old model of scientific rationality, 2010 (174): 185–203.

Marije Martijn

Proclus on the order of philosophy of nature, 2010 (174): 205–223.

Paola Cantù

Aristotle's prohibition rule on kind-crossing and the definition of mathematics as a science of quantities, 2010 (174): 225–235.

Willem R. de Jong

The analytic-synthetic distinction and the classical model of science: Kant, Bolzano and Frege, 2010 (174): 237-261.

Sandra Lapointe

Bolzano a priori knowledge, and the Classical Model of Science, 2010 (174): 263-281.

Tapio Korte

Frege's Begriffsschrift as a lingua characteristica, 2010 (174): 283-294.

Arianna Betti

Leśniewski's characteristica universalis, 2010 (174): 295-314.

Volume 174, **Number** 3, **June** 2010

Stephen Hetherington

Elusive epistemological justification, 2010 (174): 315-330.

Jan Sprenger

Probability, rational single-case decisions and the Monty Hall Problem, 2010 (174): 331-340.

Gabriele Contessa

Modal truthmakers and two varieties of actualism, 2010 (174): 341-353.

Thomas M. Crisp

A dilemma for internalism? 2010 (174): 355-366.

Holger Andreas

A modal view of the semantics of theoretical sentences, 2010 (174): 367-383.

Moritz Schulz

Epistemic modals and informational consequence, 2010 (174): 385-395.

Karl Karlander and Levi Spectre

Sleeping Beauty meets Monday, 2010 (174): 397-412.

Mark Newman

Beyond Structural Realism: pluralist criteria for theory evaluation, 2010 (174): 413-443.

Boyd Millar

Peacocke's trees, 2010 (174): 445-461.

Volume 175, **Number** 1, **July** 2010

ANALYTIC PHILOSOPHY IN CHINA

Yi Jiang and Tongdong Bai

Studies in analytic philosophy in China, 2010 (175): 3–12.

Feng Ye

What anti-realism in philosophy of mathematics must offer, 2010 (175): 13–31.

Xiaoli Liu

Gödel's philosophical program and Husserl's phenomenology, 2010 (175): 33–45.

Beihai Zhou and Yi Mao

Four semantic layers of common nouns, 2010 (175): 47–68.

Fenrong Liu

Von Wright's "*The Logic of Preference*" revisited, 2010 (175): 69–88.

Jing Zhu

On the principle of intention agglomeration, 2010 (175): 89–99.

Refeng Tang

Conceptualism and the New Myth of the Given, 2010 (175): 101–122.

Volume 175, **Number** 2, **July** 2010

Aldo Frigerio, Alessandro Giordani and Luca Mari

Outline of a general model of measurement, 2010 (175): 123–149.

Joseph A. Baltimore

Defending the piggyback principle against Shapiro and Sober's empirical approach, 2010 (175): 151–168.

Clark Glymour, David Danks, Bruce Glymour, Frederick Eberhardt and Joseph Ramsey, et al.

Actual causation: a stone soup essay, 2010 (175): 169–192.

Maria E. Kronfeldner

Darwinian 'blind' hypothesis formation revisited, 2010 (175): 193–218.

Remy Debes

Which empathy? Limitations in the mirrored "understanding" of emotion, 2010 (175): 219–239.

Zanja Yudell

Melia and Saatsi on structural realism, 2010 (175): 241–253.

John Mumma

Proofs, pictures, and Euclid, 2010 (175): 255-287.

Volume 175, **Number** 3, **August** 2010

Damien Fennell and Nancy Cartwright

Does Roush show that evidence should be probable? 2010 (175): 289-310.

Anna-Sofia Maurin

Trope theory and the Bradley regress, 2010 (175): 311-326.

Gregor Betz

Petitio principii and circular argumentation as seen from a theory of dialectical structures, 2010 (175): 327-349.

Vojtěch Kolman

Continuum, name and paradox, 2010 (175): 351-367.

Peter J. Lewis

Credence and self-location, 2010 (175): 369-382.

A. Stokke

Intention-sensitive semantics, 2010 (175): 383-404.

Marc Ereshefsky

Darwin's solution to the species problem, 2010 (175): 405-425.

Roger Clarke

"The Ravens Paradox" is a misnomer, 2010 (175): 427-440.

Volume 176, **Number** 1, **September** 2010

SPECIAL ISSUE ON REALISTIC STANDARDS FOR DECISIONS

Adam Morton

Human bounds: rationality for our species, 2010 (176): 5-21.

José Luis Bermúdez

Pitfalls for realistic decision theory: an illustration from sequential choice, 2010 (176): 23-40.

Mark Kaplan

In defense of modest probabilism, 2010 (176): 41-55.

John L. Pollock

A resource-bounded agent addresses the newcomb problem, 2010 (176): 57-82.

Paul Weirich

Utility and framing, 2010 (176): 83-103.

Lisa J. Carlson and Raymond Dacey

Social norms and the traditional deterrence game, 2010 (176): 105–123.

Cristina Bicchieri, Azi Lev–On and Alex Chavez

The medium or the message? Communication relevance and richness in trust games, 2010 (176): 125–147.

Volume 176, **Number** 2, **September** 2010

SPECIAL ISSUE ON SELECTED PAPERS FROM THE 36TH ANNUAL MEETING OF THE SOCIETY FOR EXACT PHILOSOPHY

Charles Chihara

New directions for nominalist philosophers of mathematics, 2010 (176): 153–175.

W. Dean and H. Kurokawa

From the Knowability Paradox to the existence of proofs, 2010 (176): 177–225.

Graeme Forbes

Intensional verbs in event semantics, 2010 (176): 227–242.

Frederick Maier and Donald Nute

Well–founded semantics for defeasible logic, 2010 (176): 243–274.

Michael Pelczar

Presentism, eternalism, and phenomenal change, 2010 (176): 275–290.

Malte Willer

New surprises for the Ramsey Test, 2010 (176): 291–309.

Volume 176, **Number** 3, **October** 2010

Holger Andreas

New account of empirical claims in structuralism, 2010 (176): 311–332.

Jake Chandler

The transmission of support: a Bayesian re–analysis, 2010 (176): 333–343.

Andrea Sauchelli

Concrete possible worlds and counterfactual conditionals: Lewis versus Williamson on modal knowledge, 2010 (176): 345–359.

Asbjørn Steglich–Petersen

Luck as an epistemic notion, 2010 (176): 361–377.

Alexander Rueger and Patrick McGivern

Hierarchies and levels of reality, 2010 (176): 379-397.

Kourken Michaelian

In defence of gullibility: the epistemology of testimony and the psychology of deception detection, 2010 (176): 399-427.

Jonathan Y. Tsou

Putnam's account of apriority and scientific change: its historical and contemporary interest, 2010 (176): 429-445.

Hamid Vahid

Rationalizing beliefs: evidential vs. pragmatic reasons, 2010 (176): 447-462.

Volume 177, **Number** 1, **November** 2010

Peter Kung

On having no reason: dogmatism and Bayesian confirmation, 2010 (177): 1-17.

Ingo Brigandt

The epistemic goal of a concept: accounting for the rationality of semantic change and variation, 2010 (177): 19-40.

Eleonora Cresto

Belief and contextual acceptance, 2010 (177): 41-66.

Stephen Finlay

What ought probably means, and why you can't detach it, 2010 (177): 67-89.

Bence Nanay

Population thinking as trope nominalism, 2010 (177): 91-109.

Mark Newman

The No-Miracles Argument, reliabilism, and a methodological version of the generality problem, 2010 (177): 111-138.

Darrell P. Rowbottom

Corroboration and auxiliary hypotheses: Duhem's thesis revisited, 2010 (177): 139-149.

Volume 177, **Number** 2, **November** 2010

REALIZATION, EXPLANATION AND THE MIND-BODY RELATION

Carl Gillett

Moving beyond the subset model of realization: The problem of qualitative distinctness in the metaphysics of science, 2010 (177): 165-192.

Thomas W. Polger

Mechanisms and explanatory realization relations, 2010 (177): 193-212.

Philippe Huneman

Topological explanations and robustness in biological sciences, 2010 (177): 213-245.

John Bickle

Has the last decade of challenges to the multiple realization argument provided aid and comfort to psychoneural reductionists? 2010 (177): 247-260.

Jacqueline A. Sullivan

Reconsidering 'spatial memory' and the Morris water maze, 2010 (177): 261-283.

Sven Walter

Cognitive extension: the parity argument, functionalism, and the mark of the cognitive, 2010 (177): 285-300

Volume 177, **Number** 3, **December** 2010

MAKING PHILOSOPHY OF SCIENCE MORE SOCIALLY RELEVANT

Heather Douglas

Engagement for progress: applied philosophy of science in context, 2010 (177): 317-335.

Sarah S. Richardson

Feminist philosophy of science: history, contributions, and challenges, 2010 (177): 337-362.

Lisa Gannett

Questions asked and unasked: how by worrying less about the 'really real' philosophers of science might better contribute to debates about genetics and race, 2010 (177): 363-385.

Heidi E. Grasswick

Scientific and lay communities: earning epistemic trust through knowledge sharing, 2010 (177): 387-409.

Kyle Powys Whyte and Robert P. Crease

Trust, expertise, and the philosophy of science, 2010 (177): 411-425.

Julian Reiss

In favour of a Millian proposal to reform biomedical research, 2010 (177): 427-447.

Kristin Shrader-Frechette

Conceptual analysis and special-interest science: toxicology and the case of Edward Calabrese, 2010 (177): 449-469.

Nancy Tuana

Leading with ethics, aiming for policy: new opportunities for philosophy of science, 2010 (177): 471-492.

(三) 英美大学哲学博士论文

(该目录排列顺序如下：作者；题目；大学；导师；年份)

1. Perry, Michael Shaw, *Epistemology in the shadow of Pyrrhonism*, The Johns Hopkins University, Williams, Michael, 2010.

2. Freeman, Lauren, *Ethical dimensions in Martin Heidegger's early thinking*, Boston University, Dahlstrom, Daniel O., 2010.

3. Ha, Hongkyu, *The grammar of the sacred: Toward a Wittgensteinian sociology of religion*, Boston University, Coulter, Jeff, 2010.

4. Fischer, Ariane, *Philosophical (pre) occupations and the problem of idealism: From ideology to Marx's critique of mental labor*, The George Washington University, Zimmerman, Andrew, 2010.

5. Whitworth, Amy F., *Attending to presence: A study of John Duns Scotus' account of sense cognition*, Marquette University, South, James B., 2010.

6. Oakes, Jason Benjamin, *In him we live and move and have our being: Philosophical theology in Nicolas Malebranche and George Berkeley*, The University of Oklahoma, Cook, Monte, 2010.

7. Schaler, Claudia, *Moral psychology and political agency: Rousseau's liberating authorities*, Brandeis University, Yack, Bernard, 2010.

8. Seo, MinGyu, *From critical realism to meta-reality: Roy Bhaskar's philosophical evolution from West to East*, State University of New York at Buffalo, Lawler, James M., 2010.

9. Kim, Kyongsook, *The passivity and activity of a human being as revealed in the passions of the soul in Thomas Aquinas*, The Catholic University of America, Hoffmann, Tobias, 2010.

10. Morton, Eric T. , *Naturalism, normativity, and the space of reasons*, The Johns Hopkins University, Williams, Michael, 2010.

11. Katz, Rebecca M. , *John Dewey and perfectionism: Difficulties interpreting the experimental life*, Stanford University, Phillips, Denis C. , 2010.

12. Soto, Carlos, *Extending and ending life in health care and beyond*, Harvard University, Kamm, Frances, 2010.

13. Moser, Anna Aloisia, *Performative intentionality: On performativity of thought and language in Kant and Wittgenstein*, New School University, Crary, Alice M. , 2010.

14. Kaufmann, Sebastian, *The attestation of the self as a bridge between hermeneutics and ontology in the philosophy of Paul Ricoeur*, Marquette University, Vandevelde, Pol. , 2010.

15. Irwin, Kristen A. , *The core mysteries: Pierre Bayle's philosophical fideism*, University of California, Rutherford, Donald, 2010.

16. Lorca, Daniel Schick, *The subversion of neo-stoicism and skepticism in "Part* Ⅰ*" of "Don Quijote"*, The University of Chicago, De Armas, Frederick, 2010.

17. Sawada, Osamu, *Pragmatic aspects of scalar modifiers*, The University of Chicago, Kennedy, Christopher, 2010.

18. Cantu, Gerald Cardenas, *Plato's moral and political philosophy: Individual and polis in the "Republic"*, University of California, Santas, Gerasimos X. , 2010.

19. Bachyrycz, David John, *The epistemological foundation of transcendental phenomenology: Husserl and the problem of knowledge*, Georgetown University, Brough, John B. , 2010.

20. Kosciuk, Christopher J. , *Human freedom in a world full of providence: An Ockhamist—Molinist account of the compatibility of divine foreknowledge and creaturely free will*, University of Massachusetts, Amherst Baker, Lynne R. , 2010.

21. Bagwell, Geoffrey, *A study of Plato's "Cratylus"*, Duquesne University, Polansky, Ronald M. , 2010.

22. Pantaloni, Nazareth A. M. , *The im/possibility of democracy: Derrida and Habermas*, Villanova University, Betz, Joseph M. , 2010.

23. Hamilton, Elizabeth Anne, *Coercion, responsibility, and discourse*, University of California, Fischer, John M. , 2010.

24. McAteer, John Michael, *Moral beauty and moral taste from Shaftesbury to Hume*, University of California, Reath, Andrews, 2010.

25. Abplanalp, Edward R. , *Background environmental justice: An extension of Rawls' s political liberalism*, The University of Nebraska - Lincoln, Potter, Nelson T. , 2010.

26. Troester, Nicholas, *Rethinking international law: Hugo Grotius, human rights and humanitarian intervention*, Duke University, Grant, Ruth W. , 2010.

27. Sepielli, Andrew Christopher, *Along an imperfectly-lighted path': Practical rationality and normative uncertainty*, Rutgers The State University of New Jersey- New Brunswick, Chang, Ruth, 2010.

28. Schulz, Joshua W. , *Friendship and fidelity: An historical and critical examination*, Marquette University, Wreen, Michael, 2010.

29. Tomulet, Daniel, *Being and sign in the "Enneads"*, University of Dallas, Rosemann, Philip, 2010.

30. Kober, Gal, *Biology without species: A solution to the species problem*, Boston University, Tauber, Alfred I. , 2010.

31. Wang, Syh Yueh, *The influence of John Locke' s idea of toleration in early eighteenth - century England*, Fuller Theological Seminary, Bradley, James E. , 2010.

32. Shkolnikov, Vadim, *Broken circles: The politics of friendship in Nicholaevan Russia*, Columbia University, Gasparov, Boris, 2010.

33. Shi, Xianduan, *Scorekeeping thick ethical concepts: What does it mean to disagree morally in cross-cultural dialogue*? The University of Utah, 2010.

34. Freiman, Christopher Alexander, *Social justice and moral psychology*, The University of Arizona, Schmidtz, David, 2010.

35. Roberts-Thomson, Simon, *Slavery, equality, and justice*, The University of Arizona, Christiano, Thomas, 2010.

36. Ellertson, Carol Frogley, *Felt moral obligation: An alternative foundation for moral behavior*, Brigham Young University, Williams, Richard N. , 2010.

37. Schumacher, Eric, *Logos as radical analogy: Locating the structure of analogy in Aristotle' s "Physics"*, Alpha, New School University, Baracchi, Claudia, 2010.

38. Spiering, Jamie Anne, *An innovative approach to liberum arbitrium in the*

thirteenth century: Philip the Chancellor, Albert the Great, and Thomas Aquinas, The Catholic University of America, Hoffmann, Tobias, 2010.

39. Wisor, Scott, *Developing a new global poverty metric: Toward a pro-poor approach*, University of Colorado at Boulder, Jaggar, Alison M., 2010.

40. Bergeron, Peter E., *Agape and personal knowledge*, Loyola University Chicago, Moser, Paul K., 2010.

41. Garcia, John J., *Humanity in the balance: The relationship of the moral law to the promotion of the moral world in Kant's ethics*, Loyola University Chicago, Wike, Victoria, 2010.

42. Harrison, Justin Albert, *Joy as attunement and end in the philosophies of Martin Heidegger and Henri Bergson*, Loyola University Chicago, Cutrofello, Andrew, 2010.

43. Villaran Contavalli, Alonso Manuel, *An overarching defense of Kant's idea of the highest good*, Loyola University Chicago, Wike, Victoria S., 2010.

44. Lay, Christopher Herbert, *Time to account for consciousness*, University of California, Woodruff Smith, David, 2010.

45. Sanchez, Melvin Alexander, *A defense of Kant's transcendental idealism*, University of California, Bencivenga, Ermanno, 2010.

46. Harmon, Jonathan, *Leviathan drawn out by its tail: The religious ideas of the second half of Leviathan*, Boston College, Rasmussen, David M., 2010.

47. Finley, John Gerard Desilva, *Human individuation in Aquinas*, University of Dallas, Lehrberger, James, 2010.

48. Garbayo, Luciana Sarmento, *Empathy revisited: Game theory, evolution, dialogue and morality*, Boston University, Hintikka, Jaakko, 2010.

49. Meyer, Matthew, *Reading Nietzsche through the ancients: An analysis of becoming, perspectivism, and the principle of non-contradiction*, Boston University, Dahlstrom, Daniel, 2010.

50. O'Brien, Mahon James, *Authenticity: From resoluteness to releasement*, Boston University, Dahlstrom, Daniel, 2010.

51. Leigh, Hoseok, *The philosophy of non-duality in "Zhaolun"*, California Institute of Integral Studies, Wu, Yi, 2010.

52. Mayerhofer, Ivan Leonhard, *Talk about coming into existence*, University of Michigan, Thomason, Richmond H., 2010.

53. Reed, Philip A. , *The virtue of vanity in Hume' s moral theory*, University of Notre Dame, Solomon, David, 2010.

54. Halteman Zwart, Megan, " *What simple description. . . can never grasp*" : *Heidegger and the Plato of myth*, University of Notre Dame, Watson, Stephen H. , 2010.

55. Leonard, David Henry, *Intellectual virtue and epistemic praise: Towards an internalist virtue epistemology*, University of Arkansas, Senor, Thomas, 2010.

56. Boone, Mark J. , *The conversion and therapy of desire in Augustine' s Cassiciacum dialogues*, Baylor University, Foley, Michael P. , 2010.

57. Zambrana, Rocio, *The logic of critique: Hegel, honneth, and dialectical reversibility*, New School University, Bernstein, Jay M. , 2010.

58. Hartnett, Ryan Patrick, *The essence of causation*, State University of New York at Buffalo, Williams, Neil E. , 2010.

59. Conroy, Christina Marie, *A relative facts interpretation of Everettian quantum mechanics*, University of California, Barrett, Jeffrey A. , 2010.

60. Knies, Kenneth, *Philosophy' s polis: The place of Europe in Husserl' s critique of reason*, State University of New York at Stony Brook, Welton, Donn, 2010.

61. Kosmider, Ethan, *Hegel and the Frankfurt School: Rethinking historical progress*, State University of New York at Stony Brook, Mendieta, Eduardo, 2010.

62. Dodds, John Roger, *Claritas: A central concept in the aesthetics of Joyce and Aquinas*, The University of Chicago, Helsinger, Elizabeth, 2010.

63. Hansen, Nathaniel Douglas, *Radical contextualism*, The University of Chicago, Stern, Josef, 2010.

64. Hubner, Karolina, *Spinoza on substance as cause*, The University of Chicago, Melamed, Yitzhak, 2010.

65. Vannatta, Seth, *Rethinking legal pragmatism: A philosophical approach*, Southern Illinois University at Carbondale, Auxier, Randall, 2010.

66. Main, Robert W. , *Pragmatism' s promise, naturalism' s prospects: Fallibilism and the "frieghtage of eternity"*, Temple University, Margolis, Joseph, 2010.

67. Miller, Gerald Alva, *Variables of the human: Theoretical utopianisms and heterotopian science fictions*, The University of North Carolina at Chapel Hill, Flaxman, Gregory, 2010.

68. Bernstein, Sara J. , *Essays on overdetermination*, The University of Arizona,

Horgan, Terence, 2010.

69. Owens Hagerman, Allison B., *An uncanny nature: Taking a side road to aesthetic appreciation of environment*, The University of New Mexico, Kalar, Brent, 2010.

70. Jones, Russell Edward, *Virtue and happiness in Plato's "Euthydemus"*, The University of Oklahoma, Benson, Hugh H., 2010.

71. Holtzman, Matthew, *Berkeley on common sense, theology, and matter*, The Johns Hopkins University, Greenberg, Sean, 2010.

72. Matheson, Jonathan D., *Dealing with disagreement: Uniqueness and conciliation*, University of Rochester, Feldman, Richard, 2010.

73. Saint, Michelle, *Feeling for fictions: An analysis of our emotional engagement with fictional characters in response to Radford's Paradox*, Arizona State University, French, Peter, 2010.

74. Asok, Laura, *Alienated selves: Portraiture in nineteenth-and twentieth-century France*, Princeton University, Huet, Marie-Helene, 2010.

75. Rowland, Charles Ross, *The importance of Martin Luther's commitment to a new hamartiology for a proper interpretation of the conflict at the Diet of Worms*, Mid-America Baptist Theological Seminary, Mahony, John, 2010.

76. Rasor, Peter Jay, *The influence of Common Sense Realism on Alexander Campbell's view of the nature of Scripture and hermeneutics*, The Southern Baptist Theological Seminary, Cabal, Theodore J., 2010.

77. Doescher, Ian Heston, *Virtue in the key of justice: Reshaping Christian virtue ethics in light of white supremacy*, Union Theological Seminary, Dorrien, Gary, 2010.

78. Severson, Eric R., *Levinas and time*, Boston University, Rambo, Shelly, 2010.

79. Esposito, Daniel, *Hume's conception of time and its implications for his theories of causation and induction*, Marquette University, Starr, William, 2010.

80. Thurmond, Angela, *A moral evaluation of terrorism*, The University of Oklahoma, Badhwar, Neera, 2010.

81. Bohorquez, Carlos, *Paul Ricoeur's hermeneutic detours and distanciations: A study of the hermeneutics of Hans-Georg Gadamer and Paul Ricoeur*, Boston College, Rasmussen, David M., 2010.

82. Jenkins, Michelle Kristine, *Seekers of wisdom, lovers of truth: A study of Plato's philosopher*, The University of Arizona, Annas, Julia, 2010.

83. Schuman, Rebecca, *In der Sprachkolonie: Franz Kafka's world and the limits of language*, University of California, Evers, Kai, 2010.

84. Gottlieb, Gabriel A., *Self-positing and mutual recognition: Fichte's theory of self-consciousness*, New School University, Bernstein, Jay M., 2010.

85. Gelber, Jessica Louise, *Causes and kinds in Aristotle's embryology*, University of California, Code, Alan D., 2010.

86. Grabarek, Gabriel Patrick, *Men of letters: The oratorical and philosophical relationship between Cicero and Brutus*, Indiana University, Leach, Eleanor W., 2010.

87. Carmical, Alex W., *Newton's critique of Descartes's Theory of Motion*, Purdue University, Curd, Martin V., 2010.

88. Lorkowski, Chris Michael, *Naturalism, realism, and Hume's philosophy of religion*, Purdue University, Draper, Paul, 2010.

89. Stephenson, Andrea M., *A space for divinity in post-structuralism: Post-structuralism and liberal theology (be) coming together in Spirit*, The Claremont Graduate University, Faber, Roland, 2010.

90. Paletta, Douglas, *Choice and justification in social contract theories*, University of Pennsylvania, Freeman, Samuel, 2010.

91. Erdelack, Wesley Lyons, "*A law unto themselves*": *Religion and autonomy in modern moral thought*, Harvard University, Lamberth, David, 2010.

92. Brown, Gary Ronald, *The* 1929 *Davos disputation revisited*, The University of Texas at Dallas, Bambach, Charles, 2010.

93. Ozernov, Marina L., *John Dewey's cultural naturalism: Culture in terms of language, experience, and continuity*, The University of Texas at Dallas, Wickberg, Daniel, 2010.

94. Muehlethaler, Lukas, *Ibn Kammuna* (*d.* 683/1284) *on the eternity of the human soul: The three treatises on the soul and related texts*, Yale University, Gutas, Dimitri, 2010.

95. Rippon, Simon Ian, *An epistemological argument for moral response-dependence*, Harvard University, Korsgaard, Christine M., 2010.

96. Penland, Elizabeth Claire, *Martyrs as philosophers: The school of Pamphilus*

and ascetic tradition in Eusebius' s "Martyrs of Palestine", Yale University, Attridge, Harold W. , 2010.

97. Cotnoir, Aaron J. , *Non-classical mereologies and their applications*, University of Connecticut, Beall, J. C, 2010.

98. Tutuska, John M. , *Aristotle' s ethical imprecision: Philosophic method in the "Nicomachean Ethics"*, University of Dallas, Parens, Joshua, 2010.

99. Hubbard, Kyle Philip, *"Who then are you, my god?": Augustine of Hippo and Jean-Luc Marion and the nature and possibility of loving God*, Fordham University, Westphal, Merold, 2010.

100. Haar Farris, Matthew S. , *Participatory wisdom in religious studies: Jacques Derrida, philo-sophia, and religious pluralism*, Graduate Theological Union, Berling, Judith, 2010.

101. Siegenthaler, David Paul, *The human role in nature: A case study analysis of Yosemite planning processes employing H. Richard Niebuhr' s symbol of responsibility*, Graduate Theological Union, Peters, Ted, 2010.

102. Alessandri, Mary Ann, *Flesh and bone: Unamuno' s "Quixotism" as an incarnation of Kierkegaard' s "Religiousness A"*, The Pennsylvania State University, Sullivan, Shannon, 2010.

103. Hanson, Erik Martin, *Kant and Kierkegaard: Radical evil and the ethics of love*, Purdue University, McBride, William L. , 2010.

104. Kwon, Daniel, *Lessons from Frege' s Puzzle*, University of Southern California, Soames, Scott, 2010.

105. Secchi, Luigi A. , *A critical examination of the three main interpretations of probability*, University of Southern California, Damnjanovic, Zlatan, 2010.

106. Southgate, Henry Michael, *Individuation and opposition in Hegel' s "Doctrine of Essence": The importance of Kant' s "Amphiboly" to Hegel' s metaphysics*, Northwestern University, Zuckert, Rachel, 2010.

107. Krizan, Mary Katrina, *Metaphysical and explanatory implications of Aristotle' s elements in "On Generation and Corruption"*, University of Colorado at Boulder, Lee, Mi-Kyoung, 2010.

108. Land, Thomas Christian, *Kant' s theory of synthesis*, The University of Chicago, Conant, James, 2010.

109. Mazur, Alexander J. , *The platonizing sethian Gnostic background of Ploti-*

nus' *mysticism*, The University of Chicago, Sells, Michael, 2010.

110. Yoksas, Adam George, *Doubting Thomas: A study of Thomas Hobbes's post-Restoration dialogues*, Loyola University Chicago, Danford, John W., 2010.

111. Wisdom, Jeffrey Robert, *From moral fictionalism to moral realism: An essay in moral metaphysics*, University of Connecticut, Bloomfield, Paul, 2010.

112. Schriempf, Alexa, *Material witnesses: A feminist disability theory of testimonial voices*, The Pennsylvania State University, Sullivan, Shannon, 2010.

113. Culbertson, Carolyn Sue, *The claim of language: A phenomenological approach*, University of Oregon, Lysaker, John, 2010.

114. Foust, Mathew Alan, *Loyalty to loyalty: Josiah Royce and the genuine moral life*, University of Oregon, Pratt, Scott L., 2010.

115. Williams, Sean, *Silence and phenomenology: The movement between nature and language in Merleau-Ponty, Proust, and Schelling*, University of Oregon, Warnek, Peter, 2010.

116. Barker, Christopher, *The political philosophy of John Stuart Mill*, The Claremont Graduate University, Blitz, Mark, 2010.

117. Gonzalez, Ricardo Francisco, *Chinese gong fu: The embodied myth*, The University of Texas at Dallas, Riccio, Thomas, 2010.

118. Berthel, Kenneth, *Zhiyin and Zhiyan, knowing notes and knowing words: Aurality and reality in ancient China*, University of California, Fuller, Michael A., 2010.

119. Curti, Giorgio Hadi, *The body geographic: Affect, imagination and the relationality of be (com) ing, or movements through Spinozan earth-writings*, University of California, Aitken, Stuart C., 2010.

120. Farrell, Joseph M., *Deriving "ought" from "is": Hans Jonas and the revival of a teleological ethical theory*, Temple University, Gordon, Lewis R., 2010.

121. Mendelovici, Angela, *Mental representation and closely conflated topics*, Princeton University, Jackson, Frank, 2010.

122. Koch, William H., *From Husserl and the Neo-Kantians to art: Heidegger's realist historicist answer to the problem of the origin of meaning*, University of South Florida, Guignon, Charles, 2010.

123. Wolfe, John R., *Arete and physics: The lesson of Plato's "Timaeus"*, University of South Florida, Waugh, Joanne, 2010.

124. Grewal, Gwenda-lin Kaur, *Plato's "Euthydemus"*, Tulane University, Burger, Ronna, 2010.

125. Gimbel, Edward William, *An interpreting animal: Hermeneutics and politics in the human sciences*, University of Minnesota, Dietz, Mary G., 2010.

126. Goh, Kien-How, *Fichte's theory of practical agency*, Syracuse University, Beiser, Frederick, 2010.

127. Morrison, L. Alexandra, *The death that is mine: The ambiguity of authenticity in "Being and Time"*, University of Guelph (Canada), 2010.

128. Robinson, Jason C., *A Gadamerian approach to the natural sciences and objectivity: Theory, practice and progress*, University of Guelph (Canada), 2010.

129. Marratto, Scott L., *The intercorporeal self: Merleau-Ponty on subjectivity*, University of Guelph (Canada), 2010.

130. Myglod, Camilla, *The sacred flesh: On Camus' s philosophy of the body*, McMaster University (Canada), 2010.

131. Dumsday, Travis, *Defending an essentialist ontology of kinds, laws, and biological taxa*, University of Calgary (Canada), 2010.

132. Blackwood, Stephen, *Self-knowledge and rationality*, Wilfrid Laurier University (Canada), 2010.

133. Vander Schaaf, Anthony, *Frankenfood meets the gastronome: A philosophical analysis of some ontological and axiological aspects of the genetic modification of food*, University of Guelph (Canada), 2010.

134. Allen, Wayne, *The origins of moral distinctions*, York University (Canada), 2010.

135. Gault, Dylan, *Contemporary cosmology as a case study in scientific methodology*, The University of Western Ontario (Canada), 2010.

136. Kilivris, Michael R., *Elective affinities: Heidegger and Adorno*, Duquesne University, Swindal, James, 2010.

137. Jordao, Leonardo, *Elements of a new constructional system*, The University of Western Ontario (Canada), 2010.

138. Metcalf, Jacob P., *Ethics in the open: Applied ethics for lively worlds*, University of California, Santa Cruz, Hoy, David Couzens, 2010.

139. Lee, Jaeho, *Explanation and its place in metaphysical and scientific inquiries*, Indiana University, O'Connor, Timothy, 2010.

140. O' Neal, Bryan, *Good science / God science?: On the scientific legitimacy of design hypotheses*, Purdue University, Curd, Martin, 2010.

141. Ahlberg, Jaime, *Ideal and nonideal theory in the realm of the political*, The University of Wisconsin-Madison, Brighouse, M. Harry, 2010.

142. Sudan, Meghant, *Matter and motion in Kant' s philosophy of science*, State University of New York at Stony Brook, Casey, Edward, 2010.

143. John LaForest, *Natural resources, opportunity, and global justice*, Brown University, Tomasi, John, 2010.

144. Updike, Eric Thomas, *Paradise Regained: Fitch' s Program of Basic Logic*, University of California, Irvine, Antonelli, Gian Aldo, 2010.

145. Sytsma, Justin M. , *Phenomenal consciousness as scientific phenomenon? A critical investigation of the new science of consciousness*, University of Pittsburgh, Machery, Edouard, 2010.

146. Kinggard, Jared J. , *Rethinking Ethical Naturalism: The Implications of Developmental Systems Theory*, University of South Florida, Levine, Alexander, 2010.

147. Mysak, Mark, *The environmental is political: Exploring the geography of environmental justice*, University of North Texas, Figueroa, Robert M. , 2010.

148. Jerzykiewicz, Luke V. , *A cognitive approach to Benacerraf' s Dilemma*, The University of Western Ontario (Canada), 2010.

149. Robinson, Robert Michael Ellis, *A critical ontology of ourselves: The Kantian foundations of Michel Foucault' s philosophy*, Purdue University, Smith, Daniel W. , 2010.

150. DePoe, John Martin, *A defense of the knowledge argument*, The University of Iowa, Fumerton, Richard A. , 2010.

151. Gould, Paul M. , *A defense of Platonic theism*, Purdue University, Bergmann, Michael, 2010.

152. Elmore, Jonathan D. , *Affirmation and "make it new": Nietzsche, Deleuze, and the great dictum of modernism*, University of South Carolina, Rice, Thomas J. , 2010.

153. Rettus, Sara Tae-Ann, *A groundwork for the ethical and social implications of intimacy*, University of California, Santa Cruz, Suckiel, Ellen, 2010.

154. Penwell, Derek Lee, *A manifestation of all life: Intersections of virtue eth-*

ics, *philosophy of emotions*, *and philosophy of literature*, University of Louisville, 2010.

155. Liebegott, Kurt Charles, *A new defense of abortion*, Purdue University, Curd, Martin, 2010.

156. McTavish, Christopher Henry, *An experiential approach to Kant's moral philosophy*: *A reply to dogmatism*, *formalism and rigorism*, Loyola University Chicago, Wike, Victoria, 2010.

157. Nishimura, Seishu, *A Theory of Perceptual Entitlement*, University of Illinois at Chicago, Hilbert, David, 2010.

158. Campbell, Douglas, *A theory of consciousness*, The University of Arizona, Horgan, Terence E., 2010.

159. Beaupre, Joel C., *A trial of philosophy*, Vanderbilt University, Wood, David C., 2010.

160. Hemati, Russell Danesh, *Augustine's Solution to the Problem of Theological Fatalism*, Baylor University, Beaty, Michael D., 2010.

161. Green, Adam B., *A virtue epistemology of the knowledge of persons*, Saint Louis University, Stump, Eleonore, 2010.

162. Futter, Dylan Brian, *Belief and Persuasion in the Socratic Elenchus*, Fordham University, Miller, Dana, 2010.

163. Bright, Joshua Eric, *Belief and responsibility*: *An essay on control*, University of California, RiversideGraham, Peter J., 2010.

164. Wong, Mabel, *Belonging in the midst of time*: *Temporalities of community from Rousseau to Deleuze*, The Johns Hopkins University, Connolly, William E., 2010.

165. DeBlasio, Alyssa J., *Between philosophies*: *The emergence of a new intellectual paradigm in Russia*, University of Pittsburgh, Condee, Nancy, 2010.

166. Causey, Robert Mark, *Between Two Logics*: *Deleuze and Artaud on the Logics of Sense and Sensation*, Emory University, Flynn, Thomas R., 2010.

167. Olearnik, Paula Louise, *Beyond exclusive humanism*, Georgetown University, Douglass, Robert B., 2010.

168. Herschbach, Mitchell Albert, *Beyond folk psychology*? *Toward an enriched account of social understanding*, University of California, San DiegoBechtel, William, 2010.

169. Epstein, Shari Ruei-hua, *Boundaries of the Dao: Hanshan Deqing's (1546-1623) Buddhist commentary on the "Zhuangzi"*, Stanford University, Yearley, Lee H., 2010.

170. Schmor, Kent, *Carnap's Ideal of Philosophical Neutrality Epistemology Between Kant and Quine*, University of Illinois at Chicago, Hylton, Peter, 2010.

171. Paletta, Douglas, *Choice and justification in social contract theories*, University of Pennsylvania, Freeman, Samuel, 2010.

172. Akina, William Keli'i, *Classical Confucianism as a vision for the exemplary treatment of persons—a contribution to the East-West discourse on human rights*, University of Hawai'i at Manoa, Cheng, Chung-ying, 2010.

173. Starr, William B., *Conditionals, meaning and mood*, Rutgers The State University of New Jersey, Lepore, Ernest, 2010.

174. Oates, Robert M., *Consciousness and the quantum: Maharishi's self-interacting dynamics of consciousness as the interpretation of quantum mechanics*, Maharishi University of Management, Scharf, David, 2010.

175. Nicolet Anderson, Valerie, *Constructing the self: Thinking with Paul and Michel Foucault*, Emory University, Johnson, Luke T., 2010.

176. Kasaki, Masashi, *Contextualism and the Reference Class Problem*, University of Calgary (Canada), 2010.

177. Landes, Donald Arthur, *Corporealities: From the logic of expression toward an ethics of bodies in Merleau-Ponty*, State University of New York at Stony Brook, Casey, Edward S., 2010.

178. Dudenhoeffer, Larrie, *Corruptions of the flesh: The body, subjectivity, postmodernity*, Georgia State University, Thomas, Calvin, 2010.

179. McQuillan, Colin, *Critical Philosophy: Immanuel Kant and the Critique of Pure Reason*, Emory University, Makkreel, Rudolf A., 2010.

180. Cremaldi, Anna M., *Deliberation in Aristotle's ethics and the Hippocratic Corpus*, University of Pennsylvania, Meyer, Susan Sauve, 2010.

181. Meckstroth, Christopher Stephen, *Democracy in progress: History, paradox, and constitutional struggle*, The University of Chicago, Markell, Patchen, 2010.

182. Bishop, Philip Schuyler, *Dewey's Pragmatism and the Great Community*, University of South Florida, Anton, John P., 2010.

183. Mihut, Cristian F. , *Diachronic agency and narrative understanding*, University of Notre Dame, Solomon, William David, 2010.

184. Edelman, Christopher, *Essaying oneself: Montaigne and philosophy as a way of life*, Emory University, Hartle, Ann, 2010.

185. Roth, Amanda L. , *Ethical inquiry as problem-resolution: Objectivity, progress, and deliberation*, University of Michigan, Anderson, Elizabeth S. , 2010.

186. Freeman, Lauren, *Ethical dimensions in Martin Heidegger's early thinking*, Boston University, Dahlstrom, Daniel O. , 2010.

187. Baril, Anne, *Eudaimonism and epistemology: Epistemic aspects of eudaimonia and a eudaimonist approach in epistemology*, The University of Arizona, Annas, Julia, 2010.

188. Jackson, Alexander Paul Vincent, *Evaluating beliefs*, Rutgers The State University of New Jersey, Sosa, Ernest, 2010.

189. Batra, Anupa, *Experience, time, and the subject: Deleuze's transformation of Kant's critical philosophy*, Southern Illinois University at Carbondale, Beardsworth, Sara G. , 2010.

190. Blower, Nathanial Shannon, *Expressivist theories of first-person privilege*, The University of Iowa, Stern, David G. , 2010.

191. Henderson, Leah, *Framework theories in science*, Massachusetts Institute of Technology, Stalnaker, Robert, 2010.

192. Harbour, Michael D. , *Freedom as anti-domination*, Vanderbilt University, Talisse, Robert, 2010.

193. Gibson, Joel Evans, *Freud, modularity, and the principle of charity*, University of Maryland, College Park, Rey, Georges, 2010.

194. Mylonaki, Evgenia, *From conflict to unity: Motivation and practical reason*, University of Pittsburgh, Setiya, Kieran, 2010.

195. Reeves, Josh Andrew, *From method to practice: A critique of two models for relating science and religion*, Boston University, Wildman, Wesley J. , 2010.

196. Kishida, Kohei, *Generalized topological semantics for first-order modal logic*, University of Pittsburgh, Awodey, Steve, 2010.

197. Trestman, Michael, *Goal-Directedness, Behavior and Evolution: A Philosophical Investigation*, University of California, Davis, Griesemer, James, 2010.

198. Watkins, J. Brian, *Good taste: Pleasure and practice in Kant's "Critique*

of Aesthetic Judgment", University of Notre Dame Ameriks, Karl, 2010.

199. Stapleton, Sean Jason, *Hard incompatibilist challenges to morality and autonomy*, Cornell University, Pereboom, Derk, 2010.

200. Smetona, Matthew J., *Hegel's logic of absolute idealism and his political argument: The conceptuality of actuality*, Temple University, Botwinick, Aryeh, 2010.

201. Walsh, Julie, *Intentional volitions: Malebranche and Locke on human freedom*, The University of Western Ontario (Canada), 2010.

202. Doherty, Gareth James Michael, *Intuitions, Cross-Cultural Cognition, and Experimental Philosophy*, The University of Western Ontario (Canada), 2010.

203. Collins, Christopher Brian, *John Dewey, Maurice Merleau-Ponty, and the emergence of agency*, University of Virginia, Brewer, Talbot, 2010.

204. Schnee, Ian Paul, *Justification, reasons and truth*, University of California, Berkeley, Stroud, Barry, 2010.

205. Newton, Alexandra Mary, *Kant on logical form*, University of Pittsburgh, Engstrom, Stephen, 2010.

206. Siyar, Jamsheed Alam, *Kant's conception of practical reason*, University of Pittsburgh, Engstrom, Stephen, 2010.

207. Ercolini, Gina L., *Kant's Enlightenment legacy: Rhetoric through ethics, aesthetics, and style*, The Pennsylvania State University, Browne, Stephen H., 2010.

208. Heide, David Clark, *Kant's idealism: On the character and limits of spatial representation*, The Ohio State University, Shabel, Lisa, 2010.

209. Marshall, Colin, *Keeping our selves together: Kant's metaphysics of selves and objects*, New York University, Longuenesse, Beatrice, 2010.

210. Ambury, James Michael, Ⅲ, *Know thyself: Plato's "Alcibiades Ⅰ" and the foundation of philosophical knowing*, State University of New York at Stony Brook, Miller, Clyde Lee, 2010.

211. Wood, Christian C., *Levinas's symbiotic phenomenology of infinity and totality*, The University of New Mexico, Thomson, Iain D., 2010.

212. Morgan-Olsen, Brandon L., *Listening in public: Duties of civility in a pluralistic democracy*, University of Washington, Blake, Michael I., 2010.

213. Doherty, Megan Elizabeth, *Living with understanding: Subjectivity and*

metaphysics in Kant, Apel, and the neoclassical alternative, The University of Chicago, Gamwell, Franklin I., 2010.

214. Eimer, Sara Dawn, *Love, desire, individuation: Intersections of Plato, Schelling and Deleuze*, The Pennsylvania State University, Schmidt, Dennis, 2010.

215. Skirry, Jason, *Malebranche's Augustinianism and the mind's perfection*, University of Pennsylvania, Detlefsen, Karen, 2010.

216. Sorrell, Brian Robert, *Method*, University of California, Riverside, Wright, Larry, 2010.

217. Ievers, Lisa, *Mind, nature, and normativity in Hum*, The Johns Hopkins University, Greenberg, Sean, 2010.

218. Reinberg, Mira, *Modernity and ethics: The ghost of terror in French thought*, University of Minnesota, Chaouat, Bruno, 2010.

219. Sung, Changwon, *Morality and other values a contractualist perspective*, Harvard University, Scanlon, Thomas M., 2010.

220. Farzam-Kia, Arash Moral responsibility and preconditions of moral criticismQueen's University (Canada), 2010.

221. Goodson, Jacob Lynn, *Narrative Theology after William James: Empiricism, Hermeneutics, and the Virtues*, University of Virginia, Ochs, Peter, 2010.

222. Henary, Sara Marie, *Nature and Convention in Locke's Political Philosophy*, University of Virginia, Klosko, Goorge, 2010.

223. Klein, Jacob Samuel, *Nature and reason in Stoic ethics*, Cornell University, Irwin, Terence Henry, 2010.

224. Ahlstrom, Kristoffer, *On epistemic agency*, University of Massachusetts, Amherst Kornblith, Hilary, 2010.

225. Choi, Andrew N., *On Kant, Arpaly and Practical Rationality*, The Ohio State University, Schroeder, Timothy, 2010.

226. Yi, Huiyuhl, *On the Parfitian psychological approach to personal identity*, University of California, Santa Barbara, Brueckner, Anthony L., 2010.

227. Yhan, Hung-Tzu, *On the phenomenal character of conscious experiences*, City University of New York, Rosenthal, David M., 2010.

228. Bowers, Jason, *Ontology, priority, and teleology: A defense of Classical Platonism*, The University of North Carolina at Chapel Hill, Hofweber, Thomas, 2010.

229. Rosato, Jennifer E., *Opening oneself to an other: Sartre's and Levinas' phenomenological ethics*, University of Notre Dame, Gutting, Gary, 2010.

230. Hine, Richard J., *Paying attention to consciousness*, University of Connecticut, Clark, Austen, 2010.

231. Cahen, Arnon, *Perception and nonconceptual apprehension*, Washington University in St. Louis, Bermudez, Jose L., 2010.

232. Fridland, Ellen, *Perception and skill: Theoretical foundations for a science of perception*, City University of New York, Rosenthal, David M., 2010.

233. Kozma, Melissa Mary, *Personal Autonomy, Oppression, and The Just Society: An Externalist Account*, University of Illinois at Chicago, Hilbert, David, 2010.

234. Gould, Kora, *Personal identity, reductionism and eliminativism*, Syracuse University, Gallois, Andre, 2010.

235. Hills, Jason L., *Phenomenological pragmatism: Freedom as the immanent transcendence of desire in John Dewey*, Southern Illinois University at Carbondale, Anderson, Douglas, 2010.

236. Demiryol, Gaye llhan, *Philosophy of history and the modern problem of freedom in Hannah Arendt's thought*, Yale University, Benhabib, Seyla, 2010.

237. Weng, Leihua, *Plato in modern China: A study of contemporary Chinese Platonists*, University of South Carolina, Miller, Paul Allen, 2010.

238. Bader, Daniel William, *Platonic Craft and Medical Ethics*, University of Toronto (Canada), 2010.

239. Culverhouse, F. Zenon, *Plato's "Hippias Minor": A Translation and Critical Commentary*, The Claremont Graduate University, Young, Charles, 2010.

240. Brunson, Daniel J., *Pragmatism and the past: Charles Peirce and the conduct of memory and history*, The Pennsylvania State University, Colapietro, Vincent, 2010.

241. Gwiazda, Jeremy, *Probability, simplicity, and infinity: A critique of Richard Swinburne's argument for theism*, City University of New York, Cahn, Steven, 2010.

242. Garcia-Ramirez, Eduardo, *Proper names a cognitive-philosophical study*, University of Michigan, Swanson, Eric P., 2010.

243. Jordan, Andrew T., *Putting Judgment in Context: Moral Particularism and the Structure of Practical Reason*, University of Washington, Weller, Cass,

2010.

244. Vavova, Ekaterina Dimitrova, *Rational Humility and Other Epistemic Killjoys*, Massachusetts Institute of Technology, White, Roger, 2010.

245. Keaton, Douglas, *Realization and Causal Role-Playing: An Essay on the Mind/Body Problem*, University of Cincinnati, Polger, Thomas W., 2010.

246. Yegnashankaran, Kritika Kanchana, *Reasoning as action*, Harvard University, Godfrey-Smith, Peter, 2010.

247. Stout, John Alden, *Reconciling freedom and solidarity: The modern republicanism of Hegel and Rousseau*, Purdue University, McBride, William, 2010.

248. Dieleman, Susan, *Revisiting Rorty: A pragmatist feminist solution to the problem of epistemic exclusion*, York University (Canada), 2010.

249. Craig, Lindsay R., *Scientific Change in Evolutionary Biology: Evo-Devo and the Developmental Synthesis*, University of Cincinnati, Skipper, Robert, 2010.

250. Ham, Alexandria, *Seeing-as and reading-in: An inquiry into imagination and meaning in aesthetics*, University of Hawai' i at Manoa, Chakrabarti, Arindam, 2010.

251. Klein, Shawn E., *Seeing As and What If: Appreciation and Imagination in Moral Reasoning*, Arizona State University, French, Peter, 2010.

252. Kwon, Hongwoo, *Self-identification and self-knowledge*, Massachusetts Institute of Technology, Stalnaker, Robert C., 2010.

253. Apostolova, Iva, *Sensation, memory and imagination in Bertrand Russell's philosophy* 1910-1926, University of Ottawa (Canada), 2010.

254. Sparrow, Tom, *Sensation rebuilt: Carnal ontology in Levinas and Merleau-Ponty*, Duquesne University, Evans, Fred, 2010.

255. Kirchner, Daniel J., *Sittlichkeit and the ancient view of the self in Hegel's "Phenomenology of Spirit"*, Indiana University, Eisenberg, Paul D., 2010.

256. Welch, Shelley Raye, *Social freedom: Choice, consent, commitment, and trust*, State University of New York at Binghamton, Bar On, Bat-Ami, 2010.

257. Diduch, Paul Jordan, *Socrates' case for the just life*, University of Dallas, Parens, Joshua, 2010.

258. Borge, Steffen, *Speaker's meaning: An essay in the philosophy of language*, Syracuse University, Hawthorne, John, 2010.

259. Dockstader, Jason Nels, *Spinoza's divine wisdom*, The University of West-

ern Ontario (Canada), 2010.

260. Atkins, Richard Kenneth, *Successful Perceiving*, Fordham University, Frances, Bryan, 2010.

261. Ballard, Leslie Roy, *Synthesis and selfhood: A comparative study of Kierkegaard and Kant*, Boston College, Rumble, Vanessa P., 2010.

262. Keller, JohnChristopher Adorno, *Telling the whole truth: The role of paraphrase in philosophical inquiry*, University of Notre Dame, Inwagen, Peter van, 2010.

263. Andreas, Jonathan T., *The cardinalist manifesto The epistemology of the measurability of utility*, University of Illinois at Chicago, Persky, Joseph, 2010.

264. Eslami, Ali, *The Color of Justification: A phenomenological amendment to virtue epistemology*, Brown University, Sosa, Ernest, 2010.

265. Paccacerqua, Cynthia Maria, *The doctrine of self-positing and receptivity in Kant's late philosophy*, State University of New York at Stony Brook, Casey, Edward S., 2010.

266. Westmoreland, John Peter, *The Double Relation: The Application of Rousseau's Ontology to His Social and Political Philosophy*, University of California, Irvine, Schwab, Martin, 2010.

267. Speetzen, David D., *The ethics of forcible democratization*, Washington University in St. Louis, Wellman, Christopher H., 2010.

268. Harrison, Kelby, *The ethics of passing: A theoretical and practical analysis*, Northwestern University, Kraut, Richard, 2010.

269. Heiner, Brady Thomas, *The ethics and politics of habitual bodies: Original sin, authenticity, and the problem of moral responsibility*, State University of New York at Stony Brook, Casey, Edward S., 2010.

270. Ha, Hongkyu, *The grammar of the sacred: Toward a Wittgensteinian sociology of religion*, Boston University, Coulter, Jeff, 2010.

271. Marczuk, Zbigniew Jan, *The human being as finite and infinite according to St. Thomas Aquinas*, The Claremont Graduate University, Min, Anselm K., 2010.

272. Yazici, Cigdcm, *The idea of historicality in Heidegger's account of the work of art*, The University of Memphis, Nenon, Thomas, 2010.

273. Rheins, Jason G., *The intelligible creator-god and the intelligent soul of*

the cosmos in Plato's theology and metaphysics, University of Pennsylvania, Kahn, Charles H., 2010.

274. Howell, Wade R., *The judicial model of belief formation: A modest proposal*, New Orleans Baptist Theological Seminary, Lemke, Steve W., 2010.

275. Urbanek, Valentina Maria, *The Non-Identity Problem*, Massachusetts Institute of Technology, Hare, Caspar, 2010.

276. Bauer, William A., *The ontology of pure dispositions*, The University of Nebraska-Lincoln, McKitrick, Jennifer, 2010.

277. Smith, Nathan D., *The origins of Descartes' concept of mind in the "Regulae ad directionem ingenii"*, Boston College, Cobb-Stevens, Richard, 2010.

278. Akhtar, Shazad, *The paradox of nature: Merleau-Ponty's semi-naturalistic critique of Husserlian phenomenology*, Marquette University, Vandevelde, Pol, 2010.

279. Mueller, Scott Allen, *The phenomenology of action and the problem of free will*, The Florida State University, Mele, Alfred, 2010.

280. Scholz, Wendy S., *The phenomenology of movement: Action, proprioception, and embodied knowledge*, The University of Iowa, Fales, Evan, 2010.

281. Ott, Paul Matthew, *The politics of the present: A relational theory of the self as a basis for political theory: Dewey, Arendt, and Levinas*, State University of New York at Buffalo, Cho, Kah K., 2010.

282. Gursozlu, Fuat, *The problem of peaceful political action within democratic politics*, State University of New York at Binghamton, Bar-On, Bat Ami, 2010.

283. Halady, Steven W., *The reality of race: Against racial eliminativism*, State University of New York at Buffalo, Gracia, Jorge J. E., 2010.

284. Platt, Andrew Russell, *The rise of Cartesian occasionalism*, University of Massachusetts Amherst, O'Neill, Eileen, 2010.

285. Goodnick, Elizabeth E., *The Role of Naturalistic Explanation in Hume's Critique of Religious Belief*, University of Michigan, Loeb, Louis E., 2010.

286. Dietz, Adam Matthew, *The self-cultivation and personality of the superior person in Confucianism*, California Institute of Integral Studies, Wu, Yi, 2010.

287. Fulkerson, Matthew, *The Sense of Touch*, University of Toronto (Canada), 2010.

288. Tu, Chia-Lin, *The tale of mental causation: Fact or fiction?* The tale of

mental causation, Manfredi, Pat, 2010.

289. Moseley, Daniel Dugger, *The Virtues of Integrity*, University of Virginia, Lomasky, Loren E. , 2010.

290. Jayasekera, Marie Y. , *The will in Descartes' thought*, University of Michigan, Curley, Edwin M. , 2010.

291. Zuckerwise, Lena Kay, *The world is plural: Democratic contributions of Hannah Arendt*, University of Massachusetts Amherst, Cruikshank, Barbara R. , 2010.

292. LaZella, Andrew Thomas, *Thomas Aquinas, the real distinction between esse and essence, and overcoming the conceptual imperialism of metaphysics*, DePaul University, Lee, Richard A. , Jr, 2010.

293. Affolter, Jacob Dennis, *Tolerance as a moral and political virtue*, University of California, Riverside Watson, Gary, 2010.

294. Vodehnal, Carrie Anne, *Virtue, practical guidance, and practices*, Washington University in St. Louis, Doris, John, 2010.

295. Arruda, Caroline, *What we can intend: Recognition and collective intentionality*, State University of New York at Stony Brook, Howard, Dick, 2010.

296. Shaw, Elizabeth C. , *William James on human nature and evolution*, The Catholic University of America, De Groot, Jean, 2010.

297. Tang, Hao, *Wittgenstein on subjectivity: The metaphysical subject in the "Tractatus" and the human being in the "Investigations"*, University of Pittsburgh, McDowell, John, 2010.

298. Koshal, Anu, *Wittgenstein and Nietzsche: Two critics of philosophy*, Duke University, Moi, Toril, 2010.

299. Han, Daesuk, *Yet another study of Wittgenstein's "Tractatus Logico-philosophicus"*, The University of Chicago, Kremer, Michael, 2010.

二 德国哲学文献

1. Bärbel Frischmann (Hrsg.), *Sprache-Dichtung-Philosophie*: *Heidegger und der deutsche Idealismus*, Freiburg, Br.; München: Alber, 2010.

2. Wolfgang Bialas: *Politischer Humanismus und《Verspätete Nation》*: *Helmuth Plessners Auseinandersetzung mit Deutschland und dem Nationalsozialismus*, Göttingen: Vandenhoeck & Ruprecht, 2010.

3. Patrick Wöhrle: *Metamorphosen des Mängelwesens*: *Zu Werk und Wirkung Arnold Gehlens*, Frankfurt; New York: Campus Verlag, 2010.

4. E. Bloch: *Grundfragen der Philosophie*: *Ausgewählte Schriften* Band 1, *Gesellschaft und Kultur. Ausgewählte Schriften* Band 2, Suhrkamp Verlag, 2010.

5. Silvia Mazzini: *Für eine mannigfaltige mögliche Welt*: *Kunst und Politik bei Ernst Bloch und Gianni Vattimo*. Frankfurt/M.: Peter Lang Vlg. 2010.

6. Axel Honneth: *Das Ich im Wir-Studien zur Anerkennungstheorie*, Frankfurt am Main: Suhrkamp Verlag, 2010.

7. Rainer Forst: *Kritik der Rechtfertigungsverhältnisse*: *Perspektiven einer kritischen Theorie der Politik*, Frankfurt am Main: Suhrkamp Verlag, 2010.

8. Theodor W. Adorno: Einführung in die Dialektik (1958), *Nachgelassene Schriften*. Abteilung Ⅳ: Vorlesungen: Band 2, Frankfurt am Main: Suhrkamp Verlag, 2010.

9. Emil Walter-Busch: *Geschichte der Frankfurter Schule*: *kritische Theorie und Politik*, Fink Verlag, München, 2010.

10. Hans Blumenberg: *Theorie der Lebenswelt*, Berlin: Suhrkamp Verlag, 2010.

三　法国哲学文献

1. Thierry Paquot, *Philosophie de l' environnement et milieux urbains*, Découverte, 2010.

2. Ginette Michaud, *Battements du secret littéraire Lire Jacques Derrida etHélène Cixous-Volume* 1, Hermann, 2010.

3. Jean-Luc Marion, *Certitudes negatives*, Grasset, 2010.

4. Michel Onfray, *Philosopher comme un chien. La philosophie féroceiii*, Galilée, 2010.

5. Jean-Louis Fabiani, *Qu' est-ce qu' un philosophe français*, EHESS éditions, 2010.

6. Victor Delbos, *La philosophie française*; *Descartes*, *Pascal*, Manucius, 2010.

7. François Fédier, *le temps et le mond*, De Heddegger a aristote, Pocket, 2010.

四 意大利哲学文献

1. Umberto Galimberti, *Psichiatria e fenomenologia*, 1979, Feltrinelli, 1979.

2. Umberto Galimberti, *Il corpo*, Feltrinelli, Milano, 1983 .

3. Umberto Galimberti, *Antropologia culturale*, ne *Gli strumenti del sapere contemporaneo*, Utet, Torino, 1985.

4. Umberto Galimberti, *I vizi capitali e i nuovi vizi*, Feltrinelli, Milano, 2003, 2007.

5. Umberto Galimberti, *Il tramonto dell' Occidente nella lettura di Heidegger e Jaspers*, Feltrinelli, Milano, 2005.

6. Umberto Galimberti, *I miti del nostro tempo*, Feltrinelli, Milano, 2009.

7. Remo Bodei, *Sistema ed epoca in Hegel*, Bologna, Il Mulino, 1975.

8. Remo Bodei, *Scomposizioni. Forme dell' individuo moderno*, Torino, Einaudi, 1987.

9. Remo Bodei, *Se la storia ha un senso*, Bergamo, Moretti & Vitali, 1997.

10. Remo Bodei, *Destini personali. L' età della colonizzazione delle coscienze*, Milano, Feltrinelli, 2002.

11. Remo Bodei, *Il sapere della follia*, Modena, Fondazione Collegio San Carlo per Festival Filosofia, 2008.

12. *Logica*, *Ontologia ed Etica*, Studi in onore di Raffaele Ciafardone, a cura di Domenico Bosco, Roberto Garaventa, Luigi Gentile, Claudio Tuozzolo, Franco Angeli, Milano, 2010.

13. M. Vegetti, *L' etica degli antichi*, Roma, Bari, GLF editori Laterza, 2010.

14. F. Volpi, *Heidegger e Aristotele*, Roma Bari; GLF editori Laterza,

2010.

15. Platone, *I miti di Platone*, a cura di Franco Ferrari; con una premessa di Mario Vegetti Milano, Mondolibri, stampa, 2010.

16. M. A. Ghiozzi, *intelligenza e realtà in San Tommaso d' Aquino*, Montespertoli, Aleph, 2010.

17. Boethius, Anicius Manlius Torquatus Severinus, *I valori autentici*; a cura di Massimo Jevolella, Milano, Oscar Mondadori, 2010.

18. T. Campanella, *Lettere*; a cura di Germana Ernst su materiali preparatori inediti di Luigi Firpo, con la collaborazione di Laura Salvetti Firpo e Matteo Salvetti, Firenze, Olschki, 2010.

19. F. Mignini, *Matteo Ricci: incontro di civiltà nella Cina dei Ming*, Ancona, Regione Marche, 2010.

20. P. Slongo, *Governo della vita e ordine politico in Montaigne*, Milano, Angeli, 2010.

21. E. Bencivega, *L' etica di Kant: la razionalità del bene*, Milano, Bruno Mondadori, 2010.

22. S. Berni, U. Fadini, *Linee di fuga: Nietzsche, Foucault, Deleuze*, Firenze, Firenze university press, 2010.

23. E. Severino, *Essenza del nichilismo*, Milano, Adelphi, 2010.

24. E. Severino, *L' intima mano: Europa, filosofia, cristianesimo e destino*, Milano, Adelphi, 2010.

25. O. Crotti, *La bellezza del bene: il debito di Hannah Arendt nei confronti di Immanuel Kant*, Milano; Udine: Mimesis, 2010.

五 俄国哲学文献

1. *Гиренол Ф. И.* Удовольствие мыслить иначе. Москва: Академ-ический Проект; Фонд《Мир》, 2010-235с.

2. *Грибанов Д. П.* Философские взгляды А. Эйнштейна и развитие теории относительности.

Москва: Либроком, 2010-274с.

3. *Долгов К. М.* Духовная культура Китая. Критический анализ и краткое изложение Энциклопедии《Духовная культура Китая》(в пяти томах). Москва: Научная книга, 2010-118с.

4. *Зернов Н. М.* Три русских пророка: Хомяков, Достоевский, Соловьев. Москва: Русская симфония, 2010-391с.

5. *Кимелев Ю. А.* Современная испанская философия. Москва: ИНИОН РАН, 2010-92с.

6. *Козырев Ф. Н.* Гуманитарное религиозное образование. Сант к-Петербург: РХГА, 2010-392с.

7. *Кутырев В. А.* Бытие или Ничто. СПб.: Алетейя, 2010.

8. *Павлов А. Т.* Философия в московском университете. Санкт-Петербург: Русская христианская гуманитарная академия, 2010-288с.

9. *Разеев Д. Н.* Телеология Иммануила Канта. Москва: Наука, 2010-312 с.

10. Россия в диалоге культур. Отв. ред. А. А. Гусейнов, А. В. Смирнов, Б. О. Николаичев. Москва: Наука, 2010-432с.

11. *Сохряков Ю. И.* Русская цивилизация: философия и литература. Москва: Институт русской цивилизации, 2010-720с.

12. Философия в диалоге культур: материалы Всемирн. дня философии / Отв. ред. *Никольский С. А.* М.: Прогресс-Традиция, 2010.

1302 с.

13. *Фролова Е. А.* Арабская философия. Прошлое и настоящее. Издательство: Языки славянских культур, 2010–496 с.

14. *Шохин В. К.* Введение в философию религии. М.: Альфа-М, 2010. 286 с.

15. *Апресян Р. Г.* Этика силы – в противостоянии насилию и агрессии. Вопросы философии. 2010 (9).

16. *Визгин В. П.* Николай Бердяев и Габриэль Марсель: к феномену встречи. Вопросы философии. 2010 (3).

17. *Власова О. А.* Рецепция феноменологии в психиатрии: между онтологией и этикой. Вопросы философии. 2010 (2).

18. *Гаджиев К. С.* Мировой экономический кризис: политико – культурное измерение. Вопросы философии. 2010 (6).

19. *Длугач Т. Б.* В. С. Библер как феномен философской культуры XX века. Вопросы философии. 2010 (9).

20. *Запесоцкий А. С.*, *Марков А. П.* Современная культурология как научная парадигма. Вопросы философии. 2010 (8).

21. *Исупов К. Г.* Трансцендентальная эстетика Достоевского. Вопросы философии. 2010 (10).

22. *Касавин И. Т.* Междисциплинарное исследование: к понятию и типологии. Вопросы философии. 2010 (4).

23. *Кизима В. В.* Постнеклассические практики: рефлексивность и управление. Вопросы философии. 2010 (3).

24. *Кнабе Г. С.* Гегель, Европа и рубеж тысячелетий. Вопросы философии. 2010 (1).

25. *Кожев А.* Гегель, Маркс и христианство. Вопросы философии. 2010 (10).

26. *Лебедев С. А.* Уровни научного знания. Вопросы философии. 2010 (1).

27. *Лунгина Д. А.* Учение о культуре у Канта и Гегеля. Вопросы философии. 2010 (1).

28. *Майнцер К.* Вызовы сложности в XXI веке. Междисциплинарное

введение. Вопросы философии. 2010（10）.

29. *Мареева Е. В.* Орасколе среди ильенковцев. Вопросы философии. 2010（2）.

30. *Мартынов Д. Е.*《Утопия》Запада и《Великое Единение》Китая: к проблеме рецепции и эволюции терминологии. Вопросы философии. 2010（7）.

31. *Маслов В. Ф.* Цивилизационный подход к историческому процессу. Вопросы философии. 2010（7）.

32. *Никифоров А. Л.* Философия науки: В. И. Ленин и Э. Мах. Вопросы философии. 2010（1）.

33. *Никольский С. А.* Смыслыиценности русского мировоззрения в творчестве Л. Н. Толстого. Вопросы философии. 2010（9）.

34. *Ойзерман Т. И.* Амбивалентность философской критики. Вопросы философии. 2010（3）.

35. *Польсков К. О.* К вопросу о научном богословском методе. Вопросы философии. 2010（7）.

36. *Пржиленский В. И.* Идея реальности и эпистемологический конструктивизм. Вопросы философии. 2010（11）.

37. *Смирнова Е. Д.* О чем говорят парадоксы: их роль в познавательной деятельности. Вопросы философии. 2010（6）.

38. *Соловьева С. В.* Любовь как феномен власти. Вопросы философии. 2010（10）.

39. *Солонин Ю. Н.* Филосовский факультет: достижения – взгляд в будущее. Философские науки. 2010（10）.

40. *Тульчинский Г. Л.* Глобализация, постчеловечность и проблема цивилизационного выбора России. Философские науки. 2010（11）.

41. *Эпштейн М. Н.*（США）. Теология первого лица: персоналистический аргумент бытия Бога. Философские науки. 2010（6）.

42. *Юлина Н. С.* Эмерджентизм: сознание, редукция, каузальность. Вопросы философии. 2010（12）.

43. *Яковлев В. А.* Метафизика креативности. Вопросы философии. 2010（6）.

六 日本哲学文献

一般哲学论

1. 松永澄夫、鈴木泉編:《哲学の立ち位置》(哲学への誘い:新しい形を求めて)第1巻,東信堂。

2. 松永澄夫、村瀬鋼編:《哲学の振る舞い》(哲学への誘い:新しい形を求めて)第2巻,東信堂。

3. 松永澄夫、高橋克也編:《社会の中の哲学》(哲学への誘い:新しい形を求めて)第3巻,東信堂。

4. 松永澄夫、伊佐敷隆弘編:《世界経験の枠組み》(哲学への誘い:新しい形を求めて)第4巻,東信堂。

5. 松永澄夫、浅田淳一編:《自己》(哲学への誘い:新しい形を求めて)第5巻,東信堂。

6. 三浦雅弘:《ことばの迷宮——言語・科学・哲学》,北樹出版。

7. 太田雅子:《心のありか——心身問題の哲学入門》,勁草書房。

8. 木田元:《反哲学入門》,新潮社。

9. 山之内靖、島村賢一:《哲学・社会・環境(21世紀への挑戦)》,日本経済評論社。

西方哲学部分

1. 一ノ瀬正樹:《功利主義と分析哲学:経験論哲学入門》,日本放送出版協会。

2. ゲアハルト・シェーンリッヒ著、加藤泰史監訳:《カントと討議倫理学の問題:討議倫理学の限界と究極的基礎づけの価値/代償について》,晃洋書房。

3. 廣松渉：《資本論の哲学》，平凡社。

4. 門脇俊介：《破壊と構築——ハイデガー哲学の二つの位相》，東京大学出版会。

5. 小野紀明：《ハイデガーの政治哲学》，岩波書店。

6. 井筒俊彦：《神秘哲学——ギリシアの部》，慶應義塾大学出版会。

7. P. F. ストローソン等著、門脇俊介等编、法野谷俊等译：《自由と行為の哲学（現代哲学への招待》，春秋社。

日本哲学部分

1. 佐々木健一：《日本的感性——触覚とずらしの構造》，中央公論新社。

2. 島薗進：《国家神道と日本人》，岩波書店。

中国哲学部分

1. 三浦國雄：《朱子伝》，平凡社。

2. 湯浅邦弘：《概説中国思想史》，ミネルヴァ書房。

国外哲学系简介

一　牛津大学哲学系

牛津大学（University of Oxford）哲学系，成立于2001年。以前它是人文科学学院的一个子学院。牛津大学哲学教学的历史可以追溯到中世纪时期。现在英国牛津大学哲学系是目前世界上最重要的哲学系之一，根据美国哲学声望排行榜公布的近年的排行结果，牛津大学哲学系已经连续多年排行第一，成为当今世界哲学的主要核心。目前尽管哲学在全世界都不景气，但在牛津，哲学还是有相当地位的。除了传统，牛津大学目前的实力也具有“世界一流”的“国际领先地位”。在英国，它与剑桥大学比翼齐飞且略高一筹，即便就全世界而论，牛津大学哲学系也是最大的。到目前为止，该系拥有哲学的永久职位有50个，联合职位有40个（指与学院的导师相关联的职位，posts associated with college tutorial fellowships），还有很多哲学家在各学院任永久或临时导师，或在大学的其他专业（如法学、语言学、社会政治理论等）拥有职位。总的加起来，牛津哲学系拥有教师近180人，研究生100多人和本科生1200人左右。很多伟大的哲学家曾学习或任教于牛津，其中包括威廉·奥康（William Ockham）、约翰·洛克（John Locke）和托马斯·霍布斯（Thomas Hobbes），最近时期的有阿马蒂亚·森（Amartya Sen）、彼得·斯特劳森（Peter Strawson）、吉尔伯特·赖尔（Gilbert Ryle），艾赛尔·柏林（Isaiah Berlin）、贝尔纳·威廉（Bernard Williams）、托马斯·内格尔（Thomas Nagel）、伊丽莎白·安斯库姆（Elizabeth Anscombe）等。

牛津大学哲学系的教学也有自己的特色，在牛津大学哲学系没有单独的本科哲学专业，所有与哲学相关的本科专业都是联合学位，且唯有哲学如此，其他专业都有单独的专业学位。它的哲学专业包括如下几类：哲学、政治与经济专业；哲学与近代语言；物理学与哲学；哲学与神学；心理学、哲学与生理学；数学与哲学。哲学与计算机科学专业正在审议中。研究生学位有四种，但现在主要是两种：哲学硕士（BPhil）和哲学博士（DPhil）。硕士要完成三篇文章和一篇3万字的论文，学制两年；博士要完成一篇7.5万千字的论文，学制三年以上。除了哲学硕士学位，牛津大学哲学系还推出了一个一年制的MST学位，这个是为其他专业的人（如古典文学专业、物理专业、药物专业等）提供博士研究的机会，获得MST学位的学生可以直接加入具有领袖地位的哲学研究领域：古典哲学、物理学哲学和实用伦理学。

牛津大学哲学系几乎覆盖了所有的哲学研究学科领域，其中有三个研究领域是处于领袖地位的。第一，该系秉承古典研究的传统，在古代哲学方面有深厚的基础，这个传统不仅造就了20世纪著名的"牛津日常语言哲学学派"，而且成就了当今的古代哲学研究教席和《牛津古代哲学研究》年刊。这些都使得牛津哲学系始终在古典哲学研究领域处于领袖地位。目前在牛津大学哲学系对古典哲学感兴趣并持有永久教学职位的有戴维·查尔斯（David Charles）、罗杰·克里斯普（Roger Crisp）、金赤·胡克斯特拉（Kinch Hoekstra）、爱德华·赫西（Edward Hussey）、林赛·耶德逊（Lindsay Judson）等。

第二，牛津的物理学哲学研究主要围绕量子力学的基础问题（尤其是关于埃维雷特解释）；量子场论（尤其是其关于对称性解释和正式的表达）；量子信息理论；统计力学以及时空理论，特别是牛顿引力、马赫重力以及广义相对论等相关问题的讨论；也涉及关于对称性的一般原理；结构主义；经典时空理论的历史及现代物理学史和概率基础中的一些主题。现在在牛津大学哲学系从事物理学哲学研究的成员有哈维·布朗（Harvey Brown）、西门·桑德斯（Simon Saunders）、戴维·华莱士（David Wallace）、奥利弗·普利（Oliver Pooley）等。此外，每年还有来自不同国家和地区的学者或攻读博士学位或做博士论文或做学术交流访问。所有这些人的研究领域主要集中于物理学哲学。可以说，牛津的科学哲学研究是以物理学哲学为主要内容的。

第三，牛津大学的实用伦理学也是首屈一指的，实用伦理学主要是对当前的一些科学、技术或者其他事物作伦理的分析，2003年牛津大学建立了一个Uehiro中心，专门从事实用伦理分析。该中心的核心研究领域包括：生命伦理（特别是克隆、干细胞研究和遗传学），医学伦理，神经伦理学，正义战争理论和恐怖主义，商业道德，国际正义。该中心的研究计划是高度跨学科的。他们紧密结合医疗、法律、政治、国际关系和宗教研究部门。他们通过作公众演讲、媒体评论和对从业者的咨询活动，来努力提高整个英国和国际公众对道德问题的意识和理解。该中心的工作人员活跃在世界各地讲学，举办研讨会和在公众和媒体中参与辩论。朱利安·萨乌莱斯（Julian Savulescu）教授是该中心的主任。

二　纽约大学哲学系

美国、德国、英国与法国是当代的哲学大国，囊括了世界上一流大学哲学系的绝大多数。可以说，美国大学一流的哲学系基本上代表了当代世界分析传统的哲学领域的最高水平，而其中首屈一指的当属纽约大学（New York University）哲学系。

纽约大学成立于1831年，是一所坐落于美国的文化中心——纽约心脏地带的私立名校。所设课程压力不大，但要求甚高，学生称其“not high pressure, but demanding”。其哲学系在近十余年全美哲学系排名录上都名列榜首，如在1998—2000年全美哲学系排名录上名列榜首，1997—1998年排名榜上名列第二，2009年位居第一。该系是美国乃至世界上最优秀的哲学系之一。

首先，在师资方面，纽约大学高级职称比例高：目前全系共有23位专职教师，其中18位教授，2位副教授，3位助理教授。高级职称约占全系教师的87%，教授占全系教师比例为78%。该系拥有的教授大多是世界一流哲学家，或专业领域内的世界一流学者，比如布洛克（Ned Block，研究方向主要为心灵哲学、神经与认知科学基础，对意识、感觉质、功能主义等问题有深入的研究）、德沃金［Ronald Dworkin，被公认为当代英美法学理论传统中最有影响的人物之一，其学说所展现的是一种由政治自由主义指导的法理学，著有《认真对待人权》(1977)，《至上的美德》(2000）等］、内格尔（Thomas Nagel，以研究政治哲学、伦理学、认识论和心的哲学而著称，代表作 *The View from Nowhere*，论文有《成为一只蝙蝠是什么样的》）等，都是当今世界一流的哲学家。这些最杰出的教授一般从事几个领域的研究并引领着世界哲学学术前沿。其他的教授也大都是专业领域内的一流专家，代表着世界领先的水平。该系教授大都从事哲学基本问题，即基础理论的研究，并建立了自己原创性的学说或理论，因而可称为真正意义上的哲学家。

其次，在研究领域与水平方面，该系重点研究如下几个领域并长期占据美国哲学界排名前列：语言哲学（Philosophy of Language），全美排名第一；心灵哲学与认知科学（Philosophy of Mind and Cognitive Science），全美排名第二；规范伦理学（Normative Ethics），全美排名第二；政治哲学（Political Philosophy），全美排名第二；应用伦理学及社会哲学（Applied Moral，Political & Social Philosophy），全美排名第二；法律哲学（Philosophy of Law），全美排名第一；逻辑学（Logic），全美排名第二；形而上学（Metaphysics），全美排名第二；数学哲学（Philosophy of Math），全美排名第三；认识论（Epistemology），全美排名第六；元伦理学（Metaethics），全美排名第六。此外，该系拥有两个相关的哲学研究中心，生物伦理学中心（Center for Bioethics）和纽约哲学学院（New York Institute of Philosophy）。

再次，该系所开设的课程分为两个层次，即本科生课程与研究生课程。一个学期开设10门左右研究生课程，17门左右本科生课程；除了入门性课程，所开课程几乎都是该系实力领域的课程，并且由该领域一流教授主持。专业课程框架内的课程可分为三组，第一组是哲学史课程，涵盖整个古希腊、中世纪、近代和现代哲学史，其中包括一些更为细化的哲学家和哲学主题的课程；第二组课程是伦理学、价值与社会，包括医学伦理、政治哲学、女权主义的哲学视角、战争与道德等；第三组课程是形而上学、认识论、心灵、语言与逻辑，有模态逻辑、集合论、语言哲学、生物哲学、社会科学哲学、宗教哲学等专业课程。

该系最有特色的课程是博士课程，第一，它重视哲学写作与研究的强化训练，设有专门的写作课程；第二，强调学习哲学的最好方法，就是从事哲学研究，因此所有课程的内容几乎都在当前的重点研究的范围之内；第三，系里的重点课程，往往由多名教师共同主持；第四，学生可以选修与纽约大学合作办学的其他大学的课程。这种特色使得该系在培养哲学家方面成绩斐然。

最后，纽约大学哲学系也以其独特的建筑风格吸引了爱好哲学和爱好美丽事物的仁人志士。虽然纽约大学哲学系教学楼的外观毫不起眼，但其内部非常的优雅。建筑设计师史蒂芬·霍尔（Steven Holl）负责这栋大楼的内部装修设计。优雅而简约的白色墙壁象征着看上去简单却又摸不透的哲学，楼梯回栏几何造型神秘而别致，还有镂空雕花的装饰，增添优雅感。更妙的是，随着时间和季节的不同，穿过镂空花饰的光线会在墙壁和楼梯上留下不同的花样效果，向观察者展示哲学多变的无穷魅力。这座建筑也被评为世界15座最酷的学校建筑之一。

因此，成就斐然的哲学大师们，和风格独特的大楼一起，实现了哲学的诗意栖居，可以说是热爱哲学的人们愿意选择纽约大学哲学系的最重要原因。

三　鲁格斯特大学哲学系

鲁格斯特大学（Rutgers University）哲学系在2009年的全美大学哲学院系排名中位居第二，仅次于纽约大学哲学系。作为美国顶尖哲学系之一，鲁格斯特大学哲学系培养了一大批哲学家，很多从该系毕业的研究生在牛津、哈佛、普林斯顿、斯坦福、康奈尔、耶鲁、麻省理工等一流大学赢得了终身教职。

鲁格斯特大学哲学系的发展大致可分为几个阶段。1982年之前，在鲁格斯特并没有独立的哲学系，哲学相关学科及研究人员分散在其他各个学院；1982年，独立的哲学系成立。1984年，为纪念哲学家唐纳德·戴维森，鲁格斯特哲学系筹办了一次约500人参加、共举行了72场演讲的重大哲学会议。此次会议标志着鲁格斯特哲学系开始在全美哲学界甚至世界哲学界崭露头角。从1986年开始，哲学系开始了一系列的人才引进活动，其中包括当时重要的心灵哲学家杰瑞·福多（Jerry Fodor）、科林·麦金（Colin McGinn）、斯蒂芬·斯蒂奇（Stephen Stich）以及后来成为著名物理哲学家的提姆·马尔德林（Tim Maudlin）。经过30年的不懈努力，除心灵哲学外，鲁格斯特大学哲学系在语言哲学、认识论、形而上学等研究领域也相继占据了重要的地位。在2009年度的英语世界哲学院系排名中，鲁格斯特大学哲学系整体实力名列第三，仅次于纽约大学和牛津大学。其中心灵哲学名列第三、认识论名列第二、形而上学名列第四、语言哲学名列第一。此外，伦理学、一般科学哲学、决策理论、物理哲学、古代哲学、17世纪哲学以及艺术哲学等研究领域皆位列前十名。

如今，该系现有哲学教授26人，副教授7人，名誉教授2人；研究中心有4个：语义学交叉学科研究中心（Interdisciplinary Research in Semantics Center）、认知科学研究中心（Cognitive Science Center）、Center哲学与科学研究中心（Philosophy and the Sciences Center）以及气候与政治决策研究中心（Initiative on Climate and Social Policy Center）。每年授予哲学博士学位的毕业生有十余人。

鲁格斯特大学哲学系的课程大致分为两类：研究生课程和本科生课程。研究生课程分为三个层次，首先是概论型课程，包括认识论、形而上学、心灵和语言哲学、价值理论、科学哲学与决策理论、数理逻辑、逻辑与自然语言；其次是研究型课程，以研讨班（Seminar）的形式进行，包括柏拉图哲学、亚里士多德哲学、中世纪哲学、17世纪哲学、18世纪哲学、19世纪哲学、语言哲学、心灵哲学、形而上学、科学哲学、伦理学、认识论、社会与政治哲学、法律哲学、美学、教学；最后是专题研究型课程（Advanced Topics），课程内容比以研讨班的形式展开的课程更为深入，如心灵哲学专题研究（Advanced Topics in Philosophy of Mind）。本科生课程非常丰富和细致，同时也是按一定层次展开的，有些课程必须在修完要求课程后才能学习。本科生课程包括：哲学导论、当前的道德与社会问题、伦理学导论、电影中的哲学思想、逻辑学导论、道德哲学导论、古希腊哲学家思想、语言哲学、形而上学导论、科学哲学导论、生物伦理学、环境伦理学、伦理与商业、社会与政治哲学导论、哲学与黑暗历史经验、文学作品中的哲学观念、科幻小说中的哲学观念、哲学与艺术、电影中的哲学观念、宗教哲学导论、存在主义哲学导论、柏拉图与苏格拉底、中世纪哲学思想的起源、笛卡儿、洛克与17世纪哲学、休谟、康德与18世纪哲学、尼采、哲学的当代变迁、古典犹太哲学、应用符号学、心灵、机器与人、心理学哲学、战争与冲突的伦理、伦理思想史、社会与政治哲学史、马克思与马克思主义、哲学与法律、女性主义中的哲学问题、法律哲学、柏拉图、认知科学中的哲学问题、批判主义哲学、音乐哲学、美国哲学、印度哲学、佛教哲学、当代宗教哲学、死亡哲学、伊斯兰哲学与神秘主义、亚里士多德、斯宾诺莎、康德、19世纪哲学、过渡逻辑学、维特根斯坦、分析哲学史、认识论、形而上学史、形而上学、莱布尼茨、逻辑哲学、科学哲学、哲学史、道德责任、当代哲学中的问题、伦理学高级研讨班、美学专题研究、现象学与存在主义、伦理学与实践理性等。

编后记

本年度报告汇集了2010年国外哲学研究的主要学术成果和理论创新，并增列了国外哲学文献（包括哲学著作、学术论文、博士论文等）和国外大学哲学系简介等内容。

在这里，我们感谢各位专家作者对本年度报告的大力支持！他们的辛勤工作使得本报告得以顺利完成。他们承担的具体工作如下：

导论：韩震（北京师范大学）

语言哲学：李红（北京师范大学）

心灵哲学：田平（北京师范大学）

科学哲学：李建会（北京师范大学）

董春雨（北京师范大学）

刘晓青（北京师范大学）

政治哲学与伦理学：李绍猛（中共中央党校）

美国实用主义：季雨（北京师范大学）

王成兵（北京师范大学）

德国哲学：曹卫东（北京师范大学）

法国哲学：尚杰（中国社会科学院哲学所）

意大利哲学：严春友（北京师范大学）

徐艳东（意大利马切拉塔大学）

俄罗斯哲学：张百春（北京师范大学）

日本哲学：曹峰（清华大学）

感谢北京师范大学哲学与社会学学院的博士生王佳、吴杨义、管清风和冯欢等同学的工作。他们为我们收集了大量宝贵的第一手文献资料，并做了全书的体例编辑工作。

我们真诚地欢迎读者对我们的工作提出宝贵意见和建议。

本年度报告的出版得到了北京市重点学科“外国哲学”建设项目的资助。

《国外哲学发展年度报告》编委会
2011 年 12 月 6 日